高等院校现代汉语课配套习题集　考研复习参考书
根据最新版本《现代汉语》教材和最新考研真题编写

现代汉语习题集

主　编　屠海波
主　审　杨　华

哈尔滨工业大学出版社

内容简介

本习题集是普通高等教育"十二五"国家级规划教材《现代汉语》(增订六版)的配套辅导练习书。书中内容根据黄伯荣、廖序东主编的《现代汉语》(增订六版)的章节分布编写,收录了大量的基础练习题和一些最新的考研真题,同时配备详尽的答案,便于学生对教材内容的理解,同时也为复习考研的学生提供了充足的练习资料。本习题集题型丰富、题量充足、答案完备,具有很强的学习性和参考性。

本习题集可以满足不同层次学生的学习需求,既可以作为本科生平时课程学习的配套指导书,又可以作为考研同学专业课复习的参考书。

图书在版编目(CIP)数据

现代汉语习题集/屠海波主编. —哈尔滨:哈尔滨工业大学出版社,2017.7(2020.6 重印)
ISBN 978-7-5603-6533-6

Ⅰ.①现… Ⅱ.①屠… Ⅲ.①现代汉语-高等学校-习题集 Ⅳ.①H109.4-44

中国版本图书馆 CIP 数据核字(2017)第 058584 号

策划编辑	杜 燕
责任编辑	王晓丹
出版发行	哈尔滨工业大学出版社
社　　址	哈尔滨市南岗区复华四道街 10 号　邮编 150006
传　　真	0451-86414749
网　　址	http://hitpress.hit.edu.cn
印　　刷	哈尔滨市工大节能印刷厂
开　　本	787mm×960mm　1/16　印张 22　字数 478 千字
版　　次	2017 年 7 月第 1 版　2020 年 6 月第 2 次印刷
书　　号	ISBN 978-7-5603-6533-6
定　　价	48.00 元

(如因印装质量问题影响阅读,我社负责调换)

前　　言

　　本习题集在原有版本基础上进行了重新修订,是配合黄伯荣、廖序东主编的《现代汉语》(增订六版)编写的配套习题集。黄伯荣、廖序东版《现代汉语》一书是普通高等教育"十二五"国家级规划教材,是我国高校本科生学习专业基础课时广泛采用的经典教材之一,也被众多高校的汉语言文字学、语言学及应用语言学和汉语国际教育等专业指定为硕士研究生考试的参考书目。本习题集是根据最新版本《现代汉语》教材的编写体例和《现代汉语》课教学大纲以及该门课程的课程特点和考研的命题规律而设计的,目的是让学生加深对黄伯荣、廖序东版《现代汉语》教材的理解,提高应用能力。

　　本习题集的主要内容有如下两部分:

　　一、练习题及答案

　　这部分根据书中知识点有针对性地设计和收录了大量的练习题,同时配有详细的答案说明。

　　二、考研真题及答案

　　为了方便考研同学掌握考研题型和考研难易度,这部分收录了北京大学、中国人民大学、复旦大学、四川大学、浙江大学、中山大学、东北师范大学及黑龙江大学等高等院校的考研真题,并附有参考答案。

　　本习题集题型包含填空题、选择题、判断题、名词解释、分析题及简答题等,题型丰富、题量充足,答案完备,具有很强的学习性和参考性。

　　本习题集在编写过程中参考了大量现代汉语的相关资料,在此对这些资料的编写者表示感谢。

　　由于主客观原因,本习题集还存在一些值得商榷之处,欢迎大家批评指正。

编　者
2020 年 5 月

目　　录

第一章　绪　论 ………………………………………………………………… 1
　　练习题 …………………………………………………………………………… 1
　　考研真题 ………………………………………………………………………… 4
　　练习答案 ………………………………………………………………………… 8
　　考研真题答案 …………………………………………………………………… 9

第二章　语　音 ………………………………………………………………… 12
　　练习题 …………………………………………………………………………… 12
　　考研真题 ………………………………………………………………………… 33
　　练习答案 ………………………………………………………………………… 50
　　考研真题答案 …………………………………………………………………… 64

第三章　文　字 ………………………………………………………………… 75
　　练习题 …………………………………………………………………………… 75
　　考研真题 ………………………………………………………………………… 92
　　练习答案 ………………………………………………………………………… 103
　　考研真题答案 …………………………………………………………………… 114

第四章　词　汇 ………………………………………………………………… 120
　　练习题 …………………………………………………………………………… 120
　　考研真题 ………………………………………………………………………… 141
　　练习答案 ………………………………………………………………………… 152
　　考研真题答案 …………………………………………………………………… 162

第五章　语　法 ………………………………………………………………… 170
　　练习题 …………………………………………………………………………… 170
　　考研真题 ………………………………………………………………………… 221
　　练习答案 ………………………………………………………………………… 244
　　考研真题答案 …………………………………………………………………… 299

第六章　修　辞 ………………………………………………………………… 316
　　练习题 …………………………………………………………………………… 316
　　考研真题 ………………………………………………………………………… 327
　　练习答案 ………………………………………………………………………… 334
　　考研真题答案 …………………………………………………………………… 343

参考文献 ………………………………………………………………………… 346

第一章

Chapter 1

绪 论

练习题

一、填空题

1. "现代汉语"通常有两种解释,狭义的解释指的是现代汉民族共同语——_____,广义的解释还兼指现代汉民族使用的_____。
2. 现代汉语有_____和_____两种不同的形式。_____是民族共同语的高级形式。
3. 现代汉民族共同语是以_____为标准音,以_____为基础方言,以_____为语法规范。
4. _____是一个民族全体通用的语言。
5. 汉民族共同语,辛亥革命后称为_____,新中国成立后,称为普通话。
6. 现代汉语的地域分支是_____。汉语方言大致可以分为七大方言区,即_____、吴方言、_____、_____、_____、_____和客家方言。
7. 汉语七大方言区中分布地域最广的是_____。
8. 吴方言区以_____为代表话;客家方言区以_____为代表话。
9. 1973年12月8日,联合国大会第28届会议一致通过,把汉语列为联合国和安理会的六种工作语言之一,另外五种是_____、_____、_____、_____和_____。
10. "五四"以来开展的"_____运动"和"_____运动",促进了书面语和口语的结合。
11. 在当前语言文字工作的主要任务中,最重要的两项工作是_____和_____。

二、单项选择题

1. 汉民族的共同语言,在(　　)时被称为"雅言"。
   A. 春秋　　　　　　　　　　B. 汉
   C. 明　　　　　　　　　　　D. 辛亥革命时期

2. 汉语方言之间的差异,突出表现在(　　)方面。
   A. 语音　　　　　　　　　　B. 词汇
   C. 语法　　　　　　　　　　D. 词汇和语法

3. 现代汉语书面形式的源头是(　　)。
   A. 文言文　　　　　　　　　B. 官话
   C. 白话　　　　　　　　　　D. 近代汉语

4. 就与普通话的差别来说,七大方言中(　　)与普通话距离最大。
   A. 吴方言　　　　　　　　　B. 闽、粤方言
   C. 湘、赣方言　　　　　　　D. 客家方言

5. 现代汉语语音结构中(　　)占优势。
   A. 辅音　　　　　　　　　　B. 元音
   C. 声调　　　　　　　　　　D. 音节

6. 现代汉语构成新词所广泛运用的方法是(　　)。
   A. 轻声、儿化　　　　　　　B. 简缩
   C. 附加法　　　　　　　　　D. 词根复合法

7. 汉语表示语法意义的主要方式是(　　)。
   A. 形态　　　　　　　　　　B. 虚词
   C. 词序　　　　　　　　　　D. 虚词和词序

8. 通行地域最广、使用人口最多的一种方言是(　　)。
   A. 北方方言　　　　　　　　B. 吴方言
   C. 湘方言　　　　　　　　　D. 粤方言

9. 安徽话属于(　　)。
   A. 赣方言　　　　　　　　　B. 闽方言
   C. 吴方言　　　　　　　　　D. 北方方言

10. 闽东方言以(　　)为代表。
    A. 厦门话　　　　　　　　　B. 福州话
    C. 永安话　　　　　　　　　D. 建瓯话

11. 湘方言以(　　)为代表。
    A. 武汉话　　　　　　　　　B. 长沙话
    C. 南京话　　　　　　　　　D. 南昌话

12. 语言内部各要素对社会的各种变化最为敏感,几乎处在不断变化中的是( )。
   A. 语音　　　　　　　　　　B. 词汇
   C. 语法　　　　　　　　　　D. 基本词汇
13. 世界上使用人口最多的语言是( )。
   A. 俄语　　　　　　　　　　B. 英语
   C. 汉语　　　　　　　　　　D. 阿拉伯语
14. 内部分歧最大的方言区是( )。
   A. 粤方言　　　　　　　　　B. 闽方言
   C. 吴方言　　　　　　　　　D. 北方方言
15. 现代汉语词汇中占绝大多数的是( )。
   A. 单音节词　　　　　　　　B. 双音节词
   C. 三音节词　　　　　　　　D. 多音节词
16. 现代汉语课三个基本内容是( )。
   A. 语音、词汇和语法　　　　B. 语音、文字和语法
   C. 词汇、语法和修辞　　　　D. 文字、词汇和语法

三、判断题

1. "官话"就是专为官吏阶层使用的官场雅语或阶级习惯语。　　　　　　　　( )
2. 语言具有阶级性。　　　　　　　　　　　　　　　　　　　　　　　　　( )
3. 粤方言就是广东话。　　　　　　　　　　　　　　　　　　　　　　　　( )
4. 文学语言就是文艺作品的语言。　　　　　　　　　　　　　　　　　　　( )
5. 口语和书面语在表达形式上是完全一样的。　　　　　　　　　　　　　　( )
6. 普通话之所以以北方方言为基础方言,是因为北方方言词汇最为丰富。　　( )
7. 江淮方言属于北方方言区的次方言区。　　　　　　　　　　　　　　　　( )
8. 四川话属于北方方言的西南方言区。　　　　　　　　　　　　　　　　　( )
9. 民族共同语既然是在一种方言的基础上形成的,它就应该排斥其他方言中的成分。
　　　　　　　　　　　　　　　　　　　　　　　　　　　　　　　　　　( )
10. 普通话语音规范是以北京语音为标准音,因此北京话中的语音成分都是标准音。
　　　　　　　　　　　　　　　　　　　　　　　　　　　　　　　　　　( )
11. 普通话词汇规范是"以北方话为基础方言",但并不排除其他方言中有用的词汇进入普通话。　　　　　　　　　　　　　　　　　　　　　　　　　　　　　　( )
12. 现代汉语中词类和句法成分之间往往具有一种一一对应的关系。　　　　( )
13.《水浒传》《西游记》《红楼梦》等文学巨著,加速了北方方言的推广。　　( )

3

四、名词解释

1. 现代汉民族共同语
2. 方言
3. 基础方言
4. 现代汉语规范化

五、简析题

1. 简析汉语七大方言区及其代表话。
2. 简述现代汉语在语音、词汇、语法上的特点。

考研真题

一、填空题

1. _____是由于社会、历史、地理和文化等因素的影响以及语言系统中各要素内部发展的不平衡而出现的地域变体。(中山大学 2015 年)
2. 汉语中地域最广、使用人口最多的方言区是_____。(华东师范大学 2013 年)(黑龙江大学 2014 年)
3. 现代汉语方言中,上海话属于的方言区是_____。(南京师范大学 2015 年)
4. 苏州话属于_____方言,南京话属于_____方言。(北京大学 2014 年)
5. 普通话中有七大方言区,四川话属于其中的_____方言。(复旦大学 2015 年)
6. 成都话属于_____方言。(首都师范大学 2013 年)
7. 狭义的现代汉语是指以北京语音为标准音,以北方话为基础方言,以_____为语法规范的普通话。(首都师范大学 2015 年)
8. _____是一个民族全体通用的语言。(中央民族大学 2014 年)
9. 普通话以_____为标准音。(华东师范大学 2015 年)
10. _____是我国法定的全国通用的语言。(四川大学 2014 年)
11. 北方方言可分为四个次方言:华北东北方言、西北方言、西南方言和_____。(山东大学 2016 年)
12. 普通话的词汇是以_____词汇为基础的。(黑龙江大学 2012 年)
13. 就与普通话的差别来说,_____两种方言与普通话距离最大。(黑龙江大学 2012 年)

14. 汉语词汇在发展过程中逐渐趋向_____。（黑龙江大学 2012 年）
15. 现代汉民族共同语以_____为语法规范。（黑龙江大学 2013 年）
16. 长沙话属于_____方言。（黑龙江大学 2013 年）
17. 汉语语素以_____为基本形式。（黑龙江大学 2013 年）
18. 现代汉语在语音方面，具有_____的特点。（黑龙江大学 2013 年）
19. 一个民族全体成员共同使用的语言是_____。（黑龙江大学 2014 年）
20. 现代汉语在词汇上，广泛运用_____构成新词。（黑龙江大学 2014 年）
21. 闽东方言分布在福建东部闽江下游，以_____为代表。（黑龙江大学 2015 年）
22. 汉语运用_____法，使用词根语素构成的合成词最多。（黑龙江大学 2015 年）
23. 现代汉语规范化就是确立现代汉民族的共同语明确、一致的标准，消除_____等方面存在的分歧，同时对它的书写符号制定标准进行规范。（黑龙江大学 2015 年）
24. 现代汉语属于_____语系。（黑龙江大学 2016 年）
25. 汉语里同一类词可以充当多种成分，词在语法方面呈现出_____。（黑龙江大学 2016 年）
26. 现代汉语是以北京语音为标准音，以北方话为基础方言，以_____为语法规范的。（黑龙江大学 2017 年）
27. 现代汉语语音中_____音占优势。（黑龙江大学 2017 年）
28. 2004 年开始在海外建立的_____是以传播汉文化和汉语为目的。（黑龙江大学 2017 年）
29. 江苏方言属于_____方言区。（黑龙江大学 2018 年）
30. _____是汉语书面形式的来源。（黑龙江大学 2018 年）
31. _____是汉语语素的基本形式。（黑龙江大学 2018 年）
32. 按现代汉语方言分区，江苏南京话属于_____方言区。（黑龙江大学 2019 年）
33. 现代汉语书面形式的主要源头是_____。（黑龙江大学 2019 年）

二、单项选择题

1. 厦门话属于（   ）。（中山大学 2015 年）（中央民族大学 2014 年）
   A. 吴方言   B. 客家方言
   C. 潮州方言   D. 闽方言
2. 福州话属于（   ）。（中国人民大学 2015 年）
   A. 粤方言   B. 吴方言
   C. 闽方言   D. 北方方言
3. 闽北方言以（   ）为代表。（四川大学 2015 年）
   A. 厦门话   B. 福州话

C. 永安话 D. 建瓯话
4. 属于藏缅语族的是( )。(四川大学 2015 年)
   A. 壮语 B. 苗语
   C. 汉语 D. 景颇语
5. 苏州话属于( )方言。(北京语言大学 2015 年)
   A. 闽 B. 客家
   C. 吴 D. 粤
6. 汉民族的共同语言,在( )时被称为"雅言"。(北京大学 2014 年)
   A. 春秋 B. 汉
   C. 明 D. 辛亥革命时期
7. 台湾地区所使用的方言属于( )。(北京大学 2015 年)
   A. 闽东方言 B. 闽北方言
   C. 闽南方言 D. 闽中方言
8. 现代汉语有什么类型语言特点?( )(北京大学 2012 年)
   A. 孤立语 B. 黏着语
   C. 屈折语 D. 复综语
9. 广东梅县话属于( )。(首都师范大学 2015 年)(黑龙江大学 2012 年)
   A. 粤方言 B. 湘方言
   C. 客家方言 D. 北方方言
10. 客家方言的主要分布区域不包括( )。(四川大学 2012 年)
    A. 广东、广西 B. 福建、江西
    C. 湖南、四川 D. 湖北、安徽
11. 方言是由于( )的不同产生的。(北京语言大学 2018 年)
    A. 地域方面 B. 政治方面
    C. 经济方面 D. 文化方面
12. 闽东方言的代表方言是( )。(黑龙江大学 2013 年)
    A. 厦门话 B. 梅县话
    C. 福州话 D. 南昌话
13. 长沙话是( )的代表方言。(黑龙江大学 2014 年)
    A. 闽方言 B. 湘方言
    C. 粤方言 D. 赣方言
14. 南京话属于( )。(黑龙江大学 2017 年)
    A. 北方方言 B. 吴方言
    C. 粤方言 D. 赣方言

三、判断题

1. 五四运动以后,国语运动动摇了文言文的统治地位。（　）（北京大学 2015 年）
2. 早在数百年前,北方方言就在中国社会中处于重要地位,主要因为明清时政府的大力推广。（　）（北京大学 2012 年）
3. 江苏长江以北地区和安徽省属于江淮方言区。（　）（北京大学 2015 年）
4. 汉语缺少严格意义上的形态变化。（　）（复旦大学 2012 年）
5. 北方方言是现代汉民族共同语的基础方言,以北京话为代表。（　）（东北师范大学 2015 年）
6. 汉语跟英语、法语、俄语、日语、阿拉伯语是联合国的六种工作语言。（　）（厦门大学 2015 年）
7. 民族共同语的形成、普通话的推广以方言的消亡作为前提。（　）（南京师范大学 2015 年）
8. 语言规范化是为了消除语言使用中多种方言并存的混乱现象,更好地发挥语言文字的交际功能。（　）（中山大学 2014 年）
9. 普通话是说北京话的人的母语。（　）（四川大学 2016 年）
10. 语音的社会属性是指社会人群共同规定特定语音与特定语义的对应。（　）（四川大学 2016 年）
11. 汉语是世界上唯一一种有声调的语言。（　）（四川大学 2016 年）
12. 汉语从古到今的语法变化不如语音变化那么大。（　）（四川大学 2016 年）
13. 汉语各个方言之间,词汇的差异最大,语法的差别最小。（　）（北京大学 2017 年）
14. 与印欧语相比,汉语呈现出一系列分析型语言的特点。（　）（黑龙江大学 2012 年）
15. 在汉语中,音高的不同是可以区别意义的。（　）（黑龙江大学 2013 年）
16. 汉语各方言区语音的差异最大,词汇次之。（　）（黑龙江大学 2014 年）
17. 口语和书面语在表达形式上是完全一样的。（　）（黑龙江大学 2019 年）

四、简答题

1. 现代汉语有哪些主要的语法特点？（华东师范大学 2013 年）
2. 简述现代汉语口语和书面语的主要区别。（东北师范大学 2015 年）
3. 现代汉语有哪些方言区？简要说明各种方言区的大致范围和代表方言点。（黑龙江大学 2015 年、2016 年）
4. 现代汉语在词汇、语法方面有哪些特点？（黑龙江大学 2015 年）
5. 说说汉语的地位和影响。（黑龙江大学 2017 年）

练习答案

一、填空题

1. 普通话 方言 2. 口语 书面语 文学语言 3. 北京语音 北方话 典范的现代白话文著作 4. 民族共同语 5. 国语 6. 方言 北方方言 湘方言 赣方言 闽方言 粤方言 7. 北方方言 8. 苏州话或上海话 广东梅县话 9. 英语 法语 俄语 西班牙语 阿拉伯语 10. 白话文 国语 11. 促进汉语规范化 推广普通话

二、单项选择题

1. A 2. A 3. C 4. B 5. B 6. D 7. D 8. A 9. D 10. B 11. B 12. B 13. C 14. B 15. B 16. A

三、判断题

1. × 2. × 3. × 4. × 5. × 6. × 7. √ 8. √ 9. × 10. × 11. √ 12. × 13. √

四、名词解释

1. 现代汉民族共同语是指以北京语音为标准音,以北方话为基础方言、以典范的现代白话文著作为语法规范的普通话。

2. 方言是指通行于一定的地域,局部地区的人们使用的语言。

3. 民族共同语是在一种方言的基础上形成的,作为民族共同语基础的方言就叫作基础方言。

4. 现代汉语规范化就是确立现代汉民族的共同语明确、一致的标准,消除语音、词汇、语法等方面存在的一些分歧,同时对它的书写符号——文字的形、音、义各个方面制定标准进行规范。

五、简析题

1. 简析汉语七大方言区及其代表话。

(1)北方方言,以北京话为代表。可分为四个次方言:华北、东北方言,西北方言,西南方言和江淮方言。

(2)吴方言,以苏州话或上海话为代表。

(3)湘方言,以长沙话为代表。
(4)赣方言,以南昌话为代表。
(5)客家方言,以广东梅县话为代表。
(6)闽方言,可分为闽东、闽南、闽北、闽中、莆仙五个次方言。其中闽东方言以福州话为代表,闽南方言以厦门话为代表。
(7)粤方言,以广州话为代表。

2.简述现代汉语在语音、词汇、语法上的特点。
(1)语音方面的主要特点:没有复辅音;元音占优势;有声调。
(2)词汇方面的主要特点:汉语词形较短,单音节语素多;双音节词占优势;广泛运用词根复合法构成新词。
(3)语法方面的主要特点:语序和虚词是表达语法意义的主要手段;词、短语和句子的结构原则基本一致;词类和句法成分关系复杂;量词和语气词十分丰富。

考研真题答案

一、填空题

1.方言 2.北方方言 3.吴方言 4.吴 北方 5.北方 6.北方 7.典范的现代白话文著作 8.民族共同语 9.北京语音 10.普通话 11.江淮方言 12.北方方言 13.闽、粤 14.双音节化 15.典范的现代白话文著作 16.湘 17.单音节 18.没有复辅音、元音占优势、有声调 19.民族共同语 20.词根复合法 21.福州话 22.复合 23.语音、词汇、语法 24.汉藏 25.多功能性 26.典范的现代白话文著作 27.元 28.孔子学院 29.北方 30.白话 31.单音节语素 32.北方 33.白话

二、单项选择题

1.D 2.C 3.D 4.D 5.C 6.A 7.C 8.A 9.C 10.D 11.A 12.C 13.B 14.A

三、判断题

1.× 2.× 3.√ 4.√ 5.√ 6.× 7.× 8.× 9.× 10.√ 11.× 12.√ 13.√ 14.√ 15.√ 16.√ 17.×

四、简答题

1. 现代汉语有哪些主要的语法特点？

语序和虚词是表达语法意义的主要手段；词、短语和句子的结构原则基本一致；词类和句法成分关系复杂；量词和语气词十分丰富。举例略。

2. 简述现代汉语口语和书面语的主要区别。

口语是人们口头上应用的语言，具有口语的风格。其特征在于简短、疏放、有较多省略。这种风格的形成，是由于口语常呈现为当面交谈，有特定的语境衬托，又有身手姿势和语音变化的帮助，因而具有较多的辅助性信息作为支撑。但是口语的声音一发即逝，难于流传久远。为了克服口语受到时间和空间限制的缺点，古人创造出文字来记录口语。因而，在可听的口语之外，又产生了可见的书面语。书面语是用文字写下来的语言，是以口语为基础而形成的，具有与口语不同的风格。书面语趋于周密、严谨；结构完整，长句较多。这种风格的形成，往往是由于书面语缺少不同语境下当面会话所具备的种种辅助信息，不得不要求语句自身的严谨与完备。

3. 现代汉语有哪些方言区？简要说明各种方言区的大致范围和代表方言点。

（1）北方方言，以北京话为代表，它是汉民族共同的基础方言，使用人口占汉族总人口的73%。北方方言又分为华北—东北、西北、西南和江淮等四个次方言区。

（2）吴方言，分布在上海、江苏省长江以南、镇江以东地区（不包括镇江）、南通的部分地区和浙江大部分地区，以苏州话或上海话为代表。

（3）湘方言，分布在湖南省大部分地区，以长沙话为代表。

（4）赣方言，分布在江西省大部分地区，以南昌话为代表。

（5）客家方言，主要分布在广东东部和北部、福建西部、江西南部和广西东南部，以广东省梅县话为代表。

（6）闽方言，可分为闽东、闽南、闽北、闽中、莆仙五个次方言。其中，闽东方言以福州话为代表，闽南方言以厦门话为代表。跨越四省，包括福建省大部分地区、广东省东北部、浙江南部部分地区以及台湾省大部分汉人居住区。

（7）粤方言，主要分布在广东省中部、南部和广西的东部、南部以及港澳地区，以广东话为代表。

4. 现代汉语在词汇、语法方面有哪些特点？

词汇方面：

（1）单音节语素多，双音节词占优势。现代汉语词汇中，单音节语素多，在书写形式上，一个汉字通常代表一个语素，多音节语素为数甚少，大部分为外来词。汉语由单音节语素构成的双音节词占绝大多数。汉语在发展过程中逐渐趋向双音节化。过去的单音节词有的被双音节词代替，如"目－眼睛""石－石头"。有些多音节短语也被缩减为双音节词，如"外交部部长－

外长""彩色电视机－彩电"。新创造的词也多为双音节,如"弱智""离休"。

(2)广泛运用词根复合法构成新词,利用词根语素构成的合成词最多,如电灯、电视、电脑、电影、电话、电车、电器等。利用词缀和词根构成的词比较少,如阿姨、老板、石头、桌子等。

(3)同音语素多。例如,由同样的声母、韵母和声调构成的音节"shi",代表语素就有很多,有诗、湿、失、施、狮等。

语法方面:

(1)汉语缺少严格意义上的形态变化,语序和虚词是表达语法意义的主要手段。比如英语的 book,复数是 books。俄语中性(阴性/阳性)数(单数/复数)格(1~6格)有不同的变化形式。而汉语的"书",不论出现在什么位置,没有形态变化。那么汉语通过什么表示语法意义呢? 就是语序和虚词。比如说同样的一些词语,排列顺序不同,意思也不一样。

(2)词、短语和句子的结构原则基本一致。

词、短语和句子都有主谓、动宾、补充、偏正、联合等五种基本语法结构关系。

(3)词类和句法成分不是简单的对应关系。

汉语中词类和句法成分的关系比较复杂,同一词类可以充当多种句法成分,词在句法成分方面呈现出多功能性。比如名词可以做主语、宾语、定语、状语、谓语;形容词可以充当谓语、定语、状语、补语等。

(4)量词十分丰富,有语气词。

数词和名词、动词结合时,一般都需要在数词之后加个量词,不同名词所用量词不同。

5.说说汉语的地位和影响。

现代汉语不仅是中国汉民族的交际工具,同时也是中国各民族人民之间的交际工具。日本语、朝鲜语、越南语同汉语关系尤为特殊。汉语是联合国六种工作语言之一(另外五种是英语、法语、俄语、西班牙语、阿拉伯语),在国际交往中,它发挥着很重要的作用。(可结合事例具体谈谈。)

第二章 Chapter 2

语 音

练习题

一、填空题

1. 语音是从人的_____发出的能够表达一定意义的声音。
2. 语音具有_____属性、_____属性和_____属性,其中_____是语音的本质属性。
3. 从语音的物理属性看,"牧童"与"木桶"中后一音节的区别主要由_____决定。
4. 从语音的物理性质看,"舌头"和"蛇头"中两个"头"的区别主要决定于_____。
5. 发音器官包括_____、_____、_____三大部分。
6. 语音同其他声音一样,具有_____、_____、_____、_____四个要素。
7. 音高是声音的高低,它取决于_____。
8. 对于同一个人来说,音高变化可以通过_____来实现。
9. 音色又叫_____,指的是声音的特色。
10. 造成音色不同的条件有发音体不同、_____和_____。
11. 元音和辅音的主要区别在于_____。
12. 《汉语拼音方案》包括_____、_____、_____、_____、_____五部分。
13. 《汉语拼音方案》的主要用途是_____和_____。
14. 《汉语拼音方案》字母表中_____只用来拼写外来语、少数民族语言和方言。
15. 国际音标是由_____于1888年制定的,目的是用来记录和研究不同民族语言的语音,其记音原则是_____。
16. 音节是_____单位,也是听觉上自然感到的_____。

17. 声母是音节开头的_____,普通话共有_____个声母,除一个_____外,其余都是_____声母。
18. 韵母位于音节的后段,由_____或_____构成。
19. 普通话音素可以分为_____和_____两大类。
20. 语言里能够区别词义的最小语音单位叫作_____。
21. 辅音声母的分类依据是_____和_____。
22. 发音部位是指_____,按照发音部位的不同,普通话声母可以分为双唇音、_____、_____、_____、舌尖中音、_____、_____、舌面后音七类。
23. 普通话声母 g、k、h 从发音部位看属于_____。
24. 发音方法是指_____,按照发音方法的不同,普通话声母可以分为塞音、_____、_____、_____、_____等五类。
25. 根据发音时声带是否颤动,普通话声母可以分为_____和_____两类。
26. 根据发音时呼出的气流强弱,普通话声母可以分为_____和_____两类。
27. 按照发音方法分类,l 是_____,n 是_____。
28. 普通话声母中的送气音有_____,与其对应的不送气音是_____。
29. 双唇、送气、清、塞音是_____,舌尖前、不送气、清、塞擦音是_____。
30. f 是_____,g 是_____,zh 是_____,q 是_____。
31. "从"的声母是舌尖_____、送气、清、_____音。
32. 舌尖后、清、送气、塞擦音用汉语拼音字母和国际音标表示分别是_____和_____。
33. 普通话中 r 的发音部位和发音方法是_____。
34. 普通话的辅音大多是_____辅音,只有 m、n、ng、l、r 是_____辅音。
35. 普通话中 h 的国际音标写作_____,x 的国际音标写作_____,zh 的国际音标写作_____。
36. 普通话中有一些音节的开头没有辅音,这叫作_____。
37. 普通话里有一个辅音不充当声母、专做韵尾,那就是_____。
38. 鼻辅音充当韵尾时与充当声母时略有不同,没有_____阶段。
39. 韵母是_____。韵母的结构可以由_____、_____、_____三部分组成。
40. 由_____充当的韵母叫单韵母,普通话的单韵母共有_____个。
41. 单元音韵母的发音条件是_____、_____和_____。
42. 根据发音时舌头的部位状态,单韵母可以分为_____、_____、_____三类。
43. 普通话共有_____个韵母,按照构成成分分为_____、_____、_____三类。
44. 韵腹是韵母的_____,又叫_____;位置在韵腹前面的是_____,又叫_____;在韵腹后面的是_____。一个韵母可以没有_____、_____,但是一定要有韵腹。

45. 所有的元音都可以充当韵腹，而能做韵头的只有_____三个元音；能做韵尾的只有_____两个元音和_____两个辅音。
46. 舌尖、前、高、不圆唇元音是_____，舌尖、后、高、不圆唇元音是_____。
47. "皮"的韵母 i 是舌面前、_____、不圆唇元音。
48. 舌面、后、半高、不圆唇元音用汉语拼音字母和国际音标表示分别是_____和_____。
49. 没有韵头，而韵腹又不是 i、u、ü 的韵母，叫作_____；韵头或韵腹是 i 的韵母，叫作_____；韵头或韵腹是 u 的韵母，叫作_____；韵头或韵腹是 ü 的韵母，叫作_____。
50. 普通话的韵母除了按照韵腹的特点分类外，还可以按照韵头的情况分类，这叫作_____。
51. 单元音 i 在拼音方案中代表了_____这三个不同的音素，其中_____只在 z、c、s 后出现。_____只在 zh、ch、sh、r 后出现，按照四呼归类，z、zh 这两组声母后的 i 应该属于_____。
52. 声调是指因音节高低升降的变化而具有_____功能的一种语音现象。
53. 声调是构成汉语音节的三要素之一，它同声母、韵母一样具有_____的作用。
54. 调值就是声调的_____，是指依附在音节里_____的固定形式。
55. 普通话的调值一般采用_____来表示。
56. 普通话中的四种调值分别是_____。
57. 调类就是声调的_____，就是把_____的字归纳在一起所建立的类。
58. 入声读音短促，这是因为在这些音节后都带有_____韵尾。
59. 凡古入声（方言入声）字的普通话声母是 b、d、g、j、zh、z，它们的普通话声调现在大都是_____。
60. 音节由_____构成，是语言的基本结构单位。
61. 在普通话中，音节与汉字基本是_____的关系，但是_____例外。
62. 普通话音节可以分为_____、_____、_____三部分。
63. 分析音节有两种不同的方法：_____分析法和声韵调分析法。
64. 汉语的每个音节最多_____个音素，最少_____个音素；有辅音的音节，辅音只出现在_____或_____。
65. "武艺"wǔ yì 这样的音节由 w、y 开头，说明是_____音节。
66. 对普通话音节结构做深层次分析，一般一个完整的音节应该具备_____、_____、_____、_____、_____五个部分。
67. 一般说来，韵腹是_____的元音，只有韵母中没有其他元音时，_____的元音（i/u/ü）才能充当韵腹。
68. "春"的韵腹和韵尾用汉语拼音字母表示分别是_____和_____。

69. "绝"的韵母用汉语拼音和国际音标表示为_____。

70. y、w既是一种书写时的_____，在发音上也多少起了一些提示有_____存在的作用。

71. "西安"与"先"的拼音区别是用不用_____符号。

72. 按照普通话声韵配合规律，舌尖中清音声母"d、t"可以和_____韵母相拼。普通话中，双唇音不能与_____韵母相拼合。

73. 按照普通话声韵拼合规律，_____韵母只能和唇音声母相拼，_____韵母不能和唇音声母相拼。

74. 上声在非上声前，调值变为_____。

75. 有些音节在词或句子里失去了原有的声调，变得_____，这就叫作轻声。

76. 我们可以把听感相似、_____的一组音素归纳为一个音位。汉语普通话中有_____个元音音位。

77. 音位中由_____不同而造成的变体叫作条件变体。

78. 语调主要是由_____音节的音高变化来体现。

79. 停顿是生理上的需要，又是_____上的需要。

80. 停顿的长短与语言结构的松紧有关，也和_____有关。

二、单项选择题

1. 声调的基本性质决定于(　　)。
   A. 音高　　　　　　　　　　　B. 音强
   C. 音色　　　　　　　　　　　D. 音长

2. 不同的音素决定于(　　)。
   A. 音高　　　　　　　　　　　B. 音强
   C. 音色　　　　　　　　　　　D. 音长

3. 几个性别相同、年龄相仿的熟人在隔壁说话，能听得出说话人是张三还是李四，这主要是由于各人的(　　)。
   A. 音高不同　　　　　　　　　B. 音强不同
   C. 音长不同　　　　　　　　　D. 音色不同

4. 男子和女子声音差别决定于(　　)。
   A. 发音方法　　　　　　　　　B. 共鸣器
   C. 发音体　　　　　　　　　　D. 用力大小

5. 语音的本质属性是(　　)。
   A. 生理性　　　　　　　　　　B. 物理性
   C. 社会性　　　　　　　　　　D. 自然性

6. 发音器官中起共鸣作用的是(　　)。
   A. 肺和气管　　　　　　　　　　　B. 喉头和声带
   C. 口腔和鼻腔　　　　　　　　　　D. 小舌和声带
7. 汉语拼音字母 b、d、g 发音不同是由于(　　)。
   A. 发音部位不同　　　　　　　　　B. 发音方法不同
   C. 共鸣器形状不同　　　　　　　　D. 舌位前后不同
8. 说话声音大小属于语音四要素中的(　　)。
   A. 音高　　　　　　　　　　　　　B. 音强
   C. 音色　　　　　　　　　　　　　D. 音长
9. 汉语拼音字母采用的是(　　)。
   A. 英文字母　　　　　　　　　　　B. 拉丁字母
   C. 法文字母　　　　　　　　　　　D. 俄文字母
10. 普通话辅音声母共有(　　)。
    A. 20 个　　　　　　　　　　　　 B. 21 个
    C. 22 个　　　　　　　　　　　　 D. 23 个
11. 舌面音是指(　　)。
    A. z、c、s　　　　　　　　　　　 B. j、q、x
    C. zh、ch、sh　　　　　　　　　　D. b、d、g
12. 发音时候两个部位完全闭合,阻住气流,然后突然打开,让气流迸裂而出,爆发成声的音是(　　)。
    A. 塞音　　　　　　　　　　　　　B. 擦音
    C. 塞擦音　　　　　　　　　　　　D. 边音
13. 发音时候两个发音部位靠近,形成窄缝,让气流从窄缝中挤出的音是(　　)。
    A. 塞音　　　　　　　　　　　　　B. 擦音
    C. 塞擦音　　　　　　　　　　　　D. 边音
14. 发音时候两个部位完全闭合,阻住气流,然后放开一条窄缝让气流从窄缝中挤出的音是(　　)。
    A. 塞音　　　　　　　　　　　　　B. 擦音
    C. 塞擦音　　　　　　　　　　　　D. 边音
15. 发音时候舌尖抵住上齿龈,同时软腭上升,堵住鼻腔通道,让气流从舌头两边出来的音是(　　)。
    A. 塞音　　　　　　　　　　　　　B. 擦音
    C. 塞擦音　　　　　　　　　　　　D. 边音

16. zh、ch、sh、r 四个辅音的发音部位是(　　)。
A. 舌尖前　　　　　　　　　　B. 舌尖中
C. 舌尖后　　　　　　　　　　D. 舌面
17. 从发音方法上看,普通话声母 x 属于(　　)。
A. 擦音　　　　　　　　　　　B. 塞擦音
C. 塞音　　　　　　　　　　　D. 边音
18. 普通话声母中浊音声母有(　　)。
A. 3 个　　　　　　　　　　　B. 4 个
C. 5 个　　　　　　　　　　　D. 6 个
19. 一个古入声字,其普通话声母是浊辅音,现在的普通话声调应该是(　　)。
A. 上声　　　　　　　　　　　B. 阴平
C. 去声　　　　　　　　　　　D. 阳平
20. 声母是擦音的一组词语是(　　)。
A. 爆破 灯塔 甘苦　　　　　　B. 秘密 男女 料理
C. 自从 支持 坚强　　　　　　D. 愤恨 相思 生日
21. 声母 z 和 zh 的不同是(　　)。
A. 发音部位　　　　　　　　　B. 发音方法
C. 气流强弱　　　　　　　　　D. 阻碍方式
22. 声母 r 的名称是(　　)。
A. 舌根浊鼻音　　　　　　　　B. 舌尖后浊擦音
C. 舌尖中浊鼻音　　　　　　　D. 舌尖中浊边音
23. 声母是舌尖后音的一组词语是(　　)。
A. 辩白 澎湃 买卖　　　　　　B. 藏族 从此 色素
C. 政治 城池 师生　　　　　　D. 地道 疼痛 农奴
24. 声母是浊音的一组词语是(　　)。
A. 辩白 地道 计较　　　　　　B. 丰富 色彩 欢呼
C. 从此 政治 崎岖　　　　　　D. 秘密 男女 料理
25. 舌面送气清塞擦音是(　　)。
A. p　　　　　　　　　　　　B. q
C. b　　　　　　　　　　　　D. d
26. 普通话声母 f 属于(　　)。
A. 舌尖前音　　　　　　　　　B. 齿间音
C. 唇齿音　　　　　　　　　　D. 双唇音

27. 元音的声源是(　　)。
A. 声带的振动
B. 口腔的共鸣
C. 气流冲破阻碍的爆裂
D. 气流冲破阻碍的摩擦

28. 普通话的单元音韵母共有(　　)。
A. 6个
B. 7个
C. 8个
D. 10个

29. 只具有舌位前后不同的一组单韵母是(　　)。
A. a - ê
B. i - ü
C. o - e
D. u - ü

30. 有前响复韵母的一组词语是(　　)。
A. 海带 配备 口头
B. 加压 结业 雀跃
C. 摔坏 水位 优秀
D. 展览 源泉 状况

31. "er"是(　　)。
A. 复韵母
B. 鼻韵母
C. 单韵母
D. 齐齿呼韵母

32. 舌面、央、低、不圆唇元音韵母是(　　)。
A. a
B. o
C. e
D. ê

33. 舌面、后、半高、不圆唇元音韵母是(　　)。
A. e
B. ê
C. a
D. o

34. 舌面、前、半低、不圆唇元音韵母是(　　)。
A. e
B. ê
C. o
D. u

35. 舌面、前、高、不圆唇元音韵母是(　　)。
A. i
B. u
C. ü
D. a

36. 舌面、后、半高、圆唇元音韵母是(　　)。
A. e
B. ê
C. o
D. u

37. 舌面、后、高、圆唇元音韵母是(　　)。
A. a
B. o
C. u
D. ê

38. 舌面、前、高、圆唇元音韵母是（　　）。
A. i
B. u
C. ü
D. ê

39. -i（前）是（　　）。
A. 舌尖、前、高、不圆唇单韵母
B. 舌面、前、高、不圆唇单韵母
C. 舌面、前、高、圆唇单韵母
D. 舌尖、前、高、圆唇单韵母

40. -i（后）是（　　）。
A. 舌尖、前、高、不圆唇单韵母
B. 舌面、前、高、不圆唇单韵母
C. 舌面、前、高、圆唇单韵母
D. 舌尖、后、高、不圆唇单韵母

41. e 和 o 的区别在于（　　）。
A. 舌位的高低不同
B. 舌位的前后不同
C. 唇形的圆展不同
D. 舌位的高低和唇形的圆展不同

42. i 和 u 的区别在于（　　）。
A. 舌位的高低不同
B. 舌位的前后不同
C. 嘴唇的圆和不圆
D. 舌位的前后不同以及嘴唇的圆和不圆

43. e 和 ê 的区别在于（　　）。
A. 舌位的高低不同
B. 舌位的前后不同
C. 舌位的高低不同和舌位的前后不同
D. 嘴唇的圆和不圆

44. u 和 ü 的区别在于（　　）。
A. 嘴唇的圆和不圆
B. 舌位的高低不同
C. 舌位的前后不同
D. 舌位的前后不同和嘴唇的圆和不圆

45. 前响复韵母是（　　）。
A. ai、ei、ua、uo
B. ai、ei、ao、ou
C. ai、ei、ou、uo
D. ia、ie、ua、ai、ue

46. 后响复韵母是（　　）。
A. ai、ei、ua、uo
B. ai、ei、ao、ou
C. ai、ei、ou、uo
D. ia、ie、ua、üe

47. 普通话"波"的韵母属于（　　）。
A. 前、高、不圆唇元音
B. 前、半高、不圆唇元音
C. 后、半高、圆唇元音
D. 后、半高、不圆唇元音

48. er 这个单元音韵母的名称是（　　）。
A. 舌面前央不圆唇元音
B. 卷舌央中圆唇元音
C. 卷舌央中不圆唇元音
D. 舌面央中不圆唇元音

49.韵母发音时有动程的一组带点字是(　　)。
　A.抚摸　胳膊　　　　　　　　　B.牧童　朴素
　C.可怜　结合　　　　　　　　　D.水果　许多
50.韵母都是开口呼的一组词语是(　　)。
　A.支持　号召　肥美　　　　　　B.利益　巧妙　响亮
　C.住宿　追随　昆仑　　　　　　D.序曲　约略　均匀
51.不属于汉语普通话特有的音位是(　　)。
　A.舌尖元音音位　　　　　　　　B.卷舌元音音位
　C.声调音位　　　　　　　　　　D.舌面元音音位
52.关于语音声调的错误说法是(　　)。
　A.起决定作用的是音高的绝对频率
　B.声调的音高变化都是相对的
　C.音高的变化没有跳动的形式
　D.起决定作用的是"平升曲降"的相对关系
53.调值依次是51、214、35、55的一组音节是(　　)。
　A.千言万语　　　　　　　　　　B.袖手旁观
　C.五光十色　　　　　　　　　　D.花红柳绿
54.汉语普通话中阴平、阳平、上声、去声四种调类对应的调值分别是(　　)。
　A.44　35　215　51　　　　　　B.55　35　214　51
　C.55　35　412　53　　　　　　D.33　35　412　51
55."一些、稍微"的正确声调是(　　)。
　A. yìxiě、shāowěi　　　　　　　B. yìxiē、shāowēi
　C. yìxiě、shāowēi　　　　　　　D. yìxiē、shāowěi
56."因此、危险"的正确读音是(　　)。
　A. yīncí wéixiǎn　　　　　　　 B. yíncí wéixiǎn
　C. yíncí wēixiǎn　　　　　　　 D. yīncí wēixiǎn
57.普通话音节最多可以有(　　)。
　A.三个音素　　　　　　　　　　B.四个音素
　C.五个音素　　　　　　　　　　D.六个音素
58."zhuāng"的构成音素有(　　)。
　A.3个　　　　　　　　　　　　　B.4个
　C.5个　　　　　　　　　　　　　D.6个
59.汉语音节是(　　)。
　A.辅音较少,元音占绝对优势　　　B.辅音较多,元音较少
　C.元音和辅音各占一半　　　　　D.没有辅音

60. 韵头可以由（　　）充当。
A. a、o、e
B. i、u、ü
C. -i(前)、-i(后)
D. 单元音

61. 韵腹可以由（　　）充当。
A. a、o、e
B. 单元音
C. i、u、ü
D. a、o、e、i、u、ü

62. "玻、泼、摸、佛"应该拼写成（　　）。
A. buo、puo、muo、fuo
B. be、pe、me、fe
C. bo、po、mo、fo
D. bu、pu、mu、fu

63. "娟、全、选"应该拼写成（　　）。
A. juān quān xuān
B. jüān qüān xüān
C. jiān qiān xiān
D. juān quán xuǎn

64. 声韵相拼时,声母应该发成（　　）。
A. 呼读音
B. 本音
C. 名称音
D. 呼读音和本音都可以

65. 声调应该标在（　　）。
A. 韵腹上
B. 韵头上
C. 韵尾上
D. 介音上

66. "iu、ui"的声调应该标在（　　）。
A. "i"上
B. "iu"标在"i"上,"ui"标在"u"上
C. "u"上
D. "iu"标在"u"上,"ui"标在"i"上

67. "司马相如"的正确拼音是（　　）。
A. sīmǎxiàngrú
B. Sīmǎ Xiàngrú
C. Sīmǎ-xiàngrú
D. Sīmǎ Xiàngrú

68. "一定"中的"一"应读（　　）。
A. 阴平
B. 阳平
C. 上声
D. 去声

69. "一群"中的"一"应读（　　）。
A. 阴平
B. 阳平
C. 上声
D. 去声

70. "唱一唱"中的"一"应读（　　）。
A. 阴平
B. 阳平
C. 去声
D. 轻声

71. "不好"中的"不"应读( )。
    A. 轻声   B. 阴平
    C. 阳平   D. 去声

72. "不去"中的"不"应读( )。
    A. 轻声   B. 阴平
    C. 阳平   D. 去声

73. "花儿"的正确拼音应写成( )。
    A. huā   B. huār
    C. huāer   D. huā-er

74. "他从什么地方来啊?"中的"啊"应读( )。
    A. ya 呀   B. wa 哇
    C. na 哪   D. nga 啊

75. "这是多好的同志啊!"中的"啊"应读( )。
    A. a 啊   B. ra 啊
    C. za 啊   D. ya 呀

76. 下列带点字的实际调值是35,其中不属于上声音位变体的是( )。
    A. 展览   B. 雨伞
    C. 好酒   D. 没有

77. "小孩儿"的实际发音是( )。
    A. xiǎnhái   B. xiǎoháir
    C. xiǎohár   D. xiǎoháier

78. 下列各项中,两个音节的声母发音部位相同的是( )。
    A. 赞助   B. 家乡
    C. 难免   D. 报告

79. 下列各项中,两个音节都属于零声母的是( )。
    A. 落叶   B. 温和
    C. 如意   D. 安慰

80. 下列各项中,两个音节的韵母按四呼可以归为一类的是( )。
    A. zhìzào   B. yuèsè
    C. wàngshèng   D. fēngfù

81. 下列各项中,两个音节都是由后响复韵母构成的是( )。
    A. 结果   B. 劳累
    C. 漂流   D. 高楼

82.下列各项中,两个音节的声母按清浊音顺序排列的是( )。
A.诗歌　　　　　　　　　　　　B.酷热
C.美丽　　　　　　　　　　　　D.医生

83."鱼"和"衣"在韵母上的区别是( )。
A.唇形的圆和展　　　　　　　　B.舌位的前和后
C.舌位的高和低　　　　　　　　D.舌面和舌尖

84.下列各项中,两个音节的韵母按四呼可以归为一类的是( )。
A.志气　　　　　　　　　　　　B.云彩
C.往常　　　　　　　　　　　　D.迟早

85.下列说法中正确的是( )。
A.普通话辅音声母都是清音
B.普通话辅音声母中 m、n、l、r 是浊音,其他是清音
C.普通话辅音声母共 6 个浊音
D.普通话辅音声母中 m、n、l、r、ng 是浊音,其他是清音

86.下列各成语注音全部正确的是( )。
A.驾轻就熟 jiàqīn – jiùshú　　　　B.忍俊不禁 rěnjùn – bùjīn
C.茅塞顿开 máosài – dùnkāi　　　D.亘古未有 hénggǔ – wèiyǒu

87.只能自成音节的单元音韵母是( )。
A.舌面元音　　　　　　　　　　B.圆唇元音
C.卷舌元音　　　　　　　　　　D.舌尖元音

88.普通话舌面后音可以与( )相拼合。
A.开口呼、合口呼、齐齿呼、撮口呼　　B.合口呼、齐齿呼
C.合口呼、齐齿呼、撮口呼　　　　　　D.开口呼、合口呼

89."huār"(花儿)是( )。
A.两个音节,四个音素　　　　　　B.两个音节,三个音素
C.一个音节,四个音素　　　　　　D.一个音节,三个音素

90.下列( )组词是轻声词。
A.船头、莲子、地方(政府)、课桌　　B.(那个)地方、石头、山上、桌子
C.高山、大头、四方、棋子　　　　　　D.小儿、平方、人头、子弹

三、多项选择题

1.音素是( )。
A.最小的语音单位　　　　　　　　B.不可再分的语音单位
C.最自然的语音单位　　　　　　　D.按声韵调分析法分析出来的
E.最小的语音语义结合体

2. 声母是舌尖前音、舌尖后音的两组词依次是( )。
   A. 计较 崎岖 细小
   B. 钢管 刻苦 欢呼
   C. 藏族 从此 色素
   D. 政治 城池 师生
   E. 自私 私藏 实际

3. 韵母是圆唇元音的两组词是( )。
   A. 合格 特色
   B. 服务 薄膜
   C. 利益 稀奇
   D. 序曲 住宿
   E. 自私 支持

4. 能与撮口呼韵母组合的声母是( )。
   A. b、p
   B. d、t
   C. n、l
   D. z、c
   E. j、q

5. 带点字的声母应读为送气音的是( )。
   A. 同胞
   B. 蝴蝶
   C. 证券
   D. 花朵
   E. 血泊

6. 关于音节的错误说法是( )。
   A. 音节是最小的语音单位
   B. 音节是最自然的语音单位
   C. 音节是由一个音素构成的
   D. 音节是发音肌肉一次从紧张到松弛的过程
   E. 音节有明显的响度中心

7. 两个音节的声调依次是上声、去声的词语是( )。
   A. 喜欢
   B. 朴素
   C. 美德
   D. 表现
   E. 整体

8. 声母是送气音的两组词是( )。
   A. 辩白 地道 钢管
   B. 藏族 政治 计较
   C. 澎湃 疼痛 刻苦
   D. 愤恨 相思 生日
   E. 从此 城池 崎岖

9. 韵母分别是合口呼、撮口呼的两组词是( )。
   A. 烂漫 根本 帮忙
   B. 前线 亲近 想象
   C. 空洞 丰盛 口头
   D. 挂花 贯穿 温顺
   E. 渊源 军训 约略

10. 带点字的声调应读去声的是(　　)。
A. 比较
B. 质量
C. 卑鄙
D. 差错
E. 花茎

11. 下面各组成语注音全部正确的是(　　)。
A. 箪食瓢饮 dānsì – piáoyǐn
B. 敷衍了事 fúyiǎn – liǎoshì
C. 老气横秋 lǎoqì – hèngqiū
D. 画龙点睛 huàlóng – diǎnjīng
E. 穿凿附会 chuānzuó – fùhuì

12. 汉语音节结构的特点有(　　)。
A. 每个音节都有声母、韵母和声调
B. 韵母可以没有韵头、韵尾
C. 音节中可以有两个辅音音素
D. 普通话所有音节中必须有元音音素
E. 音节中最多可以有四个音素

13. 能同齐齿呼韵母相拼的声母有(　　)。
A. b、p、m、f
B. d、t、n、l
C. g、k、h
D. j、q、x
E. zh、ch、sh、r

14. 下列拼音正确的是(　　)。
A. yuān(渊)
B. yú(鱼)
C. wūn(晕)
D. yùn(韵)
E. yù(玉)

15. 音节是(　　)。
A. 最自然的语音单位
B. 最小的语音单位
C. 自然感到的最小的语音片断
D. 语音的基本结构单位
E. 由音素构成

16. 下列拼音正确的是(　　)。
A. miù(谬)
B. lùn(论)
C. tuén(吞)
D. zhī(追)
E. qún(群)

17. 下列拼音标调规范的是(　　)。
A. xǔe
B. shuāng
C. suǒ
D. huī
E. xiū

18. 下列拼音正确的是（　　）。
A. yuèjù（粤剧）
B. Léifēng（雷锋）
C. gōngguān（公关）
D. píngfēn – qiūsè（平分秋色）
E. zǒngér – yánzhī（总而言之）

19. 元音和辅音的区别是（　　）。
A. 发元音时气流不受阻，发辅音时气流在口腔受阻
B. 发元音时，发音器官均衡紧张；发辅音时，发音器官构成阻碍部位特别紧张
C. 元音气流舒缓、微弱，辅音气流急促、强烈
D. 发元音时声带都振动，声音响亮；发辅音时声带都不振动，声音不响亮
E. 发元音时自然，发辅音时不自然

20. 下列各项中，每个音节的韵母都有韵头、韵尾的是（　　）。
A. 优点
B. 威望
C. 昂首
D. 烟台
E. 流水

四、判断题

1. 人的发音器官发出的声音就是语音。（　）
2. 没有发音器官，人类就不能说话，因此，生理性是语音的本质属性。（　）
3. 语音是人类说话的声音，是语言的物质外壳。（　）
4. 语音的社会性使得语音有别于自然界的声音，因此，社会性是语音的本质属性。（　）
5. 声母一般是由辅音充当的，因此可以说，声母和辅音基本上是一回事。（　）
6. 说话声音粗细属于语音四要素中的音色。（　）
7. 声音是一种物理现象，语音是一种声音，因此，物理性是语音的本质属性。（　）
8. 在语音的四要素中，音色对任何语言来说都是最重要的要素。（　）
9. 不同的语言或方言在语音上有种种差异，这是因为不同的民族或不同地区的人在生理上（发音器官）有差异。（　）
10. 音素就相当于汉语拼音字母，一个音节有几个字母就是几个音素。（　）
11. chuāng（窗）这个音节应该分析为 c－h－u－α－n－g 六个音素。（　）
12. 辅音不等于声母，元音不等于韵母。（　）
13. 音位和音位变体的主要区别是：音位不能区别意义，音位变体能区别意义。（　）
14. 汉语拼音字母不符合"一音一符，一符一音"的原则。（　）
15. zh、ch、sh 和 z、c、s 的发音部位相同，都是舌尖与上齿背成阻。（　）
16. n 和 l 的发音部位和发音方法都不同，所以它们是两个音。（　）
17. b、p 和 m 的发音不同，因为 b、p 是双唇音，而 m 是鼻音的缘故。（　）

18. f 是唇齿、清、擦音,r 是舌尖、后、清、擦音。（ ）
19. j、q、x 的发音共同点是它们都是舌面音。（ ）
20. m 和 n 发音的相同之处在于二者都是浊鼻音。（ ）
21. g 和 k 的发音不同之处在于 g 是不送气音,k 是送气音。（ ）
22. j 是舌尖、不送气、清、塞擦音,z 是舌面前、不送气、清、塞擦音。（ ）
23. 普通话中的清擦音共有 6 个:f、s、sh、r、x、h,它们的发音不同是因为发音部位不同。（ ）
24. 普通话韵母都是由元音充当的,辅音不能做韵母。（ ）
25. 汉语拼音方案用 a、o、e、i、u、ü 这 6 个字母记录单元音韵母,所以普通话的单韵母共有 6 个。（ ）
26. 韵母中的辅音是韵尾,所以说韵母中的韵尾一定是辅音。（ ）
27. 一般说来,每个韵母都应该由韵头、韵腹、韵尾三个部分组成。（ ）
28. 由三个音素组成的韵母,这三个音素中应该有一个是辅音。（ ）
29. ie、ei、üe 三个韵母的韵腹相同,都是 e,其音值也是相同的。（ ）
30. "临、勤、近、宾、音、信"的韵母都是相同的。（ ）
31. 一个或两个元音后面带上鼻辅音组成的韵母必然是鼻韵母。（ ）
32. 构成韵头的元音可以是 a、o、e,也可以是 i、u、ü。（ ）
33. i、u、ü 是介音,只能构成韵母的韵头,不能构成韵母的韵尾。（ ）
34. iao、uai 中的 i、u 是韵头,中间是韵腹,后面是韵尾。（ ）
35. an、en、ün、in 中,前面的 a、e、ü、i 都是韵腹,n 是韵尾。（ ）
36. iu、ui、un 中,前面的音素是韵头,后面的音素是韵腹。（ ）
37. ueng 只能自成音节,不能前拼声母。（ ）
38. 语音中的"韵母"与韵文中的"韵"的概念是相同的。（ ）
39. 声调必须依附于构成整个音节的声母和韵母,没有声母、韵母就没有音节,没有音节,也就没有声调。（ ）
40. 声调与音长、音强都有关系,但是本质上是由音高决定的。（ ）
41. 声调的音高有时是相对音高,有时则是绝对音高。（ ）
42. 声调的高低升降有时是滑动的,有时是跳跃的。（ ）
43. 调值的 1、2、3、4、5 表示的音高基本上等于乐谱中的 do、re、mi、fa、so。（ ）
44. 在同一语言中,调值决定调类,调值是声调的"实",调类是声调的"名"。（ ）
45. 现代汉语的声调是由古代汉语声调发展来的,古代汉语的四个调类的调值与现代汉语四个声调的调值基本相同。（ ）
46. 普通话中"ong"韵母不能自成音节,只能和声母相拼。（ ）
47. 普通话的音节与汉字都是一一对应的。（ ）
48. 轻声是普通话的第五个声调。（ ）

49. 语音的四种要素在不同语言中被利用的情况并不一样,比如说音色和音高在汉语语音中有重要价值,而音强和音长在汉语语音中就没有任何作用。（　）
50. 普通话和各个地方的方言调类名称是一样的,实际的调值则是不尽相同的。（　）
51. 音节是最小的语音单位。（　）
52. 普通话音节都包括声母、韵母、声调三个组成部分。（　）
53. 普通话的音节都有元音和声调。（　）
54. 当韵母中只有一个元音时,这个元音一定是韵腹。（　）
55. "gui"这个音节总共有三个音素,其中"u"是韵腹。（　）
56. b、p、m、f 除了能与开、齐两呼韵母相拼外,还能与合口呼韵母相拼,但只限于"u"韵母。（　）
57. j、q、x 只与齐齿呼、撮口呼韵母相拼,不与合口呼韵母相拼。（　）
58. g、k、h、zh、ch、sh、r、z、c、s 都不与齐齿呼、撮口呼相拼。（　）
59. d、t、n、l 能与四呼各韵母相拼。（　）
60. n、l 能与 ü 行的韵母都相拼,但是相拼时 ü 上两点要省写。（　）
61. ju、qu、xu 中的 u 实际是 ü,写成 u 是拼写时的省写。（　）
62. ü 行韵母构成零声母音节时,要在 ü 前面加 y,同时省写两点,如 ü－yu。（　）
63. 《汉语拼音方案》规定:iou、uei、uen 在拼写成音节时,中间元音字母一律省去。（　）
64. 隔音符号用在其他音节后面的,以 a、o、e 开头的,应该写在左上方。（　）
65. 成语"一衣带水"可以拼写成"yìyī－dàishuǐ"。（　）
66. 轻声的特点是发音时用力特别小,音强特别弱,所以它除了与音强有关外,也与音高有一定关系,它的音高决定于它前面那个音节的调值。（　）
67. "爸爸、桌子、石头、知识、中子"各个词语中的后面音节都读轻声。（　）
68. "一"在单念或在词句末尾时候念阴平。（　）
69. 普通话的韵母除了"ê、er"以外都可以儿化。（　）
70. "石子、瓜子、枪子、女子、分子"中的"子"都是词根,不读轻声。（　）
71. "不"单念或在词句的末尾或在非去声前面的时候,声调不变,一律读原调——阴平。（　）
72. "小牛儿"的拼音应该拼写成"xiǎoniúer"。（　）
73. "小曲儿、脸蛋儿"中的"儿"含有小、喜爱、亲切等感情色彩。（　）
74. "你请坐啊"中的"啊"音变为"wa",汉字写为"哇"。（　）
75. 汉字跟音节的关系是完全对应的,也就是说一个汉字读出来就是一个音节,一个音节写下来就是一个汉字。（　）
76. 现代汉语普通话的音节,最多可由四个音素构成,最少有一个音素,这个音素一般是元音。（　）

77. "zhī"(知)、"cǐ"(此)和"rì"(日)等音节中的韵母按四呼归类应该归入齐齿呼。（ ）
78. ueng 和 ong 是在用法上互相补充的两个韵母,即和声母相拼时只能用 ong,自成音节则相反。（ ）
79. 按《汉语拼音方案》规定,拼写音节时,调号应标在主要元音即韵腹上,那么,拼音中凡标有调号的元音就一定是主要元音即韵腹。（ ）
80. 零声母音节是指以 y、w 开头的音节。（ ）
81. 普通话中能同 j、q、x 相拼的韵母,一定不能同 z、c、s 相拼。（ ）
82. 在"义务"(yiwu)、"语言"(yuyan)、"英勇"(yingyong)、"威望"(weiwang)等词语的拼写中,音节开头的"y、w"实际上就是声母。（ ）
83.《汉语拼音方案》是我国改汉字为拼音文字的一种方案。（ ）
84.《汉语拼音方案》规定凡轻声音节一律不标调号,这是因为轻声音节没有调值。（ ）

五、名词解释

1. 音素 2. 音节 3. 音位 4. 元音 5. 辅音 6. 声母 7. 韵头 8. 声调 9. 调值 10. 调类 11. 音位变体 12. 条件变体 13. 自由变体 14. 语流音变 15. 异读词

六、分析题

1. 描写下列声母和韵母的发音状况,并标上国际音标。
    j   c   t   k   n   sh   r   i   ê   u
2. 给下列词语中带点的字注上汉语拼音。
    拓本 禅位 戏谑 龋齿 准噶尔盆地 标识 殷红 无稽之谈 虚与委蛇
3. 用国际音标标写下列成语。
    (1)暴殄天物   (2)提纲挈领
    (3)假公济私   (4)谦虚谨慎
    (5)百折不挠   (6)袖手旁观
    (7)一日千里
4. 读准下列词语,并标出每个音节的调值。
    友好 起点 海涛 尾声 敏捷 法庭 马虎 手套 美丽 狡猾 考验 闪光 小纸篓 百米跑 保险锁 苦水井 米老鼠 买小米 导火索 演讲稿 有理想 展览馆 小雨伞
5. 写出[i]音位的音位变体及出现条件。
6. 列表分析下列音节结构。
    元 游 野 勋 用 温 休 昏 秋 困

7. 根据汉语拼音正词法的基本规则给下列汉字注上汉语拼音。
热烈祝贺全国第二届语言文字应用学术研讨会在黑龙江大学召开!
8. 用音素分析法分析下列音节结构。
医院　船长　舒展　伏笔　汪洋　生命
9. 用声韵调分析法分析下列音节结构。
光　平　开　天　真　牙　温　球　鹅　欧　北　穴　运　路　衣　略　马　国　菜
10. 根据语气词"啊"的音变规律,给下列句子中的"啊"注上国际音标。
(1)老利啊(　),不能再等了!
(2)倒是笑一笑啊(　)!
(3)你快看啊(　),品种多全啊(　)!
(4)你怎么不上高中啊(　)!
(5)好大的一笔投资啊(　)!
(6)报纸来得真及时啊(　)!
(7)你跟他要啊(　)!
(8)第二节是什么课啊(　)?
(9)这才仅仅是个开始啊(　)!
(10)今天是星期四啊(　)!
(11)大家一起唱啊(　)!
(12)我只去过一次啊(　)!
(13)这孩子真懂事啊(　)!
(14)她唱得真好啊(　)!
(15)多么不容易啊(　)!
11. 写出[A]、[u]、[o]、[e]音位的音位变体及出现条件。
12. 按四呼来分析下列声母跟韵母相拼的情况。
f、m、k、j、zh
13. 综合分析下列词语在语音上的不同之处。
不能－不冷
14. 按单韵母的发音条件,比较下列韵母的异同。
u－ü　　　　　　o－e
15. 综合分析下列词语的音节有何不同。
亲近－清净
16. 读准下列词语,并注上汉语拼音。
麻痹　奔命　邮差　护场　对称　冲压　当真　适当　深度　令人发指　女红　桂冠
楼观　瑰宝　哈巴狗　负荷　奉和　专横　哄抢　劲敌　拮据　连累　拘泥　泥淖
炮制　学习　应征　关卡　虚与委蛇　星宿　供应

17. 读准下列带点的字,并注上汉语拼音。

缔造　追捕　粗糙　乘车　停泊　贿赂　亚洲　比较　友谊　复习　疙瘩　松柏

18. 给下列词语注音并分析音节结构。

桎梏　殷红　迸裂　蜷缩　豉油

汉字	字音	声母	韵母			四呼	调类	调值
			韵头	韵腹	韵尾			
桎								
梏								
殷								
红								
迸								
裂								
蜷								
缩								
豉								
油								

19. 请指出声母"f、h、s、n、x"跟四呼的配合关系(用"＋""－"标注)。

声母	开口呼	齐齿呼	合口呼	撮口呼
f				
h				
s				
n				
x				

七、简答题

1. 什么是语音?它具备哪些性质?语音与自然界其他声音有何异同?
2. 语音的四要素是什么?汉语的声调、轻声与哪种物理要素有关系?
3. 怎样理解语音的社会性?为什么说语音的社会性是语音的本质属性?
4. 什么是音素?什么是音位?二者有什么异同?
5. 元音和辅音有什么区别?

6. 什么是声母？举例说明声母与辅音的关系。
7. 舌尖前音、舌尖中音、舌尖后音之中的"前、中、后"含义是什么？
8. 什么是韵母？举例说明韵母与元音的关系。
9. 请你说出普通话中各个单韵母的发音条件。
10. 什么是"四呼"？普通话韵母在四呼中各有多少？
11. 汉语拼音方案为什么能用一个字母"i"代表三个音素？
12. 什么是押韵？诗歌中的"韵"和普通话中的韵母有什么不同？
13. 举例说明普通话音节结构的主要特点。
14. 什么是音变？音变的主要原因是什么？普通话音变主要包括哪些现象？
15. 普通话声母与韵母配合的规律主要有哪些？
16. 什么叫轻声？轻声为什么不是一种独立的声调？轻声有什么作用？
17. 举例说明语气词"啊"的音变规律。
18. 请你举例说明 y、w 的用法。
19. 举例说明轻声在物理属性上的变化。
20. 什么是儿化？请举例说明儿化的作用。
21. 什么是儿化韵？儿化与儿化韵是什么关系？
22. 什么是变调？普通话的变调主要有哪些？它们是怎样变化的？
23. 上声最主要的变调有哪些？请你举例说明。
24. "一""不"的变调有哪些？请你举例说明。
25. 汉语拼音规定 ü 行的韵母与 j、q、x 相拼时，ü 上的两点可以省略，但是和 n、l 相拼时，ü 上的两点不能省略，为什么？
26. 汉语拼音方案有何用途？
27. 简述大写字母和隔音符号的用法。
28. 什么是声母的发音部位和发音方法？
29. 简述汉语的元音是如何分类的。
30. 汉语声调的音高有何特点？
31. 什么是调值？什么是调类？二者是何关系？
32. 在现代汉语中，ie 和 ei 两个韵母中的韵腹用同一个拼音字母来表示，但实际上它们代表的音质是不同的，请说明这两个韵腹的音质（用国际音标）。
33. 简述音位是如何归纳的。
34. 什么是音质音位？什么是非音质音位？
35. 简述音位与音位变体的关系。
36. 在普通话中，[m] 只出现在音节开头，做声母；[ŋ] 只出现在音节末尾，做韵母。二者处于互补分布状态的可以归为一个音位，可是普通话音位系统都将其分为两个音位，这是为什么？

37. 什么是停顿、重音和句调？
38. 声调和语调有何不同？又有何关系？

考研真题

一、填空题

1. "不"用在第四声的音节前面时应读成_____。（北京师范大学 2013 年）
2. "朋友"这个词应该拼成_____。（北京师范大学 2015 年）
3. 现代汉语普通话中，有些音节没有声母，它们被称为_____音节。（北京师范大学 2013 年）
4. 语音有四个物理属性，它们是音高、音强、_____和音色。（北京师范大学 2015 年）
5. "塞音、擦音、鼻音、边音"描写的是声母的_____。（北京师范大学 2015 年）
6. _____是一个语音系统中能够区别意义的最小语音单位。（北京师范大学 2015 年）
7. 语音具有生理属性、物理属性和_____属性。（首都师范大学 2013 年）
8. 取决于音波振动形式的是音色，取决于音波振动频率的物理属性的是_____。（首都师范大学 2015 年）
9. qiang 这个音节有_____个音素。（首都师范大学 2014 年）
10. 音位是一个语音系统中能够_____的最小语音单位。（首都师范大学 2015 年）
11. 现代汉语普通话中的"双唇、送气、清塞音"写成汉语拼音是_____，写成国际音标是_____。"舌面、央、低、不圆唇元音"写成汉语拼音是_____，写成国际音标是_____。（南京大学 2013 年）
12. 从"四呼"的音节分析方法来看，"ci"属于_____，"yuan"属于_____，"yan"属于_____，"nen"属于_____。（南京大学 2015 年）
13. 舌面后半高圆唇元音是_____。（中山大学 2013 年）
14. 音素是从_____的角度划分出来的最小的语音单位。（中山大学 2015 年）
15. 发音时气流不受阻碍，声带一定要振动，听起来响亮、清晰的音素叫_____。（中山大学 2013 年）
16. 普通话只有高元音_____可以充当韵尾。（中山大学 2015 年）
17. 普通话有_____个浊辅音。（中山大学 2013 年）
18. _____是韵母的核心部分，由开口度较大、发音较响亮的主要元音充当。（中山大学 2015 年）

19. 既可以充当声母，又可以充当韵尾的辅音是_____。（中山大学 2013 年）

20. _____是具体语言中能够区别词的意义的最小语音单位。（厦门大学 2015 年）

21. 音素是从_____的角度划分出来的最小语音单位。（厦门大学 2013 年）

22. 现代汉语有三个鼻辅音，其中在汉语普通话中能够出现在声母位置上的两个是_____。（暨南大学 2015 年）

23. "西安"与"先"的拼音区别是用不用_____符号。（暨南大学 2014 年）

24. 声母、韵母相同的音节，往往靠_____来表示不同的意义。（四川大学 2015 年）

25. 从发音部位来看，汉语普通话 zh 组成声母属于_____。（四川大学 2013 年）

26. 普通话有_____个基本调类。（四川大学 2015 年）

27. 汉语拼音方案字母表中有_____个字母。（华东师范大学 2013 年）

28. 普通话有_____个圆唇元音，它们是_____。（华东师范大学 2015 年）

29. 按照普通话声韵配合规律，舌尖中清音声母可以和_____韵母相拼。（华东师范大学 2015 年）

30. bā 和 bà 体现了语音四要素中的_____的不同，bā 和 pā 体现了语音四要素中_____的不同。（北京大学 2014 年）

31. 根据发音时声带振动与否可以区分_____和_____。（北京大学 2015 年）

32. 轻声的音高不是固定的，一般来说，上声后面的轻声字的音高比较高，其调值是_____。（北京语言大学 2014 年）

33. _____的不同、_____的不同、_____的不同是造成音质不同的主要原因。（中国传媒大学 2015 年）

34. 元音发音时，_____越大，舌位越低。（中央民族大学 2014 年）

35. 普通话声母 t 从发音部位上看属于_____。（中央民族大学 2015 年）

36. 韵母按结构特点可以分为单元音韵母、复元音韵母和_____。（中央民族大学 2014 年）

37. 普通话中的"四呼"是指：开口呼、合口呼、_____和_____。（首都师范大学 2015 年）

38. 舌面、后、半高、圆唇元音是_____，舌尖后、送气、清、塞擦音是_____。（首都师范大学 2015 年）

39. 语音系统中能够区别意义的最小语音单位叫_____。能够自然感到的最小语音单位叫_____。（首都师范大学 2014 年）

40. 汉语拼音采用的是_____字母。（华东师范大学 2015 年）

41. 有些兼动、名两类的词或形容词，儿化后就固定为_____。（山东大学 2016 年）

42. 合口呼是指_____的韵母。（山东大学 2016 年）

43. 调值是指音节_____的变化形式，是声调的实际读法。（山东大学 2016 年）

44. 古代诗词讲究"平仄"，"51"是指古代"平仄"中的_____。（山东大学 2016 年）

45. 现代汉语与古汉语相比,古汉语有_____声母,而现代汉语没有;古汉语的词一般是_____,而现代汉语词是双音节的。(四川大学 2016 年)
46. 汉语普通话一个音节最多包括_____个音素,其中可以没有_____,但必须有元音。(四川大学 2016 年)
47. 轻声音节的音高通常受前一字调的影响,在阳平字后时,用五度标调符号表示为_____。(中山大学 2017 年)
48. 根据《汉语拼音方案》,声调符号一般标在韵母的_____上。(中山大学 2017 年)
49. x[ɕ]、s[s]的发音部位不同,但声带不颤动、阻碍气流的方式相同,都是_____音。(中山大学 2017 年)
50. "西安"的汉语拼音是_____。(北京语言大学 2017 年)
51. "饺子"中"饺"韵母中的韵头是_____。(北京语言大学 2017 年)
52. 调位主要由音高特征构成,属于_____音位。(北京大学 2017 年)
53. 现在常见的调值标记法"五度标记法",是由_____创制的。(北京大学 2017 年)
54. 从声调的演变来看,普通话里的上声和去声在古汉语中都归属_____声。(北京大学 2017 年)
55. 发音时口型始终不变的元音可以称为_____。(北京大学 2017 年)
56. /a/音位如果出现在韵头[i-]和韵尾[-n]之间,应该写作_____。(北京大学 2017 年)
57. "药"的韵母如果按照四呼来分类,属于_____呼。(北京大学 2017 年)
58. "扫帚、明亮、概率、花园"中,第二个字为轻声的是_____。(北京语言大学 2018 年)
59. "知、君、偶、遇"四个字中韵母属于开口呼的是_____。(兰州大学 2018 年)
60. 从舌位的高低看,"优"的韵腹是_____元音。(兰州大学 2018 年)
61. 普通话中与四呼都能相拼的是_____。(兰州大学 2018 年)
62. /a/的音位变体有_____。(兰州大学 2018 年)
63. 在语音的四要素中,_____在任何语言中都是用来区别意义的最重要的要素。(黑龙江大学 2012 年)
64. 一个音节中,韵母带上卷舌色彩的音变现象,叫作_____。(黑龙江大学 2012 年)
65. 语音四要素中,音强由_____决定。(黑龙江大学 2013 年)
66. 气流在口腔或咽腔受到阻碍而形成的音叫_____。(黑龙江大学 2013 年)
67. 自然感到的最小的语音片段是_____。(黑龙江大学 2013 年)
68. 普通话声母 f、h、sh、r、s 从发音方法的角度说属于_____。(黑龙江大学 2013 年)
69. 普通话中,双唇音不能与_____呼韵母相拼合。(黑龙江大学 2013 年)
70. 汉语普通话有_____个元音音位。(黑龙江大学 2013 年)

35

71. 语音四要素中,由发音体振动快慢决定的是_____。(黑龙江大学2014年)
72. 元音和辅音最主要的区别是_____。(黑龙江大学2014年)
73. 有各自出现条件的音位变体叫_____。(黑龙江大学2014年)
74. 从音色角度划分出来的最小的语音单位是_____。(黑龙江大学2014年)
75. _____是由音素构成的语音片段,是听话时自然感到的最小的语音单位。(黑龙江大学2015年)
76. 普通话的元音分为_____两类。(黑龙江大学2015年)
77. _____指的是声音的特色。(黑龙江大学2016年)
78. 辅音发音的不同是由发音部位和_____的不同决定的。(黑龙江大学2016年)
79. 儿化指的是一个音节中,韵母带上_____的一种特殊音变现象。(黑龙江大学2016年)
80. 《汉语拼音方案》由_____、_____、_____、_____、_____等部分组成。(黑龙江大学2018年)
81. 声调的性质主要是由_____决定的,跟音长也有一定关系。(黑龙江大学2019年)
82. 《汉语拼音方案》包括_____、声母表、韵母表、声调符号、隔音符号五个部分。(黑龙江大学2019年)

二、单项选择题

1. shuang字构成音素有( )个。(中央民族大学2014年)
   A. 3 B. 4
   C. 5 D. 6
2. 不含复韵母的是( )。(首都师范大学2015年)
   A. 身份 B. 姿势
   C. 优秀 D. 告别
3. "卷"的韵头是( )。(首都师范大学2015年)
   A. 前、高、不圆唇元音 B. 后、高、圆唇元音
   C. 前、低、不圆唇元音 D. 前、高、圆唇元音
4. "交"的韵腹是( )。(首都师范大学2015年)
   A. 前、低、不圆唇元音 B. 后、半高、圆唇元音
   C. 后、低、不圆唇元音 D. 央、低、不圆唇元音
5. 普通话声母中浊音声母有( )个。(华东师范大学2014年)
   A. 3 B. 4
   C. 5 D. 6

6. 下列句子中"鸟儿"不读成儿化的是( )。(华东师范大学 2015 年)
   A. 树上落了一只黄鹂鸟儿
   B. 忽然,小鸟儿张开翅膀
   C. 小鸟儿给远航生活蒙上了一层浪漫色调
   D. 鸟儿将巢安在繁花绿叶当中

7. "zhuang(庄)这个音节( )。(中国传媒大学 2013 年)
   A. 由六个字母、六个音位组成
   B. 由六个字母、三个音位组成
   C. 由六个字母、三个辅音音位、两个元音音位组成
   D. 由六个字母、两个辅音音位、两个元音音位组成

8. 汉语普通话中的"盖儿"是( )。(北京大学 2015 年)
   A. 两个音节　　　　　　　　　　B. 一个音节
   C. 一个语素　　　　　　　　　　D. 两个词

9. 普通话中,能和"j、q、x"构成音节的韵母属于( )。(北京大学 2013 年)
   A. 齐齿呼和撮口呼　　　　　　　B. 齐齿呼和合口呼
   C. 开口呼和合口呼　　　　　　　D. 合口呼和撮口呼

10. 《汉语拼音方案》中把零声母音节开头的 i 和 u 写成 y、w 是为了( )。(北京师范大学 2015 年)
    A. 隔音　　　　　　　　　　　　B. 省写
    C. 拼写　　　　　　　　　　　　D. 速写

11. "zi、ci、si、zhi、chi、shi、ri"中的韵母属于( )。(中国传媒大学 2015 年)
    A. 合口呼　　　　　　　　　　　B. 撮口呼
    C. 开口呼　　　　　　　　　　　D. 齐齿呼

12. 不含单韵母的是( )。(首都师范大学 2013 年)
    A. 纸张　　　　　　　　　　　　B. 消息
    C. 品尝　　　　　　　　　　　　D. 食品

13. "雀"的韵腹是( )。(首都师范大学 2015 年)
    A. 后、高、圆唇元音　　　　　　B. 后、半高、不圆唇元音
    C. 后、半高、圆唇元音　　　　　D. 前、半低、不圆唇元音

14. "流"的韵腹是( )。(首都师范大学 2015 年)
    A. 前、高、不圆唇元音　　　　　B. 后、高、圆唇元音
    C. 后、半高、不圆唇元音　　　　D. 后、半高、圆唇元音

15. 不含不圆唇元音的是( )。(首都师范大学 2015 年)
    A. u、e　　　　　　　　　　　　B. o、e
    C. e、a　　　　　　　　　　　　D. u、o

16. 韵母"ong"属于（　　）。（中山大学 2013 年）
A. 开口呼　　　　　　　　　　　　B. 合口呼
C. 齐齿呼　　　　　　　　　　　　D. 撮口呼

17. 普通话有（　　）个舌面元音。（四川大学 2015 年）
A. 3　　　　　　　　　　　　　　B. 6
C. 7　　　　　　　　　　　　　　D. 10

18. 舌尖后清擦音是（　　）。（中山大学 2013 年）
A. zh　　　　　　　　　　　　　　B. sh
C. ch　　　　　　　　　　　　　　D. s

19. 古汉语的入声在现代汉语里读（　　）。（中山大学 2015 年）
A. 阴平和阳平　　　　　　　　　　B. 去声
C. 上声　　　　　　　　　　　　　D. 四声都有

20. "追随"的韵母是（　　）。（中山大学 2015 年）
A. 都是前响复韵母　　　　　　　　B. 都是后响复韵母
C. 都是中响复韵母　　　　　　　　D. 前者是前响，后者是后响

21. 语调又称为"节律"或"韵律"，是由（　　）等要素组合而成。（中山大学 2015 年）
A. 音高、音长、音色　　　　　　　B. 音高、音强、音长
C. 音高、音强、音质　　　　　　　D. 音强、音长、音质

22. 语言中能够区别词义的最小语音单位是（　　）。（四川大学 2013 年）
A. 音素　　　　　　　　　　　　　B. 音节
C. 音位　　　　　　　　　　　　　D. 元音

23. 普通话的辅音有 22 个，能充当声母的有（　　）个。（四川大学 2015 年）
A. 20　　　　　　　　　　　　　　B. 21
C. 18　　　　　　　　　　　　　　D. 19

24. 普通话中，不送气音和送气音的对立出现在（　　）。（四川大学 2015 年）
A. 塞音和擦音　　　　　　　　　　B. 塞音和塞擦音
C. 塞擦音和擦音　　　　　　　　　D. 塞音和鼻音

25. "积极"的正确读音是（　　）。（四川大学 2015 年）
A. jīji　　　　　　　　　　　　　　B. jīji
C. jíjí　　　　　　　　　　　　　　D. jǐjí

26. 普通话的四个声调的调值是（　　）。（四川大学 2013 年）
A. 55、35、214、51　　　　　　　B. 55、25、314、51
C. 33、35、214、41　　　　　　　D. 55、25、314、41

27. 普通话中的"自"的韵母中 i 属于( )。(四川大学 2015 年)
   A. 前、高、不圆唇、舌面元音   B. 后、高、不圆唇、舌尖元音
   C. 前、高、不圆唇、舌尖元音   D. 后、高、不圆唇、舌面元音

28. m 和 n 的发音区别在于( )。(南京师范大学 2015 年)
   A. 发音部位   B. 声带是否振动
   C. 气流克服障碍的方法   D. 气流强弱

29. "翘舌音"是指( )。(南京师范大学 2015 年)
   A. 舌面音   B. 舌根音
   C. 舌尖音   D. 舌尖后

30. 普通话里的边音是( )。(南京师范大学 2013 年)
   A. m   B. ng
   C. l   D. b

31. 下面音节结构为"韵头+韵腹"的是( )。(南京师范大学 2015 年)
   A. 衣 yi   B. 语 yu
   C. 恩 en   D. 蛙 wa

32. 音素是从( )角度划分出来的最小语音单位。(南京师范大学 2013 年)
   A. 音色   B. 音强
   C. 音重   D. 音长

33. 普通话音节最多有( )个音素。(南京师范大学 2015 年)
   A. 3   B. 4
   C. 5   D. 6

34. "儿子"的"儿"的韵母属于( )。(北京大学 2014 年)
   A. 单韵母   B. 韵母
   C. 鼻韵母   D. 儿化韵

35. "ong"属于( )。(北京大学 2015 年)
   A. 开口呼   B. 齐齿呼
   C. 合口呼   D. 撮口呼

36. 下列各项中,两个音节都是零声母的是( )。(北京大学 2014 年)
   A. 落叶   B. 温和
   C. 如意   D. 安慰

37. 汉语拼音字母"i"表示的音位数目是( )。(北京大学 2015 年)
   A. 1   B. 2
   C. 3   D. 4

38. 从发音方法来说,声母 b 是( )。(中央民族大学 2014 年)
A. 擦音 B. 塞音
C. 塞擦音 D. 边音

39. 普通话韵母中,后响复韵母有( )个。(中央民族大学 2015 年)
A. 3 B. 4
C. 5 D. 6

40. "会"音节的构成音素有( )。(山东大学 2016 年)
A. 2 个 B. 3 个
C. 4 个 D. 5 个

41. 关于"er",以下正确的说法是( )。(中山大学 2017 年)
A. 不是单元音 B. r 是儿化韵
C. r 代表音素 D. r 只代表卷舌

42. 根据《汉语拼音方案》,( )是 i 的零声母音节,要把 i 改写成 y。(中山大学 2017 年)
A. 声母 B. 韵头
C. 韵腹 D. 韵尾

43. "香味儿"一词中,"味儿"的实际发音按照国际音标应该写作( )。(北京大学 2017 年)
A. [uei] B. [uɛr]
C. [uər] D. [uɑr]

44. "面"字里的音位/n/在"面包"一词中实际被读成了/m/,这种语音现象属于( )。(北京大学 2017 年)
A. 同化 B. 异化
C. 弱化 D. 脱落

45. 要读准普通话中"怒"和"路",关键在于控制( )。(中国人民大学 2018 年)
A. 气流的强弱 B. 成阻和持阻方式
C. 软腭的升降 D. 声带的震动

46. 末尾是 ɑ、o、e、u 的音节儿化时( )。(中国人民大学 2018 年)
A. 韵母直接卷舌 B. 丢掉韵尾,改变韵腹或增音
C. 加央元音 D. 韵尾丢失,元音鼻化

47. 在普通话音节中不能两个或两个以上连用的是( )。(北京语言大学 2018 年)
A. 元音 B. 辅音
C. 声母 D. 韵母

48. "这儿"的国际音标是( )。(北京语言大学 2018 年)
    A. [tʂer]   B. [tʂɤr]
    C. [tʂEr]   D. [tʂɚr]

49. 普通话舌面前音可以与( )相拼合。(黑龙江大学 2012 年)
    A. 齐齿呼、撮口呼   B. 合口呼、齐齿呼
    C. 合口呼、撮口呼   D. 开口呼、合口呼

50. 普通话声母 l 属于( )。(黑龙江大学 2012 年)
    A. 唇齿音   B. 舌尖前音
    C. 舌尖中音   D. 舌尖后音

51. 普通话声母 sh 从发音方法上说,属于( )。(黑龙江大学 2012 年)
    A. 清、擦音   B. 清、塞擦音
    C. 清、塞音   D. 浊、边音

52. "而且"的正确读音是( )。(黑龙江大学 2012 年)
    A. érqiè   B. érqiě
    C. ěrqiè   D. ěrqiě

53. 普通话有( )个浊辅音音位。(黑龙江大学 2013 年)
    A. 3 个   B. 4 个
    C. 5 个   D. 6 个

54. "影片儿"的正确读音是( )。(黑龙江大学 2013 年)
    A. yǐngpiàner   B. yǐngpiāner
    C. yǐngpiānr   D. yǐngpiànr

55. 普通话"佛"的韵母是( )。(黑龙江大学 2013 年)
    A. 后、半高、圆唇   B. 后、高、不圆唇元音
    C. 前、高、圆唇元音   D. 后、半高、不圆唇元音

56. 普通话有( )个元音音位。(黑龙江大学 2014 年)
    A. 21   B. 39
    C. 10   D. 23

57. 关于普通话"旧"字的韵母的结构,下列说法正确的是( )。(黑龙江大学 2014 年)
    A. o 是韵头,u 是韵尾   B. i 是韵头,u 是韵腹
    C. i 是韵腹,u 是韵尾   D. i 是韵头,u 是韵尾

58. "剽窃"的正确读音是( )。(黑龙江大学 2014 年)
    A. piāoqiè   B. piáoqiè
    C. piǎoqiè   D. biāoqiè

41

59. "参与"的正确读音( )。(黑龙江大学2014年)

A. sānyù B. cānyǔ

C. cānyù D. cānyú

60. e 和 o 的区别在于( )。(黑龙江大学2016年)

A. 舌位的高低不同 B. 舌位的前后不同

C. 唇形的圆展不同 D. 舌位的前后和唇形的圆展不同

61. 下列各项中,两个音节的韵母按四呼可以归为一类的是( )。(黑龙江大学2016年)

A. zhìzào B. yuèsè

C. wàngshèng D. fēngfù

62. s 的发音方法( )。(黑龙江大学2018年)

A. 舌尖前、清、擦音 B. 舌尖前、清、塞音

C. 舌中前、清、塞音 D. 舌尖后、浊、擦音

63. 下列各项中,两个音节的韵母按四呼可以归为一类的是( )。(黑龙江大学2018年)

A. bǐ sài B. fù ráo

C. kàng zhēng D. yuè sè

64. 普通话声母 s 属于( )。(黑龙江大学2019年)

A. 清、擦音 B. 清、塞擦音

C. 清、塞音 D. 浊、边音

65. 只能自成音节的单元音的韵母是( )。(黑龙江大学2019年)

A. 舌面元音 B. 圆唇元音

C. 卷舌元音 D. 舌尖元音

三、判断题

1. 普通话"六"的韵母中包含韵头、韵腹、韵尾。( )(北京大学2015年)

2. "chun"和"qun"两个音节的韵母相同。( )(北京大学2014年)

3. "zi"和"zhi"的韵母都属于齐齿呼。( )(北京大学2015年)

4. 音素是构成音节的最小的有意义的单位。( )(北京师范大学2013年)

5. 汉语拼音方案主要用于文字改革。( )(北京师范大学2015年)

6. 普通话的声调有四个,即平、上、去、入。( )(北京师范大学2013年)

7. "圈儿""瓶儿"加在一起一共两个音节,而"儿童""木耳"加在一起一共四个音节。( )(首都师范大学2015年)

8. 人的发音器官分为三部分:肺和气管、喉头和声带、口腔。( )(首都师范大学2013年)

9. "er"是由元音"e"和辅音"r"构成的。( )(中山大学2013年)

10. 国际音标每个符号只表示一个音素。（　　）（中山大学 2015 年）
11. "weng"中"w"是声母，"e"是韵腹，"ng"是韵尾。（　　）（中山大学 2013 年）
12. 从声调角度归纳出的音位是非音质音位，称为"调位"。（　　）（中山大学 2015 年）
13. 普通话声母 zh 属于复辅音。（　　）（厦门大学 2013 年）
14. 汉语音节中的声母都是由辅音构成的，韵母都是由元音构成的。（　　）（厦门大学 2015 年）
15. 普通话轻声是四声之外的另一种特殊声调。（　　）（厦门大学 2015 年）
16. 在普通话中，i、u、ü 这三个高元音可以充当韵头、韵腹和韵尾。（　　）（华东师范大学 2013 年）
17. 普通话中的元音有舌面元音和舌尖元音之分。（　　）（华东师范大学 2015 年）
18. 在普通话中，含有元音 ü 的韵母就是撮口呼韵母。（　　）（华东师范大学 2015 年）
19. 现代汉语普通话系统中一个音节就是一个汉字。（　　）（南京师范大学 2013 年）
20. 汉语中的辅音都是声母。（　　）（南京师范大学 2015 年）
21. b 是双唇不送气的清塞音。（　　）（南京师范大学 2013 年）
22. 音节是听觉上自然感到的最小的语音单位。（　　）（北京大学 2014 年）
23. 汉语拼音既可以拼写普通话，也可以拼写方言。（　　）（北京大学 2014 年）
24. "long"属于齐齿呼。（　　）（北京大学 2015 年）
25. "八"的声母是"b"，"衣"的声母是"y"。（　　）（北京大学 2015 年）
26. 一般来说，一个汉字表示一个音节，所以"小猫儿"是三个音节。（　　）（中央民族大学 2014 年）
27. 轻声是变调，不是一个独立的调位。（　　）（首都师范大学 2015 年）
28. 押韵，就是指韵文中常在每隔一句话的末尾的韵母（韵头、韵腹、韵尾）一样。（　　）（复旦大学 2014 年）
29. "花儿"中的"儿"既不是一个音节，也不是一个音素。（　　）（复旦大学 2014 年）
30. 普通话中的六个不送气的声母分别是塞音和擦音声母。（　　）（华东师范大学 2015 年）
31. 《汉语拼音方案》中的字母"i"代表三个不同的音素。（　　）（华东师范大学 2015 年）
32. 普通话中，音素[ɑ][A][a]是/a/的音位变体。（　　）（四川大学 2016 年）
33. 普通话声母 g、k、h 不能拼舌面元音[i]，z、c、s 可以拼[i]。（　　）（四川大学 2016 年）
34. 北方方言中，只有少数地区有入声韵尾。（　　）（北京大学 2017 年）
35. 汉语拼音的韵尾只限于 n、ng、i、u 四个。（　　）（北京大学 2017 年）
36. 诗歌中，押韵时要求前后字的韵头、韵腹相同，韵尾不一定相同。（　　）（北京大学 2017 年）
37. "ong"韵母必须与辅音声母结合，"ueng"韵母则不能有辅音声母。（　　）（北京大学 2017 年）

38. 汉语拼音方案从某种程度上来说,是可以代替汉字的拼音文字。(　　)(北京大学 2017 年)

39. 轻声可以看作是四声在一定条件下的一种变体。(　　)(北京大学 2017 年)

40. 语音中重音、轻音的不同,是由于音长不同所致。(　　)(黑龙江大学 2012 年)

41. 可以从舌位的高低、开口度的大小和唇形的圆展三个方面来观察元音。(　　)(黑龙江大学 2012 年)

42. "er"韵母只有零声母音节。(　　)(黑龙江大学 2012 年)

43. 在汉语中,音高的不同是可以区别意义的。(　　)(黑龙江大学 2013 年)

44. 音位是按照语音的辨义作用归纳出的音类。(　　)(黑龙江大学 2013 年)

45. 发擦音时,发音部位先形成闭塞,软腭上升,堵塞鼻腔的通路,然后气流把阻塞部分冲开一条窄缝,从窄缝中挤出,摩擦成声。(　　)(黑龙江大学 2013 年)

46. 普通话舌尖前音只能与合口呼、撮口呼拼合。(　　)(黑龙江大学 2013 年)

47. 普通话中有 4 个浊辅音音位。(　　)(黑龙江大学 2014 年)

48. 归纳音位必须在同一语音系统中进行。(　　)(黑龙江大学 2014 年)

49. 普通话的韵母都可以"儿化"。(　　)(黑龙江大学 2014 年)

51. ju、qu、xu 中的 u 实际是 ü,写成 u 是拼写时的省写。(　　)(黑龙江大学 2016 年)

51. 声调与音长、音强都有关系,但是本质上是由音高决定的。(　　)(黑龙江大学 2016 年)

52. "ong"可以与"l、m、n、r"等浊音声母相拼。(　　)(黑龙江大学 2017 年)

53. 发音体不同,发音方法不同,共鸣器的形状大小不同,都会造成音色的不同。(　　)(黑龙江大学 2017 年)

54. 现代汉语中的齐齿呼韵母就是韵腹或韵头是 i 的韵母。(　　)(黑龙江大学 2018 年)

55. 声音的大小是由音高决定的。(　　)(黑龙江大学 2018 年)

56. 汉字和普通话音节之间并不完全是一对一的关系。(　　)(黑龙江大学 2019 年)

57. 普通话中共有 22 个声母,它们都是辅音声母。(　　)(黑龙江大学 2019 年)

四、名词解释

1. 语流音变(南京大学 2014 年)

2. 音素(浙江大学 2015 年)(黑龙江大学 2017 年)

3. 调值(中央民族大学 2014 年)(黑龙江大学 2016 年)

4. 送气音(中央民族大学 2015 年)

5. 音位(北京外国语大学 2014 年)

6. 四呼(北京外国语大学 2015 年)

7. 条件变体(南京大学 2016 年)(黑龙江大学 2014 年)

8. 零声母(黑龙江大学 2012 年)

9. 自由变体(黑龙江大学 2012 年)

10. 发音方法(黑龙江大学 2013 年)

11. 变调(黑龙江大学 2014 年、2018 年)

12. 音位变体(黑龙江大学 2015 年)

13. 声调(黑龙江大学 2020 年)

五、分析题

1. 在下列各组音节中选择拼写正确的音节。

(1) A. qúe　jù　wuèn　yié

　　B. bé　fěng　qāo　zheī

　　C. níu　liú　tǐu　diū

　　D. wún　pióu　buá　xióng

　　E. diào　kiào　ziào　piào(北京师范大学 2013 年)

(2) fuó luì còu sǔn bong nǚ yuǎn jǐong xíu tuǐ(中山大学 2015 年)

(3) zhuài luó jióu qiǎo zūn cuèn shoǔ kuān jiuè(厦门大学 2015 年)

(4) nǚ tīe guò guěi jǔn dūo uāi yiòu yūē húi(华东师范大学 2014 年)

(5) jāng huù siàn zhōu qūe fēi huēi zú sāo luéng(北京语言大学 2015 年)

(6) guēi tían yǔ nǚ wèi zhūi cáor yùn jué xū(四川大学 2016 年)

(7) xān tòng duèn yǔn wuài shoǔ zhūi sēng guò yìe(山东大学 2016 年)

(8) luǒ xǔ fàng può jià zhuē siòng wán cuēn dài(黑龙江大学 2013 年)

(9) juè wù liǒu miāo zūo tù lùn ūe dàng yú(黑龙江大学 2014 年)

2. 填空。(四川大学 2016 年)

(1) 在"哥哥"中,第二个"哥"的声母由 g[k]变为(　　)。

(2) 普通话音节 jiu 的主要元音是(　　)。

(3) 普通话音节 shuang 是由(　　)个音素构成的音节。

(4) "这里的风景多美啊"中"啊"的实际读音用国际音标标注当标作(　　)。

(5) "待他的情分不薄"中"薄"的正确读音是(　　)。

3. 找出拼写不合规范的拼音并改正。(中山大学 2017 年)

(1) yòuéryuán(幼儿园)

(2) zhōngshāndàxué(中山大学)

(3) qiǎokèlì(巧克力)

(4) ālābó(阿拉伯)

(5) gāogēnrxié(高跟儿鞋)

45

4. 写出下列句子的拼音(用汉语拼音字母按照汉语拼音正词法基本规则拼写句子)。

(1) 教室里整整齐齐地摆放着二十张桌子。(北京师范大学 2013 年)

(2) 西安的飞机已经起飞了。(暨南大学 2015 年)

(3) 我爱春雨是由于她滋润着山川大地。(华东师范大学 2015 年)

(4) 我们的方案已经通过了。(复旦大学 2014 年)

(5) 王老师把方案告诉我们了。(兰州大学 2015 年)

(6) 他们偶尔会去去咖啡馆儿。(暨南大学 2016 年)

(7) 外面太阳很好,而且也没有风。(四川大学 2016 年)

(8) 于爱秋带着档案回到了延安。(山东大学 2016 年)

(9) 今天我怀着无比崇敬的心情参观了毛泽东故居。(中山大学 2017 年)

(10) 他们在北海公园踢毽子锻炼身体。(首都师范大学 2018 年)

(11) 北宋文学家王安石写过一首怀念故乡的诗叫《泊船瓜洲》。(黑龙江大学 2010 年)

(12) 他们参加的是旅行社的"广州一日游"。(黑龙江大学 2011 年)

(13) 要是我没猜错的话,重阳节肯定会有一种节日食品。(黑龙江大学 2012 年)

(14) 真让你说着了,不忙的时候,我喜欢静静地看书。(黑龙江大学 2013 年)

(15) 《北京欢迎你》不仅是一首歌,它是无数热爱奥运的人们的心声。(黑龙江大学 2014 年)

(16) 用历史著作《三国志》去对比文学著作《三国演义》,未尝不是有益的事。(黑龙江大学 2015 年)

(17) 北宋的文学家和政治家王安石擅长写诗和散文。(黑龙江大学 2016 年)

(18) 我觉得苏州园林是我国各地园林的标本。(黑龙江大学 2017 年)

(19) 孩子们满载而归,田野里飘荡着他们快乐的歌声。(黑龙江大学 2020 年)

5. 指出下面发音部位和发音方法所描写的汉语声母及韵母。(中国传媒大学 2015 年)

(1) 舌尖前、清、擦音

(2) 舌面前、不送气、清、塞擦音

(3) 舌面后、送气、清、塞音

(4) 舌面后、半高、不圆唇元音

(5) 舌尖前、高、不圆唇元音

6. 选择拼写完全正确的词语。(首都师范大学 2013 年)

(1) 新颖 xinyǐng　　　　　　　　(2) 逮捕 dàibǔ

(3) 坚强 jiānqóng　　　　　　　　(4) 穿凿 chuānzáo

(5) 眩晕 xùanyūn　　　　　　　　(6) 媲美 pìměi

(7) 窝头 ōtóu　　　　　　　　　　(8) 气馁 qìněi

(9) 贿赂 huìlu　　　　　　　　　 (10) 盖儿 gàir

7. 描写下面普通话的元音和辅音。(中国传媒大学 2014 年)
　　o　　u　　h　　sh　　g

8. 分析下列音位的音位变体及出现条件。
(1) [y]　[e] (黑龙江大学 2012 年)
(2) [ɑ]　[o] (黑龙江大学 2013 年)
(3) [i]　[u] (黑龙江大学 2014 年)

9. 音变分析。(要求:标出"啊"音变后的汉字和汉语拼音(或国际音标),标出变调后的调值。)

(黑龙江大学 2015 年)
(1) 诗啊
(2) 纸老虎
(3) 一起
(4) 是我啊
(5) 快唱啊
(6) 一路平安
(7) 很勇敢

(黑龙江大学 2016 年)
(1) 孩子啊
(2) 一斤
(3) 小组长

(黑龙江大学 2017 年)
(1) 是他啊
(2) 很勇敢
(3) 一路平安

(黑龙江大学 2018 年)
(1) 真美啊
(2) 小雨雪
(3) 不屑一顾

10. 语音分析填空。
(黑龙江大学 2012 年)
(1) "一朝一夕"中"一"的正确读音是_____。
(2) 普通话音节 duì 的主要元音是_____。
(3) 普通话音节 yuán 是由_____个音素构成的音节。
(4) "好大的一笔投资啊!"中"啊"的实际读音是_____。

(5)"在南宁,每年也有数百名外国留学生到广西中医学院学习传统中医的针灸、推拿知识,个中趣事不少。"中"灸"的正确读音是_____。

(黑龙江大学 2013 年)

(1)"始终如一"中"一"的正确读音是_____。

(2)普通话音节 tún 的主要元音是_____。

(3)普通话音节 yòng 是由_____个音素构成的音节。

(4)"报纸来得真及时啊!"中"啊"的实际读音是_____。

(5)"四种舌苔反映四种健康状况"中"苔"的正确读音是_____。

(黑龙江大学 2014 年)

(1)"一同"中"一"的正确读音是_____。

(2)普通话音节 chuǎng 的韵尾是_____。

(3)普通话音节 zhāng 是由_____个音素构成的音节。

(4)"你到北京去过几次啊?"中"啊"的实际读音是_____。

(5)"他在学术上很有造诣。"中"诣"的正确读音是_____。

11.写出下列声母或韵母的发音状况,并注上国际音标。

(1) m p l t ü(黑龙江大学 2012 年)

(2) z q m ɑ ü(黑龙江大学 2013 年)

(3) zh h r i e(黑龙江大学 2014 年)

12.指出下面两组音素发音上的区别。

(1) k – h(黑龙江大学 2015 年)

(2) o – u(黑龙江大学 2015 年)

(3) d – t(黑龙江大学 2016 年)

(4) i – i(黑龙江大学 2016 年)

(5) s – h(黑龙江大学 2017 年)

(6) i – ü(黑龙江大学 2017 年)

(7) f – h(黑龙江大学 2018 年)

(8) u – o(黑龙江大学 2018 年)

(9) n – l(黑龙江大学 2020 年)

13.指出普通话音位的发音特征(另须写出相应拼音字母并举例子)。(南京大学 2016 年)

(1)/x/   (2)/ẓ/   (3)/tɕʰ/   (4)/ɤ/   (5)/ə/

14.分析普通话音节的结构(须同时使用汉语拼音和国际音标)。(南京大学 2016 年)

(1)五 (2)瑰 (3)装 (4)昆 (5)原

15.语音分析题。(中山大学 2017 年)
(1)"我的儿啊"中的"啊"应音变为(　　)。
(2)"wen"的声母和韵腹分别是(　　)、(　　)。
(3)"一蹶不振"中的"一"和"不"的实际读音是(　　)、(　　)。
16.请写出下列字的韵头、韵腹、韵尾、调类以及调值。(黑龙江大学 2018 年、2019 年)
梓　网　侨　海　旅

六、简答题

1.举例说明什么是儿化及儿化的作用。(北京大学 2015 年)(黑龙江大学 2014 年)

2.举例说明上声的变调情况。(北京外国语大学 2014 年)

3.请分析 d、t、n、l 的发音特点及异同。(北京外国语大学 2015 年)

4.什么是声调?普通话有几类声调?怎样用五度标记法?(北京外国语大学 2014 年)

5.把汉语中的带鼻音韵母按四呼列表,并写出国际音标。(复旦大学 2014 年)

6.列举现在汉语普通话中所有开口呼韵母,并写出其国际音标。(兰州大学 2011 年)

7.什么是轻声?普通话轻声对声母和韵母分别产生了哪些影响?请举例说明。(兰州大学 2012 年)

8.举例说明普通话中"轻声"的作用。(暨南大学 2016 年)

9.试述普通话中的语流音变。(南京大学 2016 年)

10.《汉语拼音方案》规定 ü 上两点何时可省、何时不能省,为什么?(中山大学 2017 年)

11.什么是轻声?举例说明轻声的作用。(北京语言大学 2017 年)

12.简述汉语中韵母与元音的区别。(黑龙江大学 2012 年)

13.汉语拼音方案同时用 i 表示三个音素却没有引起混淆,这是为什么?(黑龙江大学 2012 年)

14.简述汉语的元音是如何分类的。(黑龙江大学 2013 年)

15.简述音位与音位变体的关系。(黑龙江大学 2013 年)

16.简述汉语声韵拼合的主要规律。(黑龙江大学 2014 年)

17.论述题:请联系你所熟悉的语言,谈谈什么是语音的四要素,并说明它们在语音中的表现或作用。(黑龙江大学 2015 年)

18.请举例说明语音的社会性表现。(黑龙江大学 2018 年)

19.简述现代汉语语音的特点。(黑龙江大学 2020 年)

练习答案

一、填空题

1. 发音器官 2. 物理 生理 社会 社会属性 3. 音高 4. 音强 5. 肺和气管 喉头和声带 口腔和鼻腔 6. 音高 音强 音长 音色 7. 发音体振动的快慢 8. 控制声带松紧 9. 音质 10. 发音方法不同 共鸣器形状不同 11. 发音时气流是否受到阻碍 12. 字母表 声母表 韵母表 声调符号 隔音符号 13. 给汉字注音 推广普通话 14. v 15. 国际语音协会 一个符号一个音素，一个音素一个符号 16. 语音的基本结构 最小的语音片段 17. 辅音 22. 零声母 辅音 18. 元音 元音加辅音 19. 元音 辅音 20. 音位 21. 发音部位 发音方法 22. 发音时气流受到阻碍的部位 唇齿音 舌尖前音 舌尖后音 舌面前音 23. 舌面后音（舌根音） 24. 发音时喉头、口腔和鼻腔节制气流的方式和状况 塞擦音 擦音 鼻音 边音 25. 清音 浊音 26. 送气音 不送气音 27. 浊边音 浊鼻音 28. p、t、k、q、c、ch b、d、g、j、z、zh 29. p[pʰ] z[ts] 30. 唇齿清擦音 舌面、后、不送气、清塞音 舌尖、后、不送气、清塞擦音 舌面、前、送气、清塞擦音 31. 前 塞擦 32. ch [tʂʰ] 33. 舌尖后浊擦音 34. 清 浊 35. [x] [ɕ] [tʂ] 36. 零声母音节 37. ng 38. 除阻 39. 一个音节声母后面的部分 韵头 韵腹 韵尾 40. 一个元音 10 41. 舌位的高低 舌位的前后 嘴唇的圆展 42. 舌面元音 舌尖元音 卷舌元音 43. 39 单元音韵母 复元音韵母 带鼻音韵母 44. 主干 主要元音 韵头 介音 韵尾 韵头 韵尾 45. i、u、ü i、u、n、ng 46. -i[ɿ] -i[ʅ] 47. 高 48. e [ɤ] 49. 开口呼韵母 齐齿呼韵母 合口呼韵母 撮口呼韵母 50. "四呼" 51. i[i]、-i[ɿ]、-i[ʅ] -i[ɿ] -i[ʅ] 开口呼 52. 辨义 53. 区别意义 54. 实际音值或读法 高低升降的音高变化 55. 五度标记法 56. 55、35、214、51 57. 种类 调值相同 58. 塞音 59. 阳平 60. 音素 61. 一一对应 儿化音 62. 声母 韵母 声调 63. 音素 64. 4 1 开头 末尾 65. 零声母 66. 声母 韵头 韵腹 韵尾 声调 67. 开口度最大 发音最响亮 开口度小 68. e n 69. üe[yɛ] 70. 隔音字母 半元音（摩擦） 71. 隔音 72. 开口呼、齐齿呼、合口呼 撮口呼 73. o uo 74. 21 75. 又轻又短 76. 处于互补关系中 10 77. 出现环境 78. 句末 79. 表达 80. 语法层次

二、单项选择题

1. A 2. C 3. D 4. C 5. C 6. C 7. A 8. B 9. B 10. B 11. B 12. A 13. B

14. C 15. D 16. C 17. A 18. B 19. C 20. D 21. A 22. B 23. C 24. D 25. B 26. C
27. A 28. D 29. D 30. A 31. C 32. A 33. A 34. B 35. A 36. C 37. C 38. C 39. A
40. D 41. C 42. D 43. C 44. C 45. B 46. D 47. C 48. C 49. D 50. A 51. D 52. A
53. B 54. B 55. C 56. C 57. B 58. B 59. A 60. B 61. C 62. C 63. D 64. C 65. A
66. D 67. D 68. B 69. D 70. D 71. D 72. C 73. B 74. A 75. B 76. D 77. C 78. B
79. D 80. A 81. A 82. B 83. A 84. C 85. C 86. B 87. C 88. D 89. D 90. B

三、多项选择题

1. AB 2. CD 3. BD 4. CE 5. CE 6. ABC 7. BD 8. CE 9. DE 10. AB 11. AD
12. BCDE 13. BD 14. AE 15. CDE 16. BE 17. BD 18. ACD 19. ABC 20. ABE

四、判断题

1. × 2. × 3. √ 4. √ 5. × 6. × 7. × 8. √ 9. × 10. × 11. × 12. √
13. × 14. √ 15. × 16. × 17. × 18. × 19. × 20. √ 21. √ 22. × 23. ×
24. × 25. × 26. × 27. × 28. × 29. × 30. √ 31. × 32. × 33. × 34. ×
35. √ 36. × 37. √ 38. × 39. √ 40. √ 41. × 42. × 43. √ 44. √ 45. ×
46. √ 47. √ 48. √ 49. √ 50. √ 51. √ 52. √ 53. √ 54. √ 55. √ 56. √
57. √ 58. √ 59. √ 60. × 61. √ 62. √ 63. √ 64. √ 65. √ 66. √ 67. ×
68. √ 69. √ 70. √ 71. × 72. √ 73. √ 74. √ 75. × 76. √ 77. √ 78. √
79. × 80. × 81. √ 82. × 83. × 84. ×

五、名词解释

1. 音素:从音色角度划分出来的最小的语音单位。

2. 音节:语音结构的基本单位,也是自然感到的最小的语音片段。它是由音素构成的。

3. 音位:一个语音系统中能够区别意义的最小语音单位,也就是按语音的辨义作用归纳出来的音类。

4. 元音:发音时气流不受阻碍的音,发音时声带振动。

5. 辅音:发音时气流受到阻碍的音。

6. 声母:一个音节开头的辅音。

7. 韵头:主要元音前面的元音,由元音 i、u、ü 充当。

8. 声调:声调是音节的具有辨义作用的音高变化形式。

9. 调值:音节的高低升降曲直长短的变化形式,即声调的实际读法。

10. 调类:声调的分类,是按照声调的实际读法(即调值)归纳出来的。

11. 音位变体:同一个音位往往包含一些不同的音素,这些音素是该音位在不同场合的表现形式,叫作音位变体。

12. 条件变体:受语音环境的制约,在一定条件下出现的音位变体。

13. 自由变体:不受语音环境的制约,没有条件限制,可以自由替换而不改变意思的音位变体。

14. 语流音变:我们说话的时候,语音连续发出并形成长短不等的一段段的语流,在这连续的语流中,相邻近的音素之间、音节之间、声调之间,彼此相互影响,产生语音上的一些变化,这种变化就叫语流音变。

15. 异读词:习惯上有几种不同读音的词。

六、分析题

1. 描写下列声母和韵母的发音状况,并标上国际音标。

j[tɕ]舌面、前、不送气、清塞擦音

c[tsʰ]舌尖、前、送气、清塞擦音

t[tʰ]舌尖、中、送气、清塞音

k[kʰ]舌面、后、送气、清塞音

n[n]舌面、中、浊鼻音

sh[ʂ]舌尖、后、清擦音

r[ʐ]舌尖、后、浊擦音

i[i]舌面、前、高、不圆唇元音

ê[ɛ]舌面、前、半低、不圆唇元音

u[u]舌面、后、高、圆唇元音

2. 给下列词语中带点的字注上汉语拼音。

tà   shàn   xuè   qǔ   gá   shí   yān   jī   wēi

3. 用国际音标标写下列成语。

(1) 暴殄天物 [pau⁵¹ tʰiɛn²¹⁴ tʰiɛn⁵⁵ u⁵¹]

(2) 提纲挈领 [tʰi³⁵ kaŋ⁵⁵ tɕʰiɛ⁵¹ liŋ²¹⁴]

(3) 假公济私 [tɕiA²¹⁴ kuŋ⁵⁵ tɕi⁵¹ sɿ⁵¹]

(4) 谦虚谨慎 [tɕʰiɛn⁵⁵ ɕy⁵⁵ tɕin²¹⁴ ʂən⁵¹]

(5) 百折不挠 [pai²¹⁴ tʂɤ³⁵ pu⁵¹ nau³⁵]

(6) 袖手旁观 [ɕiou⁵¹ ʂou²¹⁴ pʰaŋ³⁵ kuan⁵⁵]

(7) 一日千里 [i³⁵ ʐɿ⁵¹ tɕʰiɛn⁵⁵ li²¹⁴]

4. 读准下列词语,并标出每个音节的调值。

友好(35 214)　起点(35 214)　海涛(21 55)　尾声(21 55)　敏捷(21 35)　法庭(21 35)　马虎(21 4)　手套(21 51)　美丽(21 51)　狡猾(21 35)　考验(21 51)　闪光(21 55)　小纸篓(21 35 214)　百米跑(35 35 214)　保险锁(35 35 214)　苦水井(35 35 214)　米老鼠(21 35 214)　买小米(21 35 214)　导火索(35 35 214)　演讲稿(35 35 214)　有理想(21 35 214)　展览馆(35 35 214)　小雨伞(21 35 214)

5. 写出[i]音位的音位变体及出现条件。

[i]主要的音位变体有[i]、[I]、[j], [i]用来做韵腹, [I]用来做韵尾, [j]用来做韵头(零声母)。

6. 列表分析下列音节结构。

汉字	声母	韵头	韵腹	韵尾	声调
元	—	ü	a	n	阳平/35
游	—	i	o	u	阳平/35
野	—	i	ê	—	上声/214
勋	x	—	ü	n	阴平/55
用	—	—	ü	ng	去声/51
温	—	—	u	e	阴平/55
休	x	i	o	u	阴平/55
昏	h	u	e	n	阴平/55
秋	q	i	o	u	阴平/55
困	k	u	e	n	去声/51

7. 根据汉语拼音正词法的基本规则给下列汉字注上汉语拼音。

Rèliè zhùhè quánguó dì-èr jiè Yǔyán Wénzì Yìngyòng Xuéshù Yántǎohuì zài Hēilóngjiāng Dàxué zhàokāi!

8. 用音素分析法分析下列音节结构。

医院(i ü-a-n)　船长(ch-u-a-n zh-a-ng)　舒展(sh-u zh-a-n)　伏笔(f-u b-i)　汪洋(u-a-ng i-a-ng)　生命(sh-e-ng m-i-ng)

9. 用声韵调分析法分析下列音节结构。

汉字	声母	韵头	韵腹	韵尾	声调
光	g	u	a	ng	阴平/55
平	p	—	i	ng	阳平/35

续表

汉字	声母	韵头	韵腹	韵尾	声调
开	k	—	a	i	阴平/55
天	t	i	a	n	阴平/55
真	zh	—	e	n	阴平/55
牙	—	i	a	—	阳平/35
温	—	u	e	n	阴平/55
球	q	i	o	u	阳平/35
鹅	—	—	e	—	阳平/35
欧	—	—	o	u	阴平/55
北	b	—	e	i	上声/214
穴	x	ü	ê	—	阳平/35
运	—	—	ü	n	去声/51
路	l	—	u	—	去声/51
衣	—	—	i	—	阴平/55
略	l	ü	ê	—	去声/51
马	m	—	a	—	上声/214
国	g	u	o	—	阳平/35
菜	c	—	a	i	去声/51

10. 根据语气词"啊"的音变规律,给下列句子中的"啊"注上国际音标。
(1)ya (2)wa (3)na na (4)ŋa (5)[ʐA] (6)[ʐA] (7)wa (8)ya (9)[ʐA] (10)[ʐA] (11)ŋa (12)[ʐA] (13)[ʐA] (14)wa (15)ya

11. 写出[A]、[u]、[o]、[e]音位的音位变体及出现条件。
[A]的音位变体有[a]、[A]、[ɑ]、[ɛ]四个,[a]出现在韵尾[-i]或[-n]之前;[A]出现在无韵尾的音节;[ɑ]出现在韵尾[-u]或[-ŋ]之前;[ɛ]出现在韵头[i-]和韵尾[-n]之间。

[u]的音位变体有[u]、[ω]、[w]、[ʊ]四个,[u]做韵腹时使用;[ω]做韵尾时使用;[w]和[ʊ]做韵头(零声母)时使用。

[o]的音位变体有[o]、[oº]两个,[o]出现在唇音声母后头;[oº]做复韵母韵腹。

[e]的音位变体有[e]、[ɛ]两个,[e]出现在韵尾[-i]前面;[ɛ]出现在做韵腹、无韵尾时。

12. 按四呼来分析下列声母跟韵母相拼的情况。

f可以和开口呼及合口呼中的u相拼;m可以和开口呼、齐齿呼及合口呼中的u相拼;k只限于和开口呼及合口呼相拼;j只限于和齐齿呼及撮口呼相拼;zh只限于和开口呼及合口呼相拼。

13.综合分析下列词语在语音上的不同之处。

不能(bùnéng)－不冷(bùlěng):二者的差异在于后一个字的声母和声调不同,"能"的声母"n"是舌尖中浊鼻音,声调是阳平;"冷"的声母"l"是舌尖中浊边音,声调是上声。

14.按单韵母的发音条件,比较下列韵母的异同。

u－ü:都是舌面、高、圆唇元音,u为舌面、后,ü为舌面、前。

o－e:都是舌面、后、半高元音,o为圆唇,e为不圆唇。

15.综合分析下列词语的音节有何不同。

亲近(qīnjìn)－清净(qīngjìng):二者的差异在于韵尾不同,前一个的韵尾是舌尖前浊鼻音韵尾,后一个是舌面后浊鼻音韵尾。

16.读准下列词语,并注上汉语拼音。

麻痹 mábì　奔命 bēnmìng　邮差 yóuchāi　护场 hùchǎng　对称 duìchèn　冲压 chòngyā
当真 dàngzhēn　适当 shìdàng　深度 shēndù　令人发指 lìngrénfàzhǐ　女红 nǚgōng
桂冠 guìguān　楼观 lóuguàn　瑰宝 guībǎo　哈巴狗 hǎbagǒu　负荷 fùhè　奉和 fènghè
专横 zhuānhèng　哄抢 hōngqiǎng　劲敌 jìngdí　拮据 jiéjū　连累 liánlei　拘泥 jūnì
泥淖 nínào　炮制 páozhì　学习 xuéxí　应征 yìngzhēng　关卡 guānqiǎ　虚与委蛇 xūyǔwēiyí
星宿 xīngxiù　供应 gōngyìng

17.读准下列带点的字,并注上汉语拼音。

缔造 dì　追捕 bǔ　粗糙 cāo　乘车 chéng　停泊 bó　贿赂 lù　亚洲 yà　比较 jiào
友谊 yì　复习 fù　疙瘩 gē　松柏 bǎi

18.给下列词语注音并分析音节结构。

汉字	字音	声母	韵母			四呼	调类	调值
			韵头	韵腹	韵尾			
桎	zhì	zh	—	-i[ʅ]	—	开口呼	去声	51
梏	gù	g	—	u	—	合口呼	去声	51
殷	yān	—	i	a	n	齐齿呼	阴平	55
红	hóng	h	—	u	ng	合口呼	阳平	35
迸	bèng	b	—	e	ng	开口呼	去声	51
裂	liè	l	i	ê	—	齐齿呼	去声	51
蜷	quán	q	ü	a	n	撮口呼	阳平	35
缩	suō	s	u	o	—	合口呼	阴平	55
豉	chǐ	ch	—	-i[ʅ]	—	开口呼	上声	214
油	yóu	—	i	o	u	齐齿呼	阳平	35

19. 请指出声母"f、h、s、n、x"跟四呼的配合关系(用"+""－"标注)。

声母	开口呼	齐齿呼	合口呼	撮口呼
f	＋	－	＋	－
h	＋	－	＋	－
s	＋	－	＋	－
n	＋	＋	＋	＋
x	－	＋	－	＋

七、简答题

1. 什么是语音？它具备哪些性质？语音与自然界其他声音有何异同？

语音是由人的发音器官发出来的能够表达一定意义的声音。语音具有物理属性、生理属性和社会属性。语音是语言的物质外壳，是语言的交际职能得以实现的物质手段，语言必须凭借语音才能表达出来。语音同自然界的其他声音一样，产生于物体的振动，是一种物理现象，具有物理属性。语音是人类说话时由发音器官发出来的，又是一种生理现象。一般物体的振动不是生理现象，并不具有生理属性。语音同自然界的其他声音的根本区别，是它具有社会属性。

2. 语音的四要素是什么？汉语的声调、轻声与哪种物理要素有关系？

语音的四要素是音高、音强、音长和音色。汉语的声调是一种音高变化形式，所以和音高直接联系，轻声是音强的一种变化。

3. 怎样理解语音的社会性？为什么说语音的社会性是语音的本质属性？

语言具有社会性，是一种社会现象，作为语言的物质外壳的语音，当然也具有社会属性。而且，一种语音代表什么样的意义，什么样的意义由什么样的语音形式表达，也是由社会决定的，所以说社会属性是语音的本质属性。所谓社会属性，就是指一个音素在不同的语言或方言中具有的不同的作用，在交际中执行不同的功能。

4. 什么是音素？什么是音位？二者有什么异同？

音素是最小的语音单位，它是从音色角度划分出来的。音位是一个语音系统中能够区别意义的最小语音单位，也就是按语音的辨义作用归纳出的音类。

音素是根据语音的自然属性划分出来的最小语音单位。从声学性质来看，音素是从音质角度划分出来的最小语音单位。从生理性质来看，一个发音动作形成一个音素。音位是一定的语言或方言系统中，能区别不同语言符号的最小语音单位，是根据语音的社会性质划分出来的。

5. 元音和辅音有什么区别？

(1)从受阻与否看：辅音发音时一定是气流受到不同程度的阻碍，而元音则是发音时气流不受阻碍。

(2)从紧张度看:辅音发音时,形成阻碍的地方特别紧张,而元音发音时各部位则保持均衡紧张状态。

(3)从气流强弱看:辅音发音气流较强,元音发音气流较弱。

(4)从响亮度看:辅音发音时声带不一定振动,元音发音时声带振动,因此,元音发音比辅音响亮。

6. 什么是声母?举例说明声母与辅音的关系。

声母是一个音节开头的辅音。声母和辅音是两个不同的概念。声母是从分析音节结构的角度划分出来的,而辅音是从分析音素性质的角度提出来的。与元音比较,辅音的主要特征是:气流在发音器官中受到一定程度的阻碍或阻塞,气流较强,发音器官参与节制气流的部分肌肉紧张。声母是由辅音充当的,但辅音并不都是声母。如"光"(guāng)这个音节中的"ng",它是辅音,但它处在音节里后面的部位,因此它不是声母。又如"难"(nán)这个音节,前后都有"n",它是辅音,处在音节开头的是声母,处在音节末尾的是韵母,并不是声母。

7. 舌尖前音、舌尖中音、舌尖后音之中的"前、中、后"含义是什么?

舌尖前音(z、c、s)的"前"是由舌尖抵住或接近齿背阻碍气流而形成。舌尖中音(d、t、n、l)的"中"是由舌尖抵住上齿跟阻碍气流而形成。舌尖后音(zh、ch、sh、r)的"后"是由舌尖抵住或接近硬腭前部阻碍气流而形成。舌尖所对应的发音部位的位置不同。舌尖前音是舌尖对上齿背,舌尖中音是舌尖对上齿龈,舌尖后音是舌尖对硬腭的前部。它们所处的发音部位"前、中、后"有所不同。

8. 什么是韵母?举例说明韵母与元音的关系。

韵母指音节里声母后面的部分。韵母和元音不是同一个概念。韵母是就音素在音节中的位置讲的,元音是就音素的性质而言的。元音的主要特征是:气流在口腔中不受阻碍,气流较弱,发音器官肌肉均衡紧张,正常发音时声带振动。元音可以单独做韵母,如 a、o、e、i、u、ü 等,这些韵母是由复合元音充当的,又如 an、en、in、ün 等,这些韵母是由元音带上鼻辅音韵尾构成的。由上面的例子可以看出,凡是元音都可以做韵母或作为韵母的一个组成部分,但韵母不全是元音,辅音 n、ng 也可以和元音结合起来做韵母。可见韵母的范围比元音大。

9. 请你说出普通话中各个单韵母的发音条件。

普通话中单韵母的发音条件是音位的高低,可以分为高、半高、半低、低;音位的前后,包括前、央、后;唇形的圆展,包括圆唇和不圆唇。

10. 什么是"四呼"?普通话韵母在四呼中各有多少?

按照韵母的韵头的情况,我国传统语言学将韵母分开口呼、齐齿呼、合口呼、撮口呼四类,简称四呼。开口呼没有韵头,韵腹是 a、o、e 的韵母。发音时,嘴张得比较大,所以叫作开口呼,有 -i[ɿ]、-i[ʅ]、a、o、e、ê、er、ai、ei、ao、ou、an、en、ang、eng15 个。齐齿呼是韵头或韵腹为 i(舌面元音)的韵母。发音时,嘴向两边开,露出牙齿,所以叫作齐齿呼,有 i、ia、ie、iao、iou ian、in、iang、ing 9 个。合口呼是韵头或韵腹为 u 的韵母。发音时,嘴唇向中间收缩,所以叫作合口呼,有 u、ua、uo、uai、uei、uan、uen、uang、ueng、ong 10 个。撮口呼是韵头或韵腹为 ü 的韵母。发音时,嘴唇是圆的,发音部位 i 与之相同,它是 i 的圆唇化,所以叫作撮口呼,有 ü、üe、üan、ün、iong 5 个。

11. 汉语拼音方案为什么能用一个字母"i"代表三个音素?

字母"i"代表舌面单元音 i、舌尖前元音 -i(前)和舌尖后元音 -i(后),是因为这三个元音出现的条件各不相同,舌尖前元音 -i(前)只出现在 z、c、s 的后面,舌尖后元音 -i(后)只出现在 zh、ch、sh 的后面,其他情况下出现的是舌面单元音 i,不会产生分歧。

12. 什么是押韵?诗歌中的"韵"和普通话中的韵母有什么不同?

押韵又叫压韵,指的是韵文(诗、词、歌、赋、曲等)中常在每隔一句的末尾用同"韵"的字。"韵",与"韵母"不是相同的概念,韵头不同(韵腹、韵尾相同)也算同"韵",但不算韵母相同。也就是说押韵的字只要求韵腹和韵尾相同(放宽也包括一些韵腹相近且韵尾相同的),不要求韵头(介音)也都相同。

13. 举例说明普通话音节结构的主要特点。

(1)结构简明,汉语音节最少 1 个音素,最多 4 个音素,分别构成声母、韵头、韵腹、韵尾;音节体现在书面上通常为一个汉字,具有词汇意义。

(2)汉语音节可以没有辅音,辅音出现在音节的开头或者末尾,没有复辅音。

(3)乐音居多,响亮悦耳,所有音节都有元音。有的完全是元音,如:阿、哦、俄、袄、欧、优;有的由元音和辅音 n、ng 组成闭音节,也具有一定乐音性,如:安、英、副、莫。

(4)每个音节都有声调,不同声调的音节交错搭配,形成了抑扬顿挫的特点,使语音富有节奏感。

14. 什么是音变?音变的主要原因是什么?普通话音变主要包括哪些现象?

我们说话的时候,语音连续发出并形成长短不等的一段段的语流,在这连续的语流中,相邻近的音素之间、音节之间、声调之间,彼此相互影响,产生语音上的一些变化,这种变化就叫语流音变。普通话的音变主要包括变调、轻声、儿化和"啊"的变读。

15. 普通话声母与韵母配合的规律主要有哪些?

从声母角度看:

(1)拼合最强的是 n、l,可以跟四呼都相拼。零声母也是。

(2)最弱的是 f,只跟开口和"u"相拼。

(3)g/k/h、z/c/s、zh/ch/sh 只跟开口、合口二呼相拼。

(4)j/q/x 只能和齐齿、撮口二呼相拼。

另外,还可以从韵母出发,有三条声韵配合补充条例:

(1)o 只拼唇音;uo、e 只拼非唇音。

(2)ong 没有零声母,ueng、er 只有零声母。

(3)三个 i 各有分工。

16. 什么叫轻声？轻声为什么不是一种独立的声调？轻声有什么作用？

轻声是在一定的条件下读得又短又轻的调子。汉语中的"轻声"不是四声之外的第五种声调，而是四声的一种特殊音变。一般情况下，任何一种声调的字，在一定条件下，都可以失去原来的声调，变读轻声。我们把读轻声的字叫作轻声字，把含有轻声字的词叫轻声词。轻声具有区别词义和词性的作用。举例略。

17. 举例说明语气词"啊"的音变规律。

（1）"啊"前面一个音节最后一个音素是 i、u、o、e、a、ê，"啊"变读为"ya"，可写作"呀"，如：雪白的大米啊！（ya） 你去不去啊？（ya）

（2）"啊"前面一个音节最后一个音素是 u（包括 ao、iao），"啊"变读为"wa"，可写作"哇"，如：去种树啊！（wa） 真好啊！（wa）

（3）"啊"前面一个音节最后一个音素是 n，"啊"变读为"na"，可写作"哪"，如：还没干啊！（na）

（4）"啊"前面一个音节最后一个音素是 ng，"啊"变读为"nga"，仍写作"啊"，如：真好听啊！（nga）

（5）"啊"前面一个音节最后一个音素是 -i（后）或 er（包括儿化韵），"啊"变读为"ra"，仍写作"啊"，如：大家吃啊！（ra）

（6）"啊"前面一个音节最后一个音素是 -i（前），"啊"变读为"zA"，没有这个汉字，如：不能太自私啊！（zA）

18. 请你举例说明 y、w 的用法。

汉语拼音字母 y 和 w 是隔音字母。它只起避免音节界限不明发生混淆的作用。例如，把"大衣"拼写成"dai"，就会以为是一个音节的"呆"，i 的前头加了 y，写成"dayi"，音节界限就分明了。

（1）韵母表中 i 行的韵母，在零声母音节中，要用 y 开头，如果后面还有别的元音，就把 i 改为 y。例如，牙 yá、衣 yī、野 yě、腰 yāo、优 yōu。

（2）韵母表中 u 行的韵母，在零声母音节中要用 w 开头，如果后面还有别的元音，就把 u 改为 w。例如，乌 wū、蛙 wā、窝 wō、歪 wāi。

（3）韵母表中 ü 行的韵母，在零声母音节中，也要用 y 开头，跟 i 行韵母不同的是，不论后面有没有别的元音，一律要在前面加 y，加 y 后，ü 上两点省去。例如，迂 yū、约 yuē、冤 yuān、晕 yūn。

19. 举例说明轻声在物理属性上的变化。

轻声音节的变化与语音的四种物理属性都有关系。主要表现在轻声音节失去原有音高；轻声音节都短于正常重读音节的音长；轻声音节都变弱；有时还引起声母、韵母中辅音、元音音色的变化。对韵母的影响：使得韵母弱化甚至脱落。对声母的影响：以清塞音和清塞擦音为声母的音节，变轻声后，声母都弱化为浊音了。

20. 什么是儿化？请举例说明儿化的作用。

儿化是一个音节中韵母带上卷舌色彩的一种特殊的音变现象。在普通话中，儿化具有区别词义、区分词性的功能。

(1)区别词义。

例如，鼻(五官之一)，鼻儿(器物上面能够穿上其他东西的小孔)。

(2)区分词性。

例如，盖(动词)，盖儿(名词)；画(动词)，画儿(名词)。

(3)表示细小、亲切、轻松或喜爱的感情。

例如，小猫儿、小孩儿、小球儿、金鱼儿、脸蛋儿、花儿等。

21. 什么是儿化韵？儿化与儿化韵是什么关系？

儿化是一个音节中韵母带上卷舌色彩的一种特殊的音变现象。而这种卷舌化了的韵母叫作儿化韵。

22. 什么是变调？普通话的变调主要有哪些？它们是怎样变化的？

每个音节不是一个个孤立的单位，在词语、句子中由于相邻音节的相互影响，有的音节的声调发生了变化，这种音变现象叫作变调。常见变调有以下几种：

(1)上声(214)变调：多变为35，有时变为21。

上+上—35+上(体检)，两个上声相连，第一个上声变为阳平(35)；体操、体格、体育(21)，上声音节在非上声音节前变为半上(21)。

(2)去声(51)变调：去+去—53+去(释放)，两个去声相连，第一个去声变为半去(53)。

(3)"一""不"变调：去声前均变35；非去声前"一"变51。

(4)"七""八"变调：去声前有时变为35，也可不变。

23. 上声最主要的变调有哪些？请你举例说明。

(1)上声→阳平(35)+上声，两个上声相连，第一个上声变为阳平。例如，理想、美好、友好、处理、粉笔。

上声在由上声变来的轻声前面有两种情况：

①后字固定读轻声的，前字多读半上(21)，如椅子、耳朵、马虎、姥姥、姐姐。

②后字可轻可不轻或者重叠式动词，前字一般变阳平(35)，如老鼠、想起、手里、可以、走走。

(2)上声+上声+上声，三个上声相连，有下面的两种情况：

①双+单→阳平(35)+阳平(35)+上声，如展览馆、洗脸水。

②单+双→半上(21)+阳平(35)+上声，如好领导、小组长。

(3)多个上声相连，先要按语音停顿自然分节，然后按双音节、三音节的变调规律变读，停顿前的上声读"半上(21)"，最后一个上声读原调。

例如，我有‖五把‖小雨伞。(35 21 35 21 21 35 214)

(4)非上→半上(21)+非上(阴、阳、去、轻)。

在阴平前:首都;在阳平前:祖国;在去声前:感谢;在轻声前:我的、老实。

24."一""不"的变调有哪些?请你举例说明。

(1)读原调。

单念:一、不。

词句末尾:第一、统一、要不、偏不。

序数:一班、十一号楼。

(2)在去声音节前变阳平(35)。

例如,一切、一半、不错、不定。

(3)在非去声前读去声(51)。

阴平前:一般、不安。

阳平前:一年、不行。

上声前:一早、不敢。

(4)词语中间读轻声。

例如,想一想、谈一谈、好不好、走不动、差不多、来不及、巴不得。

25.汉语拼音规定ü行的韵母与j、q、x相拼时,ü上的两点可以省略,但是和n、l相拼时,ü上的两点不能省略,为什么?

j、q、x只能和齐齿呼、撮口呼韵母省略,所以在和ü相拼时,省略两点不会误以为是同合口呼韵母相拼;而n、l除了可以和撮口呼韵母ü相拼以外,还可以和合口呼韵母u相拼,所以为了避免发生混淆,在和ü相拼时,ü上的两点不能省略。

26.汉语拼音方案有何用途?

(1)给汉字注音。(2)做推广普通话的工具。(3)此外还可以用来作为我国各少数民族创制和改革文字的共同基础,用来帮助外国人学汉语,用来音译人名、地名和科学术语,以及用来编制索引和代号等。

27.简述大写字母和隔音符号的用法。

大写字母,即隔音字母,是指"y""w",而隔音符号是指" ' "。两者相同的用法是:都起到隔音的作用,以免音节发生混淆。两者在用法上的区别是:

(1)隔音字母y是用在i行的韵母。i行的韵母在零声母音节中要用y开头,如i-yi(衣)。如果i后面还有别的元音,就把i改为y,如ia-ya(牙)、iang-yang(央)。

(2)隔音字母y还是用在ü行的韵母。ü行的韵母在零声母音节中也要用y开头,如ü-yu(迂)。如果ü后面还有别的元音,就在ü的前面加y,如üe-yue(约)。可见,跟i行韵母相比,ü行韵母不管其后有没有别的元音,一律要在ü前加y,加y后ü上两点要省去。

(3)隔音字母w是要用在u行的韵母。u行的韵母在零声母音节中要用w开头,如u-wu(乌)。如果u后面还有别的元音,就把u改成w,如uai-wai(歪)。

(4)"a、o、e"开头的音节连接在其他音节后面的时候,如果音节界限发生混淆,就要用隔音符号"'"隔开。例如,xi'an(西安)、dang'an(档案),否则就要与 xian(先)、dangan(单干)相混了。

28. 什么是声母的发音部位和发音方法?

(1)声母的发音部位。

发音时,气流受到阻碍的部位叫作声母的发音部位。按发音部位分,普通话的二十一个辅音声母可分为七类:双唇音(b、p、m)、唇齿音(f)、舌尖前音(z、c、s)、舌尖中音(d、t、n、l)、舌尖后音(zh、ch、sh、r)、舌面音(j、q、x)、舌根音(g、k、h)。

(2)声母的发音方法。

声母的发音方法指的是发音时喉头、口腔和鼻腔节制气流的方式和状况,可以从阻碍方式、声带是否颤动、气流的强弱等三个方面来观察。

第一,看阻碍的方式。根据形成阻碍和解除阻碍的方式不同,可以将普通话声母分为塞音、擦音、塞擦音、鼻音、边音五类。

第二,看声带是否颤动。发音时声带颤动的音是浊音,又叫带音;声带不颤动的音叫清音,又叫不带音。浊音共四个,其余声母都是清音。

第三,看气流的强弱。塞音、塞擦音发音时,口腔呼出的气流比较强的叫送气音,共有 p、t、k、q、ch、c 六个;口腔呼出的气流比较弱的叫不送气音,共有 b、d、g、j、zh、z 六个。

29. 简述汉语的元音是如何分类的。

普通话的元音分为单元音(10个)和复元音(13个)两类。单元音就是发音时口形(包括舌位、唇形、开口度)始终不变的元音,它有三类:①舌面元音,有 i、u、ü、a、o、e、ê。②舌尖元音,-i(前)只出现在声母 z、c、s 后面,-i(后)只出现在 zh、ch、sh、r 后头。③卷舌元音 er。复元音是发音时舌位、唇形都有变化的元音。可分为前响复元音、后响复元音、中响复元音。前响复元音指主要元音在前的,有 ai、ei、ao、ou。后响复元音指主要元音在后的,有 ia、ie、ua、uo、üe。中响复元音指主要元音位居中间的,有 iao、iou、uai、uei。

30. 汉语声调的音高有何特点?

声调是指相对音高。同一个词"春天",尽管用精密仪器量出来的频率即绝对音高大不相同,但音高走势相同,即格式相同,都是平平的,因此意思完全一样。一个成年人读"去"是从他的最高音降到最低音,一个小孩读"去"也是从他的最高音降到最低音,小孩的最低音可能比成年人的最低音还高,但这两个人说话时的音高走势都是由高音降为低音的,音高的变化格式和升降幅度相同。这种音高变化格式和升降幅度就是构成调值的"相对音高"。也就是说,这两个人发音时绝对音高虽然不同,但相对音高相同,所以他们可以很顺利地听懂对方说的话。总的来说,相对音高就是用比较的方法确定的统一基调的音高变化的格式和幅度。另外,构成调值的相对音高在读音上是连续的、渐变的,中间没有停顿,没有跳跃。

31. 什么是调值? 什么是调类? 二者是何关系?

调值是音节的高低、升降、曲直、长短的变化形式,即声调的实际读法。调类是声调的分类,是按照声调的实际读法(即调值)归纳出来的。二者的关系:①调值和调类是两个不同的概念。调值是音节高低、升降、曲直、长短的变化形式,是声调的实际读法。而调类则是声调的种类,即把调值相同的字归纳在一起所建立的类。无论在普通话(或任何一种方言里),总是"调值"决定"调类",即有多少种不同的调值,就会有多少个不同的调类。②调值和调类确立的依据不一样。调值主要由音高构成,确立每一种声调的调值所依据的是音高和音高的变化。而调类则是根据调值所归纳的类,确立调类的依据是调值的多少。总之,调值和调类具有密切的关系,调值决定调类,有多少调值就有多少调类。一般说来,在某种语言(或方言)中,有几个基本调值,也就有几个调类。

32. 在现代汉语中,ie 和 ei 两个韵母中的韵腹用同一个拼音字母来表示,但实际上它们代表的音质是不同的,请说明这两个韵腹的音质(用国际音标)。

ie 后面的"e"实际发音是 ê,用国际音标表示为[ɛ];ei 前面的"e"实际发音是 e,用国际音标表示为[e]。

33. 简述音位是如何归纳的。

音位是从具体语言或方言中归纳出来的。归纳的时候首先要考虑具体语言或方言中不同音素之间的相互关系。归纳音位的原则主要有对立原则、互补原则和音感相似原则。对立原则是在一定的语音系统中可以用来把词的语音形式区别开来的几个音素之间的关系,如[p]、[pʰ]、[t]、[tʰ]。互补原则是在一定语音系统中在不同的语音环境下出现,彼此没有区别词的语音形式作用的几个音素之间的关系,如[a]的音位变体[ɑ]、[A]、[a]、[ɛ]。音感相似原则是语音相似,至少是当地人听起来相似。我们可以依据对立原则把不同的音素归纳为不同的音位,也可以依据互补原则和音感相似原则把不同的音素归纳为同一个音位。

34. 什么是音质音位?什么是非音质音位?

音质音位:从音素的音质角度划分与归并出来的音位叫音质音位,如元音位、辅音位。非音质音位:利用音高、音重(音强)、音长这样一些非音质要素组成的音位叫非音质音位,如汉语中的调位。

35. 简述音位与音位变体的关系。

音位是从具体音素中概括出来抽象的语音类别,音位变体则是音位在各种语音环境里的实际发音或具体代表。音位和音位变体是类别和成员的关系,同属一个音位的变体没有主次之分,但需要从中选出一个放在[ ]中作为这个音位的代表,理论上选哪一个都可以,但是选择音位符号通常要考虑哪个比较常用和易于书写,是否便于说明各个变体出现的条件。例如,汉语普通话里[a]、[A]、[ɑ]、[ɛ]为同一个音位的变体,多数人选择常用的"a"作为代表,但也有人选择"A"。

36. 在普通话中,[m]只出现在音节开头,做声母;[ŋ]只出现在音节末尾,做韵母。二者处于互补分布状态的可以归为一个音位,可是普通话音位系统都将其分为两个音位,这是为什么?

我们在把不同的音素归纳为同一个音位时,除了依据互补原则以外,还要依据音感相似的原则,这两个音素在北京人的音感中有着明显的差异,不符合音感相似的原则。

37. 什么是停顿、重音和句调?

停顿是指说话或朗读时,段落之间、语句之间、后头出现的间歇。重音是语句中念得比较重、听起来特别清脆的音,或者叫作语句重音。句调是指整句话的音高升降的格式,是语句音高运动的模式。

38. 声调和语调有何不同?又有何关系?

声调是音节的高低升降形式,它主要是由音高决定的。语调是说话或朗读时,句子有停顿、声音有轻重快慢和高低长短的变化。声调跟语调之间是相互依存和相互制约的对立统一关系:语调存在于声调之中,它的总体音阶走势必须通过声调实体体现出来;而声调实体本身的实现又受语调综合旋律的制约,在语调的总体框架内发挥它的语言学作用。汉语的语调与声调作为各自独特的音高运动模式,既相对独立,又同时并存,其内在本质就在于它们是音阶的相互叠加,而不是调型的相互叠加。

考研真题答案

一、填空题

1. bú 2. péngyou 3. 零声母 4. 音长 5. 发音方法 6. 音位 7. 社会 8. 音高 9. 4 10. 区别意义 11. p [pʰ] ɑ [A] 12. 开口呼 撮口呼 齐齿呼 开口呼 13. o 14. 音色 15. 元音 16. i、u 17. 5 18. 韵腹 19. n 20. 音位 21. 音色 22. m和n 23. 隔音 24. 声调 25. 舌尖后音 26. 4 27. 26 28. 3 o、u、ü 29. 开口呼、齐齿呼、合口呼 30. 音高 音色 31. 清音 浊音 32. 4 33. 发音体 发音方法 发音时共鸣器形状 34. 开口度 35. 舌尖中音 36. 带鼻音韵母 37. 齐齿呼 撮口呼 38. o ch 39. 音位 音节 40. 拉丁 41. 名词 42. 韵母是"u"或以"u"开头 43. 音高 44. 仄声 45. 浊 单音节 46. 四 辅音 47. 3 48. 主要元音 49. 清擦 50. Xī'ān 51. i 52. 非音质 53. 赵元任 54. 仄声 55. 单元音 56. ɛ 57. 齐齿 58. 扫帚 59. 知 偶 60. 半高 61. 舌尖中音 n、l 62. [ɑ] [A] [α] [ɛ] 63. 音色 64. 儿化 65. 振幅 66. 辅音 67. 音节 68. 擦音 69. 撮口 70. 10 71. 音高 72. 气流呼出时是否受到阻碍 73. 条件变体 74. 音素 75. 音节 76. 单元音和复元音 77. 音色(音质) 78. 发音方法 79. 卷舌色彩 80. 字母表、声母表、韵母表、声调符号、隔音符号 81. 音高 82. 字母表

二、单项选择题

1. B 2. B 3. D 4. C 5. B 6. D 7. D 8. B 9. A 10. A 11. C 12. C 13. D
14. D 15. D 16. B 17. C 18. B 19. D 20. C 21. B 22. C 23. B 24. B 25. D 26. A
27. C 28. A 29. D 30. C 31. D 32. A 33. B 34. C 35. C 36. D 37. D 38. C 39. C
40. C 41. D 42. B 43. C 44. A 45. C 46. A 47. B 48. D 49. A 50. C 51. A 52. B
53. C 54. C 55. A 56. C 57. D 58. D 59. C 60. C 51. A 62. C 63. C 64. C 65. C

三、判断题

1. √ 2. × 3. × 4. × 5. × 6. × 7. √ 8. × 9. × 10. √ 11. × 12. √
13. × 14. × 15. × 16. × 17. × 18. √ 19. × 20. × 21. √ 22. √ 23. ×
24. × 25. × 26. × 27. √ 28. √ 29. √ 30. √ 31. × 32. √ 33. √ 34. √
35. √ 36. × 37. √ 38. × 39. √ 40. √ 41. √ 42. √ 43. √ 44. √ 45. √
46. × 47. × 48. √ 49. × 50. √ 51. √ 52. √ 53. √ 54. √ 55. √ 56. √
57. ×

四、名词解释

1. 语流音变：我们说话的时候，语音连续发出并形成长短不等的一段段的语流，在这连续的语流中，相邻近的音素之间、音节之间、声调之间，彼此相互影响，产生语音上的一些变化，这种变化就叫语流音变。

2. 音素：从音色角度划分出来的最小的语音单位。

3. 调值：音节的高低、升降、曲直、长短的变化形式，即声调的实际读法。

4. 送气音：冲破阻碍时，口腔呼出的气流比较强而形成的音。

5. 音位：一个语音系统中能够区别意义的最小语音单位，也就是按语音的辨义作用归纳出的音类。

6. 四呼：按韵母开头的元音发音口形分，普通话韵母有开口呼、合口呼、齐齿呼和撮口呼。

7. 条件变体：受语音环境的制约，在一定条件下出现的音位变体。

8. 零声母：汉语普通话中的大多数音节以辅音声母开头，但也有一些音节以元音开头，其声母位相当于零，这种情况称为"零声母"。

9. 自由变体：不受语音环境的制约，没有条件限制，可以自由替换而不改变意思的音位变体。

10. 发音方法：发音时喉头、口腔和鼻腔节制气流的方式和状况。

11. 变调：音节连读时，某些音节的声调发生变化的情况。

12. 音位变体:同一个音位往往包含一些不同的音素,这些音素是该音位在不同场合的表现形式,叫作音位变体。

13. 声调:音节的具有辨义作用的音高变化形式。

五、分析题

1. 在下列各组音节中选择拼写正确的音节。

(1) A. jù B. fēng C. liú diū D. xióng E. diào piào

(2) còu sǔn nǚ yuǎn jiǒng tuǐ

(3) zhuài luó qiǎo zūn kuān

(4) nǚ guò

(5) zhōu fēi zú sāo

(6) nǚ wèi cáor yùn jué xū(四川大学 2016 年)

(7) tòng shǒu sēng guò(山东大学 2016 年)

(8) luǒ fàng jià wán dài

(9) wù tù lùn dàng

2. 填空。

(1)[g]　(2)o　(3)四　(4)[iA]　(5)báo

3. 找出拼写不合规范的拼音并改正。

(2) Zhōngshān　Dàxué(中山大学)

(4) Ālābó(阿拉伯)

4. 写出下列句子的拼音(用汉语拼音字母按照汉语拼音正词法基本规则拼写句子)。

(1) Jiàoshì li zhěngzhěngqíqí de bǎifàngzhe èrshí zhāng zhuōzi.

(2) Xī'ān de fēijī yǐjīng qǐfēi le.

(3) Wǒ ài chūnyǔ shì yóuyú tā zīrùnzhe shānchuān dàdì.

(4) Wǒmen de fāng'àn yǐjīng tōngguò le.

(5) Wáng lǎoshī bǎ fāng'àn gàosu wǒmen le.

(6) Tāmen ǒu'ěr huì qùqu kāfēiguǎnr.

(7) Wàimian tàiyang hěn hǎo, érqiě yě méiyǒu fēng.

(8) Yú Àiqiū dàizhe dàng'àn huídàole Yán'ān.

(9) Jīntiān wǒ huáizhe wúbǐ chóngjìng de xīnqíng cān'guānle Máo Zédōng Gùjū.

(10) Tāmen zài Běihǎi Gōngyuán tī jiànzi duànliàn shēntǐ.

(11) Běisòng wénxuéjiā Wáng Ānshí xiěguo yī shǒu huáiniàn gùxiāng de shī jiào《Bóchuán

Guāzhōu》.

（12）Tāmen cānjiā de shì lǚxíngshè de "Guǎngzhōu Yīrìyóu".

（13）Yàoshi wǒ méi cāicuò de huà, Chóngyángjié kěndìng huì yǒu yī zhǒng jiérì shípǐn.

（14）Zhēn ràng nǐ shuōzháole, bù máng de shíhou, wǒ xǐhuan jìngjìng de kàn shū.

（15）《Běijīng Huānyíng Nǐ》bùjǐn shì yī shǒu gē, tā shì wúshù rè'ài Ào-Yùn de rénmen de xīnshēng.

（16）Yòng lìshǐ zhùzuò《Sānguózhì》qù duìbǐ wénxué zhùzuò《Sānguó Yǎnyì》, wèicháng bù shì yǒuyì de shì.

（17）Běisòng de wénxuéjiā hé zhèngzhìjiā Wáng Ānshí shàncháng xiě shī hé sǎnwén.

（18）Wǒ juéde Sūzhōu Yuánlín shì wǒ guó gè dì yuánlín de biāoběn.

（19）Háizimen mǎnzài'érguī, tiányě li piāodàngzhe tāmen kuàilè de gēshēng.

5.指出下面发音部位和发音方法所描写的汉语声母及韵母。

(1)s[s]　(2)j[tɕ]　(3)k[kʰ]　(4)e[ɣ]　(5)-i[ɿ]

6.选择拼写完全正确的词语。

(2)(4)(6)(8)(10)

7.描写下面普通话的元音和辅音。

o 舌面后、半高、圆唇元音

u 舌面后、高、圆唇元音

h 舌面后、清、擦音

sh 舌尖后、清、擦音

g 舌面后、不送气、清、塞音

8.分析下列音位的音位变体及出现条件。

(1)[y]的音位变体有[y]和[ɥ]两个,[y]做韵腹时使用,[ɥ]做韵头(零声母)时使用。[e]的音位变体有[e]和[ɛ]两个,[e]出现在韵尾[-i]前面;[ɛ]出现在做韵腹、无韵尾时。

(2)[a]的音位变体有[a]、[A]、[ɑ]、[ɛ]四个,[a]出现在韵尾[-i]或[-n]之前;[A]出现在无韵尾的音节;[ɑ]出现在韵尾[-u]或[-ŋ]之前;[ɛ]出现在韵头[i-]和韵尾[-n]之间。

[o]的音位变体有[o]、[oº]两个,[o]出现在唇音声母后头;[oº]做复韵母韵腹。

(3)[i]主要的音位变体有[i]、[I]、[j],[i]用来做韵腹;[I]用来做韵尾;[j]用来做韵头(零声母)。

[u]的音位变体有[u]、[ʊ]、[w]、[ʊ]四个,[u]做韵腹时使用;[ʊ]做韵尾时使用;[w]

和[ʊ]做韵头(零声母)时使用。

9.音变分析。(要求:标出"啊"音变后的汉字和汉语拼音(或国际音标),标出变调后调值。)

(黑龙江大学2015年)(1)啊[ʐA]　(2)21 35 214　(3)51 214　(4)呀ya　(5)啊ngɑ
(6)35 51 35 55　(7)21 35 214

(黑龙江大学2016年)(1)啊[ʐA]　(2)51 55　(3)21 35 214

(黑龙江大学2017年)(1)呀ya　(2)21 35 214　(3)35 51 35 55

(黑龙江大学2018年)(1)ya　(2)21 35 214　(3)51 51 35 51

10.语音分析填空。

(黑龙江大学2012年)(1)yì　(2)e　(3)3　(4)[ʐA]　(5)jiǔ

(黑龙江大学2013年)(1)yī　(2)e　(3)2　(4)[ʐA]　(5)tāi

(黑龙江大学2014年)(1)yì　(2)ng　(3)3　(4)[ʐA]　(5)yì

11.写出下列声母或韵母的发音状况,并注上国际音标。

(1)m[m]双唇、浊、鼻音;p[pʰ]双唇、送气、清、塞音;l[l]舌尖中、浊、边音;t[tʰ]舌尖中、送气、清、塞音;ü[y]舌面前、高、圆唇元音。

(2)z[ts]舌尖前、不送气、清、塞擦音;q[tɕʰ]舌面前、送气、清、塞擦音;m[m]双唇、浊、鼻音;ɑ[A]舌面央、低、不圆唇元音;ü[y]舌面前、高、圆唇元音。

(3)zh[tʂ]舌尖后、不送气、清、塞擦音;h[x]舌面后、清、擦音;r[ʐ]舌尖后、浊、擦音;i[i]舌面前、高、不圆唇元音;e[ɤ]舌面后、半高、不圆唇元音。

12.指出下面两组音素发音上的区别。

(1)二者的区别在于发音方法,k是送气、清、塞音,h是清、擦音。(2)二者的区别在于舌位的高低,o是舌面半高元音,u是舌面高元音。(3)二者的区别在于送气与否,d是不送气音,t是送气音。(4)二者的区别在于发音部位,i是舌面音,-i是舌尖音。(5)二者的区别在于发音部位,s是舌尖前音,h是舌面后音。(6)二者的区别在于嘴唇圆展不同,i是不圆唇元音,ü是圆唇元音。(7)f-h唇齿-舌面后。(8)u-o舌位高-舌位半高。(9)n-l鼻音-边音。

13.指出普通话音位的发音特征(另须写出相应拼音字母并举例子)。

(1)/x/ x 舌面前清擦音

(2)/ʐ/ r 舌尖后浊擦音

(3)/tɕʰ/ q 舌面前送气清塞擦音

(4)/ʅ/ -i(后) 舌尖后高不圆唇元音

(5)/ɚ/ er 卷舌央中不圆唇元音

14. 分析普通话音节的结构(须同时使用汉语拼音和国际音标)。

汉字	汉语拼音	国际音标	声母	韵母			调类	调值
五	wǔ	[u²¹⁴]			u		上声	214
瑰	guī	[kuei⁵⁵]	g	u	e	i	阴平	55
装	zhuāng	[tʂuaŋ⁵⁵]	zh	u	a	ng	阴平	55
昆	kūn	[kʰuən⁵⁵]	k	u	e	n	阴平	55
原	yuán	[yan³⁵]		ü	a	n	阳平	35

15. 语音分析题。
(1) ra (2) 零声母 e (3) yì bú

16. 请写出下列字的韵头、韵腹、韵尾、调类以及调值。

汉字	韵头	韵腹	韵尾	调类	调值
梓		-i(后)		上声	214
网	u	a	ng	上声	214
侨	i	a	u	阳平	35
海	u	e	i	去声	51
旅		ü		上声	214

六、简答题

1. 举例说明什么是儿化及儿化的作用。

儿化是一个音节中韵母带上卷舌色彩的一种特殊的音变现象。在普通话中,儿化具有区别词义、区分词性的功能。

(1)区别词义。

如:鼻(五官之一),鼻儿(器物上面能够穿上其他东西的小孔)。

(2)区分词性。

一些词儿化后可以改变词性。

如:盖(动词),盖儿(名词);画(动词),画儿(名词)。

(3)表示细小、亲切、轻松或喜爱的感情。

如:小猫儿、小孩儿、小球儿、金鱼儿、脸蛋儿、花儿等。

2. 举例说明上声的变调情况。

(1) 上声→阳平(35) + 上声,两个上声相连,第一个上声变为阳平。

如:理想、美好、友好、处理、粉笔。

69

上声在由上声变来的轻声前面有两种情况:

①后字固定读轻声的,前字多读半上(21),如椅子、耳朵、马虎、姥姥、姐姐。

②后字可轻可不轻或者重叠式动词,前字一般变阳平(35),如老鼠、想起、手里、可以、走走。

(2)上声+上声+上声,三个上声相连,有下面的两种情况。

双+单→阳平(35)+阳平(35)+上声:展览馆、洗脸水。

单+双→半上(21)+阳平(35)+上声:好领导、小组长。

(3)多个上声相连,先要按语音停顿自然分节,然后按双音节、三音节的变调规律变读,停顿前的上声读"半上(21)",最后一个上声读原调。

我有‖五把‖小雨伞。(35 21 35 21 21 35 214)

(4)非上→半上(21)+非上(阴、阳、去、轻)。

在阴平前:首都。在阳平前:祖国。在去声前:感谢。在轻声前:我的、老实。

3. 请分析 d、t、n、l 的发音特点及异同。

d、t、n、l 是舌面中音。其中,d 是不送气、清塞音,发音时舌尖抵住上齿龈,形成阻碍、软腭上升,关闭鼻腔通道,声带不振动,气流较弱,一下冲破阻碍,爆发成声。t 是送气、清塞音,发音时舌尖抵住上齿龈,形成阻碍、软腭上升,关闭鼻腔通道,声带不振动,气流较强,一下冲破阻碍,爆发成声。n 是浊鼻音,发音时舌尖抵住上齿龈,软腭下降,关闭口腔通道,打开鼻腔通道,气流振动声带,并从鼻腔冲出成声。l 是浊边音,发音时舌尖抵住上齿龈(略后),舌头两侧要有空隙,软腭上升,关闭鼻腔通道,气流振动声带,并经舌头两边从口腔冲出成声。

4. 什么是声调?普通话有几类声调?怎样用五度标记法?

声调是音节的具有辨义作用的音高变化形式。普通话有四种调类,分别是阴平、阳平、上声、去声,调值分别是55、35、214、51。五度标记法是用五度竖标来标记调值相对音高走势的一种方法。画一条竖线为坐标,分作四格五度,表示声调的相对音高,并在竖线的左侧画一条反映音高变化的走势的短线或一个点,表示音高升降变化的格式。根据音高变化的走势,或平,或升,或降,或弯曲,制成五度标调符号,有时也采用两位或三位数字表示,这叫作调值数码法。

5. 把汉语中的带鼻音韵母按四呼列表,并写出国际音标。

开口呼	齐齿呼	合口呼	撮口呼
an[an]	ian[iɛn]	uan[uan]	üan[yan]
en[ən]	in[in]	uen[uən]	ün[yn]
ang[aŋ]	iang[iaŋ]	uang[uaŋ]	—
eng[əŋ]	ing[iŋ]	ueng[uəŋ]	—
—	—	ong[uŋ]	iong[yŋ]

6. 列举现在汉语普通话中所有开口呼韵母,并写出其国际音标。

-i[ʅ]、-i[ɿ]、a[A]、o[o]、e[ɤ]、ê[ɛ]、er[ɚ]、ai[ai]、ei[ei]、ao[au]、ou[ou]、an[an]、en[ən]、ang[aŋ]、eng[əŋ]。

7. 什么是轻声?普通话轻声对声母和韵母分别产生了哪些影响?请举例说明。

轻声是在一定条件下读得又短又轻的调子,是四声的一种特殊音变,具有区别词义和词性的作用,有时还引起声母、韵母中辅音、元音音色的变化。对韵母的影响:使得韵母弱化甚至脱落,如"棉花"[miɛn³⁵xuə³],低元音韵母[A]变成央元音[ə];"豆腐"[tou⁵¹fˡ],韵母[u]脱落了。对声母的影响:以清塞音和清塞擦音为声母的音节,变轻声后,声母都弱化为浊音,如"哥哥"[kɤ⁵⁵gə²],清塞音声母变浊塞音,后元音韵母变央元音。

8. 举例说明普通话中"轻声"的作用。

轻声在普通话中的作用主要表现在两个方面:一是可以区别意义,例如"冷战"一词,读 lěngzhàn,即"战"不读轻声时,指"国际进行的战争形式之外的敌对行动";读 lěngzhan,即"战"读轻声时,指"因寒冷或害怕浑身突然发抖"。二是可以区别词性,例如"言语"一词,读 yányǔ,即"语"不读轻声时,指"说的话",是个名词;读 yányu,即"语"读轻声时,是"招呼、回答、开口"的意思,是个动词。

9. 试述普通话中的语流音变。

我们说话的时候,语音连续发出并形成长短不等的一段段的语流,在这连续的语流中,相邻近的音素之间、音节之间、声调之间,彼此相互影响,产生语音上的一些变化,这种变化就叫语流音变。常见的语流音变有变调、轻声、儿化和语气词"啊"的音变。举例略。

10. 《汉语拼音方案》规定 ü 上两点何时可省、何时不能省,为什么?

ü 和 j、q、x 相拼可以省略两点,ü 和 n、l 相拼不能省略两点。因为 j、q、x 只能和齐齿呼、撮口呼韵母相拼,所以在和 ü 相拼时,省略两点不会误以为是同合口呼韵母相拼;而 n、l 除了可以和撮口呼韵母 ü 相拼以外,还可以和合口呼韵母 u 相拼,所以为了避免发生混淆,在和 ü 相拼时,ü 上的两点不能省略。

11. 什么是轻声?举例说明轻声的作用。

在一定的条件下读得又短又轻的调子。汉语中的"轻声"不是四声之外的第五种声调,而是四声的一种特殊音变,就是在一定条件下读的又短又轻的调子。

轻声具有区别词义和词性的作用。举例略。

12. 简述汉语中韵母与元音的区别。

韵母指音节里声母后面的部分。韵母和元音不是同一个概念。韵母是就音素在音节中的位置讲的,元音是就音素的性质而言的。元音的主要特征是:气流在口腔中不受阻碍,气流较弱,发音器官肌肉均衡紧张,正常发音时声带振动。元音可以单独做韵母,如 a、o、e、i、u、ü 等;也可以和别的元音组合而成,如 ao、ou、iu、ai、ei、ui、ie、üe、uo 等,这些韵母是由复合元音充当的;又如 an、en、in、ün 等,这些韵母是由元音带上鼻辅音韵尾构成的。由上面的例子可以看出,凡是元音都可以做韵母或作为韵母的一个组成部分,但韵母不全是元音,辅音 n、ng 也可以和元音结合起来做韵母。可见韵母的范围比元音大。

13. 汉语拼音方案同时用 i 表示三个音素却没有引起混淆,这是为什么?

字母"i"代表舌面单元音 i、舌尖前元音 -i(前)和舌尖后元音 -i(后),是因为这三个元音出现的条件各不相同,舌尖前元音 -i(前)只出现在 z、c、s 的后面;舌尖后元音 -i(后)只出现在 zh、ch、sh、r 的后面;其他情况下出现的是舌面单元音 i,不会产生分歧。

14. 简述汉语的元音是如何分类的。

普通话的元音分为单元音(10 个)和复元音(13 个)两类。单元音就是发音时口形(包括舌位、唇形、开口度)始终不变的元音,它有三类:①舌面元音,有 i、u、ü、a、o、e、ê。②舌尖元音,-i(前)只出现在声母 z、c、s 后面;-i(后)只出现在 zh、ch、sh、r 后头。③卷舌元音 er。复元音是发音时舌位、唇形都有变化的元音,可分为前响复元音、后响复元音、中响复元音。前响复元音指主要元音在前的,有 ɑi、ei、ɑo、ou。后响复元音指主要元音在后的,有 iɑ、ie、uɑ、uo、üe。中响复元音指主要元音位居中间的,有 iɑo、iou、uɑi、uei。

15. 简述音位与音位变体的关系。

音位是从具体音素中概括出来抽象的语音类别,音位变体则是音位在各种语音环境里的实际发音或具体代表。音位和音位变体是类别和成员的关系,同属一个音位的变体没有主次之分,但需要从中选出一个放在//中作为这个音位的代表,理论上选哪一个都可以,但是选择音位符号通常要考虑哪个比较常用和易于书写,是否便于说明各个变体出现的条件。例如,汉语普通话里[ɑ]、[A]、[α]、[ɛ]为同一个音位的变体,多数人选择常用的[ɑ]作为代表,但也有人选择[A]。

16. 简述汉语声韵拼合的主要规律。

从声母角度看:

(1)拼合最强的是 n、l,可以跟四呼都相拼。零声母也是。

(2)最弱的是 f,只跟开口和合口呼中"u"相拼。

(3)g/k/h、z/c/s、zh/ch/sh 只跟开口、合口二呼相拼。

(4)j/q/x 只能和齐齿、撮口二呼相拼。

另外,还可以从韵母出发,有三条声韵配合补充条例:

(1)o 只拼唇音;uo、e 只拼非唇音。

(2)ong 没有零声母,ueng、er 只有零声母。

(3)三个 i 各有分工。

17. 论述题:请联系你所熟悉的语言,谈谈什么是语音的四要素,并说明它们在语音中的表现或作用。

语音四要素:音高、音强、音长和音色。它们在语音中的具体表现为:音高指声音的高低,它取决于发音体振动快慢。振动得快则音高就高,反之则音高就低。音高决定普通话的语调和声调。音强是指声音的强弱,它取决于发音体振动的幅度大小。幅度越大则声音越强,反之则越弱。声音的强弱由发音时用力大小所决定,用力大,则振幅大,音强就强;用力小,则振幅小,音强就弱。朗读时的轻声是音强造成的。音长是指声音的长短,它由发音时物体振动持续时间的长短所决定,发音体振动时间长,则音长越长,否则就越短。音长可以表达不同的语气;音质也叫音色,是指声音的本质特征,是一个音与其他音进行区别的最根本的特征。它取决于发音时的音波形式,音波不同,音质就不同。音色能够区别不同的音素(元音和辅音)。

音高、音重和音长都是相对的,以音高为例,假如,一位男同学和一位女同学都用普通话念"衣、宜、以、翼"四个字,就绝对的音高来说,女同学往往比男同学高,可是我们并不感到其中有什么差别。对于语音来说,重要的是这四个字之间的高低变化的对比,至于每一个音的绝对音高的变化,那是不重要的。同样,音的轻重、长短也都是比较而言的,如"帘子"的"子"念轻声,其强弱是相对于"帘"音来说的。当然,这并不是说音高、音重和音长没有区别意义的作用。

在汉语中,语音的一个重要的方面是调类,也就是按照不同的声调分出来的类别。声调的高低升降的变化其实就是音高的变化,同样的音素组合,声调不一样,音高不同,代表的意义也不一样。比如"shuzi",用不同的声调就有不同的意义,可以表示"数字""梳子""黍子"等不同的意义。"beizi"用不同的音高就可以表示"被子""杯子"等意义。

同样,音重也有区别意义的作用。比如"地道",后一个音节念去声,表示"地下通道";念轻声,表示"正宗"的意义。

音长区别意义的作用在汉语中表现不明显。因为汉语并没有语音长短的变化,但是在别的语言(如英语)中,语音的长短就有着表义不同的功能,如[li:v]和[liv]就表示不同的意义,前者是 leave(离开),后者是"生活""居住"。

音质相对要复杂些。决定音质的因素大体有三个:①发音体。②发音方法。③共鸣器的形状。就语音而言,男性的音质比较浑厚,女性的音质比较清脆。但是同一个人的语音音质决定于三个方面:①共鸣腔。即从肺里呼出的气流通过口腔是否受到阻碍;如果受到阻碍,在什么部位;如果未受到阻碍,口腔的形状是什么样的。例如,"o"和"e"是由于唇形圆否而造成不同的音质效果。②发音方法。即发音时气流在口腔中受到阻碍,用什么方法克服。例如,"p"和"b"是送气与否造成不同的音质。③发音体。即发音时声带是否振动。例如,"b"与"m"的不同音质等。

18. 请举例说明语音的社会性表现。

语音的社会属性是语音的本质属性。语音的社会属性表现在多方面。(1)从语音的地方特征和民族特征来看,普通话有翘舌音,而方言却没有;英语有齿间音,汉语却没有。(2)从语音表示意义的社会性来看,用什么声音跟表示什么意义没有必然的联系,而是随着社会不同而不同,由全体社会成员约定俗成。同样的语音形式可用来表示不同的意义,同样一个意义又可以有多种语音形式。(3)从语音的系统性来看,汉语里可以用送气、不送气区别词义,英语不能;英语里可以用清音、浊音区别词义,汉语普通话不能;语音的组合上,汉语的l只在音节开头出现,英语既可以在开头,也可以在末尾出现。

19.简述现代汉语语音的特点。

现代汉语在语音方面的主要特点有:没有复辅音;元音占优势;有声调。举例略。

第三章
Chapter 3

文 字

练习题

一、填空题

1. 文字是_____的书写符号,是人类最重要的_____工具,文字是_____的统一体。
2. 文字产生以后,语言不再受_____的限制,它不但能传到_____,还留存于_____,因而扩大了语言的_____。
3. 文字是在_____的基础上产生,依附于_____而存在的,不记录_____的任何图形、符号都不是文字。
4. 汉字是世界上历史悠久的文字之一。汉字的历史可以追溯到_____年前,距今有_____多年历史的甲骨文,已经是一种相当发达的文字了。
5. 文字所使用的符号大致分三类,即意符、音符、_____。
6. 汉语以_____语素为主,因此,语素、字、音节往往是一致的。
7. 世界上的文字基本上可以分为_____和_____两大类,汉字属于_____文字。由于现行汉字一般是记录汉语的单音节语素的,所以又被称为是_____文字。
8. 汉字在记录汉语上的优越性,一是_____,二是_____。
9. 从造字方式上来看,汉字可以分为_____、_____、_____、_____四种,东汉人许慎《说文解字》中"六书"的后两书"转注"和"假借"实际是_____,汉字是以_____为主的方块形文字。
10. "本末"两个字,用"六书"来分析,是采用了_____造字法。
11. 如果从"六书"看,可以说现代汉字基本上只剩下_____这样一个造字类型了。

12. 到了东汉许慎著的_____,才总结整理了完整而系统的"六书"理论。
13. 文字的产生是_____和_____的标志。
14. 从现行汉字楷书字形角度对汉字进行分析,汉字的构件包括_____和_____。
15. 从造字法上看,独体字包括_____字和_____字;合体字包括_____字和_____字。
16. _____就是构成字形的点和线,它是字形结构的最小单位。
17. 1988 年的《现代汉语通用字表》规定了五种基本笔画,即:_____、_____、_____、_____、_____。
18. 不同的笔画有不同的线条形状,每一种笔画的具体形状叫_____。
19. 汉字字形上比笔画高一级的结构单位称_____。
20. 偏旁是构成_____的基本单位。_____是具有字形归类作用的偏旁,是字书中各部的首字。
21. 不带表音成分的汉字称为_____字,它包括_____、_____、_____三种。
22. _____字是最早产生的字,因此它是汉字造字的基础字。
23. 指事字可以分为两类:一是_____;二是_____。
24. 从构造上看,会意字又可以分为_____和_____两种。前者如:_____、_____;后者如:_____、_____。
25. 形声字的_____部分叫形旁,它一般由_____字及其_____字充当。
26. 形声字的_____部分叫声旁,它一般由_____字、_____字、_____字充当,_____字也可以充当声旁。
27. 形声字的基本结构方式有六种,如"济"是_____,"领"是_____,"草"是_____,"架"是_____,"闻"是_____,"闸"是_____。
28. 用一字充当形声字的形旁或声旁,嫌笔画太多,不取全字,只取部分,这叫作_____或_____。
29. 汉字产生以来,在不断的演变过程中,出现过_____、_____、_____、_____、_____以及_____等字体。汉字形体演变的总趋势是_____。
30. 由西周的甲骨文、金文发展为篆书,由篆书发展为_____、楷书,这是汉字字体的演变史的主流。
31. 甲骨文是指_____时代刻写在_____上的文字,金文是指_____时代铸刻在_____上的文字,也称_____文。
32. _____是秦时的标准字体,它的诞生标志着汉字的统一。
33. _____是汉字发展史上的一个转折点,是古今汉字的分水岭。
34. _____的出现,标志着汉字已基本定型,成为我国历史上使用时间最长的标准字体。
35. _____是介于楷书和草书之间的一种字体。

第三章 文　字

36. 20世纪50年代中期,党和政府确定了_____、_____、_____等文字改革的三项任务。
37. 20世纪50年代制定的_____、_____的简化汉字方针,至今仍有积极的指导作用。
38. 汉字的简化工作包括简化笔画和_____两个方面。
39. 为了加强新时期的语言文字工作,国务院决定将原来的中国文字改革委员会,改名为_____。
40. 在汉字标准化工作中,"四定"指的是_____、_____、_____、_____。
41. 1985年12月国家语委、教委等部门联合公布了_____。该表是现行汉字的定音标准。
42. 现在字典中的查字法主要有四种:_____、笔画法、音序法和四角号码法。
43. _____是同音、同义而字形不同的字。
44. _____是指表示同一意义的词中的字有不止一个读音,如"凹"有āo、wā两种读音。
45. 国家于1988年1月发布的《现代汉语常用字表》共收字_____个,其中常用字_____个,次常用字_____个。
46. 使用规范汉字,是指使用规范的_____,也指使用规范的简体字。
47. "书"这个词,用方言念可以迥然不同,但用汉字写下来,各地都能理解,这就是汉字具有所谓_____的性质。
48. 从汉字记录的语言结构系统中看,汉字是_____文字。
49. 许多形声字的声旁不能准确表音,其原因是_____的演变。
50. 汉字里的象形字、指事字、_____以及形声字中的形旁属于义符。
51. _____是用意符和音符组成新字的造字法。
52. 由于音同或音近而被借来表示另外意义的字,就是_____字。
53. 用点、横、竖、撇等笔画转写篆书发生变化叫_____。
54. 像"行"(行走;行列)、"省(节省;反省)"这类字,一般称为_____字。
55. 现代汉字中需要定音的是_____的字音。
56. 汉字楷书的印刷体主要有楷体、_____、仿宋体和黑体等。
57. 现代字典的查字法中,最常用的就是_____查字法。
58. 汉字里的音符是指形声字中的_____。
59. "森林"这两个字,按六书来分析,属于_____造字法。
60. _____是用符号标出事物的特点来表示字义的一种造字方法。
61. 使用规范的通用汉字,要以国家正式公布的《_____》为规范。
62. 使用规范的简体字,要以国家正式公布的《_____》为规范。

77

二、单项选择题

1. 文字是(　　)。
   A. 书面语言　　　　　　　　　　B. 记录语言的书写符号系统
   C. 人类最重要的交际工具　　　　D. 口语的加工形式

2. 从汉字跟汉语的关系来看,汉字是(　　)。
   A. 音节文字　　　　　　　　　　B. 词文字
   C. 语素文字　　　　　　　　　　D. 音素文字

3. 曾经借用汉字去记录本民族语言的国家有(　　)。
   A. 日本、朝鲜、越南　　　　　　B. 日本、泰国、新西兰
   C. 韩国、日本、柬埔寨　　　　　D. 越南、尼泊尔、缅甸

4. 从汉字所记录的对象来看,汉字记录的语音单位是(　　)。
   A. 音素　　　　　　　　　　　　B. 音位
   C. 音符　　　　　　　　　　　　D. 音节

5. 下列关于汉字的说法中不正确的一项是(　　)。
   A. 汉字基本上是一种表意的文字
   B. 每个汉字都代表了一个语素
   C. 汉字中的儿化音节是一个音节对应两个汉字
   D. 汉字不实行分词连写

6. 下列判断中错误的是(　　)。
   A. 汉字是世界上历史最悠久的文字之一
   B. 汉字是语素文字
   C. 汉字是由意符和音符组成的文字系统
   D. 汉字是音节文字

7. 从记录汉字的文字符号性质来看,汉字是(　　)。
   A. 表音文字　　　　　　　　　　B. 表义文字
   C. 意音文字　　　　　　　　　　D. 表词文字

8. 甲骨文距今的时间有多少年?(　　)
   A. 2 000 多年　　　　　　　　　B. 2 500 多年
   C. 3 000 多年　　　　　　　　　D. 3 500 多年

9. 金文又叫(　　)。
   A. 钟文　　　　　　　　　　　　B. 鼎文
   C. 钟鼎文　　　　　　　　　　　D. 青铜文

10. 汉字的第一次规范化的字体是( )。
A. 甲骨文　　　　　　　　　　B. 金文
C. 大篆　　　　　　　　　　　D. 小篆

11. "今隶"指的是( )。
A. 秦代的隶书　　　　　　　　B. 汉代的隶书
C. 古代的隶书　　　　　　　　D. 现代的隶书

12. 现行汉字合体字所占比例约为( )。
A. 60%　　　　　　　　　　　B. 70%
C. 80%　　　　　　　　　　　D. 90%

13. 现行汉字中使用最多的结构类型是( )。
A. 独体结构　　　　　　　　　B. 上下结构
C. 左右结构　　　　　　　　　D. 内外结构

14. 1988年发布的《现代汉语常用字表》确定了多少个常用字？( )
A. 3 500　　　　　　　　　　B. 2 500
C. 1 500　　　　　　　　　　D. 1 000

15. 《第一批异体字整理表》发布于( )。
A. 1950年　　　　　　　　　　B. 1955年
C. 1960年　　　　　　　　　　D. 1965年

16. 1986年发布的《简化字总表》收简化字共( )。
A. 2 000　　　　　　　　　　B. 3 000
C. 4 000　　　　　　　　　　D. 5 000

17. 《普通话异读词审音表》是哪一年公布的？( )
A. 1980年　　　　　　　　　　B. 1985年
C. 1986年　　　　　　　　　　D. 1988年

18. 下列汉字中是象形字的选项是( )。
A. 埋　　　　　　　　　　　　B. 完
C. 臣　　　　　　　　　　　　D. 末

19. 下列汉字中是指事字的选项是( )。
A. 只　　　　　　　　　　　　B. 下
C. 云　　　　　　　　　　　　D. 至

20. 下列汉字中是会意字的选项是( )。
A. 大　　　　　　　　　　　　B. 信
C. 止　　　　　　　　　　　　D. 访

21. 下列汉字中是形声字的选项是( )。
 A. 巾
 B. 叶
 C. 牛
 D. 群

22. 甲骨文这种字体通行的年代是( )。
 A. 殷商
 B. 西周
 C. 秦代
 D. 汉代

23. 属于现代汉字的字体是( )。
 A. 甲骨文
 B. 楷书
 C. 金文
 D. 篆书

24. 现代汉字中占绝大多数是( )。
 A. 象形字
 B. 指事字
 C. 会意字
 D. 形声字

25. 下列汉字中,不是合体字的是( )。
 A. 秉
 B. 串
 C. 赤
 D. 重

26. 下列汉字都是象形字的有( )。
 A. 鱼、灭、羊
 B. 手、马、立
 C. 大、甘、耳
 D. 苗、寒、木

27. 不属于汉字特点的是( )。
 A. 汉字是半表意半表音文字
 B. 汉字大体上等于一个音节
 C. 汉字记录汉语不实行连写
 D. 汉字是平面型文字

28. 下列判断正确的一项是( )。
 A. 汉字字体发展史上最重要的变化是隶变
 B. 汉字是一种音节文字
 C. 繁体字也是一种异体字
 D. 偏旁就是部首

29. 下列各组汉字的注音,( )是正确的。
 A. 蒙(méng)古族人
 B. 和(hè)稀泥
 C. 玫瑰(guī)花
 D. 殷(yān)红色

30. 下列各组词只有( )组没有错别字。
 A. 好高务远 完璧归赵 原形必露 草菅人命
 B. 万马齐喑 管中窥豹 魑魅魍魉 按部就班
 C. 白璧无瑕 偃旗息鼓 跋山涉水 病入膏肓
 D. 英雄倍出 墨守成规 熙熙攘攘 名符其实

31. 没有错别字的一组是( )。
 A. 肄业、崇敬、穿插
 B. 安排、炮制、斟察
 C. 创伤、喘气、敞开
 D. 侯选、回味、炊烟

32. "笔"的第一笔是( )。
A. 横　　　　　　　　　　　　B. 竖提
C. 撇　　　　　　　　　　　　D. 竖

33. "长"字的第一笔应是( )。
A. 撇　　　　　　　　　　　　B. 竖
C. 竖提　　　　　　　　　　　D. 横

34. 从汉字的造字方法来看,"禾、衣、果"三个字都是( )。
A. 象形字　　　　　　　　　　B. 指事字
C. 会意字　　　　　　　　　　D. 形声字

35. 从下列四组字中选出造字法与另三组不同的一组是( )。
A. 萌 旺 佐　　　　　　　　　B. 芳 响 何
C. 草 睛 伙　　　　　　　　　D. 莫 明 信

36. 下面四个字中哪一个字不是形声字?( )
A. 彰　　　　　　　　　　　　B. 彩
C. 彤　　　　　　　　　　　　D. 形

37. 从下面四组形声字中选出一组不是左形右声或左声右形的字是( )。
A. 岭 扶 依 唱　　　　　　　B. 修 荆 颖 赖
C. 政 歌 顶 刊　　　　　　　D. 期 峰 惜 欣

38. 形声字的声旁表音不准的主要原因是( )。
A. 词义的变化　　　　　　　　B. 语音的变化
C. 字体的变化　　　　　　　　D. 社会的变化

39. 我们所见到的成批的古代汉字资料是距今3 000多年前的( )。
A. 甲骨文　　　　　　　　　　B. 金文
C. 大篆　　　　　　　　　　　D. 小篆

40. "凹"和"凸"两个字的笔画数都是( )。
A. 5笔　　　　　　　　　　　B. 6笔
C. 7笔　　　　　　　　　　　D. 8笔

41. "厉"字使用不当的词语是( )。
A. 厉害得失　　　　　　　　　B. 变本加厉
C. 再接再厉　　　　　　　　　D. 厉行节约

42. "露马脚"的"露"和"锋芒毕露"的"露"属于( )。
A. 一义多音　　　　　　　　　B. 一音多义
C. 多音多义　　　　　　　　　D. 拼音文字

43. 属于用字之法是( )。
A. 形声 B. 假借
C. 指事 D. 会意

44. 现行汉字的标准字体是( )。
A. 隶书 B. 行书
C. 篆书 D. 楷书

45. 字典查字法中最重要的查字法是( )。
A. 部首法 B. 笔画法
C. 音序法 D. 四角号码法

46. 下列各组字中,属于多音多义字的是( )。
A. 剥(剥花生) - 剥(剥削) B. 白(雪白) - 白(白吃)
C. 仇(仇恨) - 仇(姓仇) D. 衣(衣服) - 医(医生)

47. 下列形声字能准确表音的是( )。
A. 讫 B. 纥
C. 疙 D. 屹

48. 汉字里的音符指的是( )。
A. 象形字 B. 指事字
C. 会意字 D. 形声字中的声旁

49. 小篆的前身是( )。
A. 甲骨文 B. 金文
C. 大篆 D. 隶书

50. "画"字的结构模式是( )。
A. 上下结构 B. 左右结构
C. 包围结构 D. 品字结构

51. 笔(筆)字的简化方式是( )。
A. 草书楷化 B. 形声方式
C. 会意方式 D. 同音代替

52. 把"场面"写成"塲面"属于( )。
A. 滥用繁体字 B. 自造简体字
C. 另造简体字 D. 乱用简体字

53. 楷书是( )。
A. 由隶书演变过来的字体 B. 萌芽于魏晋的字体
C. 古今通行的字体 D. 由今草演变来的字体

54. 属于古文字的是( )。
A. 行书　　　　　　　　　　B. 小篆
C. 楷书　　　　　　　　　　D. 隶书

55. 在印刷中应用最普遍的字体是( )。
A. 楷体　　　　　　　　　　B. 宋体
C. 仿宋体　　　　　　　　　D. 黑体

56. "杨"字的第五笔叫作( )。
A. 横折弯钩　　　　　　　　B. 横折斜钩
C. 横折折钩　　　　　　　　D. 横折折撇

57. 下列字中的"木",是部件而不是部首的是( )。
A. 杳　　　　　　　　　　　B. 采
C. 杨　　　　　　　　　　　D. 晰

58. 从造字法的角度看,"休"和"问"这两个字分别是( )。
A. 形声字、指事字　　　　　B. 会意字、形声字
C. 象形字、会意字　　　　　D. 指事字、会意字

59. 带点的字属于假借字的是( )。
A. 日食　　　　　　　　　　B. 浇水
C. 来往　　　　　　　　　　D. 跟从

60. "延"字的第四笔应是( )。
A. 竖　　　　　　　　　　　B. 横
C. 撇　　　　　　　　　　　D. 竖折

61. "鲸""虹"的意符表义不准确,是由于( )。
A. 意符表示的只是一类事物的共性　　B. 词义的演变
C. 假借的广泛使用　　　　　　　　　D. 意符选择不科学

62. 表示同一意义的词中的字有不止一个读音,这样的字称为( )。
A. 异体字　　　　　　　　　B. 异读字
C. 多音多义字　　　　　　　D. 乱字简体字

三、多项选择题

1. 对于汉字的说法正确的有( )。
A. 记录汉语的书写符号　　　B. 是仓颉创造的
C. 具有超时空性　　　　　　D. 是我国法定通用文字

2. 汉字在历史上出现的正式字体有( )。
A. 甲骨文　　　　　　　　　B. 金文
C. 篆书　　　　　　　　　　D. 草书

3. 汉字在历史上出现的辅助性字体有( )。
A. 甲骨文
B. 隶书
C. 草书
D. 行书

4. 甲骨文又称( )。
A. 殷墟文字
B. 卜辞
C. 殷契
D. 契文

5. 广义的大篆包括( )。
A. 甲骨文
B. 金文
C. 籀文
D. 小篆

6. 关于楷书说法正确的是( )。
A. 又称真书
B. 兴于汉末
C. 从隶书演变而来
D. 通用时间最长

7. 草书包括( )。
A. 章草
B. 今草
C. 行书
D. 狂草

8. 汉代产生的汉字形体有( )。
A. 篆书
B. 隶书
C. 楷书
D. 行书

9. 下列简体字使用草书楷化的简化方法的是( )。
A. 书
B. 鸡
C. 夺
D. 孙

10. 属于现行汉字的基本笔画的有( )。
A. 横
B. 竖
C. 撇
D. 折

11. 下列汉字的笔画是六画的是( )。
A. 华
B. 县
C. 阳
D. 关

12. 由两个最小部件构成的汉字有( )。
A. 休
B. 切
C. 待
D. 部

13. 下列汉字是上下结构的有( )。
A. 适
B. 忽
C. 居
D. 资

14. 独体字来源于古代的（　　）。
A. 象形字　　　　　　　　　　B. 指事字
C. 会意字　　　　　　　　　　D. 形声字

15. 合体字主要来源于古代的（　　）。
A. 象形字　　　　　　　　　　B. 指事字
C. 会意字　　　　　　　　　　D. 形声字

16. 汉字的查字法有（　　）。
A. 拼音字母查字法　　　　　　B. 部首查字法
C. 四角号码查字法　　　　　　D. 笔形查字法

17. 把汉字归纳为214个部首的辞书有（　　）。
A.《字汇》　　　　　　　　　　B.《康熙字典》
C.《新华字典》　　　　　　　　D.《辞海》

18. 下列汉字中声旁和整个字的读音不一致的有（　　）。
A. 翁　　　　　　　　　　　　B. 较
C. 痕　　　　　　　　　　　　D. 键

19. 下列汉字中意符不能表示整个字的意义类属的有（　　）。
A. 虹　　　　　　　　　　　　B. 颁
C. 渐　　　　　　　　　　　　D. 栏

20. 规范现行汉字的字形文献有（　　）。
A.《普通话异读词审音表》　　　B.《简化字总表》
C.《第一批异形字整理表》　　　D.《现代汉语通用字表》

21. 下列成语写法正确的有（　　）。
A. 哄堂大笑　　　　　　　　　B. 改弦更张
C. 脍炙人口　　　　　　　　　D. 卑躬屈膝

22. 下列加点汉字注音正确的有（　　）。
A. 皲(jūn)裂　　　　　　　　　B. 日晷(guǐ)
C. 吮(yún)吸　　　　　　　　　D. 星宿(xiù)

23. 属于形声字的两组是（　　）。
A. 问闻　　　　　　　　　　　B. 晶众
C. 神祀　　　　　　　　　　　D. 明从
E. 尘灶

24. 属于多音多义字的是（　　）。
A. 单　　　　　　　　　　　　B. 怎
C. 出　　　　　　　　　　　　D. 胞
E. 济

25. 加点的字标音正确的是（　　）。
A. 敷衍塞责(sāi)
B. 审时度势(dù)
C. 随声附和(hè)
D. 里应外合(yīng)
E. 强人所难(qiǎng)

26. 楷书通行于（　　）。
A. 周代
B. 魏晋
C. 秦代
D. 汉代
E. 现代

27. 下列左右结构的形声字中，意符在右的是（　　）。
A. 秧
B. 功
C. 战
D. 们
E. 清

28. "来、朋"这两个字用"六书"来分析，应是（　　）。
A. 象形
B. 会意
C. 转注
D. 假借
E. 形声

29. 汉字字体演变的两个支流是（　　）。
A. 金文
B. 草书
C. 楷书
D. 行书
E. 隶书

30. 下列形声字的形旁能准确表意的是（　　）。
A. 理
B. 玩
C. 琼
D. 现
E. 瑕

31. 采用"省略原型"方式简化的简体字是（　　）。
A. 条(條)
B. 笔(筆)
C. 态(態)
D. 报(報)
E. 开(開)

32. 在"盆"这个字中，"分"是（　　）。
A. 笔画
B. 部首
C. 偏旁
D. 形旁
E. 声旁

四、判断题

1. 文字是人类社会最重要的交际工具。（   ）
2. 从有人类社会存在的时候起,就有文字存在。（   ）
3. 文字起源于图画,是从图画演变而来的。（   ）
4. 汉字是代表音节的,因此汉字同日文的假名一样,是一种音节文字。（   ）
5. 汉字记录汉语不实行分词连写。（   ）
6. 在摆脱古汉字的象形意味上起决定性变化的是隶书。（   ）
7. 楷书一出现,汉字成为方块形就完全定型化了。（   ）
8. "六书"中的象形字、指事字、会意字都是独体字,形声字是合体字。（   ）
9. 汉字是当今世界上唯一长期保存下来的文字系统,汉字的这种悠久历史和长期被使用说明汉字是适应汉语特点的。（   ）
10. 汉字是记录语素的,而汉语的语素是以单音节为主的,一个汉字一般情况下读出来就是一个音节,所以,汉字可以看作音节文字。（   ）
11. 汉字是记录汉语语素的,因而跟语音单位没有联系。（   ）
12. 世界上所有文字都跟汉字一样,是形、音、义三者的统一。（   ）
13. 偏旁一般分形旁和声旁两类,会意字没有声旁,因而不能分析出偏旁来。（   ）
14. 能分析出两个以上部件的汉字就是合体字。（   ）
15. 按《简化字总表》"藉口、凭藉、慰藉、狼藉"的"藉"一律简化为"借"。（   ）
16. "肺"字共有 8 笔,它的右旁不从市。（   ）
17. "区、匠、医、叵"等字的第二笔都是折笔。（   ）
18. 现行的《汉语拼音方案》既是帮助学习汉字和推广普通话的注音工具,又是代替汉字的拼音文字。（   ）
19. "笔画－笔划""人才－人材"都是同音、同义而异形的异形词,因而是汉字定形中应该整理的对象。（   ）
20. 汉字在意义上代表语素,也就是说每一个汉字都记录一个语素。（   ）

五、名词解释

1. 文字
2. 甲骨文
3. 金文
4. 形声字
5. 象形字
6. 指事字
7. 会意字

8. 笔画
9. 笔顺
10. 部件

六、分析题

1. 分析下列的造字法。

(1) 几_____　　　　(2) 腊_____
(3) 初_____　　　　(4) 甜_____
(5) 伐_____　　　　(6) 帘_____
(7) 果_____　　　　(8) 子_____
(9) 荆_____　　　　(10) 恭_____
(11) 囚_____　　　　(12) 桥_____
(13) 闪_____　　　　(14) 剔_____
(15) 寸_____　　　　(16) 锦_____
(17) 止_____　　　　(18) 武_____
(19) 末_____　　　　(20) 裳_____
(21) 歪_____　　　　(22) 煮_____
(23) 闷_____　　　　(24) 下_____
(25) 采_____　　　　(26) 车_____
(27) 刃_____　　　　(28) 江_____
(29) 析_____　　　　(30) 鱼_____

2. 写出下列字的笔顺和笔画数。

(1) 母　　　　(2) 凹
(3) 为　　　　(4) 臣
(5) 世

3. 分析下列字的部件。

(1) 整　　　　(2) 撒
(3) 励　　　　(4) 赣

4. 分析下列字的形声字的形旁和声旁的部位(左形右声;右形左声;上形下声;下形上声;外形内声;内形外声)。

(1) 霖　　　　(2) 裹
(3) 恭　　　　(4) 闻
(5) 杨　　　　(6) 切
(7) 盆　　　　(8) 锦
(9) 厦　　　　(10) 策
(11) 警　　　　(12) 阀

5. 指出下列字简化的方法(省略原型;局部改动;整字改换)。

(1)亲(親)　(2)尘(塵)
(3)沪(滬)　(4)区(區)
(5)丛(叢)　(6)夺(奪)
(7)担(擔)　(8)医(醫)

6. 分析下列形声字的形旁和声旁(从某,某声)。

(1)宇　(2)焊
(3)惊　(4)灸
(5)舅　(6)锦
(7)氧　(8)阔
(9)零　(10)躏
(11)问　(12)阀

7. 写出下列字中某一笔的笔形名称。

(1)沿(第五笔)　(2)专(第三笔)
(3)千(第一笔)　(4)月(第一笔)
(5)猫(第二笔)　(6)电(第五笔)
(7)马(第二笔)　(8)幼(第一笔)
(9)万(第二笔)　(10)义(第一笔)
(11)叉(第一笔)　(12)长(第一笔)
(13)丹(第四笔)　(14)凹(第二笔)
(15)及(第二笔)　(16)巨(第二笔)
(17)凸(第四笔)　(18)边(第三笔)

8. 对下列汉字做分级切分。

(1)谢　(2)凳
(3)擎　(4)彰

9. 分析下列汉字的结构模式。

(1)兄　(2)辨
(3)团　(4)信
(5)奚　(6)同
(7)匠　(8)赶
(9)庙　(10)勾
(11)苗　(12)益

10. 改正下列词语中的别字。

百家争明　刚腹自用　脱化变质　幼雅可笑　戒骄戒燥

免死狐悲	状态松驰	大浪淘天	询私舞弊	震聋发聩
九宵云外	矫柔造作	沉缅酒色	重峦迭嶂	与人撕打
串流不息	化妆舞会	绿色沙州	指手划脚	言不由中
壮志临云	形影相掉	日迫西山	反醒错误	甜言密语
鬼哭狼号	垂手可得	弱不经风	脍灸人口	名符其实
轰堂大笑	一张一驰	破斧沉舟	旁证博引	以逸代劳
按步就班	入不付出	汗流夹背	一枕黄梁	步步为赢
一愁莫展	变本加利	滥芋充数	出奇致胜	责无旁代
廖廖无几	修养生息	披星带月	不记其数	挑拨事非

11. 在括号中写出正确的汉字。

狭 ài（　　）　　煎 áo（　　）　　追 dào（　　）　　bèng 发（　　）
投 bèn（　　）　　复 bì（　　）　　bīn 临（　　）　　bǐng 气（　　）
眼 jiǎn（　　）　　麻 bì（　　）　　淡 bó（　　）　　bǔ 育（　　）
xiāo 勇（　　）　　chàn 悔（　　）　　粗 cāo（　　）　　包 bì（　　）
chà 那（　　）　　赔 cháng（　　）　　鞭 chī（　　）　　奢 chǐ（　　）
chuò 学（　　）　　烟 cong（　　）　　chì 热（　　）　　chóng 拜（　　）
jiào 对（　　）　　chuǎi 摩（　　）　　瑕 cī（　　）　　cuò 折（　　）
dài 捕（　　）　　dàng 案（　　）　　dī 防（　　）　　dì 造（　　）
dìng 正（　　）　　duó 步（　　）　　cóng 容（　　）　　jī 身（　　）
句 dòu（　　）　　duì 换（　　）　　抓 jiū（　　）　　jìng 挛（　　）
è 要（　　）　　fěi 薄（　　）　　fú 射（　　）　　口 gòng（　　）
信 jiān（　　）　　guī 依（　　）　　fēn 围（　　）　　gǔ 惑（　　）
guì 子手（　　）　　hè 彩（　　）　　污 huì（　　）　　攻 jié（　　）
huó 泥（　　）　　huò 乱（　　）　　茶 jī（　　）　　jī 形（　　）
jī 绊（　　）　　diàn 污（　　）　　jí 取（　　）　　雪 jiā（　　）
kē 粒归仓（　　）　　如法 páo 制（　　）　　墨守 chéng 规（　　）　　shǒu 屈一指（　　）
yí 笑大方（　　）　　绿草如 yīn（　　）　　gūgū 坠地（　　）　　zhuìzhuì 不安（　　）
qián 移默化（　　）　　qiáo 首远望（　　）　　qiè 而不舍（　　）　　无 jī 之谈（　　）
草 jiān 人命（　　）　　人才 jǐjǐ（　　）　　既往不 jiù（　　）　　崇山 jùn 岭（　　）
一 jué 不振（　　）　　书声 lánglángn（　　）　　果实 léiléi（　　）　　循规蹈 jǔ（　　）
méng 头盖脸（　　）　　萎 mǐ 不振（　　）　　mò 然回首（　　）　　心宽体 pán（　　）
pǐ 极泰来（　　）　　大腹 piánpián（　　）　　退避三 shè（　　）　　有 shì 无恐（　　）
海市 shèn 楼（　　）　　qīng 盆大雨（　　）　　shì 犊情深（　　）　　鬼鬼 suìsuì（　　）
为虎作 chāng（　　）　　xùn 私舞弊（　　）　　yǎn 旗息鼓（　　）　　yào 武扬威（　　）

因 yē 废食(　　)　　yà 苗助长(　　)　　tián 不知耻(　　)　　冒天下之大不 wěi(　　)

12. 指出下列各字的造字方法(象形;指事;会意;形声)。

闪 阄 闷 间 阁 闭 问 阔 别 育 析 帘 见 斧 灸 河 亦 州 安
母 比 黑 朱 渔 囚 固 来 拉 社 生 立 上 利 学 里 夫 尊 欠 民
印 秉 班 臣 康 老 习 即 至 人 丘 益 取 泉 帆 文 女 中 志 歌
末 甘 从 相 剧 慕 切 蛀 采 牧 甜 弄 井 驭 崇

13. 写出下列汉字的笔顺,并指出每个字的笔画数。

承　　　　肃　　　　象　　　　垂　　　　卑　　　　世
夷　　　　母　　　　方　　　　出　　　　再　　　　重
乘　　　　鼎　　　　藏　　　　脊

14. 给下列词语中带点的字注上正确的读音。

笨拙　踝骨　发怵　胆怯　赤裸　鸟瞰　神龛　鳜鱼　市侩　愠怒　忡忡
皈依　单于　抖擞　鱼鳃　污秽　鞭笞　怡然　玷污　憧憬　牛虻　晨曦
盎然　光烨　大赦　要挟　倩女　模样　沙砾　抓阄　扒窃　刨床　目的
难兄难弟　参差不齐　万马齐喑　自怨自艾　妄自菲薄　黔驴技穷　向隅而泣
怙恶不悛　鳞次栉比　一丘之貉　罢黜百家　一蹴而就　魑魅魍魉　流水淙淙
畸形发展　一曝十寒　两军对峙　饮鸩止渴　长吁短叹　跟跟跄跄　助纣为虐
以讹传讹　揠苗助长　未雨绸缪　身陷囹圄　为虎作伥　锲而不舍　肆无忌惮

七、简答题

1. 汉字形体演变的趋势是什么?
2. 什么是甲骨文?主要特点是什么?
3. 什么是金文?主要特点是什么?
4. 什么是大篆?主要特点是什么?
5. 什么是小篆?主要特点是什么?
6. 什么是隶书?主要特点是什么?
7. 什么是楷书?主要特点是什么?
8. 什么是草书?有哪些类型?各自的特点是什么?
9. 什么是行书?主要特点是什么?
10. 为什么说汉字是表意体系的文字?
11. 汉字形体演变的主要原因是什么?
12. 形声字形旁和声旁的组合方式有哪些?请举例说明。
13. 你认为应该如何评价汉字的功绩与局限性?
14. 我们国家新时期语言文字工作的方针是什么?

15. 新时期汉字改革的主要任务是什么?
16. 简化汉字的方法有哪些?请你举例说明。
17. 汉字标准化的内容是什么?
18. 汉字标准化工作取得了哪些主要成绩?
19. 请谈谈你对汉字前途的认识。
20. 什么叫正字法?汉字正字法的主要内容是什么?
21. 举例说明不能作为简化偏旁去类推简化的简化字,并说明原因。
22. 什么是错字?什么是别字?什么是不规范字?应该怎样处理这三类字?
23. 有少数简化字,一般情况下用简体,但在一定语境中,还可用繁体,试列举几例,并说明在什么情况下用简体,在什么情况下用繁体?
24. 你认为纠正错别字应该注意哪些方面的问题?
25. 汉字同拼音文字相比有哪些特点?
26. 形声造字法为什么能成为汉字主要的造字方法?
27. 怎样认识形旁和声旁的作用?
28. 汉字的形、音关系是怎样的?
29. 汉字适应汉语,从哪些方面可以看出来?
30. 偏旁和部首是一回事吗?

八、论述题

1. 什么是不规范字?你调查过社会上存在哪些不规范用字的突出现象?请举例分析。
2. 什么是形声字?形声造字法有什么优越性?怎样认识形声字形旁和声旁的作用及局限性?请举例说明。

考研真题

一、填空题

1. "凸"字的笔顺是_____。(北京大学 2013 年)
2. "弓"字的笔顺是_____。(北京大学 2015 年)
3. 从部件和部件的组合方式来看,"爽"字是_____。(北京大学 2010 年)
4. 汉字的形声字中,形旁和声旁的配合方式是多样的,如"国"就属于_____的结构。(北京大学 2015 年)

5. 汉字演变为现代汉字的转折点是＿＿＿＿。(北京大学 2010 年)
6. 国家通用语言文字以《＿＿＿＿》为拼写和注音工具。(首都师范大学 2014 年)
7. 汉字的五种基本笔画是＿＿＿＿。(首都师范大学 2015 年)
8. 《现代汉语通用字表》收入＿＿＿＿个字。(首都师范大学 2013 年)
9. "泪"不应写成"淚","淚"是被淘汰的＿＿＿＿字。(首都师范大学 2015 年)
10. 甲骨文是通行于＿＿＿＿时代的文字。(首都师范大学 2015 年)
11. 汉字的六书包括象形、指事、会意、形声、＿＿＿＿、假借。(中国人民大学 2015 年)
12. ＿＿＿＿是构成汉字字形的最小连笔单位。(北京师范大学 2015 年)
13. ＿＿＿＿是书写汉字时笔画的先后顺序。(北京师范大学 2013 年)
14. 描绘事物形状的造字法是＿＿＿＿。(北京师范大学 2015 年)
15. 从造字法来看,"明"是＿＿＿＿字。(北京师范大学 2012 年)
16. 汉字标准化是指对汉字进行定量、定形、定序和＿＿＿＿。(北京师范大学 2014 年)
17. "家"字的第六笔是＿＿＿＿。(中央民族大学 2015 年)
18. "块"的简化字是＿＿＿＿。(兰州大学 2012 年)
19. ＿＿＿＿是构成汉字字形的最小连笔单位。(山东大学 2016 年)
20. "转"的笔顺是＿＿＿＿。(山东大学 2016 年)
21. 文字体系一般分两种,分别是表音文字体系和＿＿＿＿,文字产生之初都是＿＿＿＿文字。(四川大学 2016 年)
22. 汉字的字符大体上可以归纳成三大类,即意符、音符和＿＿＿＿。(中山大学 2017 年)
23. 从形体上看,汉字主要经历了由繁及简的变化,古今文字的分水岭是＿＿＿＿,它的出现具有划时代的意义。(中山大学 2017 年)
24. 从部件组成看,汉字可以分为＿＿＿＿和合体字。(中山大学 2017 年)
25. 传统汉字学中,根据偏旁所表示的意义类属,将具有字形归类作用的偏旁称作＿＿＿＿。(中山大学 2017 年)
26. 繁体字"開"简化为"开"使用的简化方法是＿＿＿＿。(中山大学 2017 年)
27. "鞠躬"表示身体的动作,由于受"躬"的影响,"鞠"的左部可能错写成"身",这可能是＿＿＿＿的结果。(中山大学 2017 年)
28. "凸"的第三笔名称是＿＿＿＿。(北京语言大学 2017 年)
29. "斤"原义是指砍伐树木的工具,从造字法上看,属于＿＿＿＿。(北京语言大学 2017 年)
30. "钱、线、浅、贱、践"的构字组合方式是＿＿＿＿。(北京语言大学 2017 年)
31. 产生于东汉末期,介于楷书和草书之间的字体是＿＿＿＿。(北京大学 2017 年)
32. 篆书有大篆、小篆之分,其中＿＿＿＿是小篆的典型代表。(中国人民大学 2018 年)

33. 从汉语部件组合方式来看,"爽"属于_____结构。(中国人民大学 2018 年)
34. 汉字历史的发展经历了_____、金文、篆文等。(北京语言大学 2018 年)
35. 在人类历史发展中,_____的产生是人类进入文明社会的标志。(北京语言大学 2018 年)
36. 部件是由笔画组成的,具有_____功能的构字单位。(兰州大学 2018 年)
37. "再"的第四笔是_____。(兰州大学 2018 年)
38. "问"的造字法属于_____字。(兰州大学 2018 年)
39. 汉字用不同笔画构成大量表意符号来记录汉语_____。(黑龙江大学 2012 年)
40. 章草是_____的草写体。(黑龙江大学 2012 年)
41. 笔画的组合有三种方式,它们是_____。(黑龙江大学 2012 年)
42. 汉字的排列方法有三种,《尔雅》采用的是_____。(黑龙江大学 2012 年)
43. 汉字具有一定程度的超时空性,是因为_____。(黑龙江大学 2013 年)
44. 汉字有两种辅助性字体,它们是_____。(黑龙江大学 2013 年)
45. 构成汉字字形的最小连笔单位是_____。(黑龙江大学 2013 年)
46. 汉字的排列方法有三大类,现在一般采用两种是_____。(黑龙江大学 2013 年)
47. 按照汉字的部件的作用来划分,汉字被称为_____。(黑龙江大学 2014 年)
48. 从具备象形特点的古文字演变为不象形的今文字的转折点的字形是_____。(黑龙江大学 2014 年)
49. 具有字形归类作用的部件是_____。(黑龙江大学 2014 年)
50. 汉字的排列方法有三类,分别是_____。(黑龙江大学 2014 年)
51. 汉字标准化,要求对汉字进行四定,即_____。(黑龙江大学 2015 年)
52. _____是构成汉字的最小单位。(黑龙江大学 2016 年、2018 年)
53. _____是构成汉字字形的最小单位。(黑龙江大学 2017 年)

二、选择题

1. "廷"的笔画数是(   )。(中央民族大学 2013 年)
   A. 9 笔   B. 11 笔
   C. 7 笔   D. 6 笔
2. "磊"是(   )。(中国人民大学 2015 年)
   A. 象形字   B. 会意字
   C. 指事字   D. 形声字

3. "刃"是(　　)。(中国人民大学 2015 年)
A. 象形字　　　　　　　　　　　　B. 会意字
C. 指事字　　　　　　　　　　　　D. 形声字

4. "递"是(　　)。(中国人民大学 2014 年)
A. 象形字　　　　　　　　　　　　B. 会意字
C. 指事字　　　　　　　　　　　　D. 形声字

5. 现代汉字的构造层是(　　)。(厦门大学 2015 年)
A. 部首、整字　　　　　　　　　　B. 笔画、部件、整字
C. 部件、笔画　　　　　　　　　　D. 偏旁、笔画、部件

6. 按"六书"的结构方式,以下属于独体字的是(　　)。(厦门大学 2015 年)
A. 象形、会意　　　　　　　　　　B. 会意、指事
C. 象形、指事　　　　　　　　　　D. 会意、形声

7. 下列选项没有错别字的一组是(　　)。(厦门大学 2015 年)
A. 披星戴月　　　　　　　　　　　B. 残无人道
C. 出旗制胜　　　　　　　　　　　D. 迫不急待

8. 下列选项中都属于象形字的一组是(　　)。(厦门大学 2011 年)
A. 上、甘、月、鸟　　　　　　　　B. 鸟、雨、首、贝
C. 末、火、北、兵　　　　　　　　D. 北、下、马、人

9. "厉"字使用不当的词语是(　　)。(厦门大学 2015 年)
A. 厉害得失　　　　　　　　　　　B. 变本加厉
C. 再接再厉　　　　　　　　　　　D. 厉行节约

10. "瓜"是(　　)。(四川大学 2015 年)
A. 象形字　　　　　　　　　　　　B. 会意字
C. 指事字　　　　　　　　　　　　D. 形声字

11. "安"是(　　)。(四川大学 2015 年)
A. 象形字　　　　　　　　　　　　B. 会意字
C. 指事字　　　　　　　　　　　　D. 形声字

12. "旗"是(　　)。(四川大学 2015 年)
A. 象形字　　　　　　　　　　　　B. 会意字
C. 指事字　　　　　　　　　　　　D. 形声字

13. "趣"字的部件组合模式是(　　)。(浙江大学 2015 年)
A. 左右结构　　　　　　　　　　　B. 上下结构
C. 三面包围　　　　　　　　　　　D. 两面包围

14.以下汉字的笔画顺序先中间后两边的是( )。(中山大学 2011 年)
A.水 B.回
C.火 D.北

15."从"是( )。(中山大学 2015 年)
A.象形字 B.会意字
C.指事字 D.形声字

16.以下属于指事字的是( )。(中山大学 2014 年)
A.上下本末 B.明体森尘
C.牛羊舟车 D.上下前后

17.汉字属于( )。(中山大学 2015 年)
A.表音文字 B.音意文字
C.表意文字 D.音节文字

18."裹"的形旁和声旁的部位属于( )。(中山大学 2015 年)
A.上形下声 B.内形外声
C.下形上声 D.外形内声

19.传统的汉字基本笔形有( )。(东北师范大学 2015 年)
A.8 种 B.7 种
C.9 种 D.10 种

20.《说文解字·叙》中"比类合宜,以见指撝"指的是"六书"的( )。(东北师范大学 2013 年)
A.象形字 B.会意字
C.形声字 D.指事字

21.下列各字中属于象形字的是( )。(东北师范大学 2015 年)
A.女 B.江
C.寸 D.从

22."淼""磊"的造字法是( )。(东北师范大学 2015 年)
A.象形字 B.会意字
C.形声字 D.指事字

23."舀"的笔画是( )。(东北师范大学 2015 年)
A.9 画 B.11 画
C.8 画 D.10 画

24.汉字"函"的组合结构属于( )。(山东大学 2016 年)
A.上下组合 B.左右组合
C.包围组合 D.框架组合

25. "鼻"是（　）。（中山大学 2017 年）
    A. 象形字   B. 指事字
    C. 会意字   D. 形声字
26. "態"和"穀"是（　）和（　）的繁体字。（中山大学 2017 年）
    A. 龙　壳   B. 态　谷
    C. 能　谷   D. 态　壳
27. 下列有错别字的是（　）。（北京语言大学 2017 年）
    A. 殚精竭虑   B. 甜言密语
    C. 萎靡不振   D. 心旷神怡
28. 按照汉字造字法，"在"属于（　）。（黑龙江大学 2012 年）（北京大学 2017 年）
    A. 形声字   B. 会意字
    C. 指事字   D. 象形字
29. "甘"的构字形式是（　）。（北京语言大学 2018 年）
    A. 象形   B. 会意
    C. 指事   D. 形声
30. "灶"是（　）。（黑龙江大学 2012 年）
    A. 指事字   B. 象形字
    C. 会意字   D. 形声字
31. "虫"是（　）。（黑龙江大学 2012 年）
    A. 指事字   B. 形声字
    C. 会意字   D. 象形字
32. "伐"是（　）。（黑龙江大学 2013 年）
    A. 形声字   B. 象形字
    C. 指事字   D. 会意字
33. "集"是（　）。（黑龙江大学 2013 年）
    A. 象形字   B. 会意字
    C. 指事字   D. 形声字
34. "荆"是（　）。（黑龙江大学 2014 年）
    A. 象形字   B. 形声字
    C. 指事字   D. 会意字
35. "戒"是（　）。（黑龙江大学 2014 年）
    A. 形声字   B. 象形字
    C. 指事字   D. 会意字

36. "韭"是(　　)。(黑龙江大学2014年)
    A. 指事字　　　　　　　　　　　　B. 会意字
    C. 形声字　　　　　　　　　　　　D. 象形字
37. 汉字字形的最小单位是(　　)。(黑龙江大学2016年)
    A. 笔画　　　　　　　　　　　　　B. 部件
    C. 偏旁　　　　　　　　　　　　　D. 部首
38. 下面四组形声字中不是左形右声的是(　　)。(黑龙江大学2016年)
    A. 猫、躺、跳、弹　　　　　　　　B. 切、群、劲、瓴
    C. 精、阻、贱、绀　　　　　　　　D. 洗、峰、惜、构
39. 现代汉字中绝大多数是(　　)。(黑龙江大学2017年)
    A. 象形字　　　　　　　　　　　　B. 指事字
    C. 会意字　　　　　　　　　　　　D. 形声字
40. 笔画的组合方式不包括(　　)。(黑龙江大学2018年)
    A. 相离　　　　　　　　　　　　　B. 相切
    C. 相交　　　　　　　　　　　　　D. 相连
41. 衣、禾、果的造字方法是(　　)。(黑龙江大学2018年)
    A. 象形　　　　　　　　　　　　　B. 指事
    C. 会意　　　　　　　　　　　　　D. 形声
42. 1988年国家语委、新闻出版署发布的《现代汉语通用字表》规定了汉字的五种基本笔画,即(　　)。(黑龙江大学2019年)
    A. 横、竖、撇、点、折　　　　　　B. 横、竖、撇、捺、折
    C. 横、竖、撇、点、捺　　　　　　D. 横、竖、撇、捺、钩

三、判断题

1. 汉字属于表音文字。(　　)(中国人民大学2015年)
2. 汉语各方言的差异主要体现在语法上。(　　)(中国人民大学2015年)
3. 笔画是现行汉字最小的结构单位。(　　)(中国人民大学2012年)
4. 汉字具有一定超时空性。(　　)(四川大学2015年)
5. 部首又称偏旁,是由笔画组成的具有组配汉字功能的构字单位。(　　)(四川大学2011年)
6. 部件又称部首,是由笔画组成的具有组配汉字功能的构字单位。(　　)(中山大学2015年)
7. 汉字曾经被我们邻国使用,现在朝鲜和日本还仍在使用部分汉字。(　　)(北京大学2015年)

8. "弗""凹"二字的笔画都是 5 笔。（　　）（北京大学 2015 年）

9. 大多数汉字是由象形方法造成的。（　　）（首都师范大学 2010 年）

10. "区、匹、匠、医"的第二笔都是折笔。（　　）（北京外国语大学 2010 年）

11. 异体字是指读音相同、形体不同的一组字。（　　）（四川大学 2016 年）

12. 汉字中蕴含着汉民族先民的思想、认识和生活状态。（　　）（四川大学 2016 年）

13. 行书产生于东汉末，是一种介于楷书和草书之间的字体。（　　）（黑龙江大学 2012 年）

14. 形声字的大量增加，成为汉字发展的主流。（　　）（黑龙江大学 2012 年）

15. 采用部首给汉字归类，始于明代梅膺祚的《字汇》。（　　）（黑龙江大学 2012 年）

16. 楷书与秦隶的基本结构相同，主要区别是笔形的不同。（　　）（黑龙江大学 2013 年）

17. 现行汉字的结构单位有两级，一是笔画，二是部件。（　　）（黑龙江大学 2013 年）

18. 形序法分为笔画法和部首法两种。（　　）（黑龙江大学 2013 年）

19. 行书是隶书的辅助性字体。（　　）（黑龙江大学 2014 年）

20. 大篆以籀文和钟鼎文字为典型代表。（　　）（黑龙江大学 2014 年）

21. 形声字的大量增加，成为汉字发展的主流。（　　）（黑龙江大学 2014 年）

22. "臼""舟"二字的笔画都是 6 画。（　　）（黑龙江大学 2016 年）

23. 六书中的象形字、指事字、会意字都是独体字，形声字是合体字。（　　）（黑龙江大学 2016 年）

24. "卜"的笔顺是点、竖。（　　）（黑龙江大学 2017 年）

25. 六书中的象形、指事、会意、形声、转注和假借都是造字法。（　　）（黑龙江大学 2017 年）

26. "凹"笔画是 6 画。（　　）（黑龙江大学 2018 年）

27. 六书中的象形、指事、会意、形声是造字法，转注和假借是用字法。（　　）（黑龙江大学 2018 年）

28. "匠"的第二笔是竖折。（　　）（黑龙江大学 2019 年）

29. 新造的汉字绝大多数都是形声字。（　　）（黑龙江大学 2019 年）

四、名词解释

1. 隶变（南京大学 2016 年）

2. 部件（湖南师范大学 2016 年）

3. 甲骨文（黑龙江大学 2017 年）

4. 部首（黑龙江大学 2018 年、2020 年）

五、汉字能力题

1. 填空。(复旦大学 2015 年)
   (1)"鼎"有(　　)笔。　　　　　　　　(2)"美"有(　　)笔。
   (3)"病"是(　　)结构。　　　　　　　(4)"辨"是(　　)结构。
   (5)"翔"的声旁是(　　)。　　　　　　(6)"醋"的形旁是(　　)。
   (7)"蔽"的第七笔是(　　)。　　　　　(8)"象"的第六笔是(　　)。
   (9)"比"的笔顺是(　　)。　　　　　　(10)"遨"的笔顺是(　　)。

2. 填空。(四川大学 2016 年)
   (1)"延"有(　　)笔。　　　　　　　　(2)"函"有(　　)笔。
   (3)"出"的笔顺是(　　)。　　　　　　(4)"黍"的笔顺是(　　)。
   (5)"馅"的第八笔是(　　)。　　　　　(6)"鹿"的第八笔是(　　)。
   (7)"问"的声旁是(　　)。　　　　　　(8)"辩"的形旁是(　　)。

3. 填空。(中山大学 2017 年)
   (1)"承"有(　　)画。
   (2)"丐"有(　　)画。
   (3)"兜"字的第五笔名称是(　　)。
   (4)"痛"字的结构是(　　)。
   (5)"贯"字的笔顺是(　　)。

4. 指出以下汉字部件和部件的组合方式,并从笔顺上说出它们的第五笔分别是什么。(南开大学 2014 年)
   (1)背　(2)屿　(3)囡　(4)幕　(5)辨

5. 改正下列词语中的错别字。
   讫今为止　疏竣河道　震耸发聩　毋庸质疑　低炭生活(华东师范大学 2011 年)
   入不付出　暗然销魂　直接了当　盆盘狼籍　矫柔造作(复旦大学 2015 年)
   步入正规　赤心妄想　末知数(南开大学 2015 年)
   陈词烂调　迫不急待　计日成功(暨南大学 2016 年)
   天花乱堕　坛坛众生　针贬时弊　门可落雀　草管人命　飞扬罢扈　并行不背(四川大学 2016 年)
   滔光养晦　声名雀起　迫不急待　了了无几　人声顶沸(山东大学 2016 年)
   兴高彩烈　熙熙嚷嚷　欢渡春节　不记其数　出奇致胜(中山大学 2017 年)
   暗然失色　僇力同心　高潮叠起　大意凛然　以警效尤(首都师范大学 2018 年)

6. 填空。

（黑龙江大学2012年）

(1)"臧"有_____笔　　　　　　　　(2)"鄢"有_____笔
(3)"囫"是_____结构　　　　　　(4)"掰"是_____结构
(5)"问"的声旁是_____　　　　　(6)"廊"的形旁是_____
(7)"议"的第三笔是_____　　　　(8)"登"的第五笔是_____
(9)"诚"的笔顺是_____　　　　　(10)"敝"的笔顺是_____

（黑龙江大学2013年）

(1)"纛"有_____笔　　　　　　　　(2)"曦"有_____笔
(3)"冀"是_____结构　　　　　　(4)"画"是_____结构
(5)"切"的声旁是_____　　　　　(6)"舅"的形旁是_____
(7)"绌"的第六笔是_____　　　　(8)"踵"的第十二笔是_____
(9)"爽"的笔顺是_____　　　　　(10)"惯"的笔顺是_____

（黑龙江大学2014年）

(1)"黏"有_____笔　　　　　　　　(2)"敝"有_____笔
(3)"遢"是_____结构　　　　　　(4)"飘"是_____结构
(5)"型"的声旁是_____　　　　　(6)"切"的形旁是_____
(7)"传"的第五笔是_____　　　　(8)"爽"的第十笔是_____
(9)"凸"的笔顺是_____　　　　　(10)"余"的笔顺是_____

7. 改正下列词语中的错别字。

（黑龙江大学2012年）

(1)惜世之珍　　　　　　　　　　(2)手不失卷
(3)一愁莫展　　　　　　　　　　(4)人情事故
(5)寒喧客套

（黑龙江大学2013年）

(1)编篡字典　　　　　　　　　　(2)滔光养晦
(3)掇句成文　　　　　　　　　　(4)专程竭见
(5)招摇装骗

（黑龙江大学2014年）

(1)怨天由人　　　　　　　　　　(2)不记其数
(3)礼上往来　　　　　　　　　　(4)美仑美奂
(5)萎糜不振

(黑龙江大学 2015 年)
(1)以老卖老　　　　　　　　　(2)好高鹜远
(3)披星带月　　　　　　　　　(4)精神焕散
(5)迁移默化
(黑龙江大学 2016 年)
(1)一愁莫展　　　　　　　　　(2)人情事故
(3)世外桃园　　　　　　　　　(4)绿草如阴
(5)负偶顽抗
(黑龙江大学 2017 年)
(1)战战惊惊　　　　　　　　　(2)发扬广大
(3)插科打浑　　　　　　　　　(4)一张一驰
(5)欢渡春节
(黑龙江大学 2018 年、2019 年)
(1)市桧　(2)苍促　(3)世外桃园　(4)既往不究　(5)人心相悖　(6)沓无音信
(黑龙江大学 2020 年)
(1)残无人道　(2)动辙得咎

8.分析下列汉字的造字方式。
(黑龙江大学 2012 年)
(1)匠　　(2)几　　(3)母　　(4)祝　　(5)群
(黑龙江大学 2013 年)
(1)烦　　(2)泪　　(3)疆　　(4)燕　　(5)纯
(黑龙江大学 2014 年)
(1)虫　　(2)首　　(3)兵　　(4)绝　　(5)看
(黑龙江大学 2015 年)
(1)歪　　(2)鱼　　(3)旗　　(4)刃　　(5)初
(黑龙江大学 2015 年)
(1)武　　(2)朱　　(3)村　　(4)宅　　(5)闯
(6)闻　　(7)主　　(8)蒙　　(9)在　　(10)娶
(黑龙江大学 2016 年)
(1)即　　(2)水　　(3)上　　(4)阁　　(5)林
(黑龙江大学 2017 年)
(1)武　　(2)闯　　(3)村　　(4)瓜　　(5)朱
(黑龙江大学 2018 年、2019 年)
(1)折　　(2)亦　　(3)颖　　(4)忘　　(5)森　　(6)见　　(7)岭

六、简答题

1. 举例说明形声字的形旁跟字义的关系。(中山大学2017年)
2. 举例说明部件和部首的区别。(北京语言大学2018年)
3. 举例说明形声字声旁的作用和局限性。(黑龙江大学2015年、2020年)
4. 将汉字同某一种表音文字进行比较,具体说明汉字的性质。(黑龙江大学2016年)
5. 汉字和拼音文字对比,说说汉字的特点。(黑龙江大学2017年)
6. 为什么说汉字是表意体系的文字?(黑龙江大学2018年)

练习答案

一、填空题

1.记录语言　辅助性交际　形音义　2.时间和空间　异地　异时　交际功能　3.语言　语言　语言　4.6 000　3 000　5.形符　6.单音节　7.表意文字　表音文字　表意　语素－音节　8.适应汉语的方言分歧　同音词多的现象　9.象形　指事　会意　形声　用字方法　形声字　10.指事　11.形声字　12.《说文解字》　13.人类文明　社会进步　14.笔画　部件　15.象形　指事　会意　形声　16.笔画　17.横　竖　撇　点　折　18.笔形　19.部件(偏旁)　20.合体字　部首　21.纯表义　象形　指事　会意　22.象形　23.纯符号性质的　在象形字上加指示性符号的　24.异体会意　同体会意　明　休　从　北　25.表意　象形　指事　26.表音　象形　指事　会意　形声　27.左形右声　左声右形　上形下声　上声下形　内形外声　外形内声　28.省形　省声　29.甲骨文　金文　篆书　隶书　楷书　行书　草书　简单易写　30.隶书　31.殷商　龟甲或兽骨　殷商到西周　青铜器　钟鼎　32.小篆　33.隶书　34.楷书　35.行书　36.简化汉字　推广普通话　制订和推行《汉语拼音方案》　37.约定俗成　稳步前进　38.精简字数　39.国家语言文字工作委员会　40.定量　定形　定音　定序　41.《普通话异读词审音表》　42.部首法　43.异体字　44.异读词　45.3 500　2 500　1 000　46.通用汉字　47.超方言　48.语素　49.语音　50.会意字　51.形声　52.假借　53.隶变　54.假借　55.异读词　56.宋体　57.部首　58.声旁　59.会意　60.指事　61.印刷通用汉字字形表　62.简化字总表

二、单项选择题

1. B　2. C　3. A　4. D　5. B　6. D　7. C　8. C　9. C　10. D　11. B　12. D　13. C

14. B　15. B　16. A　17. B　18. C　19. B　20. B　21. D　22. A　23. B　24. D　25. B　26. B
27. A　28. A　29. D　30. C　31. A　32. C　33. A　34. A　35. D　36. C　37. B　38. B　39. A
40. A　41. A　42. A　43. B　44. D　45. A　46. C　47. A　48. D　49. C　50. C　51. C　52. A
53. A　54. B　55. B　56. C　57. D　58. B　59. C　60. D　61. D　62. B

三、多项选择题

1. ACD　2. ABC　3. CD　4. ABCD　5. ABC　6. ABCD　7. ABD　8. CD　9. AD　10. ABCD
11. ACD　12. AB　13. BD　14. AB　15. CD　16. ABCD　17. ABD　18. ABC　19. ABC
20. BCD　21. ABCD　22. BD　23. AC　24. AE　25. CE　26. BE　27. BC　28. AD　29. BD
30. CE　31. AE　32. CE

四、判断题

1. ×　2. ×　3. ×　4. ×　5. √　6. √　7. √　8. ×　9. √　10. ×　11. ×　12. √
13. ×　14. √　15. ×　16. √　17. ×　18. ×　19. √　20. ×

五、名词解释

1. 文字:文字是记录语言的书写符号系统,是最重要的辅助性交际工具。

2. 甲骨文:指通行于殷商时代刻写在龟甲兽骨上的文字。甲骨文的别称有殷墟文字、卜辞、契文、殷契等。

3. 金文:又叫钟鼎文,指主要通行于西周的青铜器上的文字。

4. 形声字:由表示字义类属的偏旁和表示字音的偏旁组成新字,这种造字法叫形声。

5. 象形字:是用线条描画实物的形象,以此来表示字义的方法。

6. 指事字:是用象征性符号或在象形字上加提示符号来表示某个词的造字法。

7. 会意字:用两个或几个部件组成一个字,把几个部件的意义合成新字的意义,这种造字法叫作会意。

8. 笔画:构成汉字的各种点和线,是构成汉字字形的最小连笔单位。

9. 笔顺:指书写汉字时笔画的先后顺序。

10. 部件:是由笔画组成的具有组配汉字功能的构字单位,一个合体字由两个或两个以上的部件构成。

六、分析题

1. 分析下列的造字法。
(1)象形　(2)形声　(3)会意　(4)会意　(5)会意　(6)会意　(7)象形　(8)象形
(9)形声　(10)形声　(11)会意　(12)形声　(13)会意　(14)形声　(15)指事　(16)形声
(17)象形　(18)会意　(19)指事　(20)形声　(21)会意　(22)形声　(23)形声　(24)指事

(25)会意　(26)象形　(27)指事　(28)形声　(29)会意　(30)象形
2. 写出下列字的笔顺和笔画数。
　　(1)乚 乛 、一、 5画　　　　　　(2)丨 乙 丨 ㇇ 一 5画
　　(3)、丿 乛 、 4画　　　　　　　(4)一 丨 ㇇ 一 丨 乚 6画
　　(5)一 丨 丨 一 乚 5画
3. 分析下列字的部件。
　　(1)束 攵 正　(2)扌 米 女 女　(3)厂 万 力　(4)立 日 十 攵 工 贝
4. 分析下列字的形声字的形旁和声旁的部位(左形右声;右形左声;上形下声;下形上声;外形内声;内形外声)。
　　(1)上形下声　(2)外形内声　(3)下形上声　(4)内形外声　(5)左形右声　(6)右形左声
(7)下形上声　(8)右形左声　(9)外形内声　(10)上形下声　(11)下形上声　(12)外形内声
5. 指出下列字简化的方法(省略原型;局部改动;整字改换)。
　　(1)省略原型　(2)局部改动　(3)省略原型　(4)局部改动　(5)整字改换
(6)省略原型　(7)局部改动　(8)省略原型
6. 分析下列形声字的形旁和声旁(从某,某声)。
　　(1)从宀,于声　(2)从火,旱声　(3)从亻,京声　(4)从火,久声　(5)从男,白声
(6)从帛,金声　(7)从气,羊声　(8)从门,活声　(9)从雨,令声　(10)从足,蔺声
(11)从口,门声　(12)从门,伐声
7. 写出下列字中某一笔的笔形名称。
　　(1)乙　(2)亅　(3)丿　(4)丿　(5))　(6)乚　(7)𠃌　(8)乀　(9)㇉　(10)、
(11)㇇　(12)丿　(13)一　(14)乙　(15)㇉　(16)㇇　(17)㇉　(18)、
8. 对下列汉字做分级切分。
(1)第一层:讠 射。第二层:身 寸。
(2)第一层:登 几。第二层:癶 豆。
(3)第一层:敬 手。第二层:苟 攵。第三层:艹 句。第四层:勹 口。
(4)第一层:章 彡。第二层:立 早。第三层:日 十。
9. 分析下列汉字的结构模式。
　　(1)上下结构　　　　　　　　　　(2)左中右结构
　　(3)四面包围　　　　　　　　　　(4)左右结构
　　(5)上中下结构　　　　　　　　　(6)三面包围(上三包围)
　　(7)三面包围(左三包围)　　　　　(8)两面包围(左下包围)
　　(9)两面包围(上左包围)　　　　　(10)两面包围(上右包围)
　　(11)上下结构　　　　　　　　　 (12)上下结构

10. 改正下列词语中的别字。

呜 愎 蜕 稚 躁 兔 弛 滔 徇 振 霄 揉 涵 叠 厮 川 装 洲 画
衷 凌 绰 薄 省 蜜 嚎 唾 禁 炙 副 哄 弛 釜 征 待 部 敷 浃 粱
营 筹 厉 竽 制 贷 寥 休 戴 计 是

11. 在括号中写出正确的汉字。

隘 熬 悼 进 奔 辟 濒 屏 睑 瘠 薄 哺 骁 忏 糙 庇 刹 偿 答
侈 辍 囱 炽 崇 校 揣 疵 挫 逮 档 提 缔 订 踱 从 跻 读 兑 阄
痉 扼 菲 辐 供 笺 饭 氛 蛊 剑 喝 秒 讦 和 霍 几 畸 羁 玷 汲
茄 颉 炮 成 首 贻 茵 呱呱 惴惴 潜 翘 锲 稽 营 济济 咎 峻 蹶
琅琅 累累 矩 蒙 靡 鞣 胖 否 便便 舍 恃 虿 倾 舐 祟祟 伥 徇 偃
耀 噎 捱 恬 甚

12. 指出下列各字的造字方法。

象形:母、黑、来、臣、人、丘、文、女、井、泉。
指事:亦、州、朱、生、立、上、夫、民、至、中、末、甘。
会意:闪、闯、间、闭、别、析、帘、见、安、比、因、拉、社、利、学、里、欠、印、秉、班、康、老、习、即、益、取、从、相、剿、采、牧、甜、弄、驭。
形声:闷、阁、问、阔、宵、斧、灸、河、渔、固、尊、帆、志、歌、慕、切、蛙、崇。

13. 写出下列汉字的笔顺,并指出每个字的笔画数。

承:フ 亅 一 一 一 フ 丿 ㇏ 8画。

肃:フ 一 一 丨 丿 丨 丿 ㇏ 8画。

象:丿 ク 丨 フ 一 丿) 丿 丿 丿 ㇏ 11画。

垂:丿 一 丨 一 丨 丨 一 一 8画。

卑:丿 丨 フ 一 一 丿 一 丨 8画。

世:一 丨 丨 一 L 5画。

夷:一 フ 一 ク 丿 ㇏ 6画。

母:L フ 丶 一 丶 5画。

方:丶 一 フ 丿 4画。

出:L 丨 丨 L 丨 5画。

再:一 丨 フ 丨 一 一 6画。

重:丿 一 丨 フ 一 一 丨 一 一 9画。

乘:丿 一 丨 丨 一 丿 乚 ㇏ 10画。

鼎:丨 フ 一 一 一 丄 一 丿 丨 一 丨 フ 12画。

藏:一 丨 丨 一 丿 乚 一 丿 丨 丨 フ 一 丨 乚 ㇏ 丿 丶 17画。

脊:丶ノ八丶八丨フ一一 10画。

14. 给下列词语中带点的字注上正确的读音。
zhuō huái chù qiè luò kàn kān guì kuài yùn chōngchōng guī chán sǒu sāi huì chī yí diàn chōng méng xī àng yè shè xié qiàn mú lì jiū pá bào dì nàn nàn cēncī yīn yì fěibó qián yú hù quān zhǐ hé chù cù chīmèiwǎngliǎng cóngcóng jī pù zhì zhèn xū liàngliàngqiàngqiàng zhòu é yà chóumóu lǐngyǔ chāng qiè dàn

七、简答题

1. 汉字形体演变的趋势是什么？
总的说来，汉字的形体是朝着简单易写的方向发展的。具体说来表现在如下四个方面：
(1) 从图画性的象形文字逐步变成了不象形的书写符号。
(2) 笔形从类似绘画式的线条，逐步变成横、竖、撇、点、折的笔画。
(3) 许多字的结构和笔画逐步简化。
(4) 甲骨文、金文都异体繁多，小篆、隶书、楷体的异体字都减少了。

2. 什么是甲骨文？主要特点是什么？
指通行于殷商时代刻写在龟甲兽骨上的文字。甲骨文的别称有殷墟文字、卜辞、契文、殷契等。特点是笔形是细瘦的线条，拐弯处多是方笔，外形参差不齐、大小不一、异体字较多。

3. 什么是金文？主要特点是什么？
指主要通行于西周青铜器上的文字。先秦称铜为"金"。金文即西周时期浇铸在青铜器上的文字。特点是笔画丰满粗肥，外形比甲骨文方正、匀称，异体字较多。

4. 什么是大篆？主要特点是什么？
大篆一般指春秋战国时代秦国的文字。大篆字形比金文整齐，笔画均匀，仍有少量异体字。

5. 什么是小篆？主要特点是什么？
小篆指秦始皇统一六国后整理、推行的标准字体。小篆字形更匀称、整齐，笔画圆转简化，异体字也废除了。

6. 什么是隶书？主要特点是什么？
有秦隶、汉隶两种。秦隶是产生于秦代的隶书。汉隶是在秦隶的基础上演变来的，是汉代通行的字体。秦隶把小篆圆转弧形的笔画变成方折平直的笔画，基本摆脱了古文字象形的特点。汉隶字形方正，撇、捺、长横有波磔，很少有篆书的残存痕迹。

7. 什么是楷书？主要特点是什么？
又叫真书、正书，"楷"是规矩整齐、可为楷模的意思。从隶书发展演变来的，兴于汉末，盛行于魏晋，一直沿用至今，是通用时间最长的标准字体。特点是字形方正，笔画没有波磔，书写方便。

8. 什么是草书？有哪些类型？各自的特点是什么？

包括章草、今草、狂草三种。章草是隶书的草写体，东汉章帝时盛行。今草产生于东汉末，是从章草变化来的，笔形是楷书化的草写，没有章草的波势。今草简易快速，但大都不易辨认。狂草产生于唐代。章草笔画有汉隶的波磔，虽有连笔，但字字独立。今草形体连绵，字字顾盼呼应，贯通一气，笔形没有波磔。狂草变化多端，极难辨认，变成了纯艺术品。

9. 什么是行书？主要特点是什么？

产生于东汉末，一直沿用至今，是一种介于楷书和草书之间的字体。形体近楷不拘，近草不放，笔画连绵，各字独立，易写好认。

10. 为什么说汉字是表意体系的文字？

(1)汉字的表意性，表现在形与义的密切联系上，即因形示意，意寓形中。商周时代的甲骨文和金文，视形知义，由义知音，这些都是表意文字的特征。隶书以下的今文字，汉字结构发生了剧烈的变化，由线条变成了笔画，彻底改变了象形面貌，绝大多数汉字已不能从形体上表现词义，看上去只是记录音节，但实际上还是用个别字来区别词或词素。以同音字为例，如"文、蚊、纹、汶、雯"等字，尽管它们读音相同，但由于用不同形体记录这些词，仍标志着它们在语义上的差异，只不过因形示义特点已经消失，进一步符号化，并没有从根本上摆脱表意文字体系。

(2)汉字的表意性还表现在它不直接表示词的读音，而是用特定的符号表示语言中的词或词素。声音相同而意义有别的词或词素一般要用不同的形体来区别，同一个词也可以用不同形体来表示，致使汉字结构繁复，数目繁多，数以万计。

(3)汉字的表意性还表现在它具有超方言(包括口语)的特点。像"鞋子""知道""照顾"这些词，在不同的方言区里，发音是不同的，但汉字的写法是一样的，说出来可能听不懂，写出来却一看就明白。

11. 汉字形体演变的主要原因是什么？

内因：书写者对汉字的简易需求和美观需求。随着汉字应用场合的扩大和识写人数的增加，汉字作为记录汉语的工具性越来越强，人们越来越追求书写的快捷简便，从而逐步引起字体向简化的方向发展。美观的需求，又使得笔画和偏旁的分布趋于合理，从而引起字体结构的变化。

外因：字体的演变跟书写工具、书写方式方法和书写材料的变化密切相关。甲骨文是用坚硬的工具刻在硬质的龟甲和兽骨上，必然线条细瘦，方折居多，大小不一；金文是浇铸的，因而可以浑厚整齐，多肥笔；有了毛笔和具有弹性的布帛和纸张，才可能有篆书的圆转、弧形的笔画，隶书的波磔，楷书的各种匀称的笔画；有了印刷术，楷书才能更加方正、清晰，得以流传千年。

12. 形声字形旁和声旁的组合方式有哪些？请举例说明。

(1)左形右声，如河、谈。

(2)右形左声，如都、切。

(3)上形下声,如芳、宇。
(4)下形上声,如型、贷。
(5)外形内声,如阁、囤。
(6)内形外声,如问、闻。

13. 你认为应该如何评价汉字的功绩与局限性?

功绩:(1)汉字记载了中华民族灿烂的文化和科技成果。(2)汉字为人们跨时空交际提供了便利。(3)汉字对汉语的发展和规范化产生积极影响。(4)汉字被一些邻国借用,形成了特有的汉字文化圈。(5)汉字信息处理技术拓展了汉字的应用领域,汉字还将长期为我们的社会生活服务。

局限性:(1)汉语一个音节对应许多汉字,据统计,汉语有52个音节,有10个以上的同音汉字,同音字在30个以上的音节有12个,而汉字区分同音语素的方法杂乱无章。(2)16.7%的汉字不止一个读音,这在语言中本来是分开的,汉字却用同一个形体来表示不同的语素。在古文中这种多音现象更突出。(3)汉字与语音脱节造成了汉字的难学、难记、难读。(4)汉字的构件有200多种,表音、表意都不规则,造成汉字难写,不像拼音文字简单,会说就会写等。

14. 我们国家新时期语言文字工作的方针是什么?

新时期语言文字工作的方针是:贯彻、执行国家关于语言文字工作的政策和法令,促进语言文字规范化、标准化,继续推动文字改革工作,使语言文字在社会主义现代化建设中更好地发挥作用。

15. 新时期汉字改革的主要任务是什么?

当前文字改革的任务是:简化汉字,推广普通话,制定和推行《汉语拼音方案》。

16. 简化汉字的方法有哪些?请你举例说明。

(1)用形声字改换形声字,例如,猫－貓。
(2)用形声字改换会意字,例如,窜－竄。
(3)用会意字改换形声字或会意字,例如,尘－塵。
(4)省略部分字形,保留特征或轮廓,例如,丽－麗。
(5)利用草书楷化的办法简化形体,例如,车－車。
(6)换用简单的记号,例如,赵－趙。
(7)借用同音字或音近字代替,例如,后－後。
(8)用简化偏旁或简化字类推,例如,档－檔,挡－擋。

17. 汉字标准化的内容是什么?

汉字标准化是指对现代汉语用字进行全面、系统、科学的整理,做到字有定量、字有定形、字有定音、字有定序(简称"四定"),使现代汉语用字的数量、形体、读音、序列四方面都有明确的标准。

18. 汉字标准化工作取得了哪些主要成绩?

(1)定量,即确定现代汉语用字的数量。1965年,文化部和中国文字改革委员会联合公布的《印刷通用汉字字形表》所列6 196个字基本上反映了现代汉语通用字的数量。1981年,我国公布的国家标准(GB2312—80)《信息交换用汉字编码字符集·基本集》,收字6 763个,这个字量是计算机内汉字字库收字量的国家标准。1988年,我国先后公布了收有3 500个字的《现代汉语常用字表》和收有7 000个字的《现代汉语通用字表》,这两份表分别规定了常用字和通用字的数量。此外还要拟订人名用字表、地名用字表、译音用字表以及其他各类专用字表。对现代汉字分别进行定量,可以科学地提供常用字、通用字和专用字的依据和标准。

(2)定形,即确定现代汉语用字的标准形体。《印刷通用汉字字形表》为现代印刷通用汉字提供了字形标准。《现代汉语通用字表》依据《印刷通用汉字字形表》确定的字形结构、笔画数和笔画顺序,促进了字形标准化。

(3)定音,即确定现代汉语用字的标准读音。普通话异读词审音委员会对异读词的读音曾进行过多次审订,1963年出版了《普通话异读词三次审音总表初稿》,1982年开始又对《初稿》进行多次修订。1985年,国家语委、国家教委、广播电视部对修订稿进行审核后发表了《普通话异读词审音表》,并要求全国文教、出版、广播及其他部门、行业所涉及的普通话异读词的读音、标音均以这个新的审音表为准。这样,汉字的读音标准就更加明确了。

(4)定序,即确定现代汉语用字的排列顺序,规定标准的查字法。目前,常用的查字法有音序法、部首法、笔画法、笔形法和号码法五种。

19. 请谈谈你对汉字前途的认识。

自清末开始,人们就对汉字的发展方向产生了愈来愈多的怀疑。在祖国遭受西方列强侵略欺凌的历史背景中,许多人认为国力的衰弱源自于科技不发达,科技的落后是因为教育不普及,而教育未能普及的原因是汉字不好学,因而有人提出了沿着拼音化的方向改造汉字的主张。搜索"五四"运动以后,钱玄同、赵元任等人的改革思想更为激进,倡议采用罗马字母取代汉字书写国语,这就是所谓的"国语罗马字运动"。此后又形成了"拉丁化新文字运动"。这些运动的倡导者都认为把汉字变成拼音文字可以提高识字速度,有利于普及科技文化知识。汉字拼音化的改革主张后来集中地反映在1931年9月海参崴第一次中国新文字代表大会通过的决议《中国新文字十三原则》中,并得到了包括鲁迅、郭沫若、胡愈之等人在内的许多高层人士的赞同和支持。大会认为"汉字是古代与封建社会的产物,已变成了统治阶级压迫劳苦群众的工具之一。实为广大人民识字的障碍,已不适合现在的时代"。大会确定的汉字改革方针是:"根本废除象形文字,以纯粹的拼音文字来代替它。并反对用象形文字的笔画来拼音或注音,如日本的假名、高丽的拼音、中国的注音字母等改良方法。"新中国成立以后,由于政府行政力量的热情支持,更是在全国范围内掀起了一浪高过一浪的汉字拼音化热潮。这种汉字拼音化运动的发展无疑促进了普通话的普及,有利于全国的信息交流。但是,它对减少识字记忆负担、缩短识字教育时间、促进普及识字教育的作用却是微乎其微的。反思近一二百年汉字拼音文化实践，我们不难发现，汉字拼音化之所以未能取得预期的显著效果，至少与以下两个因素有关：一是忽视了汉字文化发展的继承性。汉字拼音化的目的是利用汉语拼音，造出拼音文字。但文字的形成总是遵循"用字→造字→学字→检字"的系统程序，没有使用需求，人们就不会无缘无故地造字。中国汉字拒绝拼音化的原因，就是因为汉字造字法基本上与中国文化发展相适应，在我们发现音素之前，就已经创造了足够的文字，积累了大量的信息。这种丰富的汉字文化和文化的继承性制约着汉字的突变，同时配合历史的延续，不断完善着汉字系统。因而，试图在短短的一二百年时间内实现汉字拼音化，就会造成历史文化科学的断层，甚至可能导致民族的毁灭。二是违背了语言文字应用的统一性。文字是语言的书面符号，汉字拼音化要改造汉字，同时就得到改造汉语及其相应的语法。外国人废除象形文字，是因为象形文字无法表达他们的多音节语言，而且当时的象形造字法严重滞后于古代西方文化的发展，于是西方人只得利用音素，重新创造拼音文字，并逐渐形成因区别需要而夹带不发音哑字母的语言规律。而汉语却是一种以单音节为主的语种，拼音造字如果仅靠声韵相拼，只能产生一千两百个音节，所造出的拼音文字必然难以区别字义。因而，在汉语拼音造字尚未形成夹带哑字母的语言规律之前，汉字拼音化只能是天方夜谭。目前，汉字拼音化的热潮已经逐渐降温，大多数曾经热心此道的仁人志士也开始觉得汉字拼音化的设想既割裂历史传统又脱离现实。人们为了理解汉字发展的历史趋势，正确把握汉字改革的方向，不得不重新追寻汉字演变的历史轨迹，理性分析汉字的优势与不足。

20. 什么叫正字法？汉字正字法的主要内容是什么？

"正字法"是立足于汉字体系的广义的正字法。它既不同于拼音文字的正字法，也不同于只针对字形的狭义的汉字正字法。它主要包括字音法、字义法、字形法和字体法四项内容。一般认为，汉字是形、音、义的结合体，除了本身固有的形体之外，还有记录自汉语语素（或词）的读音和意义。某个汉字可以表示哪个语素（或词）的读音和意义，不可以表示哪个语素（或词）的读音和意义，这属于字音法和字义法的范畴。汉字的"形体"，实际上包括字体和字形两个方面。字体是就群体汉字而言，指的是某一范畴中汉字所具有的共同的字形体式；字形是就个体汉字而言，指的是属于一定字体的个体汉字的特定书写造型。

21. 举例说明不能作为简化偏旁去类推简化的简化字，并说明原因。

（1）字数大量增多。以含纟（糸）的字为例，《总表》第三表收了149个字，而《汉语大字典》纟（糸）部字中除去"糸"处于下方的字（如"素"），有785个字都是可以类推简化的。而且含纟（糸）的字还不只在纟（糸）部，如"灘"在水部，"蘊"在艹部，如果把这部分字加上，数量就更多了。而被类推简化的大多数字，都是今天不再使用的。如果一定要在辞书和字库中造出这么多不曾存在过的字形，是一种很大的浪费。

（2）有些繁体字类推简化后，破坏了原字的结构，影响了字形的美观。例如1979年版《辞海》在处理"鸒"字时，就遇到这个问题。如果按"与（與）"的简化方式类推，那么"鸒"应简化作上与下鸟，字形既不美观，还变得不好认了。经请示文字主管部门，"鸒"和左右结构的"與鸟"都没有类推简化。

（3）产生了一批同形字。例如，当"油菜"讲的"薹"类推简化后作"芸"，与"芸芸众生"的"芸"同形。

22.什么是错字？什么是别字？什么是不规范字？应该怎样处理这三类字？

错字指写的不成字，规范字典查不到的字。别字，又叫"白字"，指把甲字写成乙字。不规范汉字包括两个内容：一是不符合国家发布的汉字整理的字表规定的汉字，例如国家已经简化的繁体字、已经整理的异体字、旧字形等；另一个是写错或读错的错别字。要正确使用规范汉字，必须掌握国家发布的汉字整理的有关字表，并能切实纠正错别字。

23.有少数简化字，一般情况下用简体，但在一定语境中，还可用繁体，试列举几例，并说明在什么情况下用简体，在什么情况下用繁体？

国家推行规范汉字，并不是要求所有的场合都不能使用繁体字和异体字，而是要把繁体字、异体字的使用限制在一定的范围内。《中华人民共和国国家通用语言文字法》有明确规定，除以下情形，可以保留或使用繁体字、异体字，其他一律得使用规范汉字。特殊情形包括：①文物古迹。②姓氏中的异体字。③书法、篆刻等艺术作品。④题词和招牌的手书字。⑤出版、教学、研究中需要使用的。⑥经国务院有关部门批准的特殊情况。举例略。

24.你认为纠正错别字应该注意哪些方面的问题？

（1）分清字形。

①注意字的笔画和结构，分辨细微差别：瓜子－爪子。

②抓住形旁的含义，分辨字形。有些形似字声旁相同，形旁不同，就要抓住形旁的含义，去分清字形。如"狐、孤、弧"这几个字声旁相同，而形旁不同，因而字的含义也就不同。

③抓住形声字声旁的读音，区分字形，如"轮、抢、伦、论、沦"与"苍、创、抢、枪"等字。

（2）要注意辨别同音字。

同音字是读音相同，形、义不同的字。由于平时对汉字的形体、字义重视不够，很可能造成误用。如："貌和神离"应为"貌合神离"，"气冲宵汉"应为"气冲霄汉"等。

（3）要联系语境来理解字义。

联系语境，理解字词的含义，是防止和纠正因同音（或近音）代替而造成错别字的重要办法。如"按步就班"应为"按部就班"，"爬山涉水"应为"跋山涉水"等。

（4）要注意汉字的笔画。

汉字的笔画固定，既不能增加笔画，如"纸、庄、荒、浇、含、步、染、贪、建、延、廷（一点的字）"，"易、策、惕、壶、叠、县、昨、考、刺（一横的字）"，"喉、统、叔、假、贼（一竖的字）"，"武、展、序、畏、预、幻、衷、野、迎（一撇的字）"；又不能减少，如"诉、添、初、省、国、蔑、梁（一点的字）"，"柬、拜、气、盼、承、慎、威、蒙（一横的字）"，"或、矛、幼、究、戒、柳（一撇的字）"。

（5）要重视成语典故的来源。

有些成语来自古代的寓言或历史故事，不了解出处，容易写错，如"鸠占雀（鹊）巢""搬

(班)门弄斧"等。

25.汉字同拼音文字相比有哪些特点?
(1)汉字基本上是一种表意文字。
(2)汉字在形体上表现为方块字。
(3)汉字在语音上代表音节。
(4)汉字在书面上不实行分词连写。

26.形声造字法为什么能成为汉字主要的造字方法?
形声造字法是形旁和声旁并用的造字法。由于形声字具有以表意为主,又兼表音的特点,因而具备其他造字法无法比拟的优点,加上形声造字法构造简便,滋生新字的能力强,所以在汉字的发展史上,形声字的数量呈上升趋势,其他几种造字法已很少使用了。形声造字法以其能产性而成为汉字主要的造字方法。

27.怎样认识形旁和声旁的作用?
形旁的作用一是提示该字所记录的语素的义类,凡是形旁相同的形声字,在字义上或多或少地与形旁所标示的事物或行为有关。二是区别同音字,当一些字读音相同,所用声旁也相同时,区别这些同音字的主要手段就是采用不同的形旁。声旁的作用是表示字的读音。

28.汉字的形、音关系是怎样的?
因为汉字所记录的是语素,而语素是音义的统一体,每个语素既有声音又有意义,加上汉字的形体,所以汉字是形音义的统一体。一个汉字可能代表好几个语素,可能表示好几个音节,但是独立地看,每个汉字必定是表示一个音节的,必定是表示一个语素的,而且必定是有形的,所以汉字是形音义三位一体的,是形音义的统一体,三者之间密不可分。

29.汉字适应汉语,从哪些方面可以看出来?
汉字和汉语相适应,主要是汉字的单音节形式和汉语语素的单音节形式比较一致,用汉字记录汉语语素往往有一种对应的关系。汉字和汉语基本上相适应,具体可从以下几个方面来看:①一个汉字代表音节,一个语素基本上也是一个音节,因此汉字和语素是相对应的,用汉字记录汉语语素非常合适。②汉语是没有形态变化的语言,语法意义、语法关系主要通过词序和虚词表示,而不像印欧语那样要用音素表示形态变化,所以汉语的特点决定了其用汉字记录是合适的。③汉字记录汉语可以非常有效地区别同音词。④现代汉语方言众多,语音上的差别很大,但是由于各个方言的语法系统和词汇系统一致性比较突出,用汉字记录汉语,书面上起到了沟通方言的作用。虽然各地发音不同,但同样的词语大都用同一个汉字记录,所以大家都看得明白清楚,所以汉字具有很好的沟通方言的作用,而拼音文字就难以适应汉语方言分歧的特点。

30.偏旁和部首是一回事吗?
一般地说,除独体字外,每个字都由几个偏旁组成,但却只有一个部首。例如,"转"字偏旁是"车"和"专",部首是"车"。在这里部首是其中一个偏旁。"辉"字的偏旁是"光"和"军",部首是"小"或"车"。在这里部首和偏旁完全不同。部首是为查字典服务的,有时没有名称。

合体字大多有两个或更多的独体字,或者由独体字和部件、部件和部件组成。偏旁就是组成合体字的各个部分。部首则是字典、辞典根据汉字的字形结构,取其相同的部分作为查字的依据,分部排列,相同的部分就是部首。偏旁和部首不是一回事,但有一定的关系。部首和偏旁的关系是:部首也是偏旁,偏旁不一定是部首。偏旁的数量比部首多。例如,"她"字的两个偏旁是"女"和"也",部首是"女";"雷"字的两个偏旁是"雨"和"田",部首是"雨";"就"字的两个偏旁是"京"和"尤",部首是"尤"(没有点的"尤")。

八、论述题

1. 什么是不规范字?你调查过社会上存在哪些不规范用字的突出现象?请举例分析。

不规范汉字包括两个内容:一是不符合国家发布的汉字整理的字表规定的汉字,例如,国家已经简化的繁体字、已经整理的异体字、旧字形等;另一个是写错或读错的错别字。要正确使用规范汉字,必须掌握国家发布的汉字整理的有关字表,并能切实纠正错别字。

不规范用字:公共场所的设施用字、招牌、广告用字的不规范,还有滥用繁体字的现象。举例略。

2. 什么是形声字?形声造字法有什么优越性?怎样认识形声字形旁和声旁的作用及局限性?请举例说明。

由表示字义类属的偏旁和表示字音的偏旁组成新字,这种造字法叫形声。形声字便于记忆,因为形声字都可以拆成形部和声部,它们分别可以从两个简单字引申而来。例如,"返"形部为"走",代表行走;声部为"反",代表反向,综合起来就可以把"返"解释为反向行走。因此,形声字对于造字者和使用者来说都具有便于记忆、便于从两个简单字中获得信息的优点。

形旁的作用和局限性:作用是表示字的意义类属,帮助了解和区别字的意义;局限性是有些形旁的意义随着社会的发展和科技的进步,已经不容易识别,如"简/篇"、"贷/货"等。

声旁的作用和局限性:作用是表示读音;局限性是只有四分之一形声字声旁读音和整个字读音相同。

考研真题答案

一、填空题

1. 丨 一 丨 丿 一 2. ㄱ 丨 ㄴ 3. 二层框架组合 4. 外形内声 5. 秦隶 6. 汉语拼音方案 7. 横竖撇点折 8. 7 000 9. 繁体字 10. 殷商 11. 转注 12. 笔画 13. 笔顺 14. 象形 15. 会意 16. 定音 17. 弯钩 18. 块 19. 笔画 20. 横、撇折、竖、提、横、横、竖折撇、点

第三章 文字

21. 表意文字体系 象形文字 22. 形符 23. 隶书 24. 独体字 25. 部首 26. 同音或异音替换 27. 部件同化 28. 竖 29. 象形字 30. 左右组合 31. 隶书 32. 泰山石刻 33. 框架 34. 甲骨文 35. 汉字 36. 组配汉字 37. 竖 38. 形声 39. 语素 40. 隶书 41. 相离、相接、相交 42. 义序法 43. 汉字是表意文字 44. 草书和行书 45. 笔画 46. 音序法和形序法 47. 意音文字 48. 隶书 49. 部首 50. 义序法、音序法、形序法 51. 定量、定形、定音、定序 52. 笔画 53. 笔画

二、选择题

1. D 2. B 3. C 4. D 5. B 6. C 7. A 8. B 9. A 10. A 11. B 12. D 13. D 14. A 15. B 16. A 17. C 18. D 19. A 20. D 21. A 22. D 23. D 24. C 25. C 26. B 27. B 28. A 29. C 30. C 31. D 32. D 33. B 34. B 35. D 36. D 37. A 38. B 39. D 40. D 41. A 42. A

三、判断题

1. × 2. × 3. √ 4. √ 5. × 6. × 7. √ 8. √ 9. × 10. × 11. × 12. √ 13. √ 14. √ 15. × 16. × 17. × 18. × 19. × 20. × 21. √ 22. √ 23. × 24. × 25. × 26. × 27. × 28. × 29. √

四、名词解释

1. 隶变：中国文字由小篆转变为隶书叫作隶变。隶变是汉字发展史上的一个里程碑，标志着古汉字演变成现代汉字的起点。

2. 部件：是由笔画组成的具有组配汉字功能的构字单位，一个合体字由两个或两个以上的部件构成。

3. 甲骨文：指通行于殷商时代刻写在龟甲兽骨上的文字。甲骨文的别称有殷墟文字、卜辞、契文、殷契等。

4. 部首：部首是字书中各部的首字，具有字形归类作用。

五、汉字能力题

1. 填空。（复旦大学 2015 年）
(1)12 (2)9 (3)两面包围 (4)左中右 (5)羊 (6)酉 (7)横折钩 (8)撇
(9)一丨丿乙 (10)一一丨一フノノ一丶丶乙

2. 填空
(1)6 (2)8 (3)竖折、竖、竖、竖折、竖 (4)撇、横、竖、撇、点、撇、捺、竖钩、点、提、撇、点 (5)横 (6)横 (7)门 (8)氵

3. 填空

(1)8　(2)4　(3)横　(4)两面包围　(5)竖折、横折、竖、横、竖、横折、撇、点

4. 指出以下汉字部件和部件的组合方式,并从笔顺上说出它们的第五笔分别是什么。(南开大学2014年)

(1)上下结构　竖弯钩　(2)左右结构　竖折折钩　(3)四面包围　竖　(4)上中下结构　横折　(5)左中右结构　横

5. 改正下列词语中的错别字

迄　浚　振　置　碳（华东师范大学2011年）

敷　黠　截　杯　揉（复旦大学2015年）

轨　痴　未（南开大学2015年）

滥　及　程（暨南大学2016年）

坠　芸芸　砭　罗　菅　跋　悖（四川大学2016年）

韬　鹄　及　寥寥　鼎（山东大学2016年）

采　攘攘　度　计　制（中山大学2017年）

黯　勍　迭　义　倣（首都师范大学2018年）

6. 填空。

（黑龙江大学2012年）

(1)14　(2)13　(3)四面包围　(4)左中右　(5)门　(6)广　(7)点　(8)撇

(9) 乛一丿丨丶丿丶　(10) 丶丿丨乛丨丿丶丿一八

（黑龙江大学2013年）

(1)36　(2)20　(3)上中下　(4)三面包围　(5)七　(6)男　(7)竖　(8)横

(9) 一丿丶丿丿丿丿八　(10) 丿丶丨乚乛丨一丨乛丿

（黑龙江大学2014年）

(1)17　(2)11　(3)两面包围　(4)左右　(5)刑　(6)刀　(7)竖折撇　(8)撇

(9) 丨一丨乛一　(10) 丿丶一一丨丿丶

7. 改正下列词语中的错别字。

（黑龙江大学2012年）

(1)稀　(2)释　(3)筹　(4)世　(5)暄

（黑龙江大学2013年）

(1)纂　(2)韬　(3)缀　(4)谒　(5)撞

（黑龙江大学2014年）

(1)尤　(2)计　(3)尚　(4)轮　(5)靡

（黑龙江大学2015年）

(1)倚　(2)鹜　(3)戴　(4)涣　(5)潜

(黑龙江大学 2016 年)
(1)筹 (2)世 (3)源 (4)茵 (5)隅
(黑龙江大学 2017 年)
(1)兢兢 (2)光 (3)诨 (4)弛 (5)度
(黑龙江大学 2018 年、2019 年)
(1)侩 (2)仓 (3)源 (4)咎 (5)背 (6)杳
(黑龙江大学 2020 年)
(1)惨 (2)辄

8. 分析下列汉字的造字方式。
(黑龙江大学 2012 年)
(1)会意 (2)象形 (3)象形 (4)会意 (5)形声
(黑龙江大学 2013 年)
(1)会意 (2)会意 (3)形声 (4)象形 (5)形声
(黑龙江大学 2014 年)
(1)象形 (2)象形 (3)会意 (4)会意 (5)会意
(黑龙江大学 2015 年)
(1)会意 (2)象形 (3)形声 (4)指事 (5)会意
(黑龙江大学 2015 年)
(1)会意 (2)指事 (3)形声 (4)形声 (5)会意
(6)形声 (7)象形 (8)形声 (9)形声 (10)会意兼形声
(黑龙江大学 2016 年)
(1)会意 (2)象形 (3)指事 (4)形声 (5)会意
(黑龙江大学 2017 年)
(1)会意 (2)会意 (3)形声 (4)象形 (5)指事
(黑龙江大学 2018 年、2019 年)
(1)会意 (2)指事 (3)形声 (4)形声 (5)会意 (6)会意 (7)形声

六、简答题

1. 举例说明形声字的形旁跟字义的关系。
形旁的作用一是提示该字所记录的语素的义类,凡是形旁相同的形声字,在字义上或多或少与形旁所标示的事物或行为有关。二是区别同音字,当一些字读音相同,所用声旁也相同时,区别这些同音字的主要手段就是采用不同的形旁。(举例略。)

2. 举例说明部件和部首的区别。
一般地说,除独体字外,每个字都由几个偏旁组成,但却只有一个部首。例如"转"字,偏

旁是"车"和"专",部首是"车"。在这里部首是其中一个偏旁。"辉"字的偏旁是"光"和"军",部首是"小"或"车"。在这里部首和偏旁完全不同。部首是为查字典服务的,有时没有名称。

合体字大多有两个或更多的独体字,或者由独体字和部件、部件和部件组成。偏旁就是组成合体字的各个部分。部首则是字典、辞典根据汉字的字形结构,取其相同的部分,作为查字的依据,分部排列,相同的部分就是部首。偏旁和部首不是一回事,但有一定的关系。部首和偏旁的关系是:部首也是偏旁,偏旁不一定是部首。偏旁的数量比部首多。例如:

"她"字的两个偏旁是"女"和"也",部首是"女"。

"雷"字的两个偏旁是"雨"和"田",部首是"雨"。

"就"字的两个偏旁是"京"和"尤",部首是"尢"(没有点的"尤")。

3.举例说明形声字声旁的作用和局限性。

由于古今汉语语音系统的变化,形声字声旁(也叫音符)的表音功能有了很大的局限。这种局限性主要表现在声旁的读音跟形声字的读音不一样,声旁表音的准确率不高。

有的是声调不一致,如"方"是阴平字,而以"方"为音符的字却有阳平(如防、妨、肪、坊、房)、上声(如访、仿、舫、昉)、去声(如放)。有的是韵母不同,如"进"跟"井","俾、萆、庳、髀、裨、婢"跟"卑","坝"跟"贝"都是韵母不同。有的是声母不同,如"豺"跟"才","豹、趵"跟"勺","版、板、扳、阪、坂、舨"跟"反"都是声母不同。当然,有的是声韵调都不同,如"技、伎、芰、妓"跟"支","概、溉"跟"既","读、犊、渎、椟、牍、黩"跟"卖","愎"跟"复"等是声韵调都不同。

其次,有些形声字在造字之初,选择声旁时就不严格,在没有同音字的情况下,往往选择读音相近的字来代替。这也是造成声旁读音不准确的一个重要原因。

另外,绝大多数声旁的位置或上或下,或左或右,或内或外,指示着字音。但有些形声字的声旁却不易辨识。有的声旁的位置比较特殊,如"修、倏"的声旁是"攸","颖、颖"的声旁是"顷"等;有的声旁出现于通常情况下形旁出现的位置上,如"视"的声旁是"示","闷"的声旁是"门"等;有时为了构形的美观或者精简笔画,声旁(包括形旁)会被部分简省,也就是所谓的省声,如"薅"的声旁是"好","奔"的声旁是"贲","妃"的声旁是"配"等。由于这些形声字声旁无法辨识,因此也就很难很好地发挥它们的表音功能。

4.将汉字同某一种表音文字进行比较,具体说明汉字的性质。

(1)汉字基本上是一种表意文字。

(2)汉字在形体上表现为方块字。

(3)汉字在语音上代表音节。

(4)汉字在书面上不实行分词连写。(举例略)

5.汉字和拼音文字对比,说说汉字的特点。

答案同第2题。

6. 为什么说汉字是表意体系的文字?

(1)汉字的表意性,表现在形与义的密切联系上,即因形示意,意寓形中。商周时代的甲骨文和金文,视形知义,由义知音,这些都是表意文字的特征。隶书以下的今文字,汉字结构发生了剧烈的变化,由线条变成了笔画,彻底改变了象形面貌,绝大多数汉字已不能从形体上表现词义,看上去只是记录音节,但实际上还是用个别字来区别词或词素。以同音字为例,如"文、蚊、纹、汶、雯"等字,尽管它们读音相同,但由于用不同形体记录这些词,仍标志着它们在语义上的差异,只不过因形示义特点已经消失,进一步符号化,并没有从根本上摆脱表意文字体系。

(2)汉字的表意性还表现在它不直接表示词的读音,而是用特定的符号表示语言中的词或词素。声音相同而意义有别的词或词素一般要用不同的形体来区别,同一个词也可以用不同形体来表示,致使汉字结构繁复,数目繁多,数以万计。

(3)汉字的表意性还表现在它具有超方言(包括口语)的特点。像鞋子、知道、照顾这些词,在不同的方言区里,发音是不同的,但汉字的写法是一样的,说出来可能听不懂,写出来却一看就明白。

第四章
Chapter 4

词　　汇

练习题

一、填空题

1. _____是一种语言中词和固定短语的集合体，_____是构成语言的建筑材料。
2. _____是最小的能够独立运用的语言单位。
3. 语言中最小的_____的单位是语素。
4. 语素从音节上看，可以分为单音节语素和_____。
5. 语素从语法功能上看，可以分为自由语素和_____、_____。
6. 由一个语素构成的词是单纯词，由两个或两个以上的语素构成的词叫_____。
7. 合成词可以分为两类，由词根加词根组成的合成词是_____，由词根加词缀组成的合成词是_____。
8. 基本词汇具有_____、_____、_____三个特点。
9. 一般词汇包括_____、_____、_____、_____和_____等。
10. 熟语包括_____、_____、_____等，它们的共同特点是_____具有稳固性、_____具有完整性。
11. 一般而言，一个_____就是一个音节、一个汉字。
12. 词以_____作为构成材料。
13. 词由单纯词向_____发展，这是汉语词汇发展的一大特点。
14. 多音节的单纯词主要有_____、_____、_____、_____、_____五类。
15. 附加式合成词可以分为_____和_____两种。
16. 复合式合成词的构造方式主要有_____、_____、_____、_____、_____五种。

17. 意义比较虚,构词位置比较_____的语素叫词缀。
18. 由两个_____的词根构成的合成词叫重叠式合成词。
19. 词义是对客观事物的_____反映,它包含着人们对客观事物的认识。
20. 词义具有_____、_____、_____三个特点。
21. _____是词义中的主要部分,词还有附属的_____,也可称作_____。
22. 词按所含义项的多少可以分为两类,只有一个义项的词是单义词,有两个以上义项的词是_____。
23. 多义词在具体语境中都变成了_____。
24. 本义就是_____的词最初的意义。
25. _____是语言中的普遍现象,是语汇丰富发达的标志。
26. 同义词主要有两种类型。一是_____。二是_____。
27. 同义词的辨析可以从三个方面进行,一是_____,二是_____,三是_____。
28. 反义词是指_____的词。从意义关系上区分,反义词有两类:一类是_____,另一类是_____。
29. 同音词分为两类,一类是_____,一类是同音异形词。
30. 基本词汇是词汇的_____部分,它长期存在着,并且为_____提供基础。
31. 词汇中除去基本词汇都属于一般词汇,包括以基本词汇中的词作为_____所构成的新词。
32. 词汇除了包括词以外,还包括成语、谚语、歇后语等大致_____的固定结构。
33. 熟语包括_____、_____、_____等,它们的格式和构成成分_____,它们的意义往往_____。在使用上,它们的性质和作用相当于_____。
34. 成语具有以下基本特征:①_____。②_____。③_____。
35. 惯用语以_____个字的居多,并且大都是_____结构的短语。
36. "世外桃源"的内部结构关系是_____。
37. 惯用语的实际意义都不能从字面来理解,它们用的都是_____。
38. 根据前后两部分的关系,歇后语可以分为_____和_____两种。
39. 简称是把长的词语、名称压缩或_____成短的词语。
40. "小孩儿喜欢吃吐鲁番的葡萄"中包含了_____个语素_____个词。
41. _____是词的物质外壳,_____是词的内容。
42. 词义是对客观事物的_____反映,它包含着人们对客观事物的认识。
43. 义项是词的_____。只有一个义项的词是_____,具有两个或两个以上义项的词是_____。
44. 由本义、基本义或其他意义引申发展出来的意义叫_____。

121

45. 同音词是指在现代汉语普通话中_____、_____、_____都相同的词,它可以分为_____和_____两大类。

46. 意义大同小异,或意义相同,而_____用法不同的一组词叫近义词。

47. 新词是利用原来的语素,根据固有的_____构成。

48. 音译词的特点是:不管它们有多少音节,每个音节都没有_____的意义,合起来才有意义。

49. 单纯词的特点是:不管它们有多少的音节,每个音节都没有_____的意义,合起来才有意义。

50. 不能独立成词,只能同别的语素结合成词的语素叫_____语素。

51. 由一个语素构成的词叫_____。

52. 古语词是古代汉语中用过,在现代一般不再使用,只有在一定场合、_____才使用的词语。

53. 一般所说的方言词指普通话以外的各个方言的词语和作为普通话基础方言的北方话中的一些_____的词语。

54. 意译词是根据原词的意义,用汉语自己的语素和_____创造的新词。

55. 行业语是指社会中_____所使用的词语。

56. 词义演变的途径有:_____、_____和_____。

57. 词义是不断发展的,如"金"原是五色金属的总称,现多专指黄金,这属于_____现象。

58. 词义是不断发展的,如"兵"原指兵器,现多指士兵,这属于_____现象。

59. 词典、字典条目的编排有四类:按_____编排、按笔画编排、按四角号码编排和按音序编排。

60. 释义的要求是正确、_____、_____。

二、单项选择题

1. 语素是( )。
   A. 最小的语音单位　　　　　　　　B. 最小的意义单位
   C. 最小的语音语义结合单位　　　　D. 能独立运用的最小的意义单位

2. 语言中最小的能够独立运用的语言单位是( )。
   A. 词　　　　　　　　　　　　　　B. 语素
   C. 熟语　　　　　　　　　　　　　D. 短语

3. 下列说法最为严密的应当是( )。
   A. 一个词有两个音节就一定是两个语素
   B. 一个语素就只有一个音节
   C. 一个词由两个语素构成,就是双音节词
   D. 一个语素可以是一个音节,也可以是两个以上的音节

4. 下列各组字不是词也不是语素的是（　　）。
　A. 撕、妊　　　　　　　　　　　　　B. 琉、枇
　C. 娠、蝶　　　　　　　　　　　　　D. 硕、朋
5. 下列语素都是不成词语素的是（　　）。
　A. 桌、椅　　　　　　　　　　　　　B. 斧、锯
　C. 猫、狗　　　　　　　　　　　　　D. 看、走
6. "人民热爱伟大的祖国"是由（　　）构成的短语。
　A. 4个词、8个语素　　　　　　　　　B. 4个词、9个语素
　C. 5个词、9个语素　　　　　　　　　D. 6个词、7个语素
7. （　　）组都是成词语素。
　A. 谚、语、言、尾　　　　　　　　　B. 人、大、高、山
　C. 桌、道、休、息　　　　　　　　　D. 美、丽、兴、趣
8. "员、祖、乡、分、妊、严"中包含的自由语素是（　　）。
　A. 乡、分、严　　　　　　　　　　　B. 祖、分、严
　C. 祖、乡、分　　　　　　　　　　　D. 员、分、妊
9. "一对花瓶""你说的对""面对未来"中三个"对"代表（　　）。
　A. 一个词　　　　　　　　　　　　　B. 两个词
　C. 三个词　　　　　　　　　　　　　D. 只代表音节,不代表词
10. 下列各组词中全部是联绵词的是（　　）。
　A. 仓促、唐突、阑干、苗条、蝙蝠　　B. 坎坷、蟋蟀、枇杷、卢布、拮据
　C. 详细、伶俐、逍遥、葫芦、朦胧　　D. 游弋、叮咛、摩托、喽啰、吩咐
11. "惆怅"一词是（　　）。
　A. 叠韵词　　　　　　　　　　　　　B. 双声词
　C. 音译词　　　　　　　　　　　　　D. 非双声叠韵词
12. "珊瑚"一词是（　　）。
　A. 联绵词　一个语素　　　　　　　　B. 音译词　一个语素
　C. 偏正式合成词　两个语素　　　　　D. 联合式合成词　两个语素
13. 属于非双声叠韵联绵词的是（　　）。
　A. 伶俐　嘀咕　　　　　　　　　　　B. 霹雳　镜子
　C. 妯娌　蜈蚣　　　　　　　　　　　D. 哆嗦　侥幸
14. 都是单纯词的一组是（　　）。
　A. 苗条、秋千、混沌、马虎　　　　　B. 兴趣、爸爸、妈妈、哥哥
　C. 同志、空间、星星、感情　　　　　D. 服务、群众、未来、士兵

15. 都是单纯词的一组是(　　)。
A. 冒险、刺激、灌输、雪耻
B. 广阔、富饶、荣辱、家塾
C. 跋涉、权衡、习惯、老小
D. 蜘蛛、踟蹰、马达、垃圾

16. 都是陈述式合成词的一组是(　　)。
A. 漆黑、冰凉、滚烫、将领
B. 笔直、雪白、天蓝、情感
C. 眼花、心虚、性急、夏至
D. 民主、革命、火热、粉饰

17. 都是外来词的一组是(　　)。
A. 涤纶、扑克、葡萄、沙发
B. 仓促、婆娑、腼腆、拮据
C. 激光、科学、民主、数学
D. 语法、猩猩、物理、化学

18. 含定位语素的一组词是(　　)。
A. 子弟、弟子、赤子、瓜子
B. 碰头、磁头、蛇头、头领
C. 木头、老虎、本子、毒化
D. 变化、老人、老话、棋子

19. 下列各组的"子"都不是后缀的是(　　)。
A. 钳子　帽子
B. 盖子　镜子
C. 房子　屋子
D. 棋子　原子

20. "沙哑"和"沙发"中的"沙"(　　)。
A. 都是语素
B. 都不是语素
C. 前者是语素,后者不是语素
D. 前者不是语素,后者是语素

21. "雷峰塔""塔吉克族""一座塔"中的"塔"分别是(　　)。
A. 词、语素、字
B. 语素、字、词
C. 词、字、语素
D. 语素、词、字

22. "反法西斯主义者"中的语素有(　　)。
A. 两个
B. 三个
C. 四个
D. 五个

23. "我家果园今年葡萄、枇杷、桃子、杏儿都获得了丰收。"这句话中有(　　)个语素,(　　)个词。
A. 15　12
B. 18　11
C. 18　12
D. 20　11

24. "雄性"是(　　)。
A. 词根加后缀
B. 词根加前缀
C. 并列式合成词
D. 偏正式合成词

25. "龟缩"一词的构词方式是(　　)。
A. 主谓式
B. 补充式
C. 偏正式
D. 单纯词

26."安培"是(　　)。
A.联绵词　　　　　　　　　　　　B.译音词
C.并列式合成词　　　　　　　　　D.偏正式合成词

27.(　　)组是补充式合成词。
A.呼吸、买卖、开关、出入　　　　B.团结、评论、纪念、开始
C.往返、进退、伸缩、作息　　　　D.推翻、改进、摧毁、打倒

28.(　　)组是动宾式合成词。
A.问号、剪刀、讲台、跳板　　　　B.烧饼、飞鸟、走兽、饮料
C.司机、顶针、干事、掌柜　　　　D.抵抗、禁止、选择、帮助

29.(　　)组是偏正式合成词。
A.解放、建设、停止、迁移　　　　B.时代、根本、基础、戏剧
C.和平、愉快、幸福、勇敢　　　　D.象牙、电车、宣纸、烧饼

30.(　　)组是附加式合成词。
A.码头、罐头、指头、砖头　　　　B.老师、老兄、老虎、老鼠
C.男子、女子、孩子、房子　　　　D.老人、老树、老姑娘、老头

31.下列说法中正确的是(　　)。
A."地震、日食"都是陈述式合成词　　B."化石、革新"都是支配式合成词
C."打倒、宽广"都是补充式合成词　　D."风雪、风衣"都是偏正式合成词

32.下列各组加点字的词中是同音词的是(　　)。
A.自制武器－自制能力　　　　　　B.新生事物－获得新生
C.齐奔东西－买点东西　　　　　　D.上自然课－他显得不自然

33."沉着冷静"中的"沉"是(　　)。
A.在水里往下落　　　　　　　　　B.分量重
C.程序深　　　　　　　　　　　　D.从容不迫

34.下列各组词中词义都是语素义的借代用法的一组是(　　)。
A.归田　旗手　　　　　　　　　　B.丝竹　唇齿
C.眉目　细软　　　　　　　　　　D.手足　卖嘴

35.下列各组词属复词偏义的一组是(　　)。
A.美丽　富饶　　　　　　　　　　B.兄弟　妻子
C.忘记　跋涉　　　　　　　　　　D.印刷　干净

36.下列结构不相同的一组成语是(　　)。
A.毛遂自荐、胸有成竹　　　　　　B.中流砥柱、孜孜不倦
C.天翻地覆、营私舞弊　　　　　　D.守株待兔、异想天开

37. 对下列成语解释得不恰当的是(　　)。
   A. 首当其冲——最先受到冲击或遭遇灾难。
   B. 庸人自扰——本来无事,自己惹出麻烦来干着急。
   C. 少不更事——年纪轻,经历的事不多,缺乏经验。
   D. 水落石出——水退了,石头露出来了。
38. 对下列成语的语素解释得正确的是(　　)
   A. "心宽体胖"的"胖",意思是"安适、舒泰"。
   B. "一曝十寒"的"曝",意思是"暴露"。
   C. "力能扛鼎"的"扛",意思是"以肩负重物"。
   D. "忍俊不禁"的"禁",意思是"禁止"。
39. "激烈-猛烈"的差别在于(　　)。
   A. 范围大小不同　　　　　　　　B. 词义轻重不同
   C. 感情色彩不同　　　　　　　　D. 搭配功能不同
40. "死亡-完蛋"的差别在于(　　)。
   A. 搭配功能不同　　　　　　　　B. 词义轻重不同
   C. 语体色彩不同　　　　　　　　D. 范围大小不同
41. "浅显-肤浅"的差别在于(　　)。
   A. 形象色彩不同　　　　　　　　B. 词义轻重不同
   C. 感情色彩不同　　　　　　　　D. 词义着重点不同
42. "马上-立即"的差别在于(　　)。
   A. 语体色彩不同　　　　　　　　B. 词义轻重不同
   C. 形象色彩不同　　　　　　　　D. 搭配功能不同
43. "精细-精致-精巧-精美"的差别在于(　　)。
   A. 范围大小不同　　　　　　　　B. 形象色彩不同
   C. 词义着重点不同　　　　　　　D. 搭配功能不同
44. "时代-时期-时刻"的差别在于(　　)。
   A. 范围大小不同　　　　　　　　B. 词义轻重不同
   C. 感情色彩不同　　　　　　　　D. 词义着重点不同
45. "虚心"和"虚伪"的区别是(　　)。
   A. 语义轻重不同　　　　　　　　B. 感情色彩不同
   C. 范围大小不同　　　　　　　　D. 语体色彩不同
46. "同"和"陪同"的区别是(　　)。
   A. 语体色彩不同　　　　　　　　B. 感情色彩不同
   C. 意义的轻重不同　　　　　　　D. 范围大小的不同

47. "喂养"和"饲养"的区别是(   )。
A. 动作的行为特点不同　　　　　　B. 动作行为的施事者不同
C. 语义轻重不同　　　　　　　　　D. 支配对象不同

48. "边疆"和"边境"的区别是(   )。
A. 集体与个体的不同　　　　　　　B. 性状特征不同
C. 范围大小不同　　　　　　　　　D. 语体色彩不同

49. "明亮"在"光线充足"意思上的反义词是(   )。
A. 昏暗　　　　　　　　　　　　　B. 暗淡
C. 模糊　　　　　　　　　　　　　D. 黝黑

50. 下列四组词只有(   )组不是基本词。
A. 恐怖　电子　捉刀　　　　　　　B. 你　我　他
C. 眼睛　高兴　鼻子　　　　　　　D. 一　三　五

51. 下列说法只有(   )是正确的。
A. 语素与音节是完全对应的关系　　B. 一个汉字只代表一个语素
C. 一个单纯词肯定就是一个单音节词　D. 一个语素不一定就是词

52. 下列四组词,只有(   )组是单纯词。
A. 阳光　蓝图　白云　　　　　　　B. 秋色　山峰　艰苦
C. 苹果　卡通　蝴蝶　　　　　　　D. 联合　大概　文艺

53. 在各种合成词中,只有(   )以后一个语素为整个词的表意中心。
A. 并列式　　　　　　　　　　　　B. 限定式
C. 支配式　　　　　　　　　　　　D. 后附式

54. 下列各组合成词,只有(   )组全是附加式合成词。
A. 老人　老头　老虎　　　　　　　B. 椅子　李子　刀子
C. 火化　变化　美化　　　　　　　D. 凶手　招手　对手

55. "红领巾"本义是红色的领巾,派生义指少先队,这种派生方式是(   )。
A. 直接引申　　　　　　　　　　　B. 比喻引申
C. 借代引申　　　　　　　　　　　D. 其他引申

56. 下列四组反义词,只有(   )组是绝对反义词。
A. 通俗－艰涩　　　　　　　　　　B. 修建－拆除
C. 恩人－仇敌　　　　　　　　　　D. 完整－残缺

57. 下列成语只有(   )不是主谓关系。
A. 贼去关门　　　　　　　　　　　B. 飞黄腾达
C. 病入膏肓　　　　　　　　　　　D. 良药苦口

58. 下面各种说法,只有(　　)不正确。
A. 成语以四个音节为主要形式
B. 惯用语的书面色彩较浓
C. 歇后语的后半截有时候可以不说出来
D. 谚语是劳动人民生活经验的总结,具有教育作用

59. 语素是(　　)。
A. 最小的语音单位
B. 最小的意义单位
C. 最小的语音语义结合单位
D. 能独立运用的最小的意义单位

60. "地震"一词的构词方式是(　　)。
A. 主谓式　　　　　　　　　　　B. 补充式
C. 偏正式　　　　　　　　　　　D. 单纯词

61. "老生常谈"中的"老"是(　　)。
A. 实语素,音节　　　　　　　　B. 虚语素,音节
C. 词,音节　　　　　　　　　　D. 音节

62. "放牧"一词的复合式方式属于(　　)。
A. 联合式　　　　　　　　　　　B. 偏正式
C. 动宾式　　　　　　　　　　　D. 补充式

63. 下面各组词中都为重叠式合成词的一组是(　　)。
A. 刚刚、漫漫、仅仅、偏偏　　　B. 匆匆、偏偏、潺潺、灿灿
C. 纷纷、漫漫、灿灿、赳赳　　　D. 刚刚、姐姐、仅仅、偏偏

64. 复合词"海洋、飞炮、傍晚、书本"的结构关系分别是(　　)。
A. 偏正、动宾、补充、联合　　　B. 联合、偏正、动宾、补充
C. 联合、补充、偏正、主谓　　　D. 偏正、动宾、联合、补充

65. 下列各组词中,属于上下义词的一组是(　　)。
A. 政治、语文、数学、英语　　　B. 排球、篮球、足球、乒乓球
C. 戏剧、话剧、歌剧、舞剧　　　D. 松树、杨树、樟树、梧桐树

66. 下列各组词属于外来词的一组是(　　)。
A. 民主　苦力　　　　　　　　　B. 可口可乐　汽水
C. 芭蕾　香槟　　　　　　　　　D. 计算机　六弦琴

67. 下列词典按部首编排的是(　　)。
A. 辞海　　　　　　　　　　　　B. 现代汉语词典
C. 四角号码新词典　　　　　　　D. 汉语成语词典

68. 下列说法中错误的是(　　)。
A. "三十"是两个汉字,两个音节,两个语素
B. "花儿"是两个音节,两个汉字,两个语素
C. "妈妈"是两个语素,两个音节,两个汉字
D. "猩猩"是一个语素,两个音节,两个汉字

69. 都不是成词语素的一组是(　　)。
A. 学、习
B. 蜻、狗
C. 习、袖
D. 祝、平

70. 属于叠韵联绵词的是(　　)。
A. 游弋　逶迤
B. 卢布　沙发
C. 葫芦　糊涂
D. 亲戚　趔趄

71. 下列各词中的"儿"不是后缀的是(　　)。
A. 盖儿
B. 亮儿
C. 孤儿
D. 花儿

72. 下列说法中正确的是(　　)。
A. "骨头"和"血肉"都是并列式合成词
B. "黑板"和"白菜"都是偏正式合成词
C. "打扫"和"打虎"都是支配式合成词
D. "眼神"和"手痛"都是陈述式合成词

73. "连衣裙"和"布拉吉"都是(　　)。
A. 外来词
B. 音译词
C. 单纯词
D. 多音节词

74. "不刊之论"中的"刊"的意义是(　　)。
A. 刊物
B. 出版
C. 雕刻
D. 修改

75. 常见的事物的名称一般是单义词,下列各组词都是单义的是(　　)。
A. 头　　胡琴
B. 母亲　黄河
C. 同胞　特写
D. 兵　　书

76. 意义相同或相近的一组词叫同义词,例如:(　　)。
A. 牲口－马　牛－太牢
B. 骄傲－自豪　迎合－奉承
C. 警卫员－保镖　士兵－军人
D. 好－佳　　不好－劣

77. 意义相同或相近的一组词叫同义词,例如:(　　)。
A. 老师－农民
B. 晴天－冬天
C. 骄傲－谦虚
D. 浪费－铺张

78. 下列各组词中,都是两极关系反义词的一组是(　　)。
A. 生－死　正确－错误
B. 动－静　朋友－敌人
C. 大－小　先进－落后
D. 高－低　出席－缺席

79. 不能跟"正"构成反义词关系的是(　　)。
   A. 偏　　　　　　　　　　　　B. 副
   C. 错　　　　　　　　　　　　D. 负
80. 下列成语古今感情色彩相反的是(　　)。
   A. 明目张胆　　　　　　　　　B. 刻舟求剑
   C. 脱颖而出　　　　　　　　　D. 釜底抽薪
81. 下列词典中不属于语文词典的是(　　)。
   A.《现代汉语词典》　　　　　　B.《中国人名大辞典》
   C.《日汉辞典》　　　　　　　　D.《辞源》
82.《现代汉语词典》主要采用(　　)。
   A. 部首检字法　　　　　　　　B. 笔画检字法
   C. 号码检字法　　　　　　　　D. 音序检字法
83.《辞海》属于(　　)。
   A. 语文词典　　　　　　　　　B. 专科词典
   C. 百科辞典　　　　　　　　　D. 其他
84. "奥林匹克运动会"包含的语素有(　　)。
   A. 2个　　　　　　　　　　　B. 3个
   C. 4个　　　　　　　　　　　D. 7个
85. 下面例子中都属于基本词汇的一组是(　　)。
   A. 水,吾,高,固态　　　　　　B. 手,天,此,浪漫
   C. 走,购,十,埋汰　　　　　　D. 前,好,吃,什么
86. "炒鱿鱼"是(　　)。
   A. 隐语　　　　　　　　　　　B. 行业语
   C. 惯用语　　　　　　　　　　D. 简称
87. 根据下面四个词的用例判断它们是单义词、多义词还是同音词(　　)。
零钱:(1)这是找给你的~。　　　　读:(1)这本书值得~。
　　(2)每月吃饭之外,花不了多少~。　(2)老师正在~课文。
　　(3)只有大票,没有~。　　　　　(3)去年他~完了大学。
机要:(1)他做的是~工作。　　　　拐:(1)车~了个弯。
　　(2)他分配到了~部门。　　　　　(2)钱被~走了。
　　(3)~秘书是老张。　　　　　　　(3)这个人~进胡同里去了。
   A. "零钱、读"是多义词,"机要"是单义词,"拐"是同音词
   B. "机要、读"是多义词,"零钱"是单义词,"拐"是同音词
   C. "机要、拐"是多义词,"零钱"是单义词,"读"是同音词
   D. "零钱、拐"是多义词,"机要"是单义词,"读"是同音词

88. 汉语的"江"原指长江,"河"原指黄河。现在"江、河"泛指一切江河,它属于(　　)。
A. 词义扩大　　　　　　　　　　　　B. 词义转移
C. 词义缩小　　　　　　　　　　　　D. 义项增加

89. "光明"一词可以指:(1)亮光:黑暗中的一线光明。(2)明亮:这条街的路灯,一个个都像通体光明的水晶球。(3)正义的或有希望的(事物):光明大道/光明的远景。其中,(　　)。
A. (2)是本义,(1)是(2)的引申,(3)是(2)的比喻
B. (1)是本义,(2)是(1)的引申,(3)是(2)的比喻
C. (1)是本义,(2)是(1)的引申,(3)是(1)的比喻
D. (1)是本义,(2)是(1)的比喻,(3)是(2)的引申

90. "会计"的"会"和"会议"的"会"是(　　)。
A. 同音词　　　　　　　　　　　　　B. 同义词
C. 多义词　　　　　　　　　　　　　D. 同形词

91. "一百米"和"大米"的"米"是(　　)。
A. 一对同音词　　　　　　　　　　　B. 两个近义词
C. 一词多义　　　　　　　　　　　　D. 一对同义词

三、多项选择题

1. (　　)组词是由两个语素构成的。
A. 葡萄糖、枇杷露、鸳鸯池、因特网　　B. 苏维埃、巧克力、可口可乐、歇斯底里
C. 柠檬、菠萝、琵琶、蜻蜓　　　　　　D. 意义、秘密、香糖、安宁
E. 精神、意志、巧克力糖、银幕

2. 下列几组词中经历了词义演变的有(　　)。
A. 汤、臭、金、脚　　　　　　　　　　B. 走、兵、钱、权
C. 消息、行李、牺牲、喽啰　　　　　　D. 事故、丈人、勾当、丈夫
E. 瓦、虫、河、同志

3. 下列几组词语中,含有贬义色彩的是(　　)。
A. 依靠、顽强、夸奖、习惯　　　　　　B. 依赖、顽固、夸耀、习气
C. 果断、引导、鼓动、满意　　　　　　D. 武断、引诱、煽动、得意
E. 后果、巴结、小气、虚伪

4. 下列各组词中,属于多义词的有(　　)。
A. 喜好、休息、吹牛、捣鬼　　　　　　B. 帽子、小鞋、辫子、包袱
C. 高调、桥梁、纽带、鸿沟　　　　　　D. 马虎、愉快、细致、自豪
E. 菠萝、蜻蜓、蚯蚓、明晰

5. 下列(　　)组不是反义词。
   A. 积极－消极；热情－冷淡
   B. 先进－中间；赞成－弃权
   C. 肯定－否定；化合－分解
   D. 进攻－防御；左派－中间派
   E. 高尚－蔑视；上面－中间

6. 下列(　　)组是偏正式合成词。
   A. 海啸、霜降、河流、日食
   B. 雪白、火红、漆黑、笔直
   C. 粉饰、油煎、脚踢、图解
   D. 冬至、春风、月亮、头痛
   E. 火车、键盘、函授、贵宾

7. 下列(　　)组词语素颠倒后词义有明显变化。
   A. 风暴、害虫、故事、声响
   B. 样式、灵魂、和缓、接连
   C. 吃紧、黄金、计算、漆黑
   D. 感情、来往、力气、别离
   E. 女儿、上面、雪白、人家

8. 下列(　　)组是"词根＋词缀"式合成词。
   A. 瓜子、莲子、中子、棋子
   B. 房子、钳子、桌子、矮子
   C. 派头、甜头、看头、想头
   D. 眉头、车头、布头、排头
   E. 离子、粒子、笔头、手头

9. 下列(　　)组词是陈述式合成词。
   A. 地震、心疼、民主、国营
   B. 性急、胆大、年轻、心细
   C. 心虚、雪崩、泥石流、眼花
   D. 函授、笔记、粉饰、油炸
   E. 雪白、笔直、天蓝、金黄

10. 下列(　　)组是单纯词。
    A. 爸爸、妈妈、姐姐、哥哥
    B. 粑粑、饽饽、窝窝、猩猩
    C. 姑姑、叔叔、公公、婆婆
    D. 悄悄、悻悻、匆匆、往往
    E. 个个、人人、年年、天天

11. 下列成语中分别由反义词或反义语素构成的两组是(　　)。
    A. 悲欢离合　长吁短叹
    B. 无独有偶　好逸恶劳
    C. 厚古薄今　阳奉阴违
    D. 取长补短　天昏地暗
    E. 兔死狐悲　风声鹤唳

12. 一般词汇包括(　　)。
    A. 基本词和一般词
    B. 新词和生造词
    C. 古语词和方言词
    D. 外来词和专业术语
    E. 音译词和意译词

13. "卡片、啤酒、坦克车"这类词是( )。
 A. 单纯词 B. 音译词
 C. 外来词 D. 合成词
 E. 借形词

14. 下列各词的释义属于定义式的是( )。
 A. 礼仪——礼节和仪式。 B. 更夫——旧时打更巡夜的人。
 C. 离异——离婚。 D. 画家——擅长绘画的人。
 E. 冷峭——形容冷气逼人。

15. 下列谚语属于农谚的是( )。
 A. 湖广熟,天下足 B. 庄稼一枝花,全靠肥当家
 C. 人勤地生宝,人懒地生草 D. 立夏东风摇,麦子水中捞
 E. 急走冰,慢走泥

16. "乔其纱,拖拉机,浪漫主义"这类词是( )。
 A. 单纯词 B. 合成词
 C. 外来词 D. 译音词
 E. 意译词

17. 下列各词的释义属于具体说明描写的是( )。
 A. 懒洋洋——没精打采的样子。
 B. 头雁——雁群中领头飞的大雁。
 C. 飘悠——在空中或水面上轻缓的浮动。
 D. 踮——抬起脚后跟用脚尖站着。
 E. 马脚——比喻破绽。

18. 《现代汉语词典》属于( )。
 A. 语文词典 B. 百科词典
 C. 双语词典 D. 单语词典
 E. 虚词词典

19. 下列属于动宾式合成词的有( )。
 A. 注意 B. 改正
 C. 知己 D. 主席
 E. 朗读

20. 下列各组都属于合成词中的复合词的有( )。
 A. 老师,作家 B. 工人,农民
 C. 骨头,老虎 D. 大骨头,老虎钳

21. 下面在普通话中能够单独做词用的语素是（　　）。
A. 走　　　　　　　　　　　　B. 把
C. 民　　　　　　　　　　　　D. 门

22. 下面在普通话中只能当作一个词的单位是（　　）。
A. 不科学性　　　　　　　　　B. 不理想
C. 要不要　　　　　　　　　　D. 非常好

23. 词汇包括（　　）。
A. 词　　　　　　　　　　　　B. 固定短语
C. 语素　　　　　　　　　　　D. 句子

24. "一幅画儿"中的"画儿"是（　　）。
A. 单纯词　　　　　　　　　　B. 合成词
C. 单音节词　　　　　　　　　D. 双音节词

25. 下面的词属于单纯词的有（　　）。
A. 秋千　　　　　　　　　　　B. 宇宙
C. 飒飒　　　　　　　　　　　D. 芙蓉

26. 下面的词属于非基本语汇的有（　　）。
A. 里手　　　　　　　　　　　B. 如果
C. 哪里　　　　　　　　　　　D. 坦克

27. 下列词汇属于派生词的有（　　）。
A. 女儿　　　　　　　　　　　B. 鸟儿
C. 仙子　　　　　　　　　　　D. 剪子

28. 下面词中属于同义词的是（　　）。
A. 父亲、母亲　　　　　　　　B. 河流、河
C. 爸爸、父亲　　　　　　　　D. 蔬菜、白菜

四、判断题

1. 词和短语的区别在于,词是能独立运用的最小的语言单位,短语不是独立运用的最小语言单位。（　　）
2. 现代汉语与古代汉语词的形式相同,都是双音节词占优势。（　　）
3. "骑兵"和"骑马"都是短语。（　　）
4. 在一个单音节语素构成一个词的情况下,一个汉字表示的是一个词,这时一个汉字和一个词相当。（　　）
5. 词与词汇的关系是个体与集体的关系,无论如何,词汇不能用来指单个的词。（　　）
6. 单纯词是由单音节语素构成的。（　　）

7. 联绵词的两个音节连在一起才有意义,不能分开去解释各个音节的意义。　（　）
8. 三个音节以上的单纯词绝大多数是音译词。　（　）
9. "码头、白头、船头"中的"头"都是词缀。　（　）
10. "徘徊"是双音节合成词。　（　）
11. 专有名词的词义没有概括性。　（　）
12. 词义除包括理性义之外,还包括色彩义。　（　）
13. 词的引申义只指从原始义或基本义引申出来的意义。　（　）
14. 多义词和同音词都是用同一语音形式表示多个意义。　（　）
15. "辽阔"与"宽阔"的不同主要在形状特征和适用对象上。　（　）
16. 多义词的同义词,必须各个义项相同相近。　（　）
17. 熟语之所以成为词汇学的研究对象,就在于人们常把它当作词一样的语言单位来使用。　（　）
18. 汉语的成语都是四个字组成的。　（　）
19. "巧、巧手、灵巧、巧克力"等词语中的"巧"不是同一个语素。　（　）
20. "我的妹妹也认识了他"中的"的、也、了"没有词汇意义,因而不是语素。　（　）
21. "咖啡糖、蜘蛛网、录像机、研究所"四个词都是由三个语素构成的。　（　）
22. "剪彩、剪刀、讲话、讲台"都是支配式合成词。　（　）
23. "走马观花"和"弃甲曳兵"中的"走、兵"意义跟今义不同,演变的途径是词义的缩小。　（　）
24. "兵戎相见"和"其臭如兰"中的"兵、臭"意义跟今义不同,演变的途径是词义的缩小。　（　）
25. "天、天空"和"静、安静"分别为单音词和双音词,所以不能构成同义词。　（　）
26. 语素是最小的语音语义结合体,汉语的语素又以单音节为主,所以汉语中每个音节都有意义。　（　）
27. 词汇是语言中所有的词和固定短语的总和,是集体概念,因而不能说某某个人的词汇,如"鲁迅的词汇""王朔的词汇"。　（　）
28. 词是由语素构成的,所以"山、水、天、风、了、的、呢"等词就不能再说是语素了。　（　）
29. 虚词从语素看一般是定位语素。　（　）
30. 扩展法是鉴别词和短语的一个重要标准,"黑板"可以扩展为"黑的板","北京大学"可以扩展为"北京的大学","地板"也可以说"地上的板",所以"黑板""北京大学""地板"都是短语。　（　）
31. "婴儿、幼儿、儿童、少年、青年、中年、老年"等表示人的年龄段的词,很难有明确的起点和终点,这正是词义模糊性的表现。　（　）

32. 词有本义和基本义,两者有时一致,有时不一致。（　）

33. 词的比喻义跟修辞上的比喻并不一样,词的比喻义是词固定下来的意义,比喻是临时的。（　）

34. "突然"是形容词,"忽然"是副词,所以,它们不是同义词。（　）

35. 基本词是构成新词的基础,"我、但是、所以、我们、的、呢、在、只、三、着、小时"等表示指代、数量、时间、结构关系、语气、动态的词,因为构词能力弱,就不可能是基本词。（　）

36. 外来词虽然是对外语词的音译,但也不是完全直接译音,而是结合汉语音节特点进行了一定的改造。（　）

五、名词解释

1. 词汇
2. 基本词汇
3. 熟语
4. 语素
5. 词
6. 单纯词
7. 合成词
8. 词义
9. 成语
10. 惯用语
11. 歇后语
12. 同义词
13. 同音词
14. 反义词
15. 义素

六、分析题

1. 说明下列单纯词的类型（双声联绵词、叠韵联绵词、其他联绵词、叠音词、音译外来词）。
吉普（　）　馄饨（　）　玛瑙（　）　惆怅（　）　姥姥（　）
缤纷（　）　比基尼（　）　乒乓（　）　葡萄（　）　铮铮（　）

2. 指出下列合成词的构造方式。
地震　司令　火热　可气　夏至　多少　老人　自爱　动人　人口　心疼　证明　泰斗
明星　轻敌　记者　船只　昂首　修建　枕木　笔直　可爱　管家　方圆　窗户　花束　美容
达标　刚刚　肉麻　常常　灯火　密植　矛头　画儿　纠正　人为　每每　软件　句子　扶手

后头 火红 房间 忘记 书本 年轻 司机 胆怯 吹牛 线索 热爱 姐姐 阿姨 声音 游击 压缩 车辆 有限 海啸 规范化 绿油油 始终

3. 说明下列外来词的类型。

料理（名词，指饭菜） 具体 啤酒 新西兰 安琪儿 卡通 绷带 乌托邦 夹克 休克 WTO 芭蕾舞 高尔夫 卡片 蒙太奇 冰淇淋 沙龙 浪漫主义 巧克力 沙丁鱼 歇斯底里 比萨饼 哈达

4. 分析下列新词的结构方式。

脱贫 特区 离休 飞船 牵头 落实 民办 开放 责任田 双休日 代沟 创汇 理顺 一次性 缓解 盗版

5. 指出下列各组同义词的主要区别。

(1) 照片 – 玉照　　　　　　　　(2) 履行 – 执行
(3) 回头 – 回首　　　　　　　　(4) 抢夺 – 抢劫
(5) 俯视 – 凝视　　　　　　　　(6) 周密 – 严密 – 精密
(7) 充分 – 充足 – 充沛　　　　(8) 请求 – 恳求
(9) 成果 – 后果　　　　　　　　(10) 爱护 – 爱戴
(11) 充分 – 充满　　　　　　　　(12) 早晨 – 拂晓
(13) 轻视 – 蔑视　　　　　　　　(14) 爱护 – 保护 – 庇护
(15) 鼓励 – 怂恿　　　　　　　　(16) 突然 – 忽然
(17) 侮辱 – 凌辱　　　　　　　　(18) 性质 – 品质
(19) 改正 – 改进　　　　　　　　(20) 嫉妒 – 羡慕
(21) 障碍 – 阻碍　　　　　　　　(22) 丈人 – 岳父
(23) 保护 – 保卫　　　　　　　　(24) 吹捧 – 赞扬
(25) 战略 – 战术　　　　　　　　(26) 镭射 – 激光

6. 分析下列成语的结构关系。

滥竽充数　求全责备　百发百中　蛊惑人心　大刀阔斧
狗仗人势　逍遥法外　后起之秀　毛遂自荐　重于泰山
认贼作父　包罗万象　光明磊落　世外桃源　囿于成见
半路出家　毁于一旦　相逢狭路　投其所好　见景生情
呆若木鸡　郁郁寡欢　明珠暗投　守株待兔　蓬荜生辉
一衣带水　墨守成规

7. 用义素分析法分析男人、女人、小孩。

8. 指出下列各词的基本义、引申义和比喻义。

铁：①金属元素Fe。②指刀枪等，如"手无寸铁"。③坚硬、坚强，如"铁拳""铁的意志"。
桥梁：①架在河面上，把两岸接通的建筑物。②能起沟通作用的人或物。

9. 分析"窝"的基本义、引申义、比喻义。
①鸟兽、昆虫居住的地方:鸟窝,狗窝。②坏人居住的地方:贼窝,土匪窝。
③<方言>人体或物体所占的位置:他不动窝儿。④凹进去的地方:胳肢窝儿。
⑤窝藏:窝赃,窝主。

10. 指出下列各词的本义、基本义和转义。
①锋利:A. 工具、武器等头尖和刃薄,容易刺入或切入物体。
　　　　B.(言论、文笔)尖锐,如"谈吐锋利"。
②开阔:A. 面积或空间范围宽广。
　　　　B. 思想、心胸开朗,如"他是一个思想开阔的人"。
③厚:A. 扁平物上下之间的距离大。　　B. 优待,如"厚此薄彼"。
④交通:A. 往来通达,如"阡陌交通"。　B. 各种运输和邮电事业的总称。
　　　　C. 抗日战争和解放战争时期指通信和联络工作。　D. 交通员。
⑤松:A. 松散。　　　　　　　　　　　B. 使松,如"松一松腰带"。
　　　C. 解开、放开,如"松绑"。
⑥活动:A. 运动,如"活动一下筋骨"。　B. 动摇、不稳定,如"这个桌子直活动"。
　　　　C. 灵活、不固定,如"活动房屋"。
⑦开张:A. 商店设立后开始营业。B. 商店每天第一次交易。C. 比喻某种事物开始。
⑧回:A. 曲折环绕,如"回旋"。　　　　B. 从别处到原来的地方,如"回家"。
　　　C. 调转,如"回头"。　　　　　　D. 答复、回报,如"回信""回敬"。

11. 分析"母"的各义项,哪个义项既是词义,又是语素义?哪个只是语素义?
①母亲:母女、老母。
②家族或亲戚中的长辈女子:祖母、伯母。
③(禽兽)雌性的:母鸡、母牛。
④指一凹一凸配套的两件东西里凹的一件:这套螺丝的母。
⑤有产生出其他事物的能力或作用:工作母机;失败乃成功之母。

12. 分析下列成语中加点语素的意义。
破釜沉舟　脱颖而出　风声鹤唳　心怀叵测　疾首蹙额

13. 指出下列带点的词是多义词还是同音词。
①A. 临别纪念　　　　　　　　B. 胸前别一朵大红花
　 C. 请别生气
②A. 先天不足,后天失调　　　　B. 后天是他的生日
③A. 新生事物　　　　　　　　B. 他是这个学校的新生

14. 指出下列熟语的类别。

①迅雷不及掩耳　　②鸡蛋里面挑骨头　　③强将手下无弱兵

④老鼠钻风箱　　　⑤唱对台戏　　　　　⑥跑龙套

⑦金玉其外　　　　⑧十文铜钱少一文　　⑨铁饭碗

15. 改正下列句子中使用不当的词语,并说明理由。

(1)由于堵车,我去晚了,让他恭候了不少时间。

(2)北京百货大楼是遐迩中外的大商场,有"新中国第一店"的美称。

(3)热烈欢迎大家来光临温泉山庄。

(4)他在那儿来回徘徊了好半天,拿不准是去还是不去。

(5)现在一些制片人都热衷于拍古装片,你拍我也拍,使得古装片滥觞一时。

(6)早晨拂晓时刻,我们顺利抵达目的地。

(7)你帮王秘书把这篇讲话稿好好修整一下,然后送去复印5份。

(8)仅仅几个小时,号称不沉的轮船"泰坦尼克号"就完全沉溺水中。

(9)你造成的结果,只能你自己承担。

(10)大家对你的批评意见,虽然尖刻,但确实是中肯的,你必须多反省反省。

(11)我把名人的话当作座右铭,贴在床头,这样天天都能面面相觑。

(12)你们训练的效果如何,与明年奥运会上收获大小休戚相关。

(13)前面走着的两个人十分年轻,第三者年纪比较大。

(14)看样子要下雨,你今天出门可得把保护伞带好。

(15)我已经掌握了2 000个英语词汇。

(16)他们参观了故宫、自博(自然博物馆)、人大(人民大会堂)。

(17)他写的都是不刊之论,报纸一篇都没发表。

(18)他真福气,买到了音乐会的票。

(19)我们盼等了一天,到底接到他了。

(20)我忖思:他怎么会当上处长呢?

(21)那时候我年幼,尚不省事,每天只知道玩。

(22)为了学习外国的先进技术,各地都办了俄语进修班,很多人趋之若鹜。

(23)他喜欢下棋,到星期天就去找气味相投的伙伴讨论棋艺。

(24)请解释"回扣"这个词汇的意义。

(25)他是个拘泥的人,不喜欢随便与人交谈。

(26)方方和亮亮是双胞胎,我不了解哪个是哥哥,哪个是弟弟。

(27)病人的衣服要消毒,不然它可能传染病菌。

(28)在实施一项正确的方针时,不同的态度往往会产生不同的后果。

(29)学术交流大会在礼堂中举行,会场陈设得非常庄严。

(30)干部要深入基层、联系群众,广泛征求群众意见,遇事要多和群众协商。
(31)小薛昨天用木条、硬纸做了一架十分灵巧的飞机,同学们看了啧啧赞叹,纷纷效尤。
(32)苗条的身腰穿一件肥宽的外套,犹如一尊木偶。
(33)这几年,凡是他企望得到的东西,他都得到了。
(34)深秋的傍晚,火霞映红了半边天,好一派秋美的景色。
(35)地里绿茂的庄稼,随着徐慢的春风轻轻地摆曳。
(36)盛夏的夜晚,几个小伙伴坐在水边凉冰的石头上,心里有说不出的舒美,他们谈论着过去的稚事,童年的生活一幕幕地浮显在他们的眼前。
(37)我们获悉老师生了病,旋即去医院看望他。
(38)愧感之情一时充满了我的心。
(39)他身上着一件大红花衣,看起来非男非女。
(40)老人穿西装,戴眼镜,拿着司的克。

七、简答题

1. "电""人""水""路"这几个语言单位,有人说它们是词,有人说它们是语素。请谈谈你的看法,并说明理由。
2. "老汉"和"老虎"、"变化"和"美化"、"氧气"和"土气"这三组合成词,它们各自的结构方式是否相同? 如不相同,请说明理由。
3. 怎样区分语素、词和短语?
4. 简述词、语素和字的关系与区别。
5. 什么叫词义? 它包括哪几个构成部分? 词义具有哪些性质?
6. 基本词汇与一般词汇的区别和联系是什么?
7. 什么是外来词? 举例说明外来词的类型。
8. 简要说明什么是单纯词和合成词?
9. 多义词形成的原因是什么? 它在语言中有何积极作用?
10. 为什么说同义词的丰富是语言发达的表现?
11. 词汇的发展主要有什么表现?
12. 有人说"语素就是字"。这种说法对吗? 为什么?
13. "猩猩"是单纯词中的叠音词,"星星"是重叠式合成词,它们有什么区别?
14. 什么叫多义词? 为什么现代汉语的许多词都是多义的?
15. 举例说明多义词和同音同形词的区别。
16. 怎么判定"白菜"是合成词,而"白布"是词组?
17. "妈妈"是合成词,"太太"是单纯词,为什么?
18. 举例说明字和词的关系。

19. 指出"文雅、文职、散文"中"文"的不同意义。
20. 举例说明"失败"在什么意义上可以和"胜利""成功"分别构成反义关系?

考研真题

一、填空题

1. 熟语的主要类型有_____。（中央民族大学 2015 年）
2. 合成词是由_____构成的词。（中央民族大学 2015 年）
3. 联绵词指_____的词。（中央民族大学 2015 年）
4. "老虎"是_____式合成词。（北京师范大学 2012 年）
5. "父亲"和"爸爸"的差别体现的是词的_____。（中国人民大学 2015 年）
6. "沙发"这个外来词的翻译方式称为_____。（中国人民大学 2015 年）
7. 词义具有_____、模糊性、民族性。（四川大学 2011 年）
8. 近年来汉语新增加了许多拉丁字母简称，如"VCD、CT、WTO"等，有的还在字母前后加上汉字，这两者都叫_____。（四川大学 2015 年）
9. 定位不成词语素叫_____，一定要附在词根的前后或中间，能表示附加的意义和语法作用。（四川大学 2015 年）
10. 词汇的发展变化包括新词的产生、_____以及词义的转变。（四川大学 2014 年）
11. "喇叭花""牵牛花"等词语中的附属义是_____色彩。（四川大学 2015 年）
12. 语义场的类型主要有_____义场、顺序义场、关系义场、同义义场和反义义场。（四川大学 2011 年）
13. 歇后语"大海里捞针——无处寻"是采用_____的方式来表达语义的。（四川大学 2015 年）
14. 基本词汇的特点是_____性、能产性、全民常用性。（四川大学 2015 年）
15. 词是表示一定意义、_____最小的语言单位。（中山大学 2011 年）
16. 单纯词是由一个_____构成的词。（中山大学 2015 年）
17. 词义具有客观性、_____和模糊性等性质。（中山大学 2014 年）
18. 词义的发展主要有扩大、缩小、_____三种形式。（中山大学 2015 年）
19. 词汇是某一语言里或某一特定范围里使用的全部词和_____的总和。（中山大学 2013 年）
20. 现代汉语在词汇方面广泛运用_____法构造新词。（北京大学 2015 年）

21. "咖啡机"是由_____个语素构成的词。(兰州大学 2013 年)
22. "昨天我买了三斤葡萄"这句话是由_____个词组成的。(兰州大学 2013 年)
23. "老旦、房子、画儿、苦头"这四个词中,有一个词的构词方式跟其他三个不同。这个词是_____。(兰州大学 2013 年)
24. "当前的房地产经济中存在很多泡沫"这句话中"泡沫"的意义属于词的转义中的_____义。(兰州大学 2013 年)
25. "碰碰车"是由_____个语素构成的词。(兰州大学 2014 年)
26. 基本词汇具有稳固性、能产性、_____三个特点。(兰州大学 2014 年)
27. 成语"愚公移山"来源于_____。(兰州大学 2015 年)
28. 意义实在,在合成词内位置不固定的成词语素和不成词语素叫作_____。(山东大学 2016 年)
29. 我们通过扩展法或插入法来区别词和_____。(山东大学 2016 年)
30. 多音节_____词包括连绵词、叠音词、音译外来词和拟声词四种。(山东大学 2016 年)
31. 有两个或两个以上的_____的词叫多义词。(山东大学 2016 年)
32. 词汇意义可分为理性义和_____义。(山东大学 2016 年)
33. 处于同一反义义场的两个词,中间不容许有非 A 非 B 的第三者存在,叫作_____反义义场。(山东大学 2016 年)
34. "飞机上挂暖瓶——高水平",属于_____歇后语。(四川大学 2016 年)
35. 叠音词和重叠词的差别是,叠音词属于_____词,而重叠词是_____词。(四川大学 2016 年)
36. "不刊之论"中"刊"意思是_____,"走马观花"中"走"的意思是_____。(四川大学 2016 年)
37. 一个词最初出现时的意义叫_____,其现代常用意义叫_____。(四川大学 2016 年)
38. "活到老,学到老""饭后百步走,活到九十九"是熟语中的_____。(中山大学 2017 年)
39. "爪牙"古时是勇猛得力的将士,而现在意思是坏人的帮凶。这种演变方式是词义的_____。(北京语言大学 2017 年)
40. 语境一般可以分为上下文语境和_____。(北京大学 2017 年)
41. 从词义的演变类型看,"个"在古汉语和现代汉语中的差异属于词义的_____。(北京大学 2017 年)
42. 词义可分为基本义和转义,其中转义主要是通过_____和比喻两种方式产生的。(中国人民大学 2018 年)

43. "咖啡、嘀咕、玛瑙、沙发"中,联绵词是_____。(北京语言大学2018年)
44. "夜郎自大"的内部结构是_____。(北京语言大学2018年)
45. 从词的结构类型划分,"勇于"属于_____合成词。(兰州大学2018年)
46. "轻、习、蜻、固"中不成词语素有_____。(兰州大学2018年)
47. "仓促、努力、拮据"中属于合成词的有_____。(兰州大学2018年)
48. 语素是语言中_____语言单位。(黑龙江大学2013年)
49. 固定词组可分为两类,分别是_____。(黑龙江大学2013年)
50. 词根包括成词语素和_____。(黑龙江大学2013年)
51. 同音词是指语音相同而_____的一组词。(黑龙江大学2013年)
52. 色彩义包括感情色彩、_____。(黑龙江大学2013年)
53. 词义的区别特征是_____。(黑龙江大学2013年)
54. 词的转义主要是通过_____两种方式产生的。(黑龙江大学2013年)(黑龙江大学2014年)
55. 基本词汇的特点是稳固性、_____和全民常用性。(黑龙江大学2013年)
56. 成语是一种相沿习用具有_____色彩的固定短语。(黑龙江大学2013年)
57. 语言中最小的能够独立运用的语言单位是_____。(黑龙江大学2014年)
58. 词与词按表达需要的临时组合叫作_____。(黑龙江大学2014年)
59. 意义不实在、在合成词位置固定的不成词语素叫_____。(黑龙江大学2014年)
60. 词义包括词汇意义和_____。(黑龙江大学2014年)
61. 色彩义包括_____、语体色彩、形象色彩。(黑龙江大学2014年)
62. 义项是词的_____的分项说明。(黑龙江大学2014年)
63. 基本词汇的特点是稳固性、能产性和_____。(黑龙江大学2014年)
64. 古语词包括文言词和_____。(黑龙江大学2014年)
65. _____是词和词的固定组合,一般不能任意增减、改换其中的成分。(黑龙江大学2016年)
66. 词义的转义分为引申和_____。(黑龙江大学2018年)
67. 缩略语是语言中经过压缩和省略的语言,可分为简称和_____两类。(黑龙江大学2019年)

二、选择题

1. "红彤彤、绿油油、懒洋洋、软绵绵"是(_____)。(中央民族大学2012年)
   A. 偏正式合成词　　　　　　　　　　B. 重叠式合成词
   C. 附加式合成词　　　　　　　　　　D. 叠音词

2. "托拉斯"是(　　)。(中央民族大学 2012 年)

A. 3 个语素,3 个音节,3 个词　　　　　　B. 1 个语素,3 个音节,1 个词

C. 2 个语素,3 个音节,1 个词　　　　　　D. 3 个语素,3 个音节,1 个词

3. "打鱼"和"一打铅笔"中的"打"是(　　)。(中央民族大学 2015 年)

A. 同音词　　　　　　　　　　　　　　B. 多义词

C. 同义词　　　　　　　　　　　　　　D. 既不是同音词,也不是多义词

4. "地震"的构词方式属于合成词中的(　　)。(中国人民大学 2015 年)

A. 主谓型　　　　　　　　　　　　　　B. 动宾型

C. 偏正型　　　　　　　　　　　　　　D. 补充型

5. "北京是祖国的心脏"中的"心脏"是用它的(　　)。(浙江大学 2013 年)

A. 本义　　　　　　　　　　　　　　　B. 基本义

C. 引申义　　　　　　　　　　　　　　D. 比喻义

6. "一对花瓶""你说得对""对子孙负责""对下联"四个"对"是(　　)。(中山大学 2015 年)

A. 一个词　　　　　　　　　　　　　　B. 两个词

C. 三个词　　　　　　　　　　　　　　D. 四个词

7. "惆怅"是(　　)。(中山大学 2014 年)

A. 双声联绵词　　　　　　　　　　　　B. 叠韵联绵词

C. 非双声叠韵　　　　　　　　　　　　D. 联绵词译音词

8. "住宿"和"下榻"的区别是(　　)。(中山大学 2015 年)

A. 语义轻重不同　　　　　　　　　　　B. 感情色彩不同

C. 语体色彩不同　　　　　　　　　　　D. 范围大小不同

9. 下面是复合式合成词的是(　　)。(北京师范大学 2015 年)

A. 椅子　　　　　　　　　　　　　　　B. 单独

C. 石头　　　　　　　　　　　　　　　D. 男性

10. "敏锐"和"敏捷"的差别是(　　)。(北京师范大学 2015 年)

A. 意义轻重不同　　　　　　　　　　　B. 搭配对象不同

C. 词性不同　　　　　　　　　　　　　D. 色彩不同

11. (　　)不是单纯词。(北京大学 2015 年)

A. 参差　　　　　　　　　　　　　　　B. 叮咛

C. 瑟瑟　　　　　　　　　　　　　　　D. 骨肉

12. (　　)属于重叠式合成词。(北京大学 2015 年)

A. 姥姥　　　　　　　　　　　　　　　B. 婆婆

C. 猩猩　　　　　　　　　　　　　　　D. 皑皑

13. (　　)简化方式不同于其他三个。(北京大学 2015 年)
   A. 外长　　　　　　　　　　　B. 扫盲
   C. 公关　　　　　　　　　　　D. 离校
14. (　　)是离合词。(北京大学 2015 年)
   A. 休息　　　　　　　　　　　B. 学习
   C. 洗澡　　　　　　　　　　　D. 修理
15. (　　)来源于历史故事。(北京大学 2011 年)
   A. 愚公移山　　　　　　　　　B. 刻舟求剑
   C. 望梅止渴　　　　　　　　　D. 老骥伏枥
16. "可口可乐"是(　　)。(四川大学 2013 年)
   A. 音译的外来词　　　　　　　B. 音译兼表义的外来词
   C. 意译的外来词　　　　　　　D. 仿译的外来词
17. "压缩"的构词方式属于合成词中的(　　)。(中山大学 2015 年)
   A. 联合型　　　　　　　　　　B. 动宾型
   C. 偏正型　　　　　　　　　　D. 补充型
18. "达标"的构词方式属于合成词中的(　　)。(中山大学 2014 年)
   A. 联合型　　　　　　　　　　B. 动宾型
   C. 偏正型　　　　　　　　　　D. 补充型
19. "笔直"的构词方式属于合成词中的(　　)。(中山大学 2015 年)
   A. 联合型　　　　　　　　　　B. 动宾型
   C. 偏正型　　　　　　　　　　D. 补充型
20. "动员"的构词方式属于合成词中的(　　)。(华中师范大学 2015 年)(黑龙江大学 2013 年)
   A. 联合式　　　　　　　　　　B. 动宾式
   C. 偏正式　　　　　　　　　　D. 补充式
21. 关于语素,下面说法不正确的是(　　)。(山东大学 2016 年)
   A. 语素是最小的语言单位
   B. 绝大部分现代汉语语素是单音节的
   C. 连绵词和叠音词基本为双音节语素
   D. 三音节和三音节以上的语素大都是从外语借来的
22. 下列语言单位中属于缩略语的是(　　)。(山东大学 2016 年)
   A. 五岳　　　　　　　　　　　B. 五花肉
   C. 五线谱　　　　　　　　　　D. 五大三粗

23. 下列各词中的"子"不是词缀的是( )。(山东大学 2016 年)
A. 嗓子 B. 矬子
C. 份子 D. 才子

24. "文科-理科-工科-医科"这一组词属于语义场中的( )。(山东大学 2016 年)
A. 类属义场 B. 顺序义场
C. 关系义场 D. 同义义场

25. "迈过门槛"和"时速80迈"中的两个"迈"是( )。(山东大学 2016 年)
A. 同义词 B. 同音词
C. 多义词 D. 多音词

26. 成语"身外之物"和"火中取栗"的结构属于( )。(山东大学 2016 年)
A. 并列结构 B. 偏正结构
C. 主谓结构 D. 动宾结构

27. 下面各组词语,全是词的一组是( )。(中山大学 2017 年)
A. 飞 吧 黑布 巧克力 B. 懂 者 扑通 留学生
C. 路 吗 黑板 乐呵呵 D. 爱 着 开门 东北虎

28. 在"孩子会走路了"这句话中,"走"所表示的意义属于( )。(中山大学 2017 年)
A. 比喻义 B. 基本义
C. 引申义 D. 本义

29. 以下词语,属于单纯词的是( )。(中山大学 2017 年)
A. 刚刚 B. 默默
C. 窗户 D. 憔悴

30. 以下各组语言单位,都是语素的一组是( )。(中山大学 2017 年)
A. 跳 的 目 勇 B. 块 坎 咐 徘
C. 垃 葡 蝴 尴 D. 唠 悴 疙 玻

31. 下列词语中,不是多义词的是( )。(中山大学 2017 年)
A. "记录在案"与"会议记录"中的"记录"
B. "生气勃勃"与"非常生气"中的"生气"
C. "煮熟了"与"睡得很熟"中的"熟"
D. "两米深"与"关系深"中的"深"

32. 下列诗句中,运用了谐音双关的是( )。(中山大学 2017 年)
A. 野火烧不尽,春风吹又生
B. 白日依山尽,黄河入海流
C. 春蚕到死丝方尽,蜡炬成灰泪始干
D. 山重水复疑无路,柳暗花明又一村

33. 与"黑-白"语义不同的一类是（　）。（北京语言大学 2017 年）

　　A. 冷-热　　　　　　　　　　　　B. 爱-恨

　　C. 高-低　　　　　　　　　　　　D. 雌-雄

34. 下面翻译方式相同的一组是（　）。（北京语言大学 2017 年）

　　A. 夹克衫　披萨饼　啤酒　　　　　B. 景气　新西兰　麦当劳

　　C. 沙发　丹麦　冰岛　　　　　　　D. 可乐　扑克　宜家

35. "慷慨""忐忑""刹那""石头"一共包含了（　）语素。（北京大学 2017 年）

　　A. 8 个　　　　　　　　　　　　　B. 4 个

　　C. 5 个　　　　　　　　　　　　　D. 6 个

36. 下列选项都是词的一组是（　）。（中国人民大学 2018 年）

　　A. 美丽　江湖　葡萄　黑车　　　　B. 校园　特点　小猫　坎坷

　　C. 黄牛　红人　白菜　黑纸　　　　D. 红脸　白布　新房　新娘

37. 下列内部结构关系相同的一组是（　）。（中国人民大学 2018 年）

　　A. 老王　自信　　　　　　　　　　B. 跟随　迎接

　　C. 调动　借口　　　　　　　　　　D. 富于　重视

38. "骆驼""驼绒""贝尔格莱德"语素的数量分别是（　）。（中国人民大学 2018 年）

　　A. 1　1　1　　　　　　　　　　　 B. 2　2　5

　　C. 2　1　1　　　　　　　　　　　 D. 1　2　1

39. 下列加点词属于多义词的一项是（　）。（中国人民大学 2018 年）

　　A. 白字/白跑了一趟　　　　　　　　B. 手里拿了一朵花/他花了五块钱

　　C. 该休息一下了/该生品学兼优　　　D. 活到老学到老/这一批活做的很好

40. 汉代从西域借入的词是（　）。（北京语言大学 2018 年）

　　A. 沙发　　　　　　　　　　　　　B. 咖啡

　　C. 葡萄　　　　　　　　　　　　　D. 马铃薯

41. 下列哪一对是极性反义词（　）。（北京语言大学 2018 年）

　　A. 正确和错误　　　　　　　　　　B. 是和非

　　C. 敌人和朋友　　　　　　　　　　D. 死和活

42. 下列属叠韵联绵词的是（　）。（黑龙江大学 2013 年）

　　A. 弥漫　　　　　　　　　　　　　B. 基因

　　C. 玫瑰　　　　　　　　　　　　　D. 太太

43. "忘记"属于（　）合成词。（黑龙江大学 2013 年）

　　A. 偏正型　　　　　　　　　　　　B. 联合型

　　C. 补充型　　　　　　　　　　　　D. 附加型

147

44. 下列属单纯词的是( )。（黑龙江大学 2014 年）
   A. 姐姐
   B. 妹妹
   C. 奶奶
   D. 妈妈
45. "司令"属于( )合成词。（黑龙江大学 2014 年）
   A. 联合型
   B. 偏正型
   C. 主谓型
   D. 支配型
46. "作者"属于( )合成词。（黑龙江大学 2014 年）
   A. 偏正型
   B. 附加型
   C. 动宾型
   D. 补充型
47. "明亮"在"光线充足"意思上的反义词是( )。（黑龙江大学 2016 年）
   A. 昏暗
   B. 暗淡
   C. 模糊
   D. 黝黑
48. "铭记""辅音""浪漫"这几个词分别属于( )。（黑龙江大学 2016 年）
   A. 古语词 外来词 方言词
   B. 古语词 行业词 外来词
   C. 外来词 行业词 方言词
   D. 方言词 行业词 外来词
49. "哈尔滨啤酒节很精彩。"有( )个语素。（黑龙江大学 2017 年）
   A. 4
   B. 5
   C. 6
   D. 7
50. "房间"的构词方式属于( )。（黑龙江大学 2017 年）
   A. 联合型
   B. 偏正型
   C. 动宾型
   D. 补充型
51. "骄傲"在"自负而轻视他人"意思上的反义词是( )。（黑龙江大学 2017 年）
   A. 谦虚
   B. 自满
   C. 自负
   D. 自豪
52. "黎民""休克""曲奇""名堂"这四个词分别属于( )。（黑龙江大学 2017 年）
   A. 古语词、外来词、行业词、方言词
   B. 古语词、行业词、外来词、方言词
   C. 行业词、外来词、古语词、方言词
   D. 古语词、行业词、方言词、外来词
53. 下列加点字属于词缀的是( )。（黑龙江大学 2018 年）
   A. 老式
   B. 烟头
   C. 幼儿
   D. 拍子
54. "铭记""尴尬"这两个词分别属于( )。（黑龙江大学 2018 年）
   A. 方言词 外来词
   B. 古语词 方言词
   C. 古语词 外来词
   D. 外来词 方言词

55. 下列各项中包含词缀的是（　　）。（黑龙江大学2019年）
   A. 烟头　　　　　　　　　　B. 幼儿
   C. 老式　　　　　　　　　　D. 拍子
56. 下列各组字不是词也不是语素的是（　　）。（黑龙江大学2019年）
   A. 径　妊　　　　　　　　　B. 旖　枇
   C. 娠　础　　　　　　　　　D. 硕　朋

三、判断题

1. 基本词汇的特点是稳固性、能产性和全民常用性。（　　）（中央民族大学2015年）
2. "马虎"包含两个音节、两个语素、一个词。（　　）（中央民族大学2014年）
3. 同音词指语音相同、意义有联系的一组词。（　　）（中央民族大学2015年）
4. 单纯词是只包含一个语素的词。（　　）（中国人民大学2012年）
5. "星星"和"猩猩"都是单纯词。（　　）（中国人民大学2013年）
6. 词是汉语最小的语法单位。（　　）（中国人民大学2015年）
7. "金"和"金子"词类性质相同。（　　）（中国人民大学2012年）
8. 多义词是对一个词而言，同音词是对一组词而言。（　　）（中山大学2015年）
9. "人民"和"人名"是同音词。（　　）（中山大学2015年）
10. 古代汉语词汇的一个明显的特点就是双音节词优势。（　　）（东北师范大学2011年）
11. "刚"和"软"是一组反义词。（　　）（华东师范大学2015年）
12. "浴缸"这个词来源于吴方言，所以是方言词。（　　）（华东师范大学2015年）
13. "奥林匹克"是单纯词。（　　）（复旦大学2015年）
14. "金灿灿""静悄悄"中的"灿灿"和"悄悄"是词组。（　　）（复旦大学2015年）
15. "开倒车""钻空子"是惯用语。（　　）（复旦大学2015年）
16. 单纯词是只含有一个语素的词。（　　）（四川大学2016年）
17. 定位语素都是不自由语素。（　　）（四川大学2016年）
18. "河"的本义是"黄河"，现在它的词义扩大了。（　　）（四川大学2016年）
19. "老虎、老乡、老弟、老板"中的"老"都是前缀。（　　）（黑龙江大学2013年）
20. "古"和"今"属于互补反义义场。（　　）（黑龙江大学2013年）
21. 汉语的新词大多是复合式的。（　　）（黑龙江大学2013年）
22. 在汉语当中，语素、词和字不一定是完全一致的。（　　）（黑龙江大学2014年）
23. "机密"和"绝密"的不同，主要在于语体色彩的不同。（　　）（黑龙江大学2014年）
24. 引进外来词的时候必须完全遵照该词原有的语音形式来译。（　　）（黑龙江大学2016年）
25. 词义的模糊性是指词的指称范围没有明确的界限。（　　）（黑龙江大学2016年）

26. 引进外来词的时候不必完全遵照该词原有的语音形式译。（　　）（黑龙江大学 2017 年）

27. 词义具有概括性是指词义所反映的任何一种客观事物或现象都是进行了概括的。（　　）（黑龙江大学 2017 年）

28. 词汇单位包括语素、词和短语。（　　）（黑龙江大学 2017 年）

29. 不管三七二十一、迅雷不及掩耳、此地无银三百两都是成语。（　　）（黑龙江大学 2018 年）

30. 义素是构成词义的最小单位。（　　）（黑龙江大学 2018 年）

31. 单音词都是单纯词,单纯词也都是单音节词。（　　）（黑龙江大学 2019 年）

32. 词的基本义就是词的本义。（　　）（黑龙江大学 2019 年）

33. "新娘"和"新书"属于不同的语法单位。（　　）（黑龙江大学 2019 年）

34. "古今中外""迅雷不及掩耳""此地无银三百两"都是成语。（　　）（黑龙江大学 2019 年）

四、名词解释

1. 成语（兰州大学 2013 年）（黑龙江大学 2017 年）

2. 语素（兰州大学 2014 年）（黑龙江大学 2016 年）（黑龙江大学 2017 年）

3. 义素（兰州大学 2015 年）

4. 语义场（南京大学 2016 年）

5. 联绵词（黑龙江大学 2013 年）

6. 惯用语（黑龙江大学 2014 年）

7. 基本词汇（黑龙江大学 2014 年）

8. 词汇（黑龙江大学 2016 年）

9. 兼类词（黑龙江大学 2018 年）

10. 词缀（黑龙江大学 2020 年）

五、分析题

1. 说明下列词的结构类型。

(1) 蜡黄　书本　自动　忘记　司机　压缩（兰州大学 2013 年）

(2) 木头　老中青　内秀　说明　阿妹（兰州大学 2014 年）

(3) 戳穿　人口　自学　达标　仅仅（兰州大学 2015 年）

(4) 通宵　冲淡　碰壁　好歹　面熟　软化　立秋　命大　狐疑（山东大学 2016 年）

(5) 车辆　寒心　坎坷　美容　哥哥　性急　阿姨　笔直　来头　暖洋洋（南京大学 2016 年）

(6)男性 热乎乎 雪白 提高 投资 案件 饺子 自学 线索 仅仅(黑龙江大学2013年)

(7)伸缩 变成 花朵 耐劳 喜洋洋 妈妈 失业 变化 创造性 老人(黑龙江大学2014年)

(8)途径 吹牛 儿女 儿子(黑龙江大学2015年)

(9)逆袭 白富美 拍砖 轻熟女 炫富 房奴(黑龙江大学2015年)

(10)创造 粉饰 秋千 房间 心酸 美化(黑龙江大学2016年)

(11)雪白 解剖 照明 记者 沙发 造假(黑龙江大学2017年)

(12)温柔 卧铺 花朵 气候干燥 派他出差(黑龙江大学2018年)

(13)年轻 可怜 红通通(黑龙江大学2020年)

2.指出下列各词语的色彩义。

(1)喇叭花 卑鄙 巴不得 地方 图图(兰州大学2013年)

(2)纳闷儿 馍馍 蝙蝠衫 解放 汇集 勾结(兰州大学2012年)

(3)松树 纳闷儿 布谷鸟 蛇山 白桦(黑龙江大学2013年)

3.分析下列外来词的类型。

(1)索尼 乐百氏 DNA 保龄球 迷你裙(黑龙江大学2012年)

(2)高尔夫球 百事可乐 修古丽姆 敌杀死 雅黛(黑龙江大学2014年)

4.辨析下列各组同义词。

(1)再－又(南开大学2011年)

(2)确实－的确(北京师范大学2011年)

(3)鼓励－怂恿 商量－商榷 阻止－制止(兰州大学2013年)

(4)溃烂－糜烂 今天－当天 侵蚀－腐蚀 高兴－快乐 纸张－纸(兰州大学2014年)

(5)有点儿－一点儿 常常－往往 认为－以为 拘泥－拘谨 曾经－已经(兰州大学2012年)

(6)反而－相反 顽固－顽强(暨南大学2016年)

(7)别人－人家 怎么－怎样(四川大学2016年)

(8)优秀－优异 必须－必需(山东大学2016年)

(9)严厉－严格 偷偷－暗暗(中山大学2017年)

(10)兴趣－兴致 克制－控制(北京大学2017年)

(11)毕竟－到底 再－又(首都师范大学2018年)

(12)急忙－匆忙 担任－担负(黑龙江大学2013年)

(13)安排－布置 毕竟－终究(黑龙江大学2014年)

(14)突然－猛然 请求－恳求 鼓励－鼓舞 书－书籍(黑龙江大学2015年)

(15)边疆－边境 夸大－夸张(黑龙江大学2016年)

(16)顽固－执着　周密－精密（黑龙江大学 2017 年）

(17)模糊－含糊　条－根（黑龙江大学 2018 年）

(18)发挥－发扬　结果－后果（黑龙江大学 2020 年）

六、简答题

1. 什么是成语和惯用语？二者在意义、结构和用法上有哪些区别？（兰州大学 2011 年）

2. 谈谈现代汉语中"字""词""语素"的联系与区别。（兰州大学 2011 年）

3. 试析"啤酒"之"啤"是否为语素。（南京大学 2016 年）

4. 举例说明词义的民族性。（南京大学 2016 年）

5. 在汉语中，字和词有怎样的对应关系？请举例说明。（中山大学 2017 年）

6. 把下面的词语分成两大类，并说明划分的理由。（北京语言大学 2017 年）

　　老汉　老虎　老师　老专家　老百姓　老伴儿

7. 词义中的色彩义包括哪些方面，请举例说明。（北京语言大学 2017 年）

8. "妈妈"是合成词，"太太"是单纯词，这是为什么？（黑龙江大学 2012 年）

9. "词是最小的能够独立运用的语言单位"，怎样理解"能够独立运用"？（黑龙江大学 2013 年）

10. 简述新词语的特点。（黑龙江大学 2014 年）

11. 语素可以根据不同的标准进行分类，请简要说明。（黑龙江大学 2015 年）

12. 一般词汇包括哪些类别？举例说明。（黑龙江大学 2016 年）

13. 举例说明汉语中的前缀和后缀。（黑龙江大学 2017 年）

14. 请结合相关例子，说明汉语吸收外来词的方式。（黑龙江大学 2018 年、2020 年）

练习答案

一、填空题

1. 词汇　词汇　2. 词　3. 有音有义　4. 多音节语素　5. 半自由语素　不自由语素　6. 合成词　7. 复合式合成词　附加式合成词　8. 稳固性　能产性　全民常用性　9. 古语词　方言词　外来词　行业语　隐语　10. 成语　谚语　惯用语　歇后语　结构　意义　11. 语素　12. 语素　13. 合成词　14. 联绵词　音译词　叠音词　拟声词　感叹词　15. 前加　后加　16. 联合型　偏正型　补充型　动宾型　主谓型　17. 固定　18. 相同　19. 概括　20. 概括性　模糊性　民族性　21. 概念义　色彩义　附属义　22. 多义词　23. 单义词　24. 文献记载　25. 多义词

第四章 词　汇

26.等义词　近义词　27.理性意义　色彩意义　词性和用法方面　28.意义相反或相对　互补反义词　极性反义词　29.同音同形词　30.核心　构成新词　31.构成材料　32.等同于词　33.成语　惯用语　歇后语　比较固定　具有整体性　词　34.意义的整体性　结构的凝固性　风格的典雅性　35.三　36.偏正结构　37.比喻义　38.喻意歇后语　谐音歇后语　39.省略　40.九　六　41.语音　词义　42.概括　43.理性意义的分项说明　单义词　多义词　44.转义　45.声母　韵母　声调　同形同音词　异形同音词　46.词性　47.语法规则　48.实在　49.实在　50.不成词　51.单纯词　52.一定的语体中　53.具有特殊表现力或特殊表现范围　54.语法规则　55.各种行业　56.词义的扩大　词义的缩小　词义的转移　57.词义的缩小　58.词义的转移　59.部首　60.科学　明白

二、单项选择题

1.C　2.A　3.D　4.B　5.A　6.C　7.B　8.A　9.C　10.A　11.B　12.A　13.C　14.A　15.D　16.C　17.A　18.C　19.D　20.C　21.B　22.D　23.C　24.D　25.C　26.B　27.D　28.C　29.D　30.B　31.A　32.A　33.D　34.B　35.D　36.D　37.D　38.A　39.D　40.C　41.C　42.C　43.C　44.A　45.B　46.D　47.D　48.C　49.A　50.A　51.B　52.C　53.B　54.C　55.C　56.C　57.A　58.C　59.C　60.C　61.D　62.D　63.C　64.D　65.C　66.C　67.A　68.B　69.C　70.C　71.C　72.C　73.D　74.D　75.B　76.B　77.D　78.A　79.C　80.A　81.C　82.C　83.C　84.C　85.D　86.C　87.A　88.C　89.D　90.D　91.A

三、多项选择题

1.ADE　2.ABCDE　3.BDE　4.BC　5.BDE　6.BCE　7.ACE　8.BC　9.AB　10.BD　11.BC　12.CD　13.CD　14.BD　15.BD　16.BC　17.CD　18.AD　19.AC　20.BD　21.ABD　22.AC　23.AB　24.BC　25.ACD　26.AD　27.BD　28.BC

四、判断题

1.√　2.×　3.×　4.√　5.√　6.×　7.√　8.√　9.×　10.×　11.×　12.√　13.×　14.√　15.√　16.×　17.√　18.×　19.√　20.×　21.√　22.×　23.×　24.×　25.×　26.×　27.×　28.×　29.√　30.×　31.√　32.√　33.√　34.×　35.×　36.√

五、名词解释

1.词汇：又称语汇，是一种语言里所有的（或特定范围的）词和固定短语的总和。

2.基本词汇：词汇中最主要的部分，具有稳固性、能产性和全民常用性。

3.熟语：人们常用的定型化了的固定短语。

4. 语素:语言中最小的音义结合体,是构成词的基本单位。

5. 词:语言中最小的能够独立运用的有音有义的语言单位,由语素充当。

6. 单纯词:由一个语素构成的词。

7. 合成词:由两个或两个以上语素构成的词。

8. 词义:词义即词的意义方面,指词的内容。包括词汇意义和语法意义。

9. 成语:一种相沿习用含义丰富具有书面语色彩的固定短语。

10. 惯用语:指人们口语中短小定型的习用语。

11. 歇后语:是由近似于谜面、谜底的两部分组成的带有隐语性质的口头用语。

12. 同义词:意义相同或相近的词。

13. 同音词:语音相同而意义之间并无联系的一组词。

14. 反义词:意义相反或相对的词。

15. 义素:构成词义的最小意义单位,也就是词义的区别特征,又称语义成分或语义特征。

六、分析题

1. 说明下列单纯词的类型(双声联绵词、叠韵联绵词、其他联绵词、叠音词、音译外来词)。

音译外来词　叠韵联绵词　音译外来词　双声联绵词　叠音词
其他联绵词　音译外来词　双声联绵词　音译外来词　叠音词

2. 指出下列合成词的构造方式。

主谓型　动宾型　偏正型　附加式　主谓型　联合型　偏正型　主谓型　动宾型
补充型　主谓型　补充型　联合型　偏正型　附加式　补充型　动宾型
联合型　偏正型　偏正型　附加式　动宾型　联合型　联合型　补充型　动宾型
动宾型　重叠式　主谓型　重叠式　联合型　偏正型　偏正型　附加式　补充型
主谓型　重叠式　偏正型　附加式　动宾型　附加式　偏正型　补充型　联合型
补充型　主谓型　动宾型　主谓型　联合型　偏正型　重叠式　附加式
联合型　偏正型　补充型　补充型　动宾型　主谓型　附加式　附加式　联合型

3. 说明下列外来词的类型。

借形　借形　音译后加注汉语语素　音意兼译(半音译半意译)　音译　音译　音译
音译　音译　音译　借形　音译后加注汉语语素　音译　音译后加注汉语语素　音译　音意兼译(半音译半意译)　音译　音意兼译(半音译半意译)　音译　音译后加注汉语语素　音译
音译后加注汉语语素　音译

4. 分析下列新词的结构方式。

动宾型　偏正型　联合型　偏正型　动宾型　补充型　主谓型　联合型
偏正型　偏正型　偏正型　动宾型　补充型　附加式　联合型　动宾型

5. 指出下列各组同义词的主要区别。
(1)适用对象　　　　　　　　　(2)搭配对象
(3)语体色彩　　　　　　　　　(4)意义轻重
(5)词义着重点　　　　　　　　(6)搭配对象
(7)搭配对象　　　　　　　　　(8)意义轻重
(9)感情色彩　　　　　　　　　(10)适用对象
(11)搭配对象　　　　　　　　　(12)语体色彩
(13)意义轻重　　　　　　　　　(14)感情色彩
(15)感情色彩　　　　　　　　　(16)词性不同
(17)意义轻重　　　　　　　　　(18)范围大小
(19)搭配对象　　　　　　　　　(20)感情色彩
(21)词性不同　　　　　　　　　(22)语体色彩
(23)意义轻重　　　　　　　　　(24)感情色彩
(25)范围大小　　　　　　　　　(26)语体色彩

6. 分析下列成语的结构关系。
主谓结构　并列结构　并列结构　动宾结构　并列结构　主谓结构　补充结构
偏正结构　主谓结构　补充结构　兼语结构　动宾结构　并列结构　偏正结构
补充结构　偏正结构　补充结构　补充结构　动宾结构　连谓结构　补充结构
并列结构　主谓结构　连谓结构　主谓结构　偏正结构　动宾结构

7. 用义素分析法分析男人、女人、小孩。
男人　　+［男性］　　+［成年］　　+［人］
女人　　-［男性］　　+［成年］　　+［人］
小孩　　±［男性］　　-［成年］　　+［人］

8. 指出下列各词的基本义、引申义和比喻义。
铁：①基本义。②引申义。③引申义。
桥梁：①基本义。②比喻义。

9. 分析"窝"的基本义、引申义、比喻义。
①基本义。②比喻义。③比喻义。④引申义。⑤引申义。

10. 指出下列各词的本义、基本义和转义。
①A.本义、基本义　B.转义
②A.本义、基本义　B.转义
③A.本义、基本义　B.转义
④A.本义　B.基本义　C.转义　D.转义
⑤A.本义、基本义　B.转义　C.转义

⑥A. 本义、基本义　B. 转义　C. 转义
⑦A. 本义、基本义　B. 转义　C. 转义
⑧A. 本义　B. 基本义　C. 转义　D. 转义

11. 分析"母"的各义项,哪个义项既是词义,又是语素义?哪个只是语素义?
①语素义。②语素义。③既是词义,又是语素义。④语素义。⑤语素义。

12. 分析下列成语中加点语素的意义。
釜:锅。　颖:尖子(物体的尖锐部分)。　唳:鹤叫声。
叵:不可。　蹙额:皱眉。

13. 指出下列带点的词是多义词还是同音词。
①A、B、C 是三词同音。②A、B 是二词同音。③A、B 是一词多义。

14. 指出下列熟语的类别。
①成语　②歇后语　③谚语　④歇后语　⑤惯用语　⑥惯用语　⑦成语　⑧歇后语
⑨惯用语

15. 改正下列句子中使用不当的词语,并说明理由。
(1)"恭候"是敬辞,对自己不能用这个词。应改成"等候"。
(2)"遐迩中外"用得不准确,有夸大之嫌。应改成"闻名遐迩"。
(3)"来"和"光临"语义重复,删去一个。
(4)"来回"和"徘徊"语义重复,删去"来回"。
(5)"滥觞"仅用来比喻事物的起源、发端。这里对意义把握不准确,应该为"泛滥"。
(6)"早晨"和"拂晓"有语义重复,"拂晓"的语义范围更具体,保留"拂晓"。
(7)搭配不当,"修整"改为"修改"。
(8)搭配不当,"沉溺"改为"沉入"。
(9)感情色彩不对,"结果"改为"后果"。
(10)感情色彩不对,"尖刻"改为"尖锐"。
(11)词义理解不正确,"面面相觑"指形容人们因惊惧或无可奈何而互相看着,都不说话。改为"看到"。
(12)词义理解不正确,"休戚相关"指忧喜、祸福彼此相关联。形容关系密切,利害相关。改为"密切相关"。
(13)有歧义。"第三者"是多义词,改为"另一个人"。
(14)词义理解不正确,"保护伞"改为"雨伞"。
(15)"词汇"是集合名词,不能受到表示具体数量的词语修饰,改为"单词"。
(16)简称使用不当。改为全称。
(17)词义理解不正确。"不刊之论"是比喻不能改动或不可磨灭的言论,用来形容文章或言辞的精准得当、无懈可击。不经之论。

(18)"福气"是名词,不能受到程度副词"真"的修饰,应是"真有福气"。

(19)"盼等"是生造词。去掉"盼"。

(20)"忖思"为生造词,正确的形式为"思忖",但为书面语词,用在此处不合适,应改为口语词"想"。

(21)"年幼""尚""省"为古语词,用在此处不合适,应改为"年纪小""还""懂"。

(22)词义理解不正确,感情色彩不对。"趋之若鹜"是比喻许多人争着去追逐某些事物,多做贬义词。改为"踊跃报名"。

(23)词义理解不正确,感情色彩不对。"气味相投"是贬义词。改为"志趣相投"。

(24)个体和集体的差异。"词汇"改成"词"。

(25)词的用法(词的句法功能)不对。"拘泥"改为"拘谨"。

(26)两个词的动作行为特点不同,"了解"语义程度太重。"了解"改为"知道"。

(27)二者搭配对象不同。"传染"改为"传播"。

(28)二者搭配对象不同。"方针"改为"措施"。另外,感情色彩不对。"后果"改为"结果"。

(29)二者搭配对象不同。"陈设"改为"布置"。

(30)语体色彩不对。"协商"改为"商量"。

(31)感情色彩不对。"效尤"改为"效仿"或"模仿"。

(32)"身腰"为生造词,应改为"腰身""身材"或"身段"。"肥宽"亦生造词,应改为"肥大"或"宽大"。

(33)"企望"为生造词,应改为"渴望"。

(34)"火霞"为生造词,应改为"红霞"或"火烧云"。"秋美"亦生造词,应将"秋美的景色"改为"美丽的秋色"。

(35)"绿茂""徐慢""摆曳"均为生造词,应分别改为"茂盛"或"绿油油"、"徐徐"或"习习"、"摇摆"或"摇曳"。

(36)"凉冰""舒美""稚事""浮显"均为生造词。应分别改为"冰凉"、"舒畅"或"甜美"、"趣事"或"恶作剧"、"浮现"。

(37)"获悉""旋""即"为古语词,用在此处不当。应改为"知道""马上""就"。

(38)"愧感"为生造词,应改为"惭愧"或"羞愧"等。

(39)"着"为方言词,应改为"穿"。"大红"与"花衣"矛盾,且"花衣"亦生造词,可将"花衣"改为"衣服"。

(40)"司的克"为音译外来词,不流行,应改为"手杖"。

七、简答题

1."电""人""水""路"这几个语言单位,有人说它们是词,有人说它们是语素。请谈谈你的看法,并说明理由。

这四个语言单位从构词单位的角度看,可以说是语素,因为它们有音有义,是最小的语言单位,而且可以构成新词,如"电脑""人民""水利""路灯"。另外,如果从独立运用的角度看,它们也能单说单用,可以充当句法成分,是造句单位,如"电是一种珍贵的能源"(主语)、"我看见一个人"(宾语)、"我想喝水"(宾语)、"路就在脚下"(主语)。所以,也可以说是词。

2."老汉"和"老虎"、"变化"和"美化"、"氧气"和"土气"这三组合成词,它们各自的结构方式是否相同?如不相同,请说明理由。

"老汉"是偏正式合成词,因为这里的"老"是词根语素;而"老虎"是附加式合成词,因为这里的"老"是词缀语素。

"变化"是并列式合成词,这里的"化"有实在意义;"美化"中的"化"没有实在意义,是词缀语素,所以"美化"是附加式合成词。

"氧气"中的"气"表示气体,有实在意义,是词根语素,所以,"氧化"是偏正式合成词。而"土气"中的"气"没有实在意义,是词缀语素,所以,"土气"是附加式合成词。

3.怎样区分语素、词和短语?

语素是最小的语法单位,也就是最小的语音、语义结合体。语法单位有大有小,最大的语法单位是句子,比句子小的语法单位依次是短语、词、语素。它们的区别就在于它们是等级不同的语法单位。它们的联系是它们相互关联,相互组成,短语由词组成,词有时由语素组成,有时一个词本身就是一个语素。语素有两个特点:①最小、不能再分割了。②有意义。例如,汉语中按音节可分为单音节词素(如"天""地")、双音节词素(如"琵琶""乒乓")和多音节词素(如"凡士林""噼里啪啦""淅淅沥沥""马克思主义""中华人民共和国")。单音节语素有的能独立运用,因而能独立成词。少数的语素不仅不能独立成词,就是跟别的语素组合时位置往往也是固定的,如"第一""老大""阿毛""剪子""画儿""石头""我们"。

4.简述词、语素和字的关系与区别。

词是语言中最小的能够独立运用的有音有义的语言单位,由语素充当。词可以是由一个语素构成,用一个汉字表示,如"天、水、人";也可以是由一个语素构成,用多个汉字表示,如"忐忑、猩猩、葡萄、巧克力"等;也可以是由两个或两个以上的语素构成,由多个汉字表示,如"人民、水源、巧克力糖、桌子、花儿"等。

语素是一种语言中最小的音义结合体,字则是记录语言的书写符号系统。就汉语和汉字而言,一个语素既可以由一个字来记录,如"沙包"两个字分别记录了一个语素;也可以由多个字来记录,如"沙发"两个字合起来记录的是一个语素。换个角度看,一个字有时可以记录的是语素,如"沙包"的"沙";有时记录的仅仅是没有意义的音节,如"沙发"的"沙"。在记录语素时,有时一个字还可以记录多个语素,如"发财"和"理发"中的"发"就是如此。

5.什么叫词义?它包括哪几个构成部分?词义具有哪些性质?

词义包括词的本义和引申义,一个词的最初的含义称作本义。以本义为出发点,根据它所反映的事物或现象的各个特点,词在它的发展过程中又会产生若干个与本义相关但并不相同的意义,这就是词的引申义,词义的性质包括概括性、模糊性、客观性和民族性。

6. 基本词汇与一般词汇的区别和联系是什么?

词汇中最基本的部分是基本词汇。基本词汇以外是一般词汇。基本词汇同一般词汇既相互依存,又相互渗透。基本词汇是一般词汇丰富发展的源泉,一般词汇又是充实基本词汇的基地。基本词汇中的某些词随着社会的发展转为一般词。例如,历史上的"弓、戈"都是基本词,现在已经转化为一般词语。反之,一般词汇中的某些词在发展中具备了基本词的特点,在现代汉语中已进入了基本词。

7. 什么是外来词?举例说明外来词的类型。

外来词,也称为借词或外来语,一种语言从别的语言借来的词汇。汉语外来词的类型有如下四种主要形式。

(1)音译:直接按照原语言词汇的发音转换成汉语词汇。像汉语翻译规则规定对于传统上非汉字国家的地理名称、人名按照意译直接翻译,如"斯里兰卡国"(SriLanka)、美国"纽约"(New York)、原苏联领袖"斯大林"(Сталин)、"沙发"(Sofa)。

(2)音译后加注汉语语素:芭蕾舞、卡车、吉普车。

(3)半音译半意译(音译兼意译):马克思主义(Marxism)、卡片(card)。

(4)借形:A.只借书写形式不借读音。典型的是日借词,如我们经常提到的"场合""积极""劳动"等,都是从日语借用过来的。B.既借书写形式又借读音:主要是汉语外来字母词,如"CPI""WTO""NBA"。

8. 简要说明什么是单纯词和合成词?

单纯词:由一个语素构成的词,如"人""马""山"等。可分为三种形式:叠音("猩猩、仅仅")、联绵词("吩咐""崎岖""翩跹、骆驼")、音译词("沙发、巧克力")。

合成词:由两个或两个以上的语素构成的词,如"人民、学习、桌子、阿姨"等。可分为三种形式:复合式("骨肉、火红、司令、改进、地震")、重叠式("爸爸、仅仅")、附加式("老师、阿姨、花儿、石头")。

9. 多义词形成的原因是什么?它在语言中有何积极作用?

一个词在最初总是单义的,在使用中,与之有关的意义也用它来表达,它就变成了多义词。词义的派生是有现实基础的,派生义和派生它的那个意义所指事物的某一方面特征有联系,于是就共用一个词表达,原来的词就派生出了新的意义。多义词多项意义的地位是不平等的,有的义项使用比较多,在一个词中占中心地位,那么这项意义就是基本意义。多义词的使用不影响意义的理解,因为在具体的句子中,由于上下文的限制,多义词就只有一种与之相适应的意义,其他的意义就排除在外了。

多义词的大量存在是词汇丰富的一种表现。一词多义丰富了词的内容,扩大了词的适用范围,从某种意义上说比增加新词更为经济。

10. 为什么说同义词的丰富是语言发达的表现?

同义词的存在是一种语言丰富、发达的标志,同义词的丰富程度与一种语言的发达程度是成正比的。语言词汇系统较之概念系统之所以丰富多彩,是与同义词的存在密不可分的。同义词的作用具体表现在以下几个方面。

(1)表义准确、精细。同义词尤其是其中的近义词因其从不同的角度表达相同的概念,或用不同的语音形式表达主要特征相同的概念,这样丰富的语言材料的储备为交际者的选择提供了广阔的空间,使得达意传情准确、精细、严密。例如,鲁迅先生在小说《伤逝》中描写子君的神情时先后用了三个词——"凄然""凄苦""凄惨"。当子君知道涓生被辞退之后,用的是"凄然";当子君饲养的油鸡因生活所迫被吃掉之后,用的是"凄苦";当子君心爱的小狗阿随被迫丢掉之后,用的是"凄惨"。三者都具有"凄凉、悲伤"的核心意义,意义相近,但在表义程度上由轻到重,轻重有别,准确、细腻地反映了涓生和子君生活境况的日趋窘迫。

(2)突出强调,加强语义。一组同义词有时被应用于同一个语境中,即在某个前言后语或上下文之中共现,用以强化某种意义或情感。例如:

你骂了我,你挖苦我!你侮辱我,哦,你还瞧不起我!(大声)现在我快活极了!我高兴极了!明天早上我要亲眼看着你的行里要挤兑,我亲眼看着付不出款来,我还亲眼看着那些十块八块的穷户头,(低声恶意地)也瞧不起你、侮辱你、挖苦你、骂你、咒你——哦,他们要宰了你,吃了你呀!(曹禺《日出》)

例子中的"快活""高兴"是同义连用,"骂""咒"也是同义连用。前者强化了李石清在潘月亭破产时极度幸灾乐祸的心情,后者则显示了李石清对潘月亭极度憎恨的感情。

(3)避免重复呆板,使语言富于变化美。例如,"谈天说地""谈古论今",其中的"谈"与"说","谈"与"论"都是同义词,而且在此特定语境中应用,不是为了显示其意义上的细微差异,而是利用其义同的特点寻求语言表达上的变化和丰富。

可见,同义词的作用是表现在多个方面的。无论是意义的细小差异,还是意义的相同、相近,都有可能为同义词发挥相应的作用提供某种基础或条件。

11. 词汇的发展主要有什么表现?

(1)新词的产生。

A. 新事物,如:电脑。

B. 新观念,如:民营企业家、纳米。

C. 双音节化的需要,如:眼睛、石头。

(2)旧词的逐渐消失和变化。

A. 旧词的消失与萎缩:丫鬟、童养媳。

B. 旧词的复活:太太、小姐。

(3)词义演变。

A. 词义扩大:扩大词所指对象的范围。如:江/河/嘴(原来指鸟的嘴,现在为口的统称)、健康(生理扩展到心理/思想)。

　　B.词义的缩小:缩小词所指对象的范围。如:臭、勾当(事情、办事——专指坏事)。

　　C.词义转移:所指对象发生变更。如:闻、走。

　12.有人说"语素就是字"。这种说法对吗?为什么?

　　这种说法不对。首先,现代汉语语素是现代汉语最小的语言单位,而汉字并不是现代汉语的语言单位,只是用来记录汉语的符号系统。也就是说,语素是现代汉语的构成要素,而汉字并不是现代汉语的构成要素。其次,语素和汉字也不是一对一的关系:①大多情况下,一个语素用一个汉字表示,如"劳""动"等。②一个语素用两个汉字表示,如"琵琶""朦胧""咖啡"等。③一个语素用多个汉字表示,如"巧克力""奥林匹克""英特纳雄耐尔"等。

　13."猩猩"是单纯词中的叠音词,"星星"是重叠式合成词,它们有什么区别?

　　"猩猩"是叠音单纯词,由一个语素构成,这个语素的两个音节相同;"星星"是重叠式合成词,由两个语素叠用而成。

　14.什么叫多义词?为什么现代汉语的许多词都是多义的?

　　有两个或两个以上意义的词叫多义词。多义词是一词多义,几个意义之间往往有联系。一个词在最初总是单义的,在使用中,与之有关的意义也用它来表达,它就变成了多义词。多义词的大量存在是词汇丰富的一种表现。一词多义,丰富了词的内容,扩大了词的适用范围,从某种意义上说比起增加新词更为经济。

　15.举例说明多义词和同音同形词的区别。

　　有两个或两个以上意义的词叫多义词。多义词是一词多义,几个意义之间往往有联系。多义词是"单义词"的对称。多义词是具有几个彼此不同而又相互关联的意义的词,这些意义是同属一个本义(基本意义)的转义,是引申、派生或衍生的意义。

　　同形同音词指的是声、韵、调完全相同,而意义完全不同的一组词。语言的音节是有限的,要表示越来越多的客观事物就必然会产生一些同音词。

　16.怎么判定"白菜"是合成词,而"白布"是词组?

　　采用扩展法,又叫插入法。"白菜"中间不能插入其他成分,如不能插入"的","白菜"不是白的菜;而"白布"中间可以插入"的"。

　17."妈妈"是合成词,"太太"是单纯词,为什么?

　　"太太"是叠音单纯词,由一个语素构成,这个语素的两个音节相同;"妈妈"是重叠式合成词,由两个语素叠用而成。

　18.举例说明字和词的关系。

　　字是记录语言的符号,是书写单位。词都是语言单位,词由语素构成。有时一个字就是一个词,如"天""人""走"等,但是有时一个字不是一个词,如"葡""忐""徘"等。

　19.指出"文雅、文职、散文"中"文"的不同意义。

　　文雅:柔和、温和。

文职:旧指官署中的公文、书信等,现多指企业的事务性文字。
散文:文章。

20.举例说明"失败"在什么意义上可以和"胜利""成功"分别构成反义关系?

"失败"指"在斗争或竞赛中被对方打败"时跟"胜利"构成反义关系;指"工作没有达到预定的目的"时跟"成功"构成反义关系。

考研真题答案

一、填空题

1. 成语、谚语、惯用语、歇后语　2. 两个或两个以上的语素　3. 两个不同的音节连缀成一个语素表示一个意义　4. 附加　5. 语体色彩　6. 音译　7. 概括性　8. 字母词　9. 词缀　10. 旧词的退隐和复出　11. 形象　12. 类属　13. 比喻　14. 稳固　15. 能够独立运用的　16. 语素　17. 民族性　18. 转移　19. 固定短语　20. 词根复合　21. 两　22. 7　23. 老旦　24. 比喻　25. 3　26. 全民常用性　27. 神话寓言　28. 词根　29. 短语　30. 单纯　31. 义项　32. 色彩　33. 互补　34. 谐音　35. 单纯　合成　36. 修辞　跑　37. 本义　基本义　38. 谚语　39. 转移　40. 情景语境　41. 扩大　42. 引申　43. 嘀咕　44. 主谓　45. 附加式　46. 习、固　47. 努力　48. 有音有义的最小的　49. 专名和熟语　50. 不定位不成词语素　51. 意义之间并无联系　52. 语体色彩、形象色彩、行业用语色彩和地域方言色彩　53. 义素　54. 引申和比喻　55. 能产性　56. 书面语　57. 词　58. 自由短语　59. 词缀　60. 语法意义　61. 感情色彩　62. 理性意义　63. 全民常用性　64. 历史词　65. 固定短语　66. 比喻　67. 数字略语

二、选择题

1. C　2. B　3. D　4. A　5. D　6. D　7. A　8. C　9. B　10. B　11. D　12. B　13. C　14. C　15. C　16. A　17. D　18. B　19. C　20. B　21. A　22. A　23. A　24. A　25. A　26. B　27. C　28. B　29. D　30. A　31. B　32. C　33. D　34. A　35. C　36. A　37. D　38. C　39. D　40. C　41. C　42. C　43. B　44. C　45. D　46. B　47. A　48. B　49. D　50. C　51. A　52. B　53. D　54. B　55. D　56. B

三、判断题

1. √　2. ×　3. ×　4. √　5. ×　6. ×　7. ×　8. √　9. ×　10. ×　11. ×　12. ×　13. √　14. ×　15. √　16. √　17. √　18. √　19. ×　20. ×　21. √　22. √　23. ×

24.× 25.√ 26.√ 27.√ 28.× 29.√ 30.√ 31.× 32.× 33.√ 34.√

四、名词解释

1. 成语:一种相沿习用、含义丰富、具有书面语色彩的固定短语。
2. 语素:语言中最小的音义结合体,是构成词的基本单位。
3. 义素:构成词义的最小意义单位,也就是词义的区别特征,又称语义成分或语义特征。
4. 语义场:通过不同词之间的对比,根据它们词义的共同特点或关系划分出来的类。
5. 联绵词:指两个不同的音节连缀成一个语素,表示一个意义的词。
6. 惯用语:指人们口语中短小定型的习用语。
7. 基本词汇:词汇中最主要的部分,具有稳固性、能产性和全民常用性。
8. 词汇:又称语汇,是一种语言里所有的(或特定范围的)词和固定短语的总和。
9. 兼类词:兼具两类或几类词的主要语法功能的词。
10. 词缀:加在词根上边表示附加意义的语素叫词缀。

五、分析题

1. 说明下列词的结构类型。
   (1)偏正　补充　主谓　联合　动宾　补充
   (2)附加　联合　偏正　补充　附加
   (3)补充　补充　主谓　动宾　重叠
   (4)动宾　补充　动宾　联合　主谓　附加　动宾　主谓　偏正
   (5)补充　动宾　双声联绵　动宾　重叠　主谓　附加　偏正　附加　附加
   (6)偏正　附加　偏正　补充　动宾　补充　附加　主谓　联合　重叠
   (7)联合　补充　补充　动宾　附加　重叠　动宾　联合　附加　偏正
   (8)联合　动宾　联合　附加
   (9)偏正　联合　动宾　偏正　动宾　偏正
   (10)联合　偏正　双声联绵词　补充　主谓　附加式合成词
   (11)偏正　联合　补充　附加　音译　动宾
   (12)联合　偏正　补充　主谓　兼语
   (13)主谓　附加　附加

2. 指出下列各词语的色彩义。
   (1)形态　贬义　口语　中性　书面语
   (2)口语　方言　形态　褒义　书面语　贬义
   (3)中性　口语　声音　形态　颜色

3.分析下列外来词的类型。
(1)音译　音译　借形　音译后加注汉语语素　音译后加注汉语语素
(2)音译后加注汉语语素　音译　音译　音译　音译

4.辨析下列各组同义词。
(1)都是时间副词,"再"表示没有发生的,未然的;"又"表示已经发生了,已然的。
(2)词性不同,"确实"是形容词,而"的确"是副词。
(3)"鼓励"和"怂恿"感情色彩不同,"鼓励"是褒义词,"怂恿"是贬义词。
"商量"和"商榷"语体色彩不同,"商量"是口语词,"商榷"是书面语词。
"阻止"和"制止"意义轻重不同,"制止"程度深。
(4)"溃烂"和"糜烂"意义轻重不同,"糜烂"程度深。
"今天"是现在这一天,"当天"可以是过去也可以是将来的某一天。
"侵蚀"和"腐蚀"意义轻重不同,"腐蚀"程度深。
"高兴"和"快乐"语体色彩不同,"高兴"是口语词,"快乐"是书面语词。
"纸张"和"纸"是集体和个体的差异。
(5)"有点儿"是副词,做状语,用在动词和形容词前面;"一点儿"作为数量短语,用在动词和形容词的后面。
"常常"单纯指动作的重复,不一定有规律性,可以用于主观意愿;"往往"是对于到目前为止出现的情况的总结,有一定的规律性,不用于主观愿望。
"认为"一般只用于正面论断;"以为"多用于与事实不符的论断,语气较轻。
"拘泥"和"拘谨"词性不同,"拘泥"可以作为动词,"拘谨"只是形容词。
"曾经"和"已经"词性不同,"曾经"是时间名词,"已经"是时间副词。
(6)"反而"和"相反"在词义上都有表达相互对立、转折的意思。"相反"是形容词,表示事物相互对立或相互排斥,可以做谓语、插入语等;"反而"是副词,表示跟前面的意思相反或出乎意料,在句中起转折作用。
"顽固"和"顽强"二者都是形容词,但语义色彩和用法不同。"顽固"多用于贬义,意思是固执,思想老化,不愿接受新鲜事物,对待自己的看法或想法十分认真,坚信自己是对的,甚至否定他人,或付出行为使他人被迫接受自己的想法;"顽强"是褒义词,指不怕困难,做事情有坚持到底的精神,强硬、坚强、不屈服的意思,也指一个人的品质很坚毅。
(7)"别人"和"人家"都可以指说话人和听话人以外的人。"别人"有时候是"其他人"的意思,也就是指除了说话人和听话人之外的所有人。"人家"有时候是"他"或"他们"的意思。有时候"人家"还可以指说话人自己,等于说"我",这样用的时候,多带有亲昵的口气,年轻女性用得比较多。
"怎么"和"怎样"都是代词,都常用来问问题,意思和用法有一些相同之处。"怎么"可以用来询问原因,"怎样"没有此种用法。"怎么"可以用来表示惊奇,"怎样"不可以。"怎么"可以用在反问句中,"怎样"没有此种用法。

(8)"优秀"和"优异"都是形容词,都可以受"很"修饰,表示很出色的意思。"优秀"侧重品行、学问、质量、成绩等非常好,也可以用来形容人。"优异"侧重成绩、表现等优秀、出色。在形容好的程度上也有所不同,"优秀"是出类拔萃地好,"优异"是异乎寻常地好,程度更深一些。

"必须"和"必需"两个词同音,都含有"必要"的意思。从词义上看,"必需"是客观上"一定得有",不可缺少的。"必须"是表示事理上和情理上的必要,"一定得要"。"必须"的否定形式是"无须、不须、不必"。从词性上看,"必需"是动词,在句子中主要与别的词结合做定语;"必须"是副词,在句子中多做状语。另外,"必需"可与其他词合为一个新的词,如"必需品";"必须"没有这种构词能力。

(9)"严厉"和"严格"都可做形容词,可做状语、谓语、定语。"严厉"是严肃而厉害,用于态度、言辞、行动等。"严格"用于要求、规则上,认真不放松。"严格"还有动词用法,而"严厉"没有这种用法,多做状语修饰动词。在词语的色彩上,"严厉"比"严格"程度更重一些。

"偷偷"和"暗暗"都是副词,可做状语修饰动词。有私下里隐秘地进行某种行动的含义。"偷偷"表示行动不使人察觉,修饰的是表示动作行为的动词。"暗暗"表示在暗中或私下里,不显露出来,修饰的是表示心理活动的动词。

(10)"兴趣"和"兴致"都是名词。"兴趣"是指一个人对事物活动的喜好。"兴致"是指兴趣集中于情绪。

"克制"和"控制"都是动词,表示控制操控。"克制"主要与欲望和情绪搭配,有形容词的用法,如"很克制";"控制"可以与情绪、欲望以及机器等实物搭配。

(11)"毕竟"和"到底"都是副词。在表示肯定语气时,"毕竟"和"到底"可以通用。"毕竟"表示追根到底所得的结论,有加强语气的作用。"到底"可以用于疑问句,表示进一步追究,"究竟"之意;还可以表示经过较长过程最后出现某种结果等。

"再"和"又"在表示重复时,都可以表示动作再一次出现,但"再"主要表示仍未实现的动作,"又"表示已经实现了的动作。

(12)"急忙"和"匆忙"词性不同,"急忙"是副词,"匆忙"是形容词。

"担任"和"担负"搭配不同,"担任"的是工作,"担负"的是责任。

(13)"安排"和"布置"的词义不同,"布置"是"自上而下地分派处置","安排"没有这个含义。另外,"安排"的对象可以是人,而"布置"的对象不可以是人。

"毕竟"和"终究"都有强调的意味,"毕竟"侧重说明原因,"终究"侧重说明结果。

(14)"突然"和"猛然"词性不同,"突然"是形容词,"猛然"是副词。

"请求"和"恳求"意义轻重不同,"恳求"程度深。

"鼓励"和"鼓舞"词性不同,"鼓励"只能做动词;"鼓舞"除了做动词,还可以做形容词。

"书"和"书籍"是个体和集体的差异。

(15)"边疆"和"边境"范围大小不同,"边疆"范围大。

"夸大"和"夸张"感情色彩不同,"夸大"是贬义词,"夸张"是中性词。

(16)"顽固"和"执着"感情色彩不同,"顽固"是贬义词,"执着"是褒义词。

"周密"和"精密"语义侧重点不同。"周密"侧重于"周",侧重"考虑周到、细致",强调整体很全面,着重指处处细致周到照顾到,形容做事周到、全面、细密,没有遗漏,不疏忽大意,常形容人的行为,如思想、计划、部署、安排的程度等。"精密"强调细节很全面,侧重于"精",意为"精确细密",指精确细密、准确精细,多指研究或制作的精确程度,常形容仪器、机械、语言、测量、计算等。

(17)"模糊"和"含糊"都可以表示不清楚,但是"模糊"表示的是视觉方面的,"含糊"表示的是语言方面的。

"条"和"根"都是量词。"条"表示长而可弯曲的事物,"根"表示略长但是不可弯曲的事物。

(18)"发挥"和"发扬"都是动词,但是二者搭配对象不同。"发挥"经常搭配的是"水平、才能"等,"发扬"经常搭配的是"风格、传统"等。

"结果"和"后果"的感情色彩不同,"结果"是中性词,没有褒贬色彩;"后果"是贬义词,往往是不好的结果。

六、简答题

1. 什么是成语和惯用语?二者在意义、结构和用法上有哪些区别?

成语是一种相沿习用、含义丰富、具有书面语色彩的固定短语。

惯用语指人们口语中短小定型的习用语。

	成语	惯用语
构成形式	一般是四个音节	多数是三个音节
结构定型	不能拆开,不能改变语序 成语的结构比惯用语更稳固	可以适当插入其他成分,可以适当改变前后语序
表意方面	整体义的形成:有的是语素义的直接组合,有的是语素义的比喻用法、借代用法 有的成语具有意义的双层性,即"意在言外",如"胸有成竹";有的成语没有意义的双层性,即"意在言中",如"明知故犯"	整体义多为语素义的比喻用法 都具有意义的双层性,字面意义和实际意义不一样,如"穿小鞋""挖墙脚"
文体色彩	书面语性质强	口语性质强

2. 谈谈现代汉语中"字""词""语素"的联系与区别。

词是语言中最小的能够独立运用的有音有义的语言单位，由语素充当。词可以是由一个语素构成，用一个汉字表示，如"天、水、人"；也可以是由一个语素构成，用多个汉字表示，如"忐忑、猩猩、葡萄、巧克力"等；也可以是由两个或两个以上的语素构成，由多个汉字表示，如"人民、水源、巧克力糖、桌子、花儿"等。

语素是一种语言中最小的音义结合体，字则是记录语言的书写符号系统。就汉语和汉字而言，一个语素既可以由一个字来记录，如"沙包"两个字分别记录了一个语素，也可以由多个字来记录，如"沙发"两个字合起来记录的是一个语素。换个角度看，一个字有时可以记录的是语素，如"沙包"的"沙"；有时记录的仅仅是没有意义的音节，如"沙发"的"沙"；在记录语素时，有时一个字还可以记录多个语素，如"发财"和"理发"中的"发"。

3. 试析"啤酒"之"啤"是否为语素。

语素是语言中音义结合的最小单位，也是最小的语法单位，汉语大抵是一个音节对应一个语素。"啤酒"这个词来源于德语 Beez，后来发展成英语 beer，又被音译为中文的"啤酒"，属于外来词，现在有人喜欢简称××啤酒为"×啤"，这里的"啤"单独可以指代"啤酒"。另外，啤酒从外来词的构造类型看属于"音译后加注汉语语素"，所以"啤"作为外来词是一个语素。

4. 举例说明词义的民族性。

同类事物，在不同民族的语言里用什么词、用几个词来表示，可以不同，词义概括的对象范围也可以不同，它体现了词义的民族性。例如，汉语用"哥哥、弟弟、姐姐、妹妹"表示同一父母所生的子女，而英语只用"brother"表示哥哥或弟弟，用"sister"表示姐姐或妹妹。另外还有在附加色彩上显示民族性，如汉语里的"狗"，"人模狗样、走狗、疯狗"之类的表示贬义，英语中大部分没有贬义，如"lucky dog"等。

5. 在汉语中，字和词有怎样的对应关系？请举例说明。

汉语里词是语言中最小的能够独立运用的有音有义的语言单位。词可以是由一个语素构成，用一个汉字表示，如"天、水、人"；也可以是由一个语素构成，用多个汉字表示，如"忐忑、猩猩、葡萄、巧克力"等；还可以是由两个或两个以上的语素构成，由多个汉字表示，如"人民、水源、巧克力糖、桌子、花儿"等等。

6. 把下面的词语分成两大类，并说明划分的理由。

老汉　老虎　老师　老专家　老百姓　老伴儿

语素是最小的音义结合体，根据其意义及构词的作用，可以分为词根语素和词缀语素。上面的词语可以分为如下两类：

第一组：老汉、老伴儿、老专家（这里面的"老"是词根语素，表示年纪大的意思。）

第二组：老虎、老师、老百姓（这里面的"老"是词缀语素，没有实在的意思，只表示附加意义。）

7.词义中的色彩义包括哪些方面,请举例说明。

色彩义是概括反映客观对象的次要属性而形成的,又称为附属义。色彩义包括感情色彩、语体色彩和形象色彩。

(1)感情色彩。有些词表明说话人对有关事物的赞许、褒扬或厌恶、贬斥的感情,这就是词义中的褒义或贬义色彩,如"英雄""叛徒"。更多的词既没有褒义色彩,也没有贬义色彩,它们是中性词,如"山脉"。

(2)语体色彩。语体色彩又称为文体色彩,有些词语由于经常用在某种语体中,便带上了该语体所特有的色彩,如"赡养""晦涩"都具有书面语体色彩。

(3)形象色彩。表示具体事物的词,往往给人一种形象感,这种形象感来自对该事物的形象的概括,如"云海"。

8."妈妈"是合成词,"太太"是单纯词,这是为什么?

"太太"是叠音单纯词,由一个语素构成,这个语素的两个音节相同;"妈妈"是重叠式合成词,由两个语素叠用而成。

9."词是最小的能够独立运用的语言单位",怎样理解"能够独立运用"?

"独立运用"是指能够"单说"(单独成句)或"单用"(单独做句法成分或单独起语法作用,但不能单独成句)。例如,"他又来送信了"中"他、来、送、信"都能够单说,即单独回答问题,可以单独做句法成分,做主语、宾语等;余下的"又"能单独做句法成分;"了"能单独起语法作用,即可以单用,也是词。

10.简述新词语的特点。

(1)音节上,双音节占绝大多数,约为新词总数的70%。其次是三音节,如"商品房、过劳死、保龄球"等。

(2)构造上,大多是复合式。主要为偏正型、联合型和动宾型,如"电脑、评估、上网"等。

(3)附加式新词明显增加,如"旅游热、足球热、追星族、上班族、零距离、可读性"等。另外,简称也空前发展,如"空调、房改、节能"等。

11.语素可以根据不同的标准进行分类,请简要说明。

(1)按语音形式划分。

A.单音节语素:有、人、天等。

B.多音节语素:蜈蚣、麦克风等。

(2)按语素的组合能力(构词能力)划分。

A.成词语素:我、走等。

B.不成词语素:语、言等,包括定位不成词语素和不定位不成词语素两种。定位不成词语素就是词缀,不定位不成词语素及成词语素就是词根。

(3)根据意义性质划分:

词根:意义相对实在,如"民、丰、卫、人、走"。

词缀:表附加意义,组合位置均固定,如"化、儿、头"。

12. 一般词汇包括哪些类别?举例说明。

一般词汇包括古语词、方言词、外来词、行业语、隐语等。古语词包括一般所说的文言词和历史词,文言词是现代汉语词取代了的古语词,它所表示的事物、现象或概念在现实生活中还存在,但已为新产生的词所取代,如"囹圄、如此、余、其、之"等;历史词是表示历史上曾经存在过,而如今已经消亡了的事物的词,如"宰相、太监、驸马、尚书"等。方言词是普通话从各方言中吸取来的词,如"名堂、垃圾、搞、别扭、陌生、忽悠"等。外来词也叫借词,是从外族语言里借来的词,如"浪漫、幽默、马达、摩托、景气、取缔"等。行业语是各种行业应用的专有词语,如"正数、负数、电荷、电压、青衣、花旦"等。隐语是个别社会集团或秘密组织内部人懂得并使用的特殊用语,如"荣同志、郝师傅"等。

13. 举例说明汉语中的前缀和后缀。

汉语中加在词根上表示附加意义的语素叫词缀。加在词根前面的叫作前缀,加在词根后面的叫作后缀。前缀如"老X、小X、阿X、第X"等,后缀如"X子、X儿、X头、X者"等(可具体说明)。

14. 请结合相关例子,说明汉语吸收外来词的方式。

外来词,也称为借词或外来语,是一种语言从别的语言借来的词汇。汉语的外来词的类型有如下四种主要形式。

(1)音译:直接按照原语言词汇的发音转换成汉语词汇。像汉语翻译规则规定对于传统上非汉字国家的地理名称、人名按照意译直接翻译:如斯里兰卡国(SriLanka)、美国"纽约"(NewYork)、原苏联领袖"斯大林"(Сталин)、"沙发"(Sofa)。

(2)音译后加注汉语语素:芭蕾舞、卡车、吉普车。

(3)半音译半意译(音译兼意译):马克思主义(Marxism),"卡片"(card)。

(4)借形:A.只借书写形式不借读音:典型的是日借词,如我们经常提到的"场合""积极""劳动"等等都是从日语借用过来的。B.既借书写形式又借读音:主要是汉语外来字母词,如CPI、WTO、NBA。

第五章
Chapter 5

语　法

练习题

一、填空题

1. 语法是_____,它可以有两方面的理解：一是客观存在的_____；一是带有人们主观色彩的_____。
2. 语法学是_____。
3. 词法主要研究_____等；句法主要研究_____等。
4. 现代汉语的四级语法单位是_____、_____、_____、_____。
5. 词是造句单位,是指它们都可以作为_____,在语法规则的支配下_____。
6. 词与词组合构成短语所用的语法手段主要是_____和_____。
7. 词类是词的_____分类,分类的依据是_____。
8. 词类是以_____为对象分类的结果,词性是以_____为对象归类的结果。
9. 实词是能_____的,虚词是不能_____的。
10. 现代汉语语法的主要性质表现为_____、_____和_____。
11. 实词和虚词的重要区别在于：_____。
12. 划分词类是根据词的语法功能,词的语法功能指的是词的_____和词的_____。
13. 词的分类是逐级进行的,根据能否充当句法成分,把词分为_____和_____两大类。
14. 实词和虚词最大的不同是虚词不能单独充当_____成分。
15. 词的语法功能是指词的_____。
16. 词的分类是逐级进行的,根据能否做句法成分,可以把词分为实词和_____两大类。

17. 语气词经常附着在句末,表示某种语气,普通话里最常见的语气词有_____。
18. 副词的语法特点是一般只能充当_____。
19. 代词可以分为人称代词、指示代词、_____。
20. 助词包括结构助词、动态助词、_____以及"所、们"等其他助词。
21. 经常充当状语的名词是_____。
22. 能愿动词可以修饰_____,作用跟_____大致相同。
23. 只能带名词性宾语的动词被称为_____;只能带谓词性宾语的动词被称为_____;既能带名词性宾语,又能带谓词性宾语的动词称为_____。
24. 动词重叠后主要表示_____;形容词重叠后主要表示_____。
25. 能受程度副词修饰的动词主要有_____;不能受程度副词修饰的形容词主要有_____。
26. 非谓形容词,又叫_____,它不能充当谓语,它的作用是主要充当_____。
27. 区别词与形容词的主要区别在于_____。
28. 动词和形容词都可以_____,所以合称为_____。
29. 数词是_____,它可分为_____、_____两类。
30. 量词是_____,它可以分为_____、_____两大类。
31. 借用物量词可以分为_____和_____两种情况。
32. 量词重叠后做主语表示_____,做定语表示_____,做状语表示_____。
33. 代词是_____,它可以分为_____、_____、_____三类。
34. 代词的活用主要有_____、_____两种。
35. 副词是修饰、限制_____,表示_____等的词。它可以分为_____、_____、_____、_____等八类。
36. 介词是用在_____前边组成_____,表示_____等的词,它可以分为_____、_____、_____、_____等七类。
37. 连词是连接_____,表示_____等关系。
38. 助词是附着在_____,表示_____等语法意义的虚词。
39. 叹词是_____。叹词的主要语法特征_____。
40. 拟声词是_____。其主要语法特征有_____。
41. 兼类词是形体_____、读音_____、词汇意义_____,但_____不同的词。
42. "难道、莫非、究竟"是_____,表示_____。
43. "按照、按、本着"是_____,表示_____。
44. 连词"和、跟、与、同"经常连接_____,表示_____关系。
45. "似的、一般、一样"是_____,表示_____。
46. "哈哈、嘿嘿"是_____,表示_____。

47. "严肃、明白、平整"可以是_____词,也可以是_____词,它们都是兼类词。

48. 兼语短语是由一个_____短语和一个_____短语套叠构成的。

49. 主谓谓语句是指以_____做谓语的句子。

50. 不能做谓语但具有分类作用和对立性质的词叫_____。

51. 短语可以按_____分类,也可以按_____分类。

52. 联合短语是根据_____所划分出来的短语类型,它的结构成分之间在意念关系上,有_____等关系。

53. 偏正短语由两部分组成,前后两部分之间有_____、_____的关系。前一部分叫_____,后一部分叫_____。

54. 动宾短语由两部分组成,前一部分由_____性词语充当,表示_____,后一部分主要由_____性词语充当,表示动作行为所支配关涉的对象。

55. 中补短语由两部分组成,前一部分是中心成分,由_____性词语或_____性词语充当,表示动作行为或性状,后一部分是_____,表示动作结果或可能程度等。

56. 主谓短语的前一部分主要由_____性词语充当,后一部分主要由_____性或_____性词语充当,两部分之间是被陈述与陈述的关系。

57. 方位短语是_____,主要表示处所、范围或时间。

58. 同位短语由两部分组成,前后两部分之间具有_____关系。

59. 由动宾短语和一个主谓短语套在一起,前一个动宾短语的宾语是后一个主谓短语的主语,这样的短语叫_____。

60. 主谓短语是_____,复合主谓短语独立成句后是_____。

61. 量词短语是_____,它包括_____+_____和_____+_____两种类型。

62. 介词短语是_____,介词后面大多数是_____性短语。

63. "的"字短语是_____,其语法作用相当于一个_____。

64. 比况短语是_____,常用的比况助词有_____等。

65. 按短语的造句功能分,短语可分为_____、_____、_____和_____短语四类。

66. 从造句功能的角度看述宾短语都是_____,方位短语都是_____,补充短语分别是_____和_____。

67. 短语内部都有一定的_____,作为一个整体可以充当更大结构的_____。

68. 自由短语是和_____相对而言的。

69. 定中短语的造句功能和_____相同,状中短语的功能和_____相同,中补短语的功能和_____相同。

70. 有的主谓短语内部加"的"就变成了_____短语,有的主谓短语变换语序就变成了_____短语或_____短语。

71. 有的动宾短语加"的"就变成了_____短语,有的动宾短语变换语序就成了_____短语。
72. 主谓短语的谓语部分可以是动词性和形容词性的,也可以是_____的。
73. 连谓短语的直接构成成分之间是_____关系。
74. 兼语短语的第一部分和第二部分之间是_____关系,第二部分和第三部分之间是_____关系。
75. 如果短语的结构成分有名称,这些名称就跟_____的结构成分的名称相同。
76. 多义短语是指_____的短语。
77. 造成短语多义的因素主要有_____、_____和_____。
78. 短语按_____分类可以分成单层(简单)短语和多层(复杂)短语。
79. 固定短语是指组合比较定型的短语,所谓"定型"一是指_____,二是指_____,三是指_____。
80. 现代汉语的五种基本短语是偏正短语、动宾短语、中补短语、主谓短语、联合短语,它们是根据_____来分类的。
81. 在偏正短语中,起限制或描写作用的成分叫修饰语,被修饰的是_____。
82. 兼语是由一个动宾短语和_____短语套合而成。
83. "今天春节"是_____关系的短语。
84. "在黄河游泳"从结构关系上看是_____短语。
85. 句子是能够表达一个相对完整意思的语言单位,每一个句子都有一定的_____,表示不同的语气。
86. 从主语关系上看,主语可以分为施事主语、受事主语、_____。
87. 根据结构关系,单句可分为主谓句和_____。
88. 根据主谓句中谓语的性质和特点可以把主谓句分为四种,即名词谓语句、动词谓语句、形容词谓语句和_____句。
89. 由连谓短语充当谓语的句子称_____。
90. 复句是由两个或两个以上的_____组成的句子。
91. 在复句中用来连接分句并表明分句之间关系的连词、副词和短语,统称_____。
92. 句子的语气一般分为陈述、_____、祈使、感叹四种。
93. 根据结构特点,疑问句可以分为是非问、特指问、_____、正反问。
94. 就词性来说,"突然"是_____,"忽然"是_____。
95. 就词性来说,"正在"是_____,"现在"则是_____。
96. 从结构关系看,"他自己、西岳华山、校长蔡元培"等是_____短语。
97. "学校管理部门同志的想法"中的定语是_____。
98. 从语义类别看,补语可以分为_____、_____、_____、_____、_____、_____、_____七类。

99."母亲最大的特点是一生不曾脱离劳动"中"是"是_____词,"他是老想着大伙儿"中的"是"是_____词。

100."被"字句是受事主语句,用介词"被"引进_____的句式。

101."除非水很浅,船才开不进来"是_____关系的复句。

102.实词可分_____、谓词、加词,加词包括副词和_____。

103.词组或句子开头既有时间名词又有处所名词,后面不是主谓词组,而是其他可以充当谓语的词或词组,这时的时间名词和处所名词充当_____。

104.区分定语和状语主要根据整个偏正词组的_____来判断。

105.句子的特殊成分有_____和_____。

106.存现句谓语动词表示存在或_____。

107.被字句的谓语动词必须是_____动词。

108.让步复句就分句间的关系来说相当于假设关系加_____。

109.省略句与非主谓句的主要区别是省略句有_____性。

110.祈使句的主语一般是_____人称。

111.语气词"吗"只用于_____问。

112.做状语,表示对动作、意愿和事物的性状加以否定的否定词是_____。

113."王芬教我们织毛衣"按宾语来分是_____句。

114.现代汉语有两种特殊的词类:叹词和_____。

115.加词性句法结构经常用做定语或状语,一般不做主语、谓语或宾语,属于本类的主要是_____结构。

116.主语同_____是一个层次上的成分。

117."说得来、说得了、说不得"中的补语属于_____补语。

118.句子是_____单位,词和词组都是_____单位。

119.大主语、小主语等术语只用于_____句。

120."是"可以是判断动词,还可以是_____。

121."不论……都……"是_____复句的关联词语。

122.倒装句的语气词往往放在_____的末尾。

123.表示语气主要靠_____和_____。

124."没"可以兼属两类词,一是_____,一是_____。

125.有些多义结构在具体的语言环境里仍然消除不了多义性,这种现象称为_____。

二、单项选择题

1.传统语法把语法分为( )。
A.形式和意义两部分   B.单位和分类两部分
C.分类和结构两部分   D.词法和句法两部分

2. 目前汉语语法体系仍存有一些分歧,其主要原因是(　　)。
   A. 汉语缺形态变化 B. 汉语语法太复杂
   C. 语法学家无能 D. 语法学家们往往标新立异
3. 语法这一术语有(　　)含义。
   A. 一种 B. 两种
   C. 三种 D. 四种
4. 划分实词和虚词的标准是(　　)。
   A. 能否受"不"修饰 B. 能否做词组的中心语
   C. 能否做句法结构的成分 D. 能否独立成句
5. 下列词类中一般不能做谓语,但可以做主语、宾语的是(　　)。
   A. 动词 B. 形容词
   C. 加词 D. 名词
6. 在助词"所"的后面同"所"一起组成"所字结构"的是(　　)。
   A. 动词 B. 名词
   C. 形容词 D. 数量词
7. "输个明白"是(　　)。
   A. 主谓词组 B. 动宾词组
   C. 补充词组 D. 偏正词组
8. 层次分析法一般都采用二分法,下列词组中可以多分的是(　　)。
   A. 主谓词组 B. 联合词组
   C. 偏正词组 D. 补充词组
9. 双宾语两个宾语之间(　　)。
   A. 没有直接的结构关系 B. 有补充关系
   C. 有联合关系 D. 有同位关系
10. 下列各组中全是区别词的是(　　)。
    A. 全　单　只　金 B. 复合　聪颖　时尚　野生
    C. 副　女　流线型　特别 D. 初级　国营　民用　特级
11. 中心语是体词性的,修饰语是(　　)。
    A. 定语 B. 状语
    C. 同位语 D. 插入语
12. "你看、你听、严格说、毫无疑问"等用作插入语时,可以(　　)。
    A. 表示呼应和感叹 B. 表示提醒和强调
    C. 表示推测和估计 D. 表示依据和来源

13. 叹词、拟声词可以单独构成( )。
  A. 主谓句   B. 非主谓句
  C. 形容词句   D. 陈述句

14. 下列句子中表示否定意愿的是( )。
  A. 我没去上海   B. 我不得不去上海
  C. 我不去上海   D. 我未能去上海

15. 下列句子属于句法多义的是( )。
  A. 炒鱿鱼   B. 炒鸡蛋
  C. 炒冷饭   D. 炒面

16. 现代汉语划分词类的依据是( )。
  A. 词的语法功能   B. 词的语法意义
  C. 词的形态变化   D. 词的词汇意义

17. 不能做主语、谓语、宾语,也不能做状语、补语,只能做定语的词类是( )。
  A. 形容词   B. 区别词
  C. 副词   D. 叹词

18. 介词结构在句法结构中( )。
  A. 不能做定语   B. 不能做状语
  C. 不能做补语   D. 不能做谓语

19. "姐俩"是( )。
  A. 联合词组   B. 偏正词组
  C. 同位词组   D. 补充词组

20. 下列各组中处于同一层次上的是( )。
  A. 主语和宾语   B. 主语和定语
  C. 定语和谓语   D. 主语和谓语

21. 能够带谓词性宾语的动词是( )。
  A. 进行   B. 打击
  C. 行动   D. 教育

22. 双主语之间( )。
  A. 没有直接的结构关系   B. 有偏正关系
  C. 有联合关系   D. 有同位关系

23. 下列词中不能受程度副词修饰的一组形容词是( )。
  A. 漂亮 结实 尴尬   B. 通红 崭新 蔚蓝
  C. 金色 橘黄 紫红   D. 和气 优秀 喷香

24. "给、到、在、自、于"等可以以动词身份补充前面的动词,后面的成分是(　　)。
A. 补语　　　　　　　　　　　　B. 宾语
C. 状语后置　　　　　　　　　　D. 定语后置
25. 名词句一定属于(　　)。
A. 主谓句　　　　　　　　　　　B. 非主谓句
C. 祈使句　　　　　　　　　　　D. 判断句
26. 汉语中最小的造句单位是(　　)。
A. 语素　　　　　　　　　　　　B. 词
C. 短语　　　　　　　　　　　　D. 语素和词
27. 语言的使用单位是(　　)。
A. 语素　　　　　　　　　　　　B. 词
C. 短语　　　　　　　　　　　　D. 句子
28. 选出下列词中词性完全相同的一组(　　)。
A. 勇气　愿望　友谊　木本　独幕　　　B. 准备　以为　吓唬　同情　讨厌
C. 相对　新颖　灿烂　雪白　感激　　　D. 等于　集合　民办　内服　毕业
29. 下列词中全是处所名词的一组是(　　)。
A. 北京　各处　附近　内地　市区　　　B. 以内　村外　山东　特区　南方
C. 到处　门口　阵地　边疆　东边　　　D. 天空　远处　处处　里头　济南
30. 下列词中全是名词的一组是(　　)。
A. 品质　作风　雪白　晚上　信件　　　B. 战争　动静　将来　前面　阴谋
C. 衣服　风格　万能　文化　前天　　　D. 精力　长期　临时　衣物　过去
31. 下列词中全是不及物动词的一组是(　　)。
A. 间接　劳动　休息　特约　逃荒　　　B. 放假　自发　举重　转弯　开幕
C. 冲突　睡觉　撒谎　出来　失败　　　D. 密切　叛变　考试　流传　毕业
32. 下列词中全是形容词的一组是(　　)。
A. 聪明　积极　乐观　同情　发达　　　B. 熟练　佩服　重要　狡猾　充裕
C. 愉快　感人　关心　幸福　优秀　　　D. 高兴　光荣　善良　痛苦　悲观
33. 下列词中全是非谓形容词的一组是(　　)。
A. 共同　临床　无名　彩色　恶性　　　B. 所谓　家务　主要　应届　黄色
C. 同等　感性　党性　军用　动用　　　D. 公共　特殊　终身　忘我　首要
34. "怎样、怎么样、什么样"是(　　)。
A. 人称代词　　　　　　　　　　B. 疑问代词
C. 指示代词　　　　　　　　　　D. 其他代词

35. 代词与它所代替的词语的语法功能(　　)。
    A. 完全相同　　　　　　　　　　　B. 完全不同
    C. 基本相同　　　　　　　　　　　D. 基本不同
36. 下列词中全是代词的一组是(　　)。
    A. 自个儿　大伙　群众　一切　　　B. 其余　彼此　那里　每
    C. 这会儿　某　等等　同志　　　　D. 这儿　这样　同样　各
37. 下列词语中全是副词的一组是(　　)。
    A. 又　也　不必　尤其　不论　　　B. 愈　竟　简直　陆续　不然
    C. 永　只　向来　过去　互相　　　D. 已　才　赶紧　仍然　一律
38. 下列词语都有关联作用,其中属于副词的一组是(　　)。
    A. 然而　除非　虽　　　　　　　　B. 固然　即便　并
    C. 反而　从此　还　　　　　　　　D. 只要　以至　或
39. "几乎、有点儿"都是副词,它们是(　　)。
    A. 表示时间、频率的副词　　　　　B. 表示情态、方式的副词
    C. 表示程度的副词　　　　　　　　D. 表示范围的副词
40. "大力、大肆、大举"这三个词,应归入(　　)。
    A. 形容词　　　　　　　　　　　　B. 能愿动词
    C. 名词　　　　　　　　　　　　　D. 副词
41. "敌人被我们消灭了"中的"被"是(　　)。
    A. 连词　　　　　　　　　　　　　B. 助词
    C. 介词　　　　　　　　　　　　　D. 动词
42. "没有耕耘,就没有收获"中的"没有"(　　)。
    A. 都是副词　　　　　　　　　　　B. 都是动词
    C. 前一个是动词,后一个是副词　　 D. 前一个是副词,后一个是动词
43. "语言学跟跟语言学有关的某些问题"中的两个"跟"(　　)。
    A. 都是连词　　　　　　　　　　　B. 都是介词
    C. 分别是介词和连词　　　　　　　D. 分别是连词和介词
44. "你连他一块儿叫来"的"连"是(　　)。
    A. 动词　　　　　　　　　　　　　B. 助词
    C. 连词　　　　　　　　　　　　　D. 介词
45. "我的这本书是刚买的"中的两个"的"(　　)。
    A. 都是结构助词　　　　　　　　　B. 都是语气助词
    C. 分别是结构助词和语气助词　　　D. 分别是语气助词和结构助词

46. "啊,这里植物的种类真多啊"中的两个"啊"(   )。
A. 都是叹词
B. 都是助词
C. 前一个是叹词,后一个是助词
D. 前一个是助词,后一个是叹词

47. 下列词中都是兼类词的一组是(   )。
A. 导演　领导　标准　认为　床
B. 讨厌　突出　便宜　困难　漆
C. 策略　必须　决定　回答　画
D. 内行　工作　秘密　壮大　眼

48. 下列词语中词性都不相同的一组是(   )。
A. 一旁　不料　达到　相反　某　其实　否则　哗哗
B. 下边　害怕　大批　趟　其余　重新　除去　既然
C. 中午　等于　灿烂　多项　共同　分外　将　尚且
D. 作风　有　相对　架次　难道　然后　自从　何况

49. 下列词语中词性完全相同的一组是(   )。
A. 叫作　恐怕　后悔　当心　宁愿　亲生　昏迷　怀念
B. 一直　大约　从来　更加　终归　恰巧　格外　倒是
C. 不得了　新颖　尊重　短　生动　相继　坚固　恶劣
D. 假使　总之　并且　果然　何必　但是　而已　如果

50. "人、百、个"这三个词都是(   )。
A. 体词
B. 谓词
C. 加词
D. 代词

51. (   )能用数量短语修饰。
A. 代词
B. 动词
C. 形容词
D. 名词

52. (   )能用"不"修饰。
A. 代词
B. 形容词
C. 名词
D. 副词

53. (   )表示动作的量。
A. 名量词
B. 动量词
C. 时量词
D. 形量词

54. 能带宾语的是(   )。
A. 名词
B. 动词
C. 形容词
D. 副词

55. "上来"是(   )。
A. 助动词
B. 判断动词
C. 趋向动词
D. 及物动词

56. "国营、民用、大型"是（　　）。
A. 动词　　　　　　　　　　B. 名词
C. 副词　　　　　　　　　　D. 区别词

57. "不、没"都是（　　）。
A. 程度副词　　　　　　　　B. 时间副词
C. 范围副词　　　　　　　　D. 否定副词

58. "很、挺、十分"是（　　）。
A. 程度副词　　　　　　　　B. 范围副词
C. 语气副词　　　　　　　　D. 情态副词

59. "我、你、他"是（　　）。
A. 指示代词　　　　　　　　B. 疑问代词
C. 人称代词　　　　　　　　D. 名词

60. "他在黑板上写字"的"在"是（　　）。
A. 动词　　　　　　　　　　B. 副词
C. 介词　　　　　　　　　　D. 方位词

61. "着、了、过"是（　　）。
A. 结构助词　　　　　　　　B. 动态助词
C. 其他助词　　　　　　　　D. 语气词

62. "哎哟"是（　　）。
A. 拟声词　　　　　　　　　B. 语气词
C. 叹词　　　　　　　　　　D. 助词

63. 跟"野生"词性相同的是（　　）。
A. 女式　　　　　　　　　　B. 男人
C. 野性　　　　　　　　　　D. 野游

64. 汉语中五项基本结构关系类型是指（　　）。
A. 主谓、动宾、补充、联合、偏正
B. 动宾、补充、连动、兼语、主谓
C. 连动、兼语、同位、"的"字结构、"所"字结构
D. 介词结构、"的"字结构、"所"字结构、数量结构、似的结构

65. 跟"从海外归来以后"结构类型相同的短语是（　　）。
A. 长江和黄河之间　　　　　B. 从本条例开始实施以后
C. 大学毕业之前　　　　　　D. 把任务交给他们

66. 属于兼语短语的是（　　）。
A. 有权利申诉　　　　　　　B. 有人不同意
C. 有的人不同意　　　　　　D. 看见他们玩儿

67. 跟"想得美妙"结构类型相同的是（　　）。
    A. 值得表扬　　　　　　　　　　　B. 觉得不错
    C. 等到 12 点　　　　　　　　　　D. 看到彩虹了
68. 句子"这东西你吃过没有？"中"没有"的词性属于（　　）。
    A. 动词　　　　　　　　　　　　　B. 形容词
    C. 副词　　　　　　　　　　　　　D. 区别词
69. 下列句子属于连谓句的是（　　）。
    A. 他看见了就上前去搀扶她　　　　B. 差人带着张好古来到考场
    C. 中午，老杨同志到老刘家去吃饭　D. 母亲站起身，出去了
70. 下列句子属于兼语句的是（　　）。
    A. 最有趣的事是捉了苍蝇喂蚂蚁
    B. 雷锋发现一个背着小孩的妇女丢了车票
    C. 闰土的父亲把闰土带走了
    D. 这件事使大家认识到了问题的严重性
71. "刚才指导员宣布一班的三个同学去训练，其余的同学去看彩色电视节目。"这个句子中加点词的词性分别为（　　）。
    A. 副词、副词、形容词　　　　　　B. 名词、代词、区别词
    C. 副词、代词、形容词　　　　　　D. 名词、副词、区别词
72. "一锅饭吃十个人"中的宾语属于（　　）。
    A. 当事宾语　　　　　　　　　　　B. 施事宾语
    C. 受事宾语　　　　　　　　　　　D. 工具宾语
73. "盘子买来了"中的主语属于（　　）。
    A. 施事主语　　　　　　　　　　　B. 受事主语
    C. 当事主语　　　　　　　　　　　D. 用事主语
74. "土豆买回来了"中的主语属于（　　）。
    A. 施事主语　　　　　　　　　　　B. 受事主语
    C. 与事主语　　　　　　　　　　　D. 当事主语
75. 下列句子中"谁"表示任指的是（　　）
    A. 明天开会谁是主席？　　　　　　B. 咱们几个谁也不能推卸责任。
    C. 谁说明天不上课？　　　　　　　D. 这句话我好像听谁说过。
76. 下面问句中是特指问的是（　　）
    A. 你说的像话吗？　　　　　　　　B. 你这个人到底说不说实话？
    C. 他讲过什么话呢？　　　　　　　D. 你是买东西，还是买态度？

77. "墙上挂着横幅"变换成别的格式后意义有差别的是（　　）。
   A. 横幅在墙上挂着
   B. 横幅挂在墙上
   C. 横幅被挂在墙上
   D. 把横幅挂在墙上

78. "书我看完了"中的"书"是（　　）。
   A. 主语
   B. 宾语
   C. 状语
   D. 插入语

79. 实词是（　　）。
   A. 能单独充当主语、宾语的词
   B. 能单独充当宾语、补语的词
   C. 能单独充当定语、状语的词
   D. 能单独充当句法成分的词

80. "年年出口商品"中的"出口商品"是（　　）。
   A. 偏正关系
   B. 动宾关系
   C. 主谓关系
   D. 中补关系

81. "怎么少了个人？"这个非主谓句的下位句型是（　　）。
   A. 名词句
   B. 动词句
   C. 形容词句
   D. 叹词句

82. 状语是（　　）。
   A. 动词的修饰语
   B. 形容词的修饰语
   C. 名词的修饰语
   D. 谓词性偏正短语中的修饰语

83. 下列句子中，"跟"属于连词的是（　　）
   A. 我昨天跟他去公园了。
   B. 我跟他昨天去公园了。
   C. 我昨天跟他一块去公园了。
   D. 我跟他没关系。

84. 下面短语属于兼语短语的是（　　）。
   A. 别让雨淋坏了
   B. 让他再说一遍
   C. 你就让着他点儿
   D. 把这本书让给你

85. "他清清楚楚地听见人在说话"这个句子是（　　）。
   A. 连谓句
   B. 兼语句
   C. 一般主谓句
   D. 主谓短语做宾语的句子

86. "今天星期日"是（　　）。
   A. 主谓短语
   B. 述宾短语
   C. 述补短语
   D. 偏正短语

87. "彻底解决"是（　　）。
   A. 主谓短语
   B. 述宾短语
   C. 述补短语
   D. 偏正短语

88. "去打电话"是( )。
A. 主谓短语 B. 连谓短语
C. 兼语短语 D. 同位短语

89. "明代医药家李时珍"是( )。
A. 主谓短语 B. 联合短语
C. 偏正短语 D. 同位短语

90. "你的到来"是( )。
A. 体词性句法结构 B. 谓词性句法结构
C. 加词性句法结构 D. 主谓短语

91. "小张写了一篇文章"中的"小张"是( )。
A. 施事主语 B. 受事主语
C. 中性主语 D. 谓词性主语

92. "跑跑有益健康"中的"跑跑"是( )。
A. 施事主语 B. 受事主语
C. 中性主语 D. 谓词性主语

93. "主张赶快去"中的"赶快去"是( )。
A. 施事宾语 B. 体词性宾语
C. 谓词性宾语 D. 受事宾语

94. "问他一件事"中的"一件事"是( )。
A. 近宾语 B. 双宾语
C. 远宾语 D. 补语

95. "累得要命"中的"要命"是( )。
A. 可能补语 B. 趋向补语
C. 情态补语 D. 程度补语

96. "这条鱼,往少里说,也有二斤"中的"往少里说"是( )。
A. 复说语 B. 状语
C. 插说语 D. 同位语

97. 下列句子中的( )是名词句。
A. 春天。 B. 为人民服务。
C. 不行。 D. 他来。

98. 下列句子中的( )是形容句。
A. 真奇怪! B. 快跑!
C. 好香的茶! D. 嗯。

99. "明天国庆节"是（　　）。
   A. 动词谓语句　　　　　　　　　B. 形容词谓语句
   C. 主谓谓语句　　　　　　　　　D. 名词谓语句

100. "今天冷极了"是（　　）。
   A. 动词谓语句　　　　　　　　　B. 形容词谓语句
   C. 主谓谓语句　　　　　　　　　D. 名词谓语句

101. "山上都是苹果树"是（　　）。
   A. 动词谓语句　　　　　　　　　B. 形容词谓语句
   C. 主谓谓语句　　　　　　　　　D. 名词谓语句

102. "你的想法,我认为很奇怪"是（　　）。
   A. 动词谓语句　　　　　　　　　B. 形容词谓语句
   C. 主谓谓语句　　　　　　　　　D. 名词谓语句

103. "他推开门走了出去"是（　　）。
   A. 连谓句　　　　　　　　　　　B. 兼语句
   C. 存现句　　　　　　　　　　　D. "把"字句

104. "老张介绍我去见局长"是（　　）。
   A. 连动句　　　　　　　　　　　B. 兼语句
   C. 存现句　　　　　　　　　　　D. "把"字句

105. "教室里坐着三个人"是（　　）。
   A. 连动句　　　　　　　　　　　B. 兼语句
   C. 存现句　　　　　　　　　　　D. "把"字句

106. "老张把他叫走了"是（　　）。
   A. 连动句　　　　　　　　　　　B. 兼语句
   C. 存现句　　　　　　　　　　　D. "把"字句

107. "只要 A,就 B"是（　　）。
   A. 因果复句　　　　　　　　　　B. 条件复句
   C. 目的复句　　　　　　　　　　D. 转折复句

108. "即使 A,也 B"是（　　）。
   A. 因果复句　　　　　　　　　　B. 假设复句
   C. 目的复句　　　　　　　　　　D. 转折复句

109. "我越学越爱学"是（　　）。
   A. 倒装句　　　　　　　　　　　B. 紧缩句
   C. 省略句　　　　　　　　　　　D. 复句

110. "小张为什么没有来?"是(   )。
A. 是非问　　　　　　　　　　　　B. 特指问
C. 选择问　　　　　　　　　　　　D. 正反问

111. "我去还是不去?"是(   )。
A. 是非问　　　　　　　　　　　　B. 特指问
C. 选择问　　　　　　　　　　　　D. 正反问

112. 因果复句中推论结果时用的关联词语是(   )。
A. 虽然……但是　　　　　　　　　B. 因为……所以
C. 只要……就　　　　　　　　　　D. 既然……就

113. 下列句子中属于紧缩句的是(   )
A. 我吃完饭去找你。　　　　　　　B. 我吃完饭,马上就去找你。
C. 我一吃完饭,马上就去找你。　　D. 我一吃完饭就去找你。

114. 下列句子中的"对于",使用正确的一句是(   )
A. 这些小事,对于不关心体育的人看来,是无足轻重的。
B. 港台影片,对于青年人是很感兴趣的。
C. 对于一个初出茅庐的青年,完成这样复杂的任务当然是毫无信心的。
D. 对于过去时代的文艺形式,我们也并不拒绝利用。

115. 下列句子中数量词语使用正确的是(   )
A. 来人大约有四十岁上下的年纪。　　B. 一年下来获利近十万多元。
C. 连续三年每年产量都提高20%。　　D. 今年交通死亡人数下降了三倍。

116. 指出下列各句都有哪种语病,然后指出属于成分搭配不当的是哪一句(   )
A. 文章分析了无产阶级和资产阶级在各个历史时期进行斗争时所采取的战略特点。
B. 在老师的耐心帮助下,半年来他的写作显著地提高了水平。
C. 八国联军侵略我国的时候,圆明园被焚烧并洗劫一空。
D. 影片塑造了鲁迅先生光辉的一生。

117. 下边对各病句诊断有误的是(   )
A. 资本的积累,是为资本家牟取更大的利润为目的。(结构杂糅)
B. 殷代社会已达到使用大批奴隶从事农业和畜牧业生产。(成分残缺)
C. 精心配制的"健脑宁"口服液,不愧为中成药验方。(搭配不当)
D. 上海"金咪咪"牌新款儿童时装,首次面试京城。(词序颠倒)
E. 在那个时候,黑白电视与我们也是无缘的。(主客颠倒)
F. 搞这样复杂的工程,谁都难免不出现这样那样的问题。(不合逻辑)
G. 他出差从不打的,目的是为集体节俭一些车费开支。(词性误用)

118. 下列句子中没有病句的一句是( )

A. 这样教学,即使学生复习了旧课,又学到了新的知识。

B. 中国是一个大国,居民主要是中国人。

C. "太阳神"口服液,儿童经常服用,可以提高免疫功能。

D. "智慧神"口服液,儿童经常服用,可以提高智商能力。

119. 分析下列句子的语病,指出属于词语搭配错误的一句( )

A. 上课是否认真听讲,是学好的关键。　　B. 他能取得这样的成绩,不是轻易的。

C. 我们应努力去掌握马列主义世界观。　　D. 谁也不会否认,发展国民经济不需要教育。

120. 下列句子中有歧义的一句是( )

A. 对于领导的缺点是需要受到批评的。

B. 从中国人民感到自己落后被人欺凌之时起,就开始了自己的反抗。

C. 我认识他时,也不过十多岁。

D. 一想到昨天发生的事,就使我很不安。

121. 下列句子中,不会产生歧义的是( )

A. 原辽宁省沈阳市雪花公司总经理因病不幸逝世。

B. 辽宁省原沈阳市雪花公司总经理因病不幸逝世。

C. 辽宁省沈阳市原雪花公司总经理因病不幸逝世。

D. 辽宁省沈阳市雪花公司原总经理因病不幸逝世。

122. 下面的句子中有成分残缺语病的一句是( )

A. 在东汉人许慎编的《说文解字》一书中,对"页"字做了准确的解释。

B. 我忍不住没把这一消息告诉他,以免在教学上少受到一些影响。

C. 看到这金黄色的稻谷,我们从内心进而感到高兴。

D. 我们一定要努力学习,将来为实现建设社会主义现代化强国的伟大历史任务而奋斗。

123. 下面句子中没有语病的一句是( )

A. 我们自从看了《背着爸爸去上学》以后,班级的面貌迅速地改变了。

B. 我国的石油生产,过去长期不能自给。

C. 我国少数民族使用和尚保存的乐器四百种。

D. 作为我国政治、文化中心的北京,是举办各种纪念活动的理想地点。

124. 分析下面各句的语病,指出属于指代不明的一句是( )

A. 必须遵守课堂纪律,上课时不准讲话。

B. 前几年学校栽种了一批树木,如今校园已绿意盎然。

C. 他把我带到了家里,受到热情款待。

D. 对这个问题,小张提出马上讨论,小马主张经过学习再讨论,这个意见得到大家支持。

E. 在激烈的斗争中,要想置身事外,做个旁观者是不可能的,否则就会被时代所抛弃。

F. 在语言习惯上,"疯狂"用来形容程度,而不是速度。

三、多项选择题

1. 语法一词可以指称（　　）。
   A. 语法意义　　　　　　　　　　B. 语法特点
   C. 客观存在的语法规则　　　　　D. 对语法规则的解释
2. 词法学主要研究（　　）等。
   A. 词的构成　　　　　　　　　　B. 词的意义
   C. 词的发展变化　　　　　　　　D. 词的分类
3. 属于汉语民族性语法特点的有（　　）等。
   A. 量词丰富
   B. 缺乏形态变化
   C. 动词性谓语句特点多
   D. 词类和句子成分之间没有一一对应的关系
4. 语言的备用单位是（　　）。
   A. 语素　　　　　　　　　　　　B. 词
   C. 短语　　　　　　　　　　　　D. 句子
   E. 句群
5. 区别形容词和副词的主要标准有（　　）。
   A. 做谓语　　　　　　　　　　　B. 做状语
   C. 做定语　　　　　　　　　　　D. 重叠
   E. 不带宾语
6. 经常充当状语的词有（　　）等。
   A. 时间名词　　　　　　　　　　B. 集体名词
   C. 能愿动词　　　　　　　　　　D. 趋向动词
   E. 存现动词　　　　　　　　　　F. 非谓形容词
7. 能受程度副词修饰的词有（　　）等。
   A. 方位名词　　　　　　　　　　B. 形容词
   C. 心理动词　　　　　　　　　　D. 能愿动词
   E. 使令动词　　　　　　　　　　F. 趋向动词
8. 能带施事宾语的动词有（　　）。
   A. 及物动词　　　　　　　　　　B. 不及物动词
   C. 能愿动词　　　　　　　　　　D. 趋向动词
9. 动词与形容词的主要区别在于（　　）。
   A. 能否充当谓语　　　　　　　　B. 能否带宾语
   C. 能否受副词修饰　　　　　　　D. 能否受程度副词修饰
   E. 能否充当主语、宾语

10. 非谓形容词的主要特点有（　　）等。
 A. 可以受"不"修饰　　　　　　　　B. 不能单独做谓语
 C. 不能充当一般的主语和宾语　　　　D. 可以受"很"修饰
 E. 都能修饰名词

11. 下列词中可以出现在单音趋向动词后面组合成复合趋向动词的是（　　）。
 A. 到　　　　　　　　　　　　　　B. 去
 C. 上　　　　　　　　　　　　　　D. 出
 E. 来　　　　　　　　　　　　　　F. 回

12. 下列词中不是名词的有（　　）。
 A. 旁边　　　　　　　　　　　　　B. 袖珍
 C. 观念　　　　　　　　　　　　　D. 廉价
 E. 已经　　　　　　　　　　　　　F. 平时

13. 下列词中不是动词的有（　　）。
 A. 痛恨　　　　　　　　　　　　　B. 伤心
 C. 予以　　　　　　　　　　　　　D. 心爱
 E. 热爱　　　　　　　　　　　　　F. 人为

14. 下列词中不是形容词的有（　　）。
 A. 后悔　　　　　　　　　　　　　B. 痛快
 C. 迷信　　　　　　　　　　　　　D. 同意
 E. 舒服　　　　　　　　　　　　　F. 仔细

15. 下列每组词中词性各不相同的有（　　）。
 A. 战役、战斗、同样　　　　　　　B. 人工、后备、永恒
 C. 以西、将来、上海　　　　　　　D. 偶发、动用、布匹
 E. 枣红、颜色、争论

16. 概数可以这样表示（　　）。
 A. 在基数词后加"来、多、左右"等　　B. 在量词短语后加"来、多、左右"等
 C. 用疑问代词"几"来表示　　　　　　D. 用序数或倍数表示
 E. 用两个基数相连表示

17. "你多住两天吧"中的"两"可以是（　　）。
 A. 概数　　　　　　　　　　　　　B. 序数
 C. 倍数　　　　　　　　　　　　　D. 基数

18. "二"可以是（　　）。
 A. 基数　　　　　　　　　　　　　B. 概数
 C. 倍数　　　　　　　　　　　　　D. 序数

19. 复合量词表示的两种计算单位可以是(　　)。
A. 都是物量
B. 都是动量
C. 前为物量,后为动量
D. 前为动量,后为物量

20. 下列量词中兼有物量和动量两种性质的有(　　)。
A. 面
B. 遍
C. 阵
D. 顿
E. 场

21. "回、趟、下、遍"等词是(　　)。
A. 量词
B. 动量词
C. 物量词
D. 表示动作行为的单位

22. "咬一口、打一拳、抽一鞭子"中加点的词是(　　)。
A. 名词
B. 量词
C. 动量词
D. 借名词为动量词

23. 下边的量词(包括借用的)都能给后边的名词计量的有(　　)。
A. 阵、场、丝、点－风
B. 套、本、册、页－书
C. 把、对、套、张－椅子
D. 片、朵、个、团－云

24. 普通话中的"我们",表达的意思是(　　)。
A. 只能是包括式(包括说话人和听话人双方)
B. 只能是排除式(不包括听话人)
C. 可以是包括式
D. 可以是排除式

25. "就"可以是(　　)。
A. 表示时间的副词
B. 表示语气的副词
C. 表示情状的副词
D. 表示范围的副词
E. 表示程度的副词
F. 表示假设的副词
G. 表示对象或范围的介词

26. "都"可以是(　　)。
A. 表程度的副词
B. 表范围的副词
C. 表情状的副词
D. 表时间的副词
E. 表语气的副词

27. 下列词语中属于副词的有(　　)。
A. 平常
B. 时常
C. 偶然
D. 仍然
E. 幸亏
F. 幸运
G. 稍微
H. 微小

28. 下列词语中不是副词的有( )。
A. 肯　　　　　　　　　　　　B. 必须
C. 加以　　　　　　　　　　　D. 应当
E. 一律　　　　　　　　　　　F. 可以

29. 下列句子中的"没"或"没有"属于副词的有( )
A. 屋子里连一把椅子都没有。　　B. 一时吓得他没了主意。
C. 我没有看见你的钢笔。　　　　D. 我没有着急,只是有点担心。
E. 衣服干了没有?

30. 下列词语中属于介词的有( )。
A. 趁　　　　　　　　　　　　B. 以致
C. 本着　　　　　　　　　　　D. 包括
E. 至少

31. "经过"一词可以是( )。
A. 名词　　　　　　　　　　　B. 动词
C. 形容词　　　　　　　　　　D. 副词
E. 介词　　　　　　　　　　　F. 连词

32. 连词"而"可以( )。
A. 连接形容词　　　　　　　　B. 连接动词性短语
C. 连接分句　　　　　　　　　D. 表示转折关系
E. 表示递进关系　　　　　　　F. 表示条件关系

33. 下列句中加点的词属连词的有( )
A. 前边讲的与这里讲的是一致的。
B. 无论在数量和质量上都有很大提高。
C. 由于工作关系,我在长沙逗留了几天。
D. 难道因为前人没有做过,我们就不能做吗?
E. 为了职工安心工作,工厂办起了托儿所。

34. "连"可以是( )。
A. 动词　　　　　　　　　　　B. 形容词
C. 副词　　　　　　　　　　　D. 介词
E. 连词　　　　　　　　　　　F. 助词

35. "的"可以是( )。
A. 结构助词　　　　　　　　　B. 动态助词
C. 语气助词　　　　　　　　　D. 比况助词
E. 其他助词

36. "在"可以是（　　）。
A. 介词　　　　　　　　　　B. 助词
C. 连词　　　　　　　　　　D. 动词
E. 副词

37. 下列词属于兼类词的有（　　）。
A. 明白　　　　　　　　　　B. 据说
C. 幸福　　　　　　　　　　D. 例如
E. 认识　　　　　　　　　　F. 活跃
G. 跟前

38. 下列短语中根据其内部的结构关系命名的短语是（　　）。
A. 比况短语　　　　　　　　B. 述宾短语
C. 偏正短语　　　　　　　　D. 补充短语

39. 下列短语中属于联合短语是（　　）。
A. 一天又一天　　　　　　　B. 省委领导
C. 好不好　　　　　　　　　D. 继承发扬
E. 这样或那样

40. 下列短语属于偏正短语是（　　）。
A. 东都洛阳　　　　　　　　B. 我们学校
C. 复习资料　　　　　　　　D. 非常热闹
E. 这么热情

41. 下列短语中属于定中短语的是（　　）。
A. 非常时期　　　　　　　　B. 敌人的狡猾
C. 一支钢笔　　　　　　　　D. 才星期一
E. 春天的到来

42. 下列短语中属于述宾短语的是（　　）。
A. 丰富文化生活　　　　　　B. 开始工作
C. 予以批评　　　　　　　　D. 加以研究
E. 应当解决

43. 下列短语中不是补充短语的是（　　）。
A. 有一次　　　　　　　　　B. 有三米
C. 是三次　　　　　　　　　D. 买了一斤
E. 重三吨

44. 下列短语属于主谓短语的是（　　）。
A. 工作认真　　　　　　　　B. 今天国庆节
C. 考试结束　　　　　　　　D. 听了伤心
E. 学习进步

45. 下列短语中属于复指短语的是(　　)。
    A. 生日那天　　　　　　　　　B. 鲁迅先生
    C. 那天星期天　　　　　　　　D. "大"字
    E. 春秋两季

46. 下列短语中属连谓短语的是(　　)。
    A. 一说就会　　　　　　　　　B. 抬头看天
    C. 出去玩儿　　　　　　　　　D. 进行讨论
    E. 表演开始

47. 下列短语中不是兼语短语的是(　　)。
    A. 请他进来　　　　　　　　　B. 知道他来
    C. 祝同学们学习进步　　　　　D. 倒杯水喝
    E. 喜欢他诚实

48. 下列短语中属于复合主谓短语的是(　　)。
    A. 青岛市中山路十分繁华　　　B. 他工作认真
    C. 东北地区天气寒冷　　　　　D. 他头脑灵活
    E. 我们日子一天好过一天

49. 下列短语中可以是动词性短语的是(　　)。
    A. 主谓短语　　　　　　　　　B. 连动短语
    C. 联合短语　　　　　　　　　D. 偏正短语
    E. 补充短语

50. 下列短语中不属于自由短语的是(　　)。
    A. 清华大学　　　　　　　　　B. 历史唯物主义
    C. 工作需要　　　　　　　　　D. 开门红
    E. 欢天喜地

51. 下列短语属于以某个实词作为标记的有(　　)。
    A. 述宾短语　　　　　　　　　B. 主谓短语
    C. 量词短语　　　　　　　　　D. 兼语短语
    E. 方位短语

52. 下列短语中属于以某个虚词作为标记的有(　　)。
    A. 当兵的　　　　　　　　　　B. 十分畅销
    C. 对于这个问题　　　　　　　D. 木头似的
    E. 我的或你的

53. 下列短语中不是联合短语的有(　　)。
    A. 我们中国人　　　　　　　　B. 调查研究
    C. 打井抗旱　　　　　　　　　D. 两趟或三趟
    E. 从北京到上海

54. 下列定中短语一般要加"的"的有（　　）。

A. 单音节名词做定语　　　　　　　　B. 双音节名词做定语

C. 单音节形容词做定语　　　　　　　D. 双音节形容词做定语

55. 下列短语属于主谓短语的有（　　）。

A. 桥上走火车　　　　　　　　　　　B. 什么时候开会

C. 有个问题要问　　　　　　　　　　D. 两天过去了

E. 每人一张

56. 下列短语中属于联合短语的有（　　）。

A. 从昨天到今天　　　　　　　　　　B. 去或不去

C. 讨论讨论　　　　　　　　　　　　D. 熊猫伟伟

E. 所见所闻　　　　　　　　　　　　F. 来来往往

57. 下列短语属于偏正短语的有（　　）。

A. 站着听　　　　　　　　　　　　　B. 对牛弹琴这句话

C. 不哭了　　　　　　　　　　　　　D. 会游泳

E. 前一段

58. 下列状中短语一般不加"地"的有（　　）。

A. 代词或时地名词做状语的　　　　　B. 双音节形容词做状语的

C. 方位短语或介词短语做状语的　　　D. 其他短语做状语的

59. 下列短语属于定中短语的有（　　）。

A. 发言提纲　　　　　　　　　　　　B. 这个东西

C. 一脸笑　　　　　　　　　　　　　D. 体制改革问题

E. 就巴掌大　　　　　　　　　　　　F. 书架下面

60. 下列短语属于状中短语的有（　　）。

A. 就三个　　　　　　　　　　　　　B. 有必要查一查

C. 北京见　　　　　　　　　　　　　D. 应该他去

E. 云层里穿出一架飞机　　　　　　　F. 一个个检查

G. 打铃时上课

61. 下列短语属于述宾短语的有（　　）。

A. 拿了走　　　　　　　　　　　　　B. 抢着说

C. 出生于1980年　　　　　　　　　　D. 害怕讲话

E. 继续试飞　　　　　　　　　　　　F. 要求作业

G. 迟到十五分钟

62. 下列短语属于补充短语的有(　　)。
A. 长一点
B. 买一斤
C. 走向生活
D. 邀请他参加
E. 拔草两小时
F. 说个明白
G. 装一次车

63. 下列语言材料充当宾语或补语会引起宾补划界问题的是(　　)。
A. 名词性词语
B. 谓词性词语
C. 含名量的量词短语
D. 表时间的量词短语

64. 偏正短语的修饰语是定语还是状语要看(　　)。
A. 修饰语的性质
B. 中心语的性质
C. 偏正短语的语法位置
D. 用不用"de"

65. 方位短语可以表示(　　)。
A. 处所
B. 时间
C. 性质、状态
D. 数量
E. 抽象的概念

66. 下列短语属于复指短语的有(　　)。
A. 北京这个历史名城
B. 钴元素
C. 牛顿定律
D. F-16战斗机
E. 俩兄弟
F. 世界屋脊帕米尔高原
G. 十里洋场

67. 下列短语不属于连谓短语的有(　　)。
A. 看了看
B. 说话说多了
C. 看看就走
D. 去看看
E. 看看去
F. 说说看

68. 下列短语属于兼语短语的有(　　)。
A. 问他去不去
B. 禁止闲人入内
C. 有必要做
D. 有人做
E. 叫她林嫂
F. 祝您健康
G. 推荐他为市长候选人

69. 下列短语属于复合主谓短语的有(　　)。
A. 这些战士眼睛熬红了
B. 这个谜语我猜不着
C. 他爸爸身体很好
D. 老舍原名舒庆春
E. 下午他有事

70. 下列短语只能是名词性短语的有（　　）。
A. 偏正短语　　　　　　　　　　B. 联合短语
C. 复指短语　　　　　　　　　　D. 量词短语
E. 方位短语　　　　　　　　　　F. "的"字短语

71. 下列短语属于固定短语的有（　　）。
A. 神不知鬼不觉　　　　　　　　B. 万马奔腾
C. 风景秀丽　　　　　　　　　　D. 鲜花似的
E. 大众日报　　　　　　　　　　F. 山不转水转

72. 下列短语必须首先切分状语的是（　　）。
A. 统统洗完了　　　　　　　　　B. 很有作为
C. 只讨论一个问题　　　　　　　D. 已经找他两次了
E. 紧握双手　　　　　　　　　　F. 不开讨论会

73. 下列短语应该首先切分宾语的是（　　）。
A. 早告诉他了　　　　　　　　　B. 太有意思了
C. 送给他三次钱　　　　　　　　D. 别打扰他
E. 重扣一球　　　　　　　　　　F. 不开讨论会

74. 下列短语应该首先切分补语的是（　　）。
A. 问过他两次　　　　　　　　　B. 练了一回拳
C. 没扫干净　　　　　　　　　　D. 供给他们以大量的物资
E. 拿出一本书来　　　　　　　　F. 把书放在桌子上

75. 可以多分的短语是（　　）。
A. 复合主谓短语　　　　　　　　B. 联合短语
C. 介词短语　　　　　　　　　　D. 连谓短语
E. 方位短语

76. 用层次分析法不好分析的短语有（　　）。
A. 连动短语　　　　　　　　　　B. 复合主语短语
C. 带双宾语的述宾短语　　　　　D. 兼语短语
E. "动+补+宾+补"式短语

77. "井水不犯河水"这一短语属于（　　）。
A. 主谓短语　　　　　　　　　　B. 名词性短语
C. 固定短语　　　　　　　　　　D. 多义短语
E. 动词性短语　　　　　　　　　F. 自由短语
G. 多重短语

78. "横挑鼻子竖挑眼"这一短语属于(   )。
   A. 联合短语   B. 连动短语
   C. 述宾短语   D. 自由短语
   E. 动词性短语   F. 多重短语

79. "叫你当厂长是大家的意愿"这一短语是(   )。
   A. 兼语短语   B. 述宾短语
   C. 主谓短语   D. 多重短语
   E. 自由短语   F. 动词性短语

80. 下列短语属于多义短语的有(   )。
   A. 不喜欢他的人   B. 如同火炬一般燃烧起来
   C. 我们三个一组   D. 广东和广西的部分地区

81. 属于兼语词组的有(   )。
   A. 倒杯茶喝   B. 点灯夜读
   C. 借书看   D. 托他转告
   E. 选他当代表

82. 祈使句的主要特点是(   )。
   A. 谓语大都是表示行为动作的动词性词语   B. 多是非省略句的动词句
   C. 主语一般是第二人称代词,往往省略   D. 叙述已经发生的事件
   E. 也可以是形容描写性质的

83. 可以直接用作造句的线性材料的是(   )。
   A. 语素   B. 词
   C. 词组   D. 分句
   E. 语调

84. 下面各词中既是名词又可以是动词的有(   )。
   A. 上   B. 充实
   C. 科学   D. 被
   E. 绿化

85. 放在句首的时间名词或处所名词,它们可能充当两种句法成分,这两种成分是(   )。
   A. 谓语   B. 主语
   C. 宾语   D. 定语
   E. 状语

86. 由两个是非问合并形成的疑问句是(   )。
   A. 特指问句   B. 是非问句
   C. 选择问句   D. 正反问句
   E. 反问句

87. 有语义歧义不能用层次分析法分化的句法结构有(　　)。
A. 鸡不吃了　　　　　　　　　　　B. 饭不吃了
C. 妈妈的鞋没做好　　　　　　　　D. 妈妈没做完鞋
E. 没做完妈妈的鞋

88. 下面句子中表述正确的两句是(　　)
A. 即使是普通的孩子,只要教育得法,也会成为不平凡的人。
B. 即使是普通的孩子,如果教育得法,也会成为不平凡的人。
C. 即使是普通的孩子,因为教育得法,也会成为不平凡的人。
D. 虽然是普通的孩子,因为教育得法,也会成为不平凡的人。
E. 既然是普通的孩子,如果教育得法,也会成为不平凡的人。
F. 不管是普通的孩子,只要教育得法,也会成为不平凡的人。

四、判断题

1. 语言中各种单位的组合都是有一定规则的。(　　)
2. 以客观存在的语法规则为研究对象的语法学往往带有一定的主观性。(　　)
3. 语法的稳固性是指语法规则千百年来一直没有发生变化。(　　)
4. 语言中具体的词和语是无限的,但从中概括出来的语法规则却是有限的。(　　)
5. 各种不同的语言在语音、词汇方面差异较大,在语法方面却基本没有区别。(　　)
6. 任何语素都具有明确的词汇意义。(　　)
7. 虽然语素都是构词单位,但有些语素同词一样也可以自由地进入句子。(　　)
8. 词是不可分割的,多音节词一经分割各部分便没有意义了。(　　)
9. 短语是造句单位,所有的短语都能独立成句。(　　)
10. 词都能独立运用,但凡是能独立运用的却不一定是词。(　　)
11. 单音节语素是汉语语素的基本形式。(　　)
12. 从语素的角度看,音译外来词都是多音节的。(　　)
13. 自由语素同时也是词。(　　)
14. 汉语的实语素都是自由语素。(　　)
15. 汉语的虚语素大多是位置固定的。(　　)
16. 汉语的自由语素都是实语素。(　　)
17. 汉语中所有的词都是由语素构成的。(　　)
18. 汉语中所有的单音节词都是由自由语素构成的。(　　)
19. 动宾型合成词的前一个语素都是动词性语素。(　　)
20. 叠音词有单纯词和合成词两种。(　　)
21. 在任何语言中,形态特征都是划分词类的主要依据。(　　)
22. 就汉语的情况而言,只靠造句功能就可以把一类词同另一类词区别清楚。(　　)

23. 凡概括意义相同的词,它们的语法特征也大致相同。（　）
24. 汉语中,所有的词都能跟别的词直接组合。（　）
25. 实词大部分可以独立成句,虚词很少能够独立成句。（　）
26. 实词在短语或句子里的位置是不固定的,大部分虚词在短语或句子里的位置是固定的。（　）
27. 能受量词短语修饰的都是名词。（　）
28. 名词一般不能重叠。（　）
29. 名词任何时候都不受副词修饰。（　）
30. 名词只能充当主语、宾语或主语中心语、宾语中心语。（　）
31. 表示人的名称的词都可以加"们"表示复数。（　）
32. "很有水平、很讲卫生"中的"很"是程度副词,"有、讲"是动词。这说明"有、讲"之类的动词也可以受程度副词修饰。（　）
33. 不及物动词都不能带宾语。（　）
34. 所有的动词都能单独充当谓语。（　）
35. 动词只能充当谓语或谓语中心语。（　）
36. 一部分动词能带助词"着、了、过"。（　）
37. "杀、爱、知道、咳嗽、摇晃"等词在一定的条件下也可以重叠。（　）
38. 形容词都能充当谓语或谓语中心语。（　）
39. 一部分形容词可以重叠。（　）
40. 形容词都不能带宾语。（　）
41. 形容词大都能充当定语。（　）
42. 凡不受程度副词修饰的形容词,一般也不能重叠。（　）
43. 序数也可以直接用基数词表示。（　）
44. 概数不能直接用基数词表示。（　）
45. 数词绝对不能直接同名词组合。（　）
46. 表示时间的量词可以是物量词,也可以是动量词。（　）
47. "看一看""打一枪"等"一"后的"看""枪"都是借用的动量词。（　）
48. 不定量词不能同"一"以外的其他数词组成量词短语。（　）
49. 量词除了常与数词组合外,还常用代词组合。（　）
50. 有些代词既可以代替词,也可以代替短语。（　）
51. "我们"和"咱们"都是第一人称代词的复数形式,其用法完全相同。（　）
52. 指示代词只有区别作用,没有代替作用。（　）
53. 副词都不能单独回答问题。（　）
54. 副词都不能充当定语和谓语。（　）

55. 大部分副词都可以充当补语。（　　）
56. "就、又、再"等具有关联作用,所以应归入连词。（　　）
57. 介词同名词组成介词短语后也可以充当谓语。（　　）
58. "沿着、顺着、为了"是介词带动态助词。（　　）
59. "从、到、自"等介词可以表示方向或处所,也可以表示时间。（　　）
60. 连词"或者"既可以连接词、短语,也可以连接分句。（　　）
61. 连词除了具有连接作用外,也具有修饰作用。（　　）
62. "的"经常连接定语和中心语,因此看成连词更合适。（　　）
63. 连词"而"既可以表示联合关系,也可以表示偏正关系。（　　）
64. 连词必须涉及两个或两个以上的单位,只出现在一个单位前边,而没有涉及另一方的,不能算连词。（　　）
65. 连词"及"和"以及"都只能连接名词性词语。（　　）
66. "我是1962年上的大学"中的"的"是结构助词。（　　）
67. 语气助词只能出现在句末,不能出现在句中。（　　）
68. "觉得、记得、认得"中的"得"不是结构助词。（　　）
69. "被、给"有时也是助词。（　　）
70. 叹词有时也可以充当宾语、状语、谓语等成分。（　　）
71. 结构助词"的"不能出现在句末,只能出现在句中。（　　）
72. 拟声词不能充当谓语和定语。（　　）
73. "感谢、担心"等词既可以带宾语,也可以受程度副词的修饰,所以是动词兼属形容词。（　　）
74. "恳切、悲观"等词既可以充当谓语、定语,也可以充当状语,所以是形容词兼属副词。（　　）
75. "锁、决定"等词既可以受数量短语修饰,也可以受副词修饰,并且能带宾语,所以是名词兼属动词。（　　）
76. "别"既可以带宾语,也可以充当状语,表示否定。因此,是动词兼属副词。（　　）
77. 名词一般不受副词修饰,主要充当主语和宾语。所以,凡是名词受副词修饰或名词充当谓语的句子都是病句。（　　）
78. 凡是动词受物量短语修饰的句子都是错误的。（　　）
79. "严格考试纪律"是形容词带宾语。（　　）
80. 形容词重叠后不再受程度副词修饰。（　　）
81. 分数既可以用于数目的减少,也可以用于数目的增加;倍数只用于数目的增加,不能用于数目的减少。（　　）
82. 量词"个"几乎可以给一切事物计量。（　　）

83. 有些量词也带有一定的感情色彩。（ ）
84. 当不明确第三者是男是女时,可以写作"他(她)"。（ ）
85. "格外、十分、更"等副词都是等义的,在任何场合下都可以相互替换。（ ）
86. "这个地方对我来说并不陌生。"这个句子犯了运用介词主客颠倒的语病。（ ）
87. "我们的祖国在前进中"是个病句,因为"在……中"这种结构中所插入的只能是名词性词语。（ ）
88. 所有的介词都只能与名词性词语组合成介词短语。（ ）
89. "和"有时也可以表示选择关系,其作用相当于"或"。（ ）
90. "和"只能连接名词性词语,不能连接动词或形容词性词语。（ ）
91. 并不是所有的动词都能带"着、了、过"。（ ）
92. 语法讲的是词、短语和句子等语言单位的结构规律。（ ）
93. 短语是从句子里分割下来的部分,也可以是句子去掉语调和语气词后剩下的部分。（ ）
94. 句子可以包含短语,短语也可以包含句子。（ ）
95. 所有短语的命名和所有短语的结构成分的命名都是根据结构关系。（ ）
96. 构成联合短语的各组成部分,一般要求词性相同。（ ）
97. 联合短语内部必须有连词,否则就不是联合短语。（ ）
98. 定中短语内部必有"的",状中短语内部必有"地"。（ ）
99. 定中短语中心语只能是名词、代替名词的代词和名词性短语。（ ）
100. 动宾短语的述语和宾语之间往往可以插入"着、了、过",而结构性质不变。（ ）
101. 补充短语内都必须有"得"。（ ）
102. 主谓短语的谓语只能由动词性或形容词性词语充当。（ ）
103. 主谓短语内部往往可以插入"是不是"变成一种问话形式。（ ）
104. 方位短语的命名不是根据其内部的结构关系。（ ）
105. 方位短语并不全都表示方位。（ ）
106. 有的复指短语两部分之间可以加"是"。（ ）
107. 连谓短语之间也可以有关联词语或语音停顿。（ ）
108. 连谓短语也可以由动词和形容词构成。（ ）
109. 兼语短语的第一个动词都是使令动词。（ ）
110. 在兼语短语中兼语前后两个动词往往有因果关系。（ ）
111. 复合主语短语的大主语只能是施事的或受事的,不能是中性的。（ ）
112. 量词短语的命名也是根据其内部的结构关系。（ ）
113. 量词短语都是由数词加量词构成的。（ ）
114. 介词短语一般不能独立成句,也不能充当谓语。（ ）
115. "的"字短语的后边都可以加上中心语,成为偏正短语。（ ）

116. 比况短语除了经常做状语、定语外,也可以做谓语、补语。（　　）
117. 从造句功能的角度看,主谓短语、补充短语都是动词性的。（　　）
118. 复指短语都是名词性短语。（　　）
119. 联合短语可以是名词性的,也可以是动词或形容词性的。（　　）
120. 成语都是固定短语。（　　）
121. 多义短语在动词后都是补语。（　　）
122. 数量短语在动词后都是补语。（　　）
123. 多义短语都可以通过层次分析加以说明。（　　）
124. 由三个以上的实词构成的短语必然会有两个以上的层次。（　　）
125. 多重短语的结构类型名称,是根据第一个层次来确定的。（　　）
126. 包含三个或三个以上词的短语就是多层短语。（　　）
127. "跑了一匹马"和"杀了一匹马"的宾语"一匹马"都是受事。（　　）
128. "很聪明"和"很了解"都能受程度副词修饰,因而可以归入形容词。（　　）
129. "他总是说这孩子很聪明。""他总是夸奖这孩子聪明。"前一句的"聪明"是形容词,后一句里的"聪明"是名词。（　　）
130. "武侠小说我从来没看过"是个倒装句。（　　）
131. 主谓短语和动宾短语主要是依靠语序这种语法手段。（　　）
132. "他家有机会出国"和"他家有人出国"都属于连谓短语。（　　）
133. "请他参加"和"希望他参加"都属于兼语短语。（　　）
134. "一本新书"的第一层次划为"一"和"本新书"是违反了意义的原则。（　　）
135. "不好的习惯"的第一层次应划分为"不"和"好的习惯"。（　　）
136. "残害人民的刽子手"的第一层次划分为"残害"和"人民的刽子手"是违反了意义的原则。（　　）
137. "靠山吃山,靠水吃水"的宾语"山"是受事宾语。（　　）
138. "打扫卫生"的宾语"卫生"是目的宾语。（　　）
139. "多威风啊,仪仗队!"是一个非主谓句。（　　）
140. "篇章指的是由句子连接成篇的语言体。"这个句子的谓语是"是"。（　　）
141. "只有在特殊情况下,才可以改变我们的计划"是一个单句。（　　）
142. "你再说也没有用"是一个单句。（　　）

五、名词解释

1. 语法　2. 实词　3. 双宾句　4. 虚词　5. 兼语短语　6. 句子　7. 语素　8. 短语　9. 祈使句　10. 方位短语　11. 疑问句　12. 非主谓句

六、分析题

1. 指出下列各词所属的词类。

国家 丰富 逊色 橘黄色 红 金子 金 新 拿 以 通过 谁 哪儿 轰隆 唉 吧 乒 啪 可怜 高兴 说服 喷香 既然 所以 忽然 努力 说明 千万 趟 顿

2. 指出下文中各词的词性。

这时,我看见他那张十分年轻稚气的圆脸,顶多有十八岁。他见我挨他坐下,立即张皇起来,好像他身边埋下了一颗定时炸弹,局促不安。

3. 指出下列句子中画线词所属的词类。

(1)这件事已经讨论<u>过</u>了。

(2)天渐渐冷<u>起来</u>了。

(3)他<u>在</u>教室里看书。

(4)自行车他骑<u>出去</u>了。

(5)我拿<u>着</u>一本书。

(6)你吃<u>了</u>饭再走。

(7)他是外国人<u>吗</u>?

(8)你应该<u>努力</u>学外语。

(9)他<u>刚才</u>来过。

(10)<u>最</u>好听的是这首歌。

(11)房子<u>上</u>面铺着瓦。

(12)这是一本<u>袖珍</u>词典。

(13)老张<u>请</u>我吃饭。

(14)<u>幸亏</u>他来。

(15)我<u>忽然</u>想起来了。

(16)这件事很<u>突然</u>。

(17)<u>无论</u>谁都说好。

(18)他<u>连忙</u>说不行。

(19)问题要<u>彻底</u>解决。

(20)我们应该<u>科学</u>地分析。

(21)我们又<u>继续</u>战斗了。

(22)屋里有一<u>扇</u>门。

(23)我们要<u>辩证</u>地看问题。

(24)<u>所有</u>人都不得离开。

(25) 这种情况是很正常的。
(26) 我们要不断改进服务态度。
(27) 工程刚刚开始。
(28) 共产党员要加强自我修养。
(29) 他做了一个报告。
(30) 我们要赶快行动。

4. 说明下列句子里加点词的词性。
(1) 了₁了₂一件事了₃。（了₁：   了₂：   了₃：   ）
(2) 百万雄师过大江。（   ）
　　日子过得真快。（   ）
　　雄赳赳,气昂昂,跨过鸭绿江。（   ）
　　去过上海。（   ）
　　你爬过山吗？（   ）
(3) 给他一本书。（   ）
　　送给他一本书。（   ）
　　给他送一本书。（   ）
　　给我滚！（   ）
　　这本书给他撕坏了。（   ）
　　这本书被他给撕坏了。（   ）
(4) 我叫冬冬,今年11岁。（   ）
　　我叫东东,他不答应我。（   ）
　　我叫冬冬给打了。（   ）
　　谁叫₁你叫₂我的。（叫₁：   叫₂：   ）
(5) 这两家门对门。（   ）
　　酒里对水。（   ）
　　对他有点看法。（   ）
　　这话很对。（   ）
　　天生的一对,地作的一双。（   ）
(6) 我和你无冤无仇。（   ）
　　我和你打电话。（   ）
　　我和你都是大学生。（   ）
(7) 跟上队伍。（   ）
　　跟他闹别扭。（   ）
　　老师跟学生都参加。（   ）

(8) 把着门,不让进。(　　　)
　　把他得罪了。(　　　)
　　一把米。(　　　)
　　拉他一把。(　　　)

(9) 得了个一等奖。(　　　)
　　不得超过30人。(　　　)
　　完成这项任务得一年时间。(　　　)
　　你得好好干哪!(　　　)
　　写得不错!(　　　)

5. 指出下列句子中带点词语的词性及意义。

(1) 我是买小说的,他是买杂志的,我们不在一起排队。

(2) 昨天的考试,题目是不太难的,只是时间少了一点儿。

(3) 我是从来不主张这样做的。

(4) 这种小船我是从来没有做过的,也是没有听说过的。

(5) 这份调查报告是老王他们的。

(6) 经过三年修整以后,这里园林的面貌是会有变化的。

(7) 这次歌舞晚会,有很多节目是新的,有的是非常精彩的。

(8) 他们是不会同意这种意见的。

(9) 这部《古代汉语》是1959年出版的。

(10) 张思德同志是为人民利益而死的,他的死是比泰山还要重的。

(11) 他吃了药不到一小时就吐了。

(12) 今天我们听了一下午报告,明天还要接着听。

(13) 我明天不想去颐和园了。

(14) 群众的情绪慢慢平静了下来。

(15) 经过几个月的努力,这头野象基本被驯服了。

(16) 我们国家的大使也去了。

(17) 彼得的断指接上了以后,很快就复活了。

(18) 他的裤子做瘦了,上衣做肥了,穿着都不合适。

(19) 这个消息太鼓舞人了。

(20) 小王很喜欢体育,什么打球了,游泳了,滑冰了,他都擅长。

(21) 他刚才从这儿走过,骑自行车还能赶上。

(22) 刚才你干什么去了?

(23) 行李刚刚二十公斤。

(24) 刚才发现了一个新情况。

(25)这两只花瓶刚好配成一对儿。
(26)这根竹竿刚好有一米长。
(27)给我一壶开水沏茶。
(28)给我来封信。
(29)厂里发给他一套工作服。
(30)衣服给雨淋湿了。
(31)他把衣服给晒干了。
(32)房间都让我们给收拾好了。
(33)城里城外跑了三天,给我累得够呛。
(34)出去的时候,给我把门关好。
(35)杯子给打碎了一个。
(36)说话要有根据。
(37)财政支出应该根据节约的原则。
(38)根据现有的材料,我们还不能做出最后的决定。
(39)小李跟我都是哈尔滨人。
(40)你去跟老王研究一下。
(41)你走慢一点,快了老太太跟不上。
(42)这是我的错,怪不得他。
(43)下雪了,怪不得这么冷。
(44)天很快就亮了。
(45)早在儿童时期我们就认识了。
(46)他就要了三张票。
(47)我们就老赵学过日语。
(48)大家就创作方法进行热烈的讨论。
(49)就我们来讲,抗旱是分内的事。
(50)你就说得再好听,我也不信。
(51)这东西他就拿了去也没有用。
(52)出去的时候,就顺手关了一下门。
(53)不比吃,不比穿,就比谁干劲大。
(54)小孩不能跟大人比,应该早点睡。
(55)你的热情比年轻人还高。
(56)产量比上个月增加了百分之十。
(57)我要一支英雄金笔。
(58)他要办公室给他开个介绍信。

(59)我有话要对他讲。
(60)写文章要简明扼要。
(61)看样子要下雨。
(62)麦子眼看就要割完了。
(63)你要能来,那该多好!
(64)要不是下雨,我们早上太阳岛玩了。
(65)各地情况不一,不必强求一律。
(66)执勤人员一律佩戴臂章。
(67)我们到一起不久,他又调走了。
(68)大学四年,我们学习在一起,生活在一起。
(69)我不跟他一起走。
(70)打个比方。
(71)我们就拿他来比方。
(72)他在家,你跟他斗气儿,比方长期在外,你想不想他呢?
(73)你就让他这一次吧。
(74)他一边说,一边把客人让了进去。
(75)来晚了,让您久等了。
(76)他们的脸让灯光照得通红。
(77)我让树枝把衣服刮破了。
(78)我和他经常在一起。
(79)我和这事没关系。
(80)老师和同学都赞成这样做。

6. 将下列句中的"de"替换成适当的结构助词。

(1)他说 de 我没听清楚。
(2)月亮悄悄 de 爬上了树梢。
(3)我们按规定做 de 处理。
(4)高兴 de 眼泪围着眼圈转。
(5)你别说 de 太过分了。
(6)历史不会简单 de 重复,但忘记历史肯定会遭到沉重 de 打击。
(7)正因为如此,布什政府才迅速 de 接受了叙利亚方面善意 de 姿态,表示叙利亚已经收到了我们 de 信息。
(8)库尔德人警告土耳其说,土耳其大规模军队 de 进入将被视为是对伊拉克领土 de 入侵。
(9)在美国 de 强烈 de 反对和威胁下,土耳其最后只得保留几个军事观察哨,暂时放弃了出兵 de 念头。

(10)铺天盖地 de 广告不仅引导着消费,而且还塑造着人们 de 消费观念和生活模式,使得相当一些人 de 消费行为是为了满足从众心理 de 需要。

(11)而正是老年时代孜孜不倦 de 学习,她们 de 晚年生活才异常 de 充实和快乐。

(12)对人大常委会委员会入情入理、情真意切 de 质询和批评,在场被质询 de 政府官员很受感动。

(13)记者发现,马哈蒂尔在西方媒体上 de 形象与他在国内 de 威望形成了强烈 de 反差。

(14)在中国遇到困难 de 时候,法国应该向它表达诚挚 de 同情和友谊。

(15)难道被迫进行了如此长期血战 de 中国人民,还应该对于这些穷凶极恶 de 敌人表示亲爱温柔,而不加以彻底 de 消灭和驱逐吗?只有彻底 de 消灭了中国反动派,将美帝国主义 de 侵略势力驱逐出中国,中国才能有独立……

(16)这次疫情 de 发生,应该促使我们对自己 de 生活方式 de 毛病和社会公德 de 缺欠进行深刻 de 反思。

7. 指出下列句子中的介词短语,并说明介词短语所充当的句子成分。
(1)他对青年人的思想脉搏把握得真准。
(2)晏子对卫兵说:"只有到狗国去的人,才从狗洞进去。"
(3)这时老农民非常高兴,他又把蛇从衣服里面轻轻地拿出来。
(4)从省委到各地、市、县委,到各个部门的负责干部,都有计划地下去蹲点。
(5)那部电影是由陈建华第二次去机场迎接妹妹开始的。
(6)在她这个年纪的女人里边,她是个顶有福气的。
(7)在一万一千米以上的高空,温度是不随着高度而改变的。
(8)认真探索它发生的原因,科学估计它的历史地位,从政治上、思想上、经济上和文化上努力吸收它的丰富成果,对于进一步发挥社会主义民主,发展全国安定团结、生动活泼的政治局面,调动一切积极因素加速国民经济的发展,具有非常重大的意义。
(9)彭德怀同志在党中央的领导下,在近半个世纪的革命斗争中,南征北战,历尽艰险,为中国革命战争的胜利,为人民军队的成长和壮大,为保卫和建设社会主义祖国做出了极其卓越的贡献。
(10)当前,我们在理论战线上的崇高任务就是领导、教育全党和全国人民历史地、科学地认识我们党的发展道路,完整地、准确地掌握毛泽东思想的科学体系,把马列主义、毛泽东思想的普遍真理同社会主义现代化建设的具体实践结合起来,并在新的历史条件下加以发展。

8. 指出下列短语的类型。
(1)坐在床上　(2)来了三位　(3)敢想敢说　(4)领导带头　(5)放学之前　(6)派他完成　(7)卖菜的　(8)拍着手笑　(9)我们三个人　(10)对这些人

9. 分析下列短语的结构类型和功能类型。
(1)研究的进展　(2)喜欢清静　(3)外面冷　(4)在南方(工作)　(5)泰山下　(6)图

书馆的 (7)乞丐似的 (8)半个月以后 (9)踢一脚 (10)让他进来 (11)买一斤 (12)公司地下室 (13)拼命工作 (14)值得注意 (15)买煎饼吃 (16)相当忠诚 (17)文笔不错 (18)搞小发明 (19)看准 (20)东都洛阳 (21)五公斤 (22)他的突然出现 (23)命令我们坚守岗位 (24)为大家(好) (25)三十左右 (26)哥哥送给我的 (27)亲兄弟一般 (28)层层的叶子中间 (29)听了很高兴 (30)国庆节那天 (31)谦虚使人进步 (32)好了一点 (33)活跃气氛 (34)江苏南京 (35)江苏安徽 (36)办不到 (37)牺牲精神 (38)调查清楚 (39)调查情况 (40)工作认真 (41)昨天晚上 (42)觉得这个人好 (43)我哥哥 (44)他卖的旧报纸 (45)请他去

10. 分化下列歧义短语。
(1)他的哥哥和妹妹的三位朋友
(2)看打乒乓球的中小学生
(3)我们五人一组
(4)关于植树造林的建议
(5)骂他朋友的孩子
(6)安排好工作
(7)非洲语言研究
(8)他兄弟小刚和小明
(9)撞倒他的自行车
(10)摩托车和汽车的零件
(11)思念故乡的亲人
(12)干部和工人中的积极分子
(13)优秀的纪实小说的作者
(14)要学习文件
(15)关于索绪尔的两本书

11. 用层次分析法的框式图解法,分析下列复杂短语的结构层次和结构关系。
(1)研究这个运动的现状及其发展
(2)外语老师最喜欢的
(3)在车站前面的广场上
(4)天气已经热得受不了
(5)昨天在休息室里同他交谈
(6)狠狠地打了孩子几下
(7)提着篮子上街买菜
(8)必须极大地提高中华民族的科学文化水平
(9)乘车去机场迎接出访归来的同志
(10)这些为了抢救伤员献了三次血的同志
(11)社会的发展需要迅速及时获得文字信息
(12)派他到镇上粮食棉花收购站看一下市场情况
(13)把地下水抽上来供牛羊饮用
(14)这件如此重要的事情我们几个人现在脑子里竟然没有一点印象了
(15)布马褂底下的袍子的大襟后面的口袋
(16)走在后头的人要加油

(17)这位新来的客人我不认识

(18)世界珍贵稀有动物熊猫的故乡中国

(19)浓浓的长长的眉毛和一双不大不小的眼睛

(20)谁是最可爱的人

(21)昨天从家乡传来振奋人心的好消息

(22)希望参加去北京的旅行团

(23)痛得我差点掉眼泪

(24)他能不能马上来还是个问题

(25)把你妹妹小英的情况给大家介绍一下

(26)做一个有理想有作为的青年

(27)告诉我他怎样来这儿

12.指出下列句子的句型并分析它们的层次成分。

(1)这件事给了他很深刻的教训。

(2)我弟弟极力主张到杭州去旅游。

(3)据说,厂长已经找了你三回了。

(4)这个问题回答的人不多。

(5)这台计算机学校的。

(6)老王劝他马上骑车去请医生。

(7)我们对他的品德还是很清楚的。

(8)叔叔,你去动员他留下来看戏。

(9)中国女排飞到漳州开始训练。

13.用框式图解法分析下列单句。

(1)这件事,我决定让你去办。

(2)出版社在全市中小学开学之前把教材赶印出来了。

(3)我的确被他的精神所感动。

(4)小山被黑胡子抓壮丁抓走了。

(5)你坐在这儿看看报纸等我一会儿。

(6)那个班的同学,名字我一个都叫不出来。

(7)大夫嘱咐她每天按时吃药。

(8)我们要求他们执行命令。

(9)乡长看见他从食堂走出来。

(10)我驻联合国代表致函安理会主席。

(11)别人问他小王整天待在家里干什么。

(12)树枝上已经结出第一个金钱橘。

(13)景泰蓝花瓶里插满了各种名贵的花。
(14)你去问问学习委员三角形内角之和等于一平角应该怎样证明。
(15)这样做就能使市长腾出手来处理一些群众反映强烈的社会治安问题。
14.分析下面的句子,指出哪些是单句,哪些是复句。
(1)我明白他的地位、他的教育,不容他承认这样的母亲。
(2)作家在作品里,表现一个思想,创造一个人物的形象,他的最基本的工具便是语言。
(3)我认为"打死老虎"者装怯作勇,颇含滑稽,虽然不免有卑怯之嫌,却怯得令人感到可爱。
(4)请你想一想,你现在跟这个犹太人讲理,就像站在海滩上,叫那大海的怒涛降低它的奔腾的威力,责问豹狼为什么害得母羊为失去它的羔羊而哀啼,或是叫那山上的松柏,在受到大风吹拂的时候,不要摇头摆脑,发出欷欷的声音。
(5)所有这些大大小小的途径,无论过去、现在或将来,都通向无产阶级文化,正如马克思改造过的政治经济学向我们指明了人类社会的必然归宿,指明了过渡到阶级斗争,过渡到开始无产阶级革命一样。
(6)回国以后,在1837年我就想到,如果耐心搜集与这问题有关的各种材料,加以整理研究,也许可以得到一些结果。
(7)在科学的入口处,正像地狱的入口处一样,必须提出这样的要求:这里必须杜绝一切犹豫,任何怯懦都无济于事。
(8)他们对中国现代化前景的居心叵测的描绘,倒是很清楚地告诉人们,在他们看来,只有中国永远落后贫穷,才最符合他们的安全与利益。
(9)不但每个星期六和星期天,就连新年和春节也在忙于工作。
(10)永远不老的春天,永远新鲜的绿叶,永远不会凝固、不会僵硬、不会冻结的雨丝。
15.分析下列句子,如果是单句,请根据谓语确定其句型;如果是复句,则分析分句之间的层次和关系。
(1)他来信说,只要我们愿意去,他一定奉陪。
(2)他不但细心听取了我们的意见,而且立刻通知组内同志前来商量,态度甚至比我们还要积极。
(3)一批珍贵历史文献近年来被发掘出来了。
(4)一路上,他多次下车走进农舍和农村小商店,同农民亲切交谈。
(5)要是谁干起活来马马虎虎,不管他怎样能干,不管他对我多么好,我也不买他的账。
(6)老王头到底借给你多少种子?
(7)他真的把我当成来九连扎根的指导员了。
(8)依我看,保护消费者权利也是对生产厂家和服务部门的一种爱护。
(9)虽然这世界罕有的铁路工程甚为艰巨,虽然领导干部和技术人员都没有对付过这样复杂的自然情况,虽然绝大部分工人是刚放下枪杆或者农具的外行,不懂得如何下手工作,可是,历史既把建设的担子放在他们肩上,他们就以无比的英雄气概,挑起这繁重的担子,坚毅地向前走。

(10)鲁迅的小说我看了好几本。

(11)只要能让我工作,不管到什么地方,不管条件多么艰苦,我都去!

(12)太阳神口服液可调节机体平衡,帮助人体主动吸收食物中的养分,而非单一进补,因此,不仅突破了滋补型及治疗型传统保健品的季节和年龄限制,适用范围广,而且也无任何副作用。

(13)他们去海南岛玩了许多地方。

(14)广阔富饶的新疆,对国内外旅游者具有极大的吸引力。

(15)有的人由于不懂逻辑,因此对别人不合逻辑的言论,不但不能觉察它的荒谬,反而随声附和,人云亦云。

(16)现在一些中、低焦油含量的香烟虽然减少了对肺部的损害,但是并不等于此类香烟无毒,因为只要香烟燃烧,就会产生大量的一氧化碳和其他有毒物质,就会对机体继续造成损害。

(17)你看,这大概是钱玄同的手迹吧?

(18)一路上,我脑海中不停地翻腾着这个问题:"他怎么搞起民间文学来了?"

(19)干部处的花名册告诉我,这九连的指导员是空位。

(20)三味书屋后面也有一个园,虽然小,但在那里也可以爬上花坛去折腊梅花,在地上或桂花树上寻蝉蜕。

(21)他选中了奶头山上靠近鹰嘴石的最大最高的一棵树做目标。

(22)她未必知道她的悲哀经大家咀嚼赏鉴了许多天,早已成为渣滓。

(23)我们有正确的思想路线、政治路线和组织路线,只要大胆而谨慎地工作,只要经过周密的调查研究,广泛听取群众意见,就完全有把握把大批优秀的中青年干部提拔起来,保证我们的事业后继有人。

(24)那种场面,那种气氛,使我感到从未有过的新奇和兴奋。

(25)在融洽热烈的气氛中,学生们还就经济体制改革问题同理论工作者一起进行了探讨。

(26)在这里,我可以说一说我自己感情变化的经验。

(27)他早想在路上拾得一注钱,但至今还没看见;他想在自己的破屋里忽然寻到一注钱,慌张地四顾,但屋内是空虚而且了然。

(28)浙江解放后,陈伟达同志在浙江的社会主义改造和建设中,表现了高度的事业心、责任感和卓越的组织领导才能。

(29)我两手空空,既不愿让悲鸿知道,以免他焦急,又不愿开口向人求助。

(30)经过一番风雨,我又把你从死神的手里夺了回来。

16. 分析下列多重复句。

(1)问题是提出了,但还不能解决,就是因为还没有暴露事情的内部联系,就是因为还没有经过这种系统的周密的分析过程,因而问题的面貌还不清晰,还不能做综合工作,也就不能很好地解决问题。

(2)蜜蜂的复眼因为具有特殊的结构能够看到太阳偏振光的振动方向,而这种方向与太阳的位置有确定的关系,所以蜜蜂能够随时辨别太阳的方位,确定自身的运动方向,准确无误地找到蜜源或回巢。

(3)在我们的工作中尽管有缺点,有错误,但每个公正的人都可以看到,我们对人民是忠诚的,我们有决心有能力同人民在一起把祖国建设好,我们已经得到巨大的成就,并且将继续得到更巨大的成就。

(4)只有实行劳动力合理流动,让那些有能力而又愿意为社会主义贡献力量的人去取代相形见绌的分子,才能使生产资料和劳动力更好地结合,创造更高的劳动生产率,使按劳分配原则得到更好的贯彻。

(5)实事求是地分析以上的问题,应该说,不是独生子女天生就有品德和行为习惯方面的弊病,而是在独生子女家庭中存在着不利于儿童良好品行形成的因素,并通过不正确的家庭教育而发展成为事实。

(6)但是一切外国的东西,如同我们对于食物一样,必须经过自己的口腔咀嚼和胃肠运动,送进唾液肠液,并把它分解为精华和糟粕两部分,然后排泄其糟粕,才能对我们的身体有益,决不能生吞活剥地毫无批判地吸收。

(7)关于物种起源问题,如果一位博物学家,对于生物相互间的亲缘关系、它们的胚胎的关系、地理的分布以及在地质期内出现的程序等事实,加以考虑,那么我们可以推想到,生物的种,和变种一样,是由以前别的种演变而来,而不是分别创造出来的。

(8)在我自己,本以为现在是已经并非一个迫切而不能已于言的人了,但或者也还未能忘怀于当日自己的寂寞的悲哀罢,所以有时候仍不免呐喊几声,聊以慰藉那在寂寞里奔驰的猛士,使他不惮于前驱。

(9)"没有调查就没有发言权"这句话,虽然曾经被人认为"狭隘经验论"的,我却至今不悔;不但不悔,我仍然坚持没有调查是不可能有发言权的。

(10)倘或安适之还没来,她一定死死地钉在那预约见面的地方,纵使发生了火灾、洪水、地震,或者爆炸了一颗氢弹,只要她不死,她一定牢牢地站在那儿,站在那儿等待他的到来。

(11)经过的年月一多,话更无从说起,所以虽然有时想写信,却又难以下笔。

(12)"理直气壮"看来无可非议,但若运用于人民内部,"气壮"往往效果不佳,使对方难以接受,甚至发生纠纷。

(13)我们很多人没有很好地学习语言,所以我们在写文章做演说时就没有几句生动活泼切实有力的话,只有死板板几条筋,像瘪三一样,瘦得难看,不像一个健康的人。

(14)只要他们不觉得厌烦,我甚至愿意跟他们谈谈我在探索人生方面曾经走过的弯路,以便他们少付出一些不必要的代价。

(15)车摇慢了,线抽快了,线就会断头;车摇快了,线抽慢了,毛卷、棉条就会拧成绳,线就会打成结。

(16)掌柜是一幅凶脸孔,主顾也没有好声气,教人活泼不得;只有孔乙己到店,才可以笑几声,所以至今记得。

(17)城里有许许多多的事他不明白,听朋友们在茶馆里议论更使他发胡涂,因为一人一个说法,而且都说得不到家。

(18)虽然是满月,天上却有一层淡淡的云,所以不能朗照;但我以为这恰是到了好处——酣眠固不可少,小睡也是别有风味的。

(19)固然,如果不认识矛盾的普遍性,就无从发现事物运动发展的普遍原因或普遍的根据,但是,如果不研究矛盾的特殊性,就无从确定一事物不同于它事物的特殊本质,就无从发现事物运动发展的特殊原因。

(20)内容有分量,尽管文章短小,也是有分量的;如果内容没有分量,不管写多长,也没有分量,所以不能只看量,要讲求质。

(21)北京是美丽的,我知道,因为我不但是北京人,而且到过欧美,看见过许多西方的名城。

(22)只要我们在今后进一步改善对青年的思想教育工作,把国家的真实情况告诉他们,并且努力纠正我们工作中的错误,我们就一定能够帮助广大青年自觉地克服自己的弱点,勇敢地迎接自己的战斗任务。

(23)现在一些中低焦油含量的香烟虽然减少了对肺部的损害,但是并不等于此类香烟无毒,因为只要香烟燃烧,就会产生大量的一氧化碳和其他有毒物质,就会对机体继续造成损害。

(24)他早想在路上拾得一注钱,但至今还没有见;他想在自己的破屋里寻到一注钱,慌张的回顾,但屋里是空虚而且了然。

(25)塑料不腐烂分解是一大长处,因为当塑料垃圾被深埋时,它永远不会变成任何有毒的化学物质污染人类生存的环境,即使是被焚烧,大部分塑料也不会释放出有毒气体。

(26)宋师毕竟是个快乐的人,虽然也苦恼了几天,装过几天病,但过了那股劲,憎恨的情绪慢慢也淡了,对小娥也管得不那样紧了。

(27)拉车的人们,只要今天还不至于挨饿,就懒得去张罗买卖:有的把车放在有些阴凉的地方,坐在车上打盹;有的钻进小茶馆去喝茶;有的根本没有拉出车来,只到街上看看有没有出车的可能。

(28)这个院子,虽然不气派,甚至连一条平坦的路也没有,下雨到处是水塘和泥坑,但却时有漂亮的卧车驶入,都是找人事局那位陈科长的。

(29)尽管古代的一些作家,并不完全是唯物主义者,但是他们既然是现实主义者,他们思想中就不能不具有唯物主义的成分,因而他们能够从艺术描写中反映出一定的客观真理。

(30)我们所以要隆重纪念阿尔伯特·爱因斯坦,不仅是因为他一生的科学贡献对现代科学的发展有着深远的影响,而且还因为他勇于探索、勇于创新、为真理和社会而献身的精神是值得我们学习的,是鼓舞我们为加速实现四个现代化而奋斗的力量。

(31)在周副主席的号召和影响下,整个村子的部队都搓米:有瓦片对瓦片搓的;有石头对石头搓的;有的干脆就用手搓,手上磨出了血泡,但仍然愉快地搓。

(32)巴儿狗如此宽容,别的狗也大可不必打了,因为它们虽然势利,但究竟还有些像狼,带有野心,不至于如此骑墙。

(33)我们无论认识什么事物,都必须全面地去看,不但要看到它的正面,而且还要看到它的反面,否则,就不能有比较完全的和正确的认识。

(34)革命精神是非常宝贵的,所以没有革命精神就没有革命行动,但是革命又是在物质利益的基础上产生的,如果只讲革命精神,不讲物质利益,那就是唯心论。

17. 修改下面的病句,并指出致病的原因。

(1)各位观众:本台今晚第二台节目21:00将播出国务委员、国家安全生产委员会主任张劲夫就安全生产问题的电视讲话。

(2)在他们的辛苦工作下,使蒙受冤屈的人员以及他们的家属放弃了长期背着的政治包袱,消除了对党的政策的疑虑。

(3)汉语普通话的b[p]、d[t]、g[k]就很相似这类半浊音,因此严式音标记为[b]、[d]、[g]。

(4)本品系用鲜奶,经巴氏灭菌消毒等科学方法制成,具有速溶、清洁卫生、营养丰富,老幼皆宜,实在是滋补佳品。

(5)从3月20日到3月30日,全市报名参加上述三科四门公共课考试的考生有8 860多人次,其中报考语文者最多,达2 470多人次。

(6)宦官和太监都是我国封建皇宫中的特有产儿,都是被阉割过的封建帝王的奴仆。

(7)1月26日起演于上海体育馆的歌舞晚会,荟萃京、沪、穗、港的明星。

(8)老人病逝时,吐了一身鲜血,拉了一身的大便。护士长邬友娣打来了一大桶热水,为老人从头洗到脚,换上干净衣服,还按摩着抬上下颌,闭上眼睛,足足忙了一个多小时,家属们为死者感动了,他们找到了外科与部门领导,要求表扬外科病房的护士。

(9)从8月9日起,各式家具、沙发、红木家具、藤制品家具等九五折优惠酬宾。

(10)这个县的主要经验是发挥被人们尊称为"六老"的离退休老干部、老教师、老蒙医、散居在农村的老知识分子、老民间艺人、老喇嘛的作用,全面挖掘、整理文化遗产。

(11) 而如果能把方块汉字结构的条理化,即以有限的符号做定向排列,同声韵字母结合起来,我们就能走出一条具有中国特色的文字改革道路。

(12) 小蒲突然发现,只要把自己的知识同企业的腾飞、四化的大业结合起来,理想就有了稳固的支撑点,就会迸出耀眼的闪光,知识更不愁没有用武之地。

(13) 画家范曾 3 月 12 日在我国青联举行的新闻发布会上提出:他决定在日本举行书画义卖展览所得的 120 万元人民币全部捐给国家,作为建设南开大学东方艺术系的大楼之用。

(14) 这当然是同三中全会以来我们党所执行的对外开放政策的结果。

(15) 这两篇小说,一经《北京晚报》和大型文学丛刊《昆仑》发表后,作者以他生动的笔触、细腻的情感、恢宏的气势,赢得了广大读者,尤其是青少年读者的普遍欢迎,被誉为一曲难得的爱国主义颂歌。

(16) 追捕组从河西走廊到西南山区,从大巴山脉到云贵高原,沿途有不少名胜古迹,吸引着中外游客,追捕组为了争取时间查缉,都无暇去观光。

(17) 中国,是一个古老、勤劳、聪明而带有神话色彩的民族。

(18) 10 月 19 日,周恩来在找到了邓小平等同志了解了事情经过后,把当时担任毛泽东的联络员找到了医院。

(19) 1980 年以来,有 18 名学习成绩很差又不肯用功的学生被退学。

(20) 在"文化大革命"这场悲剧性的历史灾难中,人民从周恩来砥柱中流、力挽狂澜、呕心沥血的努力中,认识到他是人民意愿的体现者,因而更加赢得了人民的衷心爱戴,把党和国家的前途命运寄托在他的身上。

(21) 如果搁延我国西部的开发,在新能源一旦成熟之后,那时埋在我国西部国土下的这笔巨资,又会再值多少钱呢?

(22) 他与英国首相一起共同提出了代表资本主义世界政治纲领的《大西洋宪章》。

(23) 华罗庚之师王维克虽已去世 30 多年,但他为人正直,热爱祖国,工作勤勉,精心"育花",为祖国培育了不少出色的人才。

(24) 画家在烟雨朦胧的画面中竭力显示出真实生活的一隅:或小船瓦舍,或行人风采,或鹅鸭嬉戏,情景交融,让人看了心里发颤。

(25) 市财经学院教师方宝林等 48 人获市模范教师和模范教育工作者称号。

(26) 一盏明慧的灯熄灭了。

(27) 应聘的外国专家的正式工资一般应高于或维持试用期工资而不低于试用期工资。

(28) 按科学方法养猪,育肥一头猪,时间缩短一半,饲料成本减少一倍。

(29) 那里都是些小厂,三年工夫,他就把那些工厂的产值从 4 000 多万元提高到 1 亿 6 000 万元,翻了四番。

(30) 四年里把产值和主要产品纤维板的产量都提高为 20% 以上,盈利 600 万元,比前五年利润总和(74 万元)翻了三番,受到国家物资总局的通令表扬。

(31)据联合国教科文组织统计,世界总人口中约 1/3,即 81 400 万人目不识丁,其中 2/3 是非洲人,其余是亚洲人。

(32)地方军阀割据的潜在势力是蒋介石政权面临重亡的重要原因。蒋介石内外交困,鞭长莫及,只能拉拢、调和矛盾。……其最亲信、最嫡系将领胡宗南弃部逃往台湾,余部纷纷起义。……这一段历史,对今天的青年一代比较生疏。……现在这一段历史,就要以它比较真实的本来面貌和我们见面了。

(33)文件对经济领域中的一些问题,从理论上和政策上做了详细的规定和深刻的说明。

(34)雷锋同志有善于挤和钻的"钉子"精神作为我们学习的榜样。

(35)此时,远在大洋彼岸的我,临窗望着天穹上的一弯新月,千里共婵娟的你,我双手合十,虔诚地为你默默祝福。

(36)由于安装时没有仔细检查,开工后突然故障,造成了生产上的损失。

(37)这些从技校来的小伙子很快就熟练了操作的技术。

(38)对人对事都不能主观、偏见。

(39)他的工作很模范。

(40)明天我们学校的篮球队要比赛明德中学。

(41)侵略军中途换乘小的平底船"麦都萨"号冒险闯入,最后却在卯河搁了浅。他们只得放弃了侵犯苏州。

(42)鸽子长途飞行,是经过主人长期训练而获得的。

(43)20 世纪 90 年代,对于我国现代化事业来说,是具有决定性的年代。

(44)中国人在 1 000 多年以前就已种植与使用桐油了。

(45)他想到了自己刚刚的那些话,心里也很后悔。

(46)他猜对那个孩子准是小陈的弟弟。

(47)他的脸越发清瘦得很了。

(48)大家怀着一颗十分敬佩的心情来到他家。

(49)他十分重视对新干部的教育,对新干部的缺点错误及时进行帮助。

(50)出去春游,要注意防止不发生事故。

(51)学校领导利用爱国主义影片为教材,对学生进行爱国主义教育。

(52)他认真地把书稿校读了一遍,又从某些章节做了些修改。

(53)李四光 1937 年写成了名著《冰期之庐山》,对中国第四纪地质历史的研究开辟了新的篇章。

(54)爬行类这个名词,可能对我们不太熟悉。

(55)这次会议讨论了在新的形势下,如何适应培养人才的需要而出版高质量的教材。

(56)王进喜是中国工人的杰出代表树立了榜样。

(57)大家虽然有点累,但保护了集体财产免遭损失心里很高兴。
(58)经过抢救,大夫们终于把休克的病人苏醒过来了。
(59)我们早已和被服厂说好,把他们的半成品加工。
(60)我把这篇小说没有来得及看完,所以很难发表意见。
(61)这件事的过程被写得十分细致。
(62)她音色美丽,音域宽广,被在场的音乐家们吸引住了。
(63)中国人民不但认识了现代霸权主义的反动本质,而且第三世界越来越多的国家和人民也都从自己的经验中看清了现代霸权主义的真实面目。
(64)技术革新以后,不但加快了生产速度,提高了产品的质量。
(65)敌人恨他入骨,想迫害他而又不敢下手,因为他的名字不光是写在报纸上、写在书本上,而是写在千千万万人的心上。
(66)以编辑的名义回的一封信是他们的习惯做法。
(67)江西宾馆改革后,今年的营业收入超过承包方案的65%。
(68)这个厂刚实行奖金时,由于社会上一度出现忽视政治工作的影响,职工中向"钱"看的倾向明显抬头。
(69)大批农村儿童上学有了宽敞明亮的教室,坐上了木制课桌凳,广大农民十分满意。
(70)李林感到了婆媳之间紧张的气氛,多次劝说妻子尊敬老人,可收效不大。
(71)经过周密调查,终于使我们弄明白了事实的真相。
(72)不管当地气候条件极端不利,探险队员终于胜利完成了任务。
(73)在渔民们起早睡晚、终日劳动下,生产计划终于超额完成。
(74)不但我们要使学生具有坚实的基础知识,还要注意培养学生分析问题、解决问题的能力。

七、简答题

1. 为什么说词的语法功能是划分词类的主要依据?
2. 名词、动词、形容词各有哪些主要语法特征?
3. 时间名词、处所名词、方位名词与其他名词有何异同?
4. 区别词与形容词有何区别?
5. "我住在三楼"的"三"和"我走了三里路"的"三"有什么区别?
6. 量词单独做句子成分有什么条件限制?
7. "出了一身汗"和"买了一身衣服"中的"一身"有什么不同?
8. "小李怎么样了?"和"小李怎么不来?"这两句中的"怎么样"和"怎么"有什么区别?
9. 副词有哪些主要语法特征?怎样区分副词和形容词?
10. 怎样区分时间副词与时间名词、副词与形容词、副词"没有"与动词"没有"?

11. 介词有哪些主要语法特征？介词大都是由及物动词虚化而来的,有的介词与动词同形,如何区分它们？
12. 怎样区分介词"和、跟、与、同"与连词"和、跟、与、同"？
13. 怎样区分介词"由于、因为、为了"与连词"由于、因为、为了"？
14. 动词和形容词的重叠方式有什么不同？各自表示什么语法意义？
15. 词的兼类与同形同音词及词类活用有什么区别？
16. 从结构角度,短语可分为哪几类？举例说明。
17. 怎样区分同位短语和联合短语？
18. 怎样区分述宾短语和述补短语？
19. 连谓句和兼语句有什么不同？
20. 短语都可以从哪些角度分类？
21. 层次分析法切分的原则是什么？举例说明。
22. 宾语有哪些意义类型？请你举例说明。
23. 请举例说明什么是多层定语和多层状语。
24. 补语有哪些语义类型？请你举例说明。
25. 补语和宾语的一般顺序是怎样的？在哪种情况下会出现哪些特殊顺序？
26. 举例说明宾语和补语的区别。
27. 独立语中的示意性独立语(又称插入语)包括哪些小类？常用哪些词语充当？
28. 以"我希望他早点来"和"我请他早点来"为例,说明兼语句与主谓短语做宾语句的区别。
29. 什么叫非主谓句？它分为哪些类型？试举例说明。
30. 名词有哪些特点？
31. 有人说,宾语就是动词的受事。这种说法对吗？为什么？
32. 举例说明什么是双宾语,并指出能带双宾语的动词。
33. 主谓句有哪几类？试举例说明。
34. 举例说明动词和形容词的关系。
35. 如何区分现代汉语中两个不同的"是"？
36. "把"字句的特点有哪些？
37. 结合实际例子说明助词"的"和语气词"的"。
38. 如何区分助词"了"和语气词"了"？
39. 语气词"的、了"与助词"的、了"同形,但语法意义和用法却不一样,那么,什么情况下"的、了"是助词,什么情况下"的、了"是语气词？举例说明。
40. "被"字句的特点有哪些？运用条件是什么？
41. 时间名词和处所名词能不能做主语？做主语和做状语有什么不同？

42. 现代汉语中哪些词可重叠,重叠的方式如何,重叠之后都表示什么意思?是否存在着貌似重叠的现象,怎样解释?

43. 一般地说,副词不能修饰名词,那么,如何解释下列现象?

(1)也许老王肯去。　幸亏小王没来。

(2)只这几家商店开始营业。　光书就有十箱。

(3)不卫生。　很理智。　非常精神。

(4)很洋气。　太书生气。

(5)仅仅一个人。　大约三辆汽车。

(6)今天才星期一。　明天又星期日了。

(7)最上头。　最北边。　最前线。　最底层。

(8)不男不女。　人不人鬼不鬼。

44. 所谓的"判断动词"仅仅表示判断吗?它都能表示哪些意思,举例说明。

45. 汉语里的词和短语的界限不是非常清楚的,尤其是双音节的语言单位,如"黑板""骨肉""开车""牛羊"等,我们用什么样的方法区别它们?

46. 现代汉语划分词类的依据是什么?

47. 什么是语法功能?语法功能表现在哪些方面?

48. 形态可分为几种类型,形态能不能成为汉语词类划分的主要依据,为什么?

49. 名词的语法特点之一是不能重叠,那么如何解释下列现象?

(1)妈妈　哥哥　星星

(2)人人　家家　年年

50. 在"啊!多么雄伟的长城啊!"之中,两个"啊"是否属于同一个词类,为什么?

51. 哪些方位词具有引申用法?举例说明。

52. 汉语中的及物动词都可带宾语,那么不及物动词是不是都不能带宾语?举例说明这个问题。

53. 什么是谓宾动词?举例说明。

54. 形容词一般可受程度副词的修饰,可是"雪白、笔直、绿油油、水灵灵、黑不溜秋、灰里叭叽"却不能,为什么?

55. 汉语中表示数目的增减有一套习惯用语,"增加了"与"增加到"表示的意思就不一样,请回答它们之间有何不同。

56. 一部分单音节量词可以重叠,重叠以后表示何种语法意义要取决于量词充当哪种成分,请回答重叠的量词充当主语、谓语、定语、状语时都表示什么语法意义。

57. "偶然"与"偶尔"、"突然"与"忽然"是意义相近的两组词,它们的词性相同吗?如果不同,它们都属于哪种词性?你是如何分析它们的词性的?

58. 助词"的"有几种意义和用法?举例说明。

59. 写出 A、B、C 三组的重叠形式,说明为什么不能依照同形的重叠形式归并词类。
   A. 笔直、血红、滚烫、雪白
   B. 干净、漂亮、马虎、文静
   C. 打扫、布置、调查、整理
   D. 同情、害怕、理解、担心

60. "经济的逐步发展""他们的估计""分析的精确"等短语,就其功能而言应属于哪种类型,为什么?

61. 什么是多义短语？什么是歧义短语？二者有何区别？

62. 谓语与动语有何不同,举例说明。

63. 汉语中的主语一般由名词性成分充当,谓词性词语能否充当主语？如何充当？它们与名词做主语的句子有什么不同？

64. 一般来说,状语的位置应在主语之后、谓语之前,但是也有一些状语可以放在句子之前,充当句首状语,举例说明。

65. 某些时间语词既可以做补语又可以做宾语,怎么加以辨别？举例说明。

66. "有个农村叫张家庄"是兼语句,也是非主谓句,这种判断对不对,为什么？

67. "爱、恨、希望"等是动词,经常受程度副词修饰；"笔直、雪亮、红彤彤、绿油油"等是形容词,却不能受程度副词修饰。为什么说前者是动词,后者是形容词？

68. "我催着他干活"和"我瞒着他干活"是同样的句型吗？为什么？

69. 下面的句子有什么特殊之处,请归纳它们的特点。
   车旁蹲着几位战士。 学校里出了一件大事。 早晨走了一批旅客。

70. 现代汉语语法特点有哪些？

71. 词的语法功能与词的意义有没有联系？

72. "了解、繁华、繁荣"都能受"不"和"很"修饰,能否归入同一个词类？为什么？

73. A、B、C 三人争论"努力"的词性。A 认为"努力"是动词,因为有"这个人一向努力"的说法。B 认为"努力"是形容词,因为"努力"可以受"很"的修饰。C 不完全同意 A、B 二人的分析。请把 C 的意思表达清楚。

74. 有些动词能重叠,有的不能重叠。试分别举一些例子,想一想能重叠与不能重叠的动词有什么区别。

75. 什么是复句？复句和单句有什么区别？

76. 举例说明并列复句与顺承复句的区别。

77. 举例说明并列复句与选择复句的区别。

78. 举例说明并列复句与转折复句的区别。

79. 举例说明转折复句与条件复句的区别。

80. 举例说明假设复句与转折复句的区别。

81. 举例说明假设复句与因果复句的区别。

82. 如何辨别顺承复句与连谓句？

83. 如何辨别假设复句和条件复句?

84. 什么是多重复句? 怎样分析多重复句?

85. 什么是紧复缩句? 紧缩复句有什么特点? 分为哪些类?

86. 紧缩复句与连动句有什么区别?

87. 修改病句的意义和原则各是什么?

88. 什么叫"简缩法"? 利用"简缩法"修改病句时,其步骤如何? 应注意哪些问题?

考研真题

一、填空题

1. 现代汉语以_____作为语法规范。(华中师范大学 2015 年)(华东师范大学 2010 年)(南开大学 2010 年)(中国传媒大学 2013 年)

2. 跟语音、词汇相比,语法具有更明显的_____、稳固性和民族性。(中国人民大学 2014 年)

3. 汉语以语序和_____为主要语法手段。(华中师范大学 2014 年)(中国人民大学 2012 年)

4. 汉语的_____和虚词是表示语法意义的手段。(中山大学 2015 年)

5. 语法单位分_____、词、_____、句子等四级。(中国传媒大学 2013 年)

6. 语言中能独立运用的最小单位是_____。(中国传媒大学 2015 年)

7. 汉语中最大的语法单位是_____。(中国传媒大学 2010 年)

8. 语素是语言中最小的_____。(中央民族大学 2015 年)(华东师范大学 2010 年)

9. _____是语言中最小的音义结合体。(北京师范大学 2012 年)

10. 最小的音义结合体,最小的有意义的语言单位是_____。(中山大学 2015 年)

11. 词是最小的、_____的语言单位。(中山大学 2012 年)

12. 句子是语言的_____单位。(中国传媒大学 2015 年)

13. 汉语的实词或短语加上_____可以实现为句子。(中国人民大学 2012 年)

14. 语素分为成词语素和_____。(北京师范大学 2015 年)

15. 根据定义,区分语素和词的标准是_____。(北京外国语大学 2010 年)

16. 目前语法学界最通行的析句方法有两种,一种是_____,另一种是_____。(南京师范大学 2015 年)

17. 划分词类的依据是_____。(中央民族大学 2011 年)

18. 词类是词的_____分类。词的语法功能指的是_____。（中国传媒大学2015年）
19. 从语法上分类，"平时、常常、刚刚、刚才"四个词中_____属于名词。（首都师范大学2011年）
20. 特殊动词一般指的是判断动词"是"、能愿动词和_____。（中山大学2015年）
21. _____能够前加副词"不"，多数不能加"很"。（中央民族大学2014年）
22. 动词和形容词的语法特点大同小异，可以合称为_____。（中央民族大学2015年）
23. 性质形容词大都能受程度副词修饰，但性质形容词的重叠式和_____不受程度副词修饰。（中央民族大学2011年）
24. 动词的前面能够加副词"不"，多数不能加_____。（中央民族大学2015年）
25. 从词性上课，"道德"既可以是名词，也可以是_____。（北京师范大学2012年）
26. 虚词没有词汇意义，只有_____。（北京师范大学2015年）
27. 汉语中的虚词可以分为_____、_____、_____、_____。（中央民族大学2011年）
28. _____、连词、助词、语气词的共同之处在于它们不能单独充当句子成分。（首都师范大学2015年）
29. "五"是一个_____数词，"百"是一个_____数词。（华东师范大学2012年）
30. 代词包括人称代词、疑问代词和_____。（北京师范大学2015年）
31. "我好像在哪儿见过这个人。"中的"哪儿"是代词的_____用法。（复旦大学2012年）
32. 汉语中只能做状语的词类是_____。（中国人民大学2015年）
33. "初级、大号、万能、野生、人造"这些词是_____。（中央民族大学2012年）
34. "我不喝牛奶的"中的语气词是_____；"他最近身体好着呢"中的语气词是_____。（华东师范大学2015年）
35. "突然"与"忽然"的用法区别，主要在于它们的词性不同，"突然"是一个_____。（北京大学2011年）
36. 短语又叫_____。（北京师范大学2015年）
37. "你说错了"的"错"是_____补语。（中国人民大学2012年）
38. 助词短语一般包括_____、"所"字短语和比况短语。（中山大学2015年）
39. "今天23号"是_____结构的短语。（北京师范大学2012年）
40. "进口汽车"既可以理解为动宾关系，也可以理解为_____关系。（中国人民大学2015年）
41. "出租汽车"这个短语可以分析为述宾和_____两种结构类型。（北京师范大学2012年）
42. "打算"只能带_____词性的宾语。（中国人民大学2015年）

43. "洗得干净"中的补语既可以是结果补语,又可以是_____补语。(中国人民大学 2012 年)

44. 从内部结构上看,"来考试"是_____短语。(首都师范大学 2014 年)

45. "我给他两块钱"中的"他"对于动词"给"的语义角色是_____,"两块钱"是_____。(华东师范大学 2015 年)

46. 从句中结构上看,"毫无疑问,提高全国民族的科学文化水平是非常重要的"这句话中的"毫无疑问"是_____。(中山大学 2012 年)

47. "写草书"中宾语表示动作的_____。(复旦大学 2015 年)

48. 单句分为主谓句和_____。(北京师范大学 2015 年)

49. 疑问句分为选择问、正反问、特指问和_____。(北京师范大学 2015 年)

50. 表命令、请求、禁止、劝阻的句子是_____。(北京师范大学 2012 年)

51. "教室中有很多学生"中"有"的基本意义是_____。(中山大学 2015 年)

52. 句类是根据句子语气对句子进行的分类,如陈述句、疑问句、_____和感叹句。(中山大学 2013 年)

53. 根据结构形式的特点和词义的情况,疑问句可以分为是非问、_____、选择问和正反问四大类。(中山大学 2015 年)

54. "那时候,'气象'这个词是什么意思,我也不知道。"全句的谓语是_____。(首都师范大学 2015 年)

55. "对面停着一辆什么车?"从句型来看是_____,从句式来看是_____,从句类来看是_____。(华东师范大学 2015 年)

56. "即使我们的科学技术赶上了世界先进水平,也还是要学习人家的长处"是一个_____复句。(中山大学 2012 年)

57. "不说也明白"是_____关系的紧缩复句。(中国人民大学 2015 年)

58. "城里尚且买不到,何况乡下呢?"是_____关系的复句。(首都师范大学 2011 年)

59. 形容词分性质形容词和_____形容词两大类。(山东大学 2016 年)

60. 疑问代词有_____和虚指两种引申用法,不表示疑问。(山东大学 2016 年)

61. 疑问句包括有疑而问的"询问句",也包括无疑而问的"_____"。(山东大学 2016 年)

62. "吃了吗,你?"这类句子叫作倒装句,属于_____句的一种。(山东大学 2016 年)

63. "主语"是_____概念,而"话题"是语用概念,两者是有区别的。(山东大学 2016 年)

64. 汉语的句类分成陈述句、疑问句、感叹句和_____。(山东大学 2016 年)

65. 双宾句中动词带两个宾语,指物的宾语叫远宾语,又叫_____。(山东大学 2016 年)

66. "叫她黑牡丹"中的"黑牡丹"在句中充当的句子成分是_____。（中山大学2017年）
67. "杯子叫她打破了"中"了"是_____。（中山大学2017年）
68. "屋子里黑魆魆的"中"的"是_____。（中山大学2017年）
69. "这种花儿很香,而且颜色也很好看。"是表示_____关系的复句。（中山大学2017年）
70. 汉语中的词类主要是根据_____划分出来的。（中山大学2017年）
71. 从语义成分角度看,"这支笔只能写小楷"中"这支笔"是_____。（中山大学2017年）
72. 从句型的角度划分,"今天圣诞节"是_____句。（中山大学2017年）
73. "说不清楚"中的补语成分属于_____补语。（中山大学2017年）
74. "想办法通知他"是_____短语。（中山大学2017年）
75. "把门打开"从句类上看,属于_____。（北京语言大学2017年）
76. "不要和弟弟争东西吃。"中"和"是_____词。（北京语言大学2017年）
77. "表"的国际音标是_____。（北京语言大学2017年）
78. "火红、笔直、飞快"属于_____形容词,不受程度副词"很"修饰。（北京语言大学2017年）
79. "雪白、通红"这样的词按照词性来分属于_____形容词。（北京大学2017年）
80. "自从"按照词性来分,属于_____词。（北京大学2017年）
81. 如果从句型上来看,"会场走了几个人"属于_____句。（北京大学2017年）
82. 以受事者作为主语的句子叫作_____。（北京大学2017年）
83. "考试""签名""睡觉",这些词在动词中叫作_____词。（北京大学2017年）
84. "这孩子有我那么高了",这句话中"有"主要表示_____。（北京大学2017年）
85. "大家的事情大家办。"从句型上划分属于_____。（中国人民大学2018年）
86. 从短语的结构类型来看,"祝你健康"属于_____。（兰州大学2018年）
87. 按照短语的结构类型分类,"多么真挚的感情"属于_____。（兰州大学2018年）
88. 现代汉语"全"有两种词性,一种是形容词,另一种是_____。（兰州大学2018年）
89. "他优柔寡断,以致错失良机。"这句话属于_____复句。（兰州大学2018年）
90. 句子的结构类型可分为主谓句和_____。（黑龙江大学2013年）
91. 词的形态可分为两种,一种是构形形态,一种是_____。（黑龙江大学2013年）
92. 谓词包括_____,此外还包括部分代词。（黑龙江大学2013年）
93. 从短语的功能类型看,短语分为_____。（黑龙江大学2013年）

94. 从主语的意义类型看,有_____。(黑龙江大学 2013 年)
95. "被"字句和"把"字句的动词一般都是_____。(黑龙江大学 2013 年)
96. 联合复句分为_____、顺承、解说、选择、递进五类。(黑龙江大学 2013 年)
97. 根据句子的结构分出来的句子类型叫_____。(黑龙江大学 2014 年)
98. 体词包括_____,此外还包括部分代词。(黑龙江大学 2014 年)
99. 助词包括_____、动态助词、比况助词和"给、连、们、所"等其他助词。(黑龙江大学 2014 年)
100. 兼语短语是_____的套叠。(黑龙江大学 2014 年)
101. 汉语中,句子的成分和短语的成分基本一致,但句子多一个_____。(黑龙江大学 2014 年)
102. 从宾语的意义类型看,有_____三种宾语。(黑龙江大学 2014 年)
103. 联合复句分为并列、顺承、解说、_____、递进五类。(黑龙江大学 2014 年)
104. "那阵雨来得猛,去得快。"中"猛"和"快"是_____补语。(黑龙江大学 2015 年)
105. "何况""尚且"是复句中表示_____关系的关联词语。(黑龙江大学 2015 年)
106. 疑问句根据提问手段和语义情况,可以分为是非问、_____、选择问和正反问。(黑龙江大学 2016 年)
107. "一进山沟,可把我乐坏了。"中"坏"是_____补语。(黑龙江大学 2016 年)
108. _____是汉语中最小的语言单位。(黑龙江大学 2017 年)
109. 量词包括名量词和_____。(黑龙江大学 2017 年)
110. 合成词的构词方式有复合式、附加式(词根加词缀)、_____。(黑龙江大学 2017 年)
111. 表示存在、出现、消失的句子叫作_____。(黑龙江大学 2017 年)
112. "洗干净"中的"干净"是_____的补语。(黑龙江大学 2017 年)
113. _____是语法的主要性质特征。(黑龙江大学 2018 年)
114. 疑问句根据提问手段和语义情况,可以分为_____。(黑龙江大学 2018 年)
115. 词的形态可分为_____和构词形态两种。(黑龙江大学 2019 年)
116. 语法的特征有抽象性、_____、民族性。(黑龙江大学 2019 年)

二、单项选择题

1. "啊! 天冷了,你可要注意多加衣啊!"中的两个"啊"( )。(首都师范大学 2015 年)
A. 都是叹词　　　　　　　　　　　B. 都是语气词
C. 前一个是叹词,后一个是语气词　　D. 前一个是拟声词,后一个是叹词

2. "我和他都是山东人"中的"和"从词性上看属于(　　)。(北京师范大学 2011 年)
   A. 副词   B. 形容词
   C. 助词   D. 连词
3. 下面哪个词是区别词(　　)。(北京大学 2015 年)
   A. 大型   B. 糊涂
   C. 鲜红   D. 女性
4. "大家就这个问题进行讨论"中的"就"是一个(　　)。(北京大学 2011 年)
   A. 连词   B. 副词
   C. 介词   D. 助词
5. "突然"和"猛然"的不同之处是(　　)。(东北师范大学 2015 年)
   A. 充当句子成分不同   B. 使用范围大小不同
   C. 词性不同   D. 词义色彩不同
6. 下列不属于介词的是(　　)。(东北师范大学 2015 年)
   A. 千万   B. 关于
   C. 对于   D. 按照
7. "回家睡觉"是(　　)。(中国人民大学 2015 年)
   A. 联合短语   B. 偏正短语
   C. 动宾短语   D. 连谓短语
8. 下列短语没有歧义的是(　　)。(中国人民大学 2015 年)
   A. 两个学校的老师   B. 解释清楚
   C. 咬死了猎人的狗   D. 解决问题的方法
9. "别忘了带雨伞。"如果进行层次切分,第一次切分后两个直接成分是什么关系(　　)。
(北京大学 2015 年)
   A. 联合   B. 连谓
   C. 状中   D. 动宾
10. "他跑得气喘吁吁"中的补语属于(　　)。(中国人民大学 2012 年)
    A. 结果补语   B. 可能补语
    C. 趋向补语   D. 状态补语
11. 下面(　　)是状中结构。(北京大学 2015 年)
    A. 学术交流   B. 进行切磋
    C. 相互研讨   D. 受到重视
12. 下边词组中有歧义的是(　　)。(华东师范大学 2012 年)
    A. 看了两天书   B. 咬死猎人的鸡
    C. 没有去过的地方   D. 狐狸和乌鸦的故事

13. "散步是一项很好的运动"主语是( )。(东北师范大学 2015 年)
    A. 离合词　　　　　　　　　　　　　B. 形容词
    C. 主谓短语　　　　　　　　　　　　D. 动词短语

14. "我有个亲戚在国外"是( )。(中国人民大学 2014 年)
    A. 存现句　　　　　　　　　　　　　B. 兼语句
    C. 双宾句　　　　　　　　　　　　　D. 连谓句

15. "我们选他当班长"是( )。(中国人民大学 2015 年)
    A. 双宾句　　　　　　　　　　　　　B. 连谓句
    C. 主谓谓语句　　　　　　　　　　　D. 兼语句

16. "台上坐着主席团"属于( )。(中国人民大学 2012 年)
    A. 兼语句　　　　　　　　　　　　　B. 连谓句
    C. 存在句　　　　　　　　　　　　　D. 双宾句

17. "上网费每分钟 0.05 元"属于( )。(首都师范大学 2015 年)
    A. 动词谓语句　　　　　　　　　　　B. 形容词谓语句
    C. 名词谓语句　　　　　　　　　　　D. 主谓谓语句

18. "学校安排你们去做社会调查"是( )。(首都师范大学 2015 年)
    A. 主谓谓语句　　　　　　　　　　　B. 连谓句
    C. 双宾句　　　　　　　　　　　　　D. 兼语句

19. "数学系主任问他怎样分配教师和学生"是( )。(首都师范大学 2012 年)
    A. 兼语句　　　　　　　　　　　　　B. 双宾句
    C. 被动句　　　　　　　　　　　　　D. 连谓句

20. "蛇!"从句型上看是( )。(首都师范大学 2015 年)
    A. 省略句　　　　　　　　　　　　　B. 感叹句
    C. 名词性谓语句　　　　　　　　　　D. 名词性非谓语句

21. "山梁上隐去了落霞的余晖"是( )。(复旦大学 2012 年)
    A. 存现句　　　　　　　　　　　　　B. 双宾语句
    C. 兼语句　　　　　　　　　　　　　D. 连谓句

22. 下边词组中属于兼语结构的是( )。(华东师范大学 2015 年)
    A. 有事求你　　　　　　　　　　　　B. 有人请假
    C. 有空打牌　　　　　　　　　　　　D. 有心出国

23. "我让他骗了"属于( )。(华北师范大学 2012 年)
    A. 双宾句　　　　　　　　　　　　　B. 被动句
    C. 兼语句　　　　　　　　　　　　　D. 把字句

24. 下面哪个句子中有插入语？（　　）（北京大学 2015 年）

A. 关于这个问题，我们进行了热烈的讨论。

B. 我们今天下午进行了研究，对这个问题。

C. 在那个时间，也就是他刚刚生病的那段时间，她天天来看他。

D. 我买了件大衣，呢子的。

25. "苹果吃完了"的主语属于（　　）（中国人民大学 2013 年）

A. 施事主语　　　　　　　　　　B. 受事主语
C. 当事主语　　　　　　　　　　D. 系事主语

26. "南方有些地方，比如广州，终年不下雪"中"比如广州"属于（　　）。（首都师范大学 2015 年）

A. 主语　　　　　　　　　　　　B. 状语
C. 补语　　　　　　　　　　　　D. 独立语

27. "工作上的事你要多操心，大意不得"中的补语属于（　　）。（复旦大学 2013 年）

A. 结果补语　　　　　　　　　　B. 可能补语
C. 时量补语　　　　　　　　　　D. 趋向补语

28. "他从楼下上来了"中"上来"是（　　）。（东北师范大学 2012 年）

A. 趋向补语　　　　　　　　　　B. 动词补语
C. 可能补语　　　　　　　　　　D. 结果补语

29. "今天天气还好，就是有一点风"是（　　）。（首都师范大学 2015 年）

A. 转折复句　　　　　　　　　　B. 选择复句
C. 假设复句　　　　　　　　　　D. 目的复句

30. "西班牙港并非是西班牙的港口城市，而是加勒比海岛国特立尼达和多巴哥的首都"是（　　）。（首都师范大学 2011 年）

A. 选择复句　　　　　　　　　　B. 并列复句
C. 转折复句　　　　　　　　　　D. 解说复句

31. 下列句子中没有语病的是（　　）（北京师范大学 2015 年）

A. 他虽然很努力，方法也很正确。

B. 因为你不说，我也知道。

C. 只要我去，才能完成任务。

D. 既然你反对我去，我就不去了。

32. "基本关系都弄错了，可见没有认真学"是（　　）。（复旦大学 2015 年）

A. 转折关系复句　　　　　　　　B. 因果关系复句
C. 条件关系复句　　　　　　　　D. 让步关系复句

33. "除非各方面都有合作的愿望,否则不能达成协议"是(　　)。(复旦大学2014年)
   A. 转折关系复句　　　　　　　　　　B. 因果关系复句
   C. 条件关系复句　　　　　　　　　　D. 让步关系复句

34. "你看我就看"是(　　)。(东北师范大学2012年)
   A. 假设关系复句　　　　　　　　　　B. 主谓关系复句
   C. 转折关系复句　　　　　　　　　　D. 因果关系复句

35. "又到周末了!"一句中的"了"是(　　)。(山东大学2016年)
   A. 语气词　　　　　　　　　　　　　B. 动态助词
   C. 结构助词　　　　　　　　　　　　D. 叹词

36. 下列各项中,两个短语都属于偏正关系的是(　　)。(山东大学2016年)
   A. 国宝熊猫　胃口很好　　　　　　　B. 语言现象　认真研究
   C. 放在心里　关爱一生　　　　　　　D. 我们大家　体验生活

37. "调皮得很"的补语类型是(　　)。(山东大学2016年)
   A. 可能补语　　　　　　　　　　　　B. 情态补语
   C. 程度补语　　　　　　　　　　　　D. 结果补语

38. 下列各句中的"的"属于结构助词的是(　　)。(山东大学2016年)
   A. 我前天来的　　　　　　　　　　　B. 你会明白的
   C. 他是开车的　　　　　　　　　　　D. 这是不可能的

39. 下列各"有"字句中属于兼语句的是(　　)(山东大学2016年)
   A. 院子里有个人。　　　　　　　　　B. 他有你这么高吗?
   C. 我有问题要问你。　　　　　　　　D. 他有个妹妹很能干。

40. 下列各项属于紧缩句的是(　　)。(山东大学2016年)
   A. 你陪她一起去吧　　　　　　　　　B. 去也没有用
   C. 我不能不去　　　　　　　　　　　D. 你去,我就去

41. 下列各项是并列复句的是(　　)。(山东大学2016年)
   A. 他不是罪犯,而是英雄　　　　　　B. 你不提醒,我就忘了
   C. 事情都过去了,别再想了　　　　　D. 走路小点儿声,免得吵醒他

42. 下面是程度补语的短语是(　　)。(北京语言大学2017年)
   A. 说得很有道理　　　　　　　　　　B. 答对了
   C. 雨下个不停　　　　　　　　　　　D. 气得要命

43. 与"头疼"一词结构形式相同的是(　　)。(北京语言大学2017年)
   A. 洗澡　　　　　　　　　　　　　　B. 心狠
   C. 大小　　　　　　　　　　　　　　D. 提高

44. 下面句子有歧义的一项是(　　)。(北京语言大学 2017 年)
    A. 小妹追我累得直喘气。　　　　　　B. 弟弟去超市买面包。
    C. 墙上挂着一幅中国地图。　　　　　D. 远处开来一辆汽车。
45. 下列语法意义相同的一组是(　　)。(北京语言大学 2017 年)
    A. 吃苹果——吃食堂　　　　　　　　B. 剪短发——写汉字
    C. 去上海——坐动车　　　　　　　　D. 衣服洗了——电视关了
46. "老板,这件衣服能不能便宜一点?"中"老板"一词是(　　)。(北京语言大学 2017 年)
    A. 主语　　　　　　　　　　　　　　B. 话题
    C. 独立语　　　　　　　　　　　　　D. 主题
47. 和"难道"同属一类的副词为(　　)。(北京大学 2017 年)
    A. 稍微　　　　　　　　　　　　　　B. 仅仅
    C. 简直　　　　　　　　　　　　　　D. 连忙
48. 和"面部"结构一致的一项是(　　)。(北京大学 2017 年)
    A. 认生　　　　　　　　　　　　　　B. 清淡
    C. 气急　　　　　　　　　　　　　　D. 祸根
49. "她看了我一眼"中"眼"属于(　　)。(北京大学 2017 年)
    A. 名词　　　　　　　　　　　　　　B. 动词
    C. 量词　　　　　　　　　　　　　　D. 副词
50. "苹果不用削,连皮吃。"这句话中的"连"属于(　　)。(北京大学 2017 年)
    A. 介词　　　　　　　　　　　　　　B. 副词
    C. 连词　　　　　　　　　　　　　　D. 助词
51. 下列四个句子中,"给"字用法不同的一项是(　　)(北京大学 2017 年)
    A. 方便的时候给他去个电话。　　　　B. 杯子让我给打碎了一个。
    C. 怎么把屋子里给我弄得这么乱?　　D. 她给我来了一封信。
52. 和"接受批评"结构一致的短语是(　　)。(北京大学 2017 年)
    A. 观看表演　　　　　　　　　　　　B. 出去闲逛
    C. 文艺演出　　　　　　　　　　　　D. 分析准确
53. 下列四个句子中,"了"不表示完成义的一项是(　　)(北京大学 2017 年)
    A. 我把衣服洗干净了。　　　　　　　B. 我刚看了一本书。
    C. 他怎么又哭了?　　　　　　　　　D. 你应该忘了这件事。
54. 下列短语中与其他三项不同的是(　　)。(中国人民大学 2018 年)
    A. 出租汽车　　　　　　　　　　　　B. 我和他的老师
    C. 准备了两年的食物　　　　　　　　D. 新建的学校大楼

55. 下列选项中宾语的语义角色是工具的是( )。（北京语言大学 2018 年）
   A. 涮火锅   B. 漆桌子
   C. 存活期   D. 盖房子

56. "请亲朋好友聚一聚"是( )。（黑龙江大学 2013 年）
   A. 动宾短语   B. 兼语短语
   C. 连谓短语   D. 主谓短语

57. "去北京开会"是( )。（黑龙江大学 2013 年）
   A. 动宾短语   B. 兼语短语
   C. 连谓短语   D. 中补短语

58. "今天冷极了"是( )。（黑龙江大学 2013 年）
   A. 动词谓语句   B. 主谓谓语句
   C. 名词谓语句   D. 形容词谓语句

59. "屋里坐着一位老大娘"的宾语是( )。（黑龙江大学 2013 年）
   A. 受事宾语   B. 施事宾语
   C. 当事宾语   D. 双宾语

60. "那个把人吓一跳的红色桃木面具"有( )。（黑龙江大学 2013 年）
   A. 5 个定语   B. 4 个定语
   C. 3 个定语   D. 2 个定语

61. "对他的说法,我并非没有一点怀疑"有( )。（黑龙江大学 2013 年）
   A. 1 个定语,3 个状语   B. 2 个定语,3 个状语
   C. 2 个定语,2 个状语   D. 1 个定语,2 个状语

62. "她把屋子翻了个底朝天"中的补语属于( )。（黑龙江大学 2013 年）
   A. 兼语句   B. 双宾句
   C. 主谓谓语句   D. 连谓句

63. "我帮她送信"是( )。（黑龙江大学 2013 年）
   A. 双宾句   B. 连谓句
   C. 兼语句   D. 主谓谓语句

64. "他有个妹妹很漂亮"是( )。（黑龙江大学 2013 年）
   A. 兼语句   B. 双宾句
   C. 连谓句   D. 主谓谓语句

65. 下列短语没有歧义的一组是( )。（黑龙江大学 2013 年）
   A. 爱护学校的学生   B. 爱护学生的老师
   C. 爱护学校的老师   D. 爱护学校的老师和学生

66."没空儿就别来了"是(　　)。(黑龙江大学 2013 年)
　　A.目的关系紧缩复句　　　　　　　　B.条件关系紧缩复句
　　C.假设关系紧缩复句　　　　　　　　D.并列关系紧缩复句

67."车摇慢了,线轴快了,线就会断头"是(　　)。(黑龙江大学 2013 年)
　　A.并列复句　　　　　　　　　　　　B.假设复句
　　C.条件复句　　　　　　　　　　　　D.因果复句

68."找朋友借钱"是(　　)。(黑龙江大学 2014 年)
　　A.连谓短语　　　　　　　　　　　　B.兼语短语
　　C.联合短语　　　　　　　　　　　　D.动宾短语

69."今天元旦"是(　　)。(黑龙江大学 2014 年)
　　A.主谓短语　　　　　　　　　　　　B.同位短语
　　C.偏正短语　　　　　　　　　　　　D.联合短语

70."明天国庆节"是(　　)。(黑龙江大学 2014 年)
　　A.动词谓语句　　　　　　　　　　　B.名词谓语句
　　C.形容词谓语句　　　　　　　　　　D.主谓谓语句

71."我不喜欢你这种幽默"的宾语是(　　)。(黑龙江大学 2014 年)
　　A.当事宾语　　　　　　　　　　　　B.施事宾语
　　C.受事宾语　　　　　　　　　　　　D.双宾语

72."我的一套红色天鹅绒运动衣"有(　　)。(黑龙江大学 2014 年)
　　A.7 个定语　　　　　　　　　　　　B.6 个定语
　　C.5 个定语　　　　　　　　　　　　D.4 个定语

73."昨天我确实没有认真考虑过"有(　　)。(黑龙江大学 2014 年)
　　A.6 个状语　　　　　　　　　　　　B.5 个状语
　　C.4 个状语　　　　　　　　　　　　D.3 个状语

74."我气得咬牙切齿"中的补语属于(　　)。(黑龙江大学 2014 年)
　　A.程度补语　　　　　　　　　　　　B.结果补语
　　C.状态补语　　　　　　　　　　　　D.可能补语

75."他让别人把自行车修好了"是(　　)。(黑龙江大学 2014 年)
　　A.被动句　　　　　　　　　　　　　B.双宾句
　　C.兼语句　　　　　　　　　　　　　D.连谓句

76."他去找朋友借钱"是(　　)。(黑龙江大学 2014 年)
　　A.连谓句　　　　　　　　　　　　　B.兼语句
　　C.双宾句　　　　　　　　　　　　　D.被字句

77. 下列短语没有歧义的一组是(　　)。(黑龙江大学 2014 年)
   A. 看滑冰的孩子　　　　　　　　　B. 看游泳的孩子
   C. 看篮球的孩子　　　　　　　　　D. 看划船的孩子

78. "不吃饭也得写完作业"是(　　)。(黑龙江大学 2014 年)
   A. 倒装句　　　　　　　　　　　　B. 假设关系紧缩复句
   C. 单句　　　　　　　　　　　　　D. 连谓句

79. "只要他们不觉得厌烦,我甚至愿意跟他们谈谈我在探索人生方面曾经走过的弯路,以便他们少付出一些不必要的代价"是(　　)。(黑龙江大学 2014 年)
   A. 条件复句　　　　　　　　　　　B. 假设复句
   C. 目的复句　　　　　　　　　　　D. 因果复句

80. 下列句子中的(　　)是形容词性非主谓句。(黑龙江大学 2016 年)
   A. 真奇怪!　　　　　　　　　　　B. 集合!
   C. 好香的茶!　　　　　　　　　　D. 嗯。

81. "你看、你听"用作插入语时,可以(　　)。(黑龙江大学 2016 年)
   A. 表示呼应和感叹　　　　　　　　B. 表示提醒和强调
   C. 表示推测和估计　　　　　　　　D. 表示依据和来源

82. 下面句子中,(　　)是非主谓句。(黑龙江大学 2017 年)
   A. 学校里住着将近 2 万名学生。　　B. 保温杯两个,热水瓶一个。
   C. 有人在等着看你的笑话。　　　　D. 自己的事情自己做。

83. 下面句子中是紧缩句的是(　　)。(黑龙江大学 2017 年)
   A. 他一边开车,一边打电话　　　　B. 响水不开,开水不响啊
   C. 我们请他来主持讲座　　　　　　D. 你喊得再大声也叫不醒他

84. 下列句子中的(　　)是形容词性非主谓句。(黑龙江大学 2018 年)
   A. 真奇怪!　　　　　　　　　　　B. 解散!
   C. 好香的花!　　　　　　　　　　D. 哦。

85. 下列句子中,"了"后面的成分是宾语的是(　　)。(黑龙江大学 2018 年)
   A. 住了一年　　　　　　　　　　　B. 浪费了三个小时
   C. 听了一天　　　　　　　　　　　D. 喝了三次

86. "护士态度很温柔。"是(　　)。(黑龙江大学 2018 年)
   A. 主谓句　　　　　　　　　　　　B. 非主谓句
   C. 顶真　　　　　　　　　　　　　D. 回环

87. 下列不属于能愿动词的是(　　)。(黑龙江大学 2019 年)
   A. 可以　　　　　　　　　　　　　B. 应该
   C. 愿意　　　　　　　　　　　　　D. 加以

88. (　　)"了"后成分是宾语。(黑龙江大学 2019 年)
   A. 敲了三下　　　　　　　　B. 浪费了三个小时
   C. 住了一年　　　　　　　　D. 看了一次
89. "护士的态度很温和。"是(　　)。(黑龙江大学 2019 年)
   A. 动词谓语句　　　　　　　B. 形容词谓语句
   C. 名词谓语句　　　　　　　D. 主谓谓语句

三、判断题

1. 词是最小的语言单位。(　　)(南开大学 2013 年)
2. 词是汉语中最小的语法单位。(　　)(中国人民大学 2015 年)
3. 语素是最小的语法单位。(　　)(华中师范大学 2014)
4. 词是造句的单位,语素是构词的单位。(　　)(中央民族大学 2015 年)
5. 语法单位分为三级:词、短语、句子。(　　)(复旦大学 2012 年)
6. 虽然汉语的词组和句子之间主要存在着实现关系,但也有些词组不能实现为句子,有些句子不能还原为词组。(　　)(华东师范大学 2015 年)
7. 表示人的名词只有加"们"才可以表示群体。(　　)(北京师范大学 2015 年)
8. "他在教室看书呢"中"在"是动词。(　　)(中央民族大学 2015 年)
9. 语气词不是虚词。(　　)(北京师范大学 2011 年)
10. 形容词前可以加程度副词,动词前不能。(　　)(北京师范大学 2015 年)
11. "我谁也不认识"中的"谁"属于疑问代词的任指用法。(　　)(中央民族大学 2012 年)
12. "金"和"金子"词类相同。(　　)(中国人民大学 2015 年)
13. "连我都不认识他"中的"连"是介词。(　　)(中央民族大学 2012 年)
14. 兼类词在意义上一定有联系,否则不是兼类词,而是一对同音词。(　　)(中央民族大学 2015 年)
15. 汉语中的动态助词"了"只能用于过去时。(　　)(中国人民大学 2015 年)
16. 能愿动词不同于一般动词,常在句子里做状语。(　　)(中央民族大学 2011 年)
17. "你买什么东西了吗"中的"什么"不表疑问。(　　)(中国人民大学 2015 年)
18. "老师让你去一下"和"你应该让着点他"两句中的"让"的句法功能一样。(　　)(中央民族大学 2011 年)
19. "的、地、得、所"是动态助词。(　　)(中央民族大学 2015 年)
20. 状态补语的前面可以加"得"也可以不加"得"。(　　)(中央民族大学 2012 年)
21. "出太阳了"中的宾语是受事宾语。(　　)(北京师范大学 2015 年)
22. "今天星期一"是名词谓语句。(　　)(中国人民大学 2012 年)
23. 从语气的角度,可以把句子分为陈述、疑问、祈使、感叹四类。(　　)(中国人民大

2015年)

24. "他就是再累也得上班"是单句。（　）（北京师范大学2011年）
25. "让别人去我不放心"是兼语句。（　）（首都师范大学2015年）
26. "他起床就跑步"是连谓句。（　）（首都师范大学2013年）
27. 根据句子的结构分出来的句子类型叫句类。（　）（复旦大学2012年）
28. 在汉语中被动句不一定要用"被"字，但"被"字句一定是被动句。（　）（华东师范大学2015年）
29. "买了一趟书"和"买了一本书"的句法结构一样。（　）（中山大学2012年）
30. "只要有决心，就能把这件事做好"是条件复句。（　）（中国人民大学2015年）
31. 现代汉语里，名词性成分是主语，而做谓语的就是谓词性成分。（　）（四川大学2016年）
32. 现代汉语中时间名词、处所名词的用法比较特殊，属于特殊名词小类。（　）（四川大学2016年）
33. 非主谓语就是省略句。（　）（四川大学2016年）
34. 不及物动词就是不能带宾语的动词。（　）（四川大学2016年）
35. "谁不知道他呀"中"谁"是虚指代词。（　）（四川大学2016年）
36. 语法具有抽象性、稳固性、层次性和民族性。（　）（四川大学2016年）
37. 能受"不"否定的是名词、动词、形容词，能受"没"否定的是动词和形容词。（　）（四川大学2016年）
38. "今天我买了件真漂亮的衣服"是个错误的句子。（　）（四川大学2016年）
39. "他愁白了头发"中"白"的语义指向"愁"。（　）（四川大学2016年）
40. "睡它一觉"中的"它"是直接宾语。（　）（北京大学2017年）
41. "为了""除了"中的"了"属于助词。（　）（北京大学2017年）
42. 状态形容词不能再受程度副词修饰。（　）（黑龙江大学2013年）
43. 能愿动词不能用在名词前，不能重叠，不能带助词"着、了、过"，不能做谓语或谓语中心。（　）（黑龙江大学2013年）
44. 成分分析法中，规定句子成分与词对应，不与短语对应。（　）（黑龙江大学2013年）
45. "大衣做成坎肩了"中"大衣"是受事主语。（　）（黑龙江大学2013年）
46. "帮我一下"是动宾短语。（　）（黑龙江大学2013年）
47. "狐狸再狡猾也斗不过好猎手"是复句。（　）（黑龙江大学2013年）
48. "我想让张小姐替我参加这次会议"是兼语句。（　）（黑龙江大学2013年）
49. "你一听就明白"是动词谓语句。（　）（黑龙江大学2013年）
50. 一部分词和大部分短语加上句调都可以成为句子。（　）（黑龙江大学2014年）
51. 词的语法功能指的是词在语句里充当什么样的句法成分。（　）（黑龙江大学2014年）

52. 区别词不能当谓语、补语,但可以当定语。(　　)(黑龙江大学 2014 年)

53. "激动得掉下了眼泪"是中补短语。(　　)(黑龙江大学 2014 年)

54. "大衣做成坎肩了"中"大衣"是当事主语。(　　)(黑龙江大学 2014 年)

55. "狐狸再狡猾也都斗不过好猎手"是单句。(　　)(黑龙江大学 2014 年)

56. "她一进来就哭"是个紧缩复句。(　　)(黑龙江大学 2014 年)

57. "小王黄头发"中的"黄头发"是名词性成分做谓语。(　　)(黑龙江大学 2016 年)

58. 有些双音节动词可有 AABB 的重叠形式。(　　)(黑龙江大学 2016 年)

59. "小李大眼睛"中的"大"是名词性成分做谓语。(　　)(黑龙江大学 2017 年)

60. "他一碰就觉得不对劲儿。"是个表示承接关系的紧缩复句。(　　)(黑龙江大学 2018 年)

61. 有些双音节形容词有重叠形式。(　　)(黑龙江大学 2018 年)

62. 同一句型可以是不同的句类,同一句类可以是不同的句型。(　　)(黑龙江大学 2019 年)

四、名词解释

1. 词(黑龙江大学 2013 年)　　　　　　　2. 实词(黑龙江大学 2013 年)

3. 被字句(黑龙江大学 2013 年)　　　　　4. 谓词(黑龙江大学 2014 年)

5. 语法(黑龙江大学 2014 年)　　　　　　6. 多义短语(黑龙江大学 2014 年)

7. 短语(黑龙江大学 2015 年)　　　　　　8. 双宾句(黑龙江大学 2016 年)

9. 主谓谓语句(黑龙江大学 2017 年)　　　10. 独立语(黑龙江大学 2018 年)

11. 存现句(黑龙江大学 2020 年)

五、分析题

1. 分析下列句子中画线的词的词性。(中国传媒大学 2015 年)

(1)我们<u>马上</u>开始上课。

(2)他让自行车<u>给</u>刮了一下。

(3)从这里出发到那里需要半个<u>多</u>小时的时间。

(4)下车了,他的脸色跟纸<u>一样</u>。

(5)他俩模样<u>一样</u>,性格却完全不同。

(6)朋友<u>大</u>老远来看我。

(7)<u>至于</u>这件事,今天就不做了吧。

(8)勤劳智慧的中国人民正在建设自己的国家。

(9)我们要<u>端正</u>自己的态度。

(10)我们<u>将来</u>一定要回来。

2. 语法偏误分析(改正错误,并说明错误的原因)。(山东大学 2016 年)

(1)听到这个消息,我高兴透了。

(2)谢谢你帮忙我这么多!

(3)这是一本对于语法的书。

(4)尽管多么累我也要干完。

3. 指出句子所属的句型(须说出上位类型和下位类型)。(南京大学 2016 年)

(1)看哪!

(2)好得很!

(3)他性格很温和。

(4)今天星期三?

(5)你们几个一起来找我。

(6)衣服都叫雨淋湿了。

(7)有个人在打听你。

(8)教室里只有三个学生。

(9)她问了我两个问题。

(10)我再说他都不听!

4. 分析下列句子中加点的词的词性。

(1)他和我一样,也是东北人。(中国人民大学 2012 年)

(2)他得了急性鼻炎住了院。(中国人民大学 2012 年)

(3)我所知道的就这些了。(中国人民大学 2012 年)

(4)你要能来,那该多好!(黑龙江大学 2013 年)

(5)在 11 000 米以上的高空,温度是不随着高度而改变的。(黑龙江大学 2013 年)

(6)无原因成名,大概目前只有被"喊回家吃饭"的贾君鹏们了。(黑龙江大学 2013 年)

(7)张师傅和李师傅都在开会。(黑龙江大学 2014 年)

(8)在低级阶段,认识表现为感性的。(黑龙江大学 2014 年)

(9)这本书的出版引起了很大的轰动。(黑龙江大学 2014 年)

(10)大家就创作方法问题进行了讨论。(黑龙江大学 2015 年)

(11)天很快就亮了。(黑龙江大学 2015 年)

(12)端正的态度是做好这件事的前提。(黑龙江大学 2015 年)

(13)我们要端正态度。(黑龙江大学 2015 年)

(14)出去的时候,给我把门关好。(黑龙江大学 2015 年)

(15)他给我来了一封信。(黑龙江大学 2015 年)

(16)他是一个修房子的。(黑龙江大学 2015 年)

(17)情况会一天天好起来的。(黑龙江大学 2015 年)

(18)指出下列词的词性,如有兼类,请分别标出:①哗啦 ②繁荣 ③猛然 ④愿意(黑龙江大学 2016 年)

(19)他给我买了一本书。(黑龙江大学 2017 年)

(20)他给我一本书。(黑龙江大学 2017 年)

(21)他是修鞋的。(黑龙江大学 2017 年)

(22)情况会一天天好起来的。(黑龙江大学 2017 年)

(23)忘记自己的艰难的处境,保持一颗平常心。(黑龙江大学 2018 年)

(24)爸爸平常不喝酒。(黑龙江大学 2018 年)

(25)为了将来的幸福,我们不能不暂时忍受一些生活上的困难。(黑龙江大学 2018 年)

(26)为了提高教学质量,教材必须重编。(黑龙江大学 2018 年)

5. 分析下面歧义句的结构。(北京大学 2012 年)(北京大学 2014 年)

(1)小红一早上就写了三封信。

(2)我们三个人一组。

(3)他唱得好。

6. 指出下列各句中画线词语在句子中的成分。(北京师范大学 2012 年)

(1)领导让<u>他</u>去上海工作。

(2)<u>教室里</u>挤满了听讲座的学生。

(3)参加面试的学生一律<u>白衬衫黑西服</u>。

(4)中国人<u>用筷子</u>吃饭。

(5)房间已经打扫<u>干净</u>了。

7. 汉语中有一些词有重叠形式,请指出下列语言实体中的重叠情况,并说出判定的理由。(黑龙江大学 2015 年)

  人人 聊聊 徐徐 高高兴兴 星星

8. 分析下面各动宾短语的意义类型并说出分析的依据。(黑龙江大学 2013 年)

(1)刷墙 (2)刷碗 (3)刷白灰 (4)刷窗户

9. 分析短语,单义的用层次分析法,多义的用变换分析法。

(1)房子没有找到(黑龙江大学 2013 年)

(2)那个朋友没有找到(黑龙江大学 2013 年)

(3)找到了两个朋友送的月饼盒(黑龙江大学 2013 年)

10. 用层次分析法分析下列结构,有歧义的请分析原因。

(1)车上睡不好(山东大学 2016 年)

(2)新教师公寓(中山大学 2017 年)

(3)哥哥和姐姐是朋友(北京语言大学 2017 年)

(4)热爱人民的总理(北京语言大学 2017 年)

(5)三个重点大学的学生(北京语言大学2018年)
(6)他让我给老张带了一份礼物。(首都师范大学2018年)
(7)他哭得嗓子都哑了。(首都师范大学2018年)
(8)咬死了猎人的狗(黑龙江大学2015年)
(9)良种的细毛羊和杂交牛(黑龙江大学2015年)
(10)讨厌酗酒和赌博的女人(黑龙江大学2016年)
(11)三个学校的助教(黑龙江大学2016年)
(12)三个学校的实验员(黑龙江大学2017年)
(13)这个报告我写不好(黑龙江大学2017年)
(14)一场非常精彩的话剧(黑龙江大学2018年)
(15)留学生分析汉语问题的能力(黑龙江大学2018年)
(16)爸爸和妈妈的朋友(黑龙江大学2020年)
(17)对一个老师的意见(黑龙江大学2020年)

11.指出下列句子所属的句式,并简要说明这几种句式的特点。
(1)远处传来了枪声。(黑龙江大学2015年)
(2)有人不赞成。(黑龙江大学2015年)
(3)他被老师狠狠地批评了一顿。(黑龙江大学2015年)
(4)老教授捐给图书馆一些古典文献。(北京语言大学2017年)
(5)我们要把孙中山先生不畏艰苦的伟大奋斗精神不断进行弘扬。(北京语言大学2017年)
(6)他绕操场跑了一圈。(北京语言大学2017年)
(7)这件事大家都赞成。(北京语言大学2017年)
(8)同学们被老师说的话深深地感动了。(北京语言大学2017年)
(9)深蓝的天空挂着一轮新月。(北京语言大学2017年)
(10)杨老师教了很多留学生。(北京语言大学2018年)
(11)学校里来了很多学生。(北京语言大学2018年)
(12)他吩咐秘书送来了咖啡。(北京语言大学2018年)
(13)妈妈脱下衣服盖在孩子身上。(北京语言大学2018年)

12.请判断下列句子是否符合现代汉语普通话规范。(北京师范大学2013年)(复旦大学2012年)(东北师范大学2012年)(四川大学2016年)(中山大学2017年)(黑龙江大学考研题)
(1)请不要把杯子放在桌子上。
(2)汉语他说很好。
(3)他家的狗雪雪白白的。

(4)他是去年生的孩子。

(5)我昨天去商店不买东西。

(6)成绩出来的时候每次很紧张了。

(7)快把你的手洗洗干净。

(8)他比我不好。

(9)妈妈叮嘱三次我。

(10)我们刚吃完饭,不料小李进来了。

(11)我给妹妹没买生日礼物。

(12)我给了一本书他。

(13)考上大学,我随即买了一台笔记本电脑。

(14)他每天散步都要走两里路。

(15)他汉语说不很流利。

(16)那时候,娘拉扯着我和妹妹,家里穷得叮当响。

(17)每天都有很多学生们来这儿看书。

(18)他们放新买的东西在桌子上。

(19)夏天到了,他到超市买了两台吊扇。

(20)不行,还差得远呢!(黑龙江大学2013年)

(21)这部片子非常好看的勒。(黑龙江大学2013年)

(22)本公司会帮您预先把控整体效果。(黑龙江大学2013年)

(23)早点儿休息吧,我们就不多打扰了。(黑龙江大学2013年)

(24)昨晚上你干啥去了?(黑龙江大学2013年)

(25)今天冷过昨天。(黑龙江大学2014年)

(26)这根雪条真甜。(黑龙江大学2014年)

(27)它高大挺拔,树干笔直笔直的,栗棕色的树皮上饰着椭圆形的鳞片。(黑龙江大学2014年)

(28)我跟他一边儿高。(黑龙江大学2014年)

(29)咱们吃晚饭,看看电视吧。(黑龙江大学2014年)

13. 用简易加线法分析下列句子成分,主谓之间用‖隔开,主语中心语用_____表示,谓语中心语用_____表示,宾语中心语用～～～表示,定语用( )表示,状语用[ ]表示,补语用< >表示,插入语用下划小△表示,兼语用双横线下加波浪线表示,分析到成分为止。

(1)小王的晋升使得他俩之间的平衡被打破了。(黑龙江大学2013年)

(2)在这三天里,按以往习惯,大哥要去探亲访友。(黑龙江大学2013年)

(3)她激动得说不出话。(黑龙江大学2014年)

(4)放假的第一天,我们班就走了20个同学。(黑龙江大学2014年)

14. 用层次分析法分析下面句子。

(1) 当时最重要的课程是从前方回来的领导同志作的他们如何开辟根据地、如何作战、如何克服困难等实际工作的报告。(黑龙江大学 2013 年)

(2) 我和陈昌浩率右路的四军、三十军及红军大学部分人员回头再次穿越草地。(黑龙江大学 2014 年)

(3) 关于中东问题,你能不能告诉我们使目前的谈判受到阻碍的真正原因在哪里?(黑龙江大学 2015 年)

(4) 那种场面,那种气氛,使我感到从未有过的新奇和兴奋。(黑龙江大学 2015 年)

15. 用画线法分析复句(用竖线标明层次并说明关系)。

(1) 我既不愿让父母知道我的难处,以免他们担心,又不愿开口向别人求助。(山东大学 2016 年)

(2) 要是话太多,不但让人感到厌烦,还会自讨没趣,甚至会惹出麻烦。(山东大学 2016 年)

(3) 我还记得张闻天同志在马列学院有两次特别的报告,一次是反张国焘主义的报告,历史事实讲得不很多,主要是反复发挥"党指挥枪"的道理,说理精微,态度和蔼,还有一次是关于学院的组织生活的。(黑龙江大学 2013 年)

(4) 朱总司令面色黧黑,目光炯炯,步履矫健,见到我们有说有笑,一如往常,似乎天塌下来,也没放在心上一样。(黑龙江大学 2014 年)

(5) 简·雅各布斯是一位富有社会责任心和文化使命感的公共知识分子,因而被人誉为"压倒骆驼的伟大稻草",她不是一个医生,但却总是带着医生审视病人的眼光观察整个社会,诊断现代社会的诸多症状和病因。(黑龙江大学 2015 年)

(6) 虽然是满月,天上却有一层淡淡的云,所以不能朗照,但我以为这恰是到了好处。(黑龙江大学 2015 年)

(7) 即使银行收回债权,它们也无法支付投资人的钱,而银行谁也不敢承认,借大笔钱给佐佐木是严重的失误,所以银行只好忍气吞声,任其发展。(黑龙江大学 2015 年)

(8) 对待敌我矛盾,诚然不免要采取法律手段,经过激烈的斗争去解决,不是因为我们有意加剧矛盾的激化,而是因为如果不这样做,矛盾就无法解决。(黑龙江大学 2015 年)

16. 修改下列病句并说明理由。

(1) 一个中国有意义的地方。(暨南大学 2016 年)

(2) 我把中文学得很努力。(暨南大学 2016 年)

(3) 我要讲讲的故事是在美国发生的。(暨南大学 2016 年)

(4) 有些炎症,西药中药都能治。不但中药能与一般抗菌素媲美,而且副作用小,成本也比较低。(四川大学 2016 年)

(5) 他告诉给我一个秘密。(四川大学 2016 年)

(6)在桃子里出来了一个男婴儿。(中山大学2017年)

(7)他结婚这个女的。(中山大学2017年)

(8)你来到广州来多长时间了？(中山大学2017年)

(9)她把一件衣服买了。(中山大学2017年)

(10)我仿佛看到了儿时的她真漂亮。(中山大学2017年)

(11)他走进来教室。(北京语言大学2017年)

(12)酿造一公斤蜂蜜需要采集五万朵花的花粉。(北京语言大学2017年)

(13)妹妹比姐姐很漂亮。(北京语言大学2017年)

(14)山东寿县的绿色无公害有机蔬菜的生产量,除供应本省外,还远销青海、新疆。(北京语言大学2017年)

(15)同学们齐心协力地把教室打扫得干干净净、整整齐齐。(北京语言大学2017年)

(16)我给她打了电话三次都没人接。(北京语言大学2018年)

(17)来北京不久,我快就习惯了北京。(北京语言大学2018年)

(18)他飞快的跑了过去。(北京语言大学2018年)

(19)河南以北的收复,表示安史之乱取得了最后的胜利。(黑龙江大学2013年)

(20)哈尔滨冰雪节在充满声色光交织的气氛中开幕。(黑龙江大学2013年)

(21)请允许我以在座各位的名义,向台湾、港澳和远在海外的同胞们,按照我们中华民族的传统,表示节日的祝贺之情。(黑龙江大学2014年)

(22)据说,长影的厂址,就是当年的满洲映画株式会社。(黑龙江大学2014年)

(23)出去春游,要注意防止不发生事故。(黑龙江大学2015年)

(24)敌人恨他入骨,想迫害他而又不敢下手,因为他的名字不光是写在报纸上、写在书本上,而是写在千千万万人的心上。(黑龙江大学2015年)

(25)虽然他再聪明一百倍,我也不会把这工作交给他。(黑龙江大学2015年)

(26)在老师的教育下,使我提高了认识。(黑龙江大学2015年)

(27)参加这次运动会的8名男运动员和3名女运动员,均由优秀选手组成。(黑龙江大学2015年)

(28)这个核电厂的发电量,除供应本地外,还向香港等地输送。(黑龙江大学2016年)

(29)中学生是青年学生学习的重要阶段。(黑龙江大学2016年)

(30)李四光写成了名著《冰期之庐山》,对中国第四纪地质历史的研究开辟了新的篇章。(黑龙江大学2016年)

(31)对于环境污染的问题,已引起世界各国的关注。(黑龙江大学2016年)

(32)供应清宫饮水的运水车,经常往返于玉泉山运水。(黑龙江大学2016年)

(33)中国的石油储存量是全球最丰富的地区之一。(黑龙江大学2017年)

(34)论文的字数一般不超过3 000字左右。(黑龙江大学2017年)

(35)根据改造需要,学校应建立新的规章制度等一系列工作。(黑龙江大学 2017 年)
(36)根据人们的意见,火车站简单了一些托运手续。(黑龙江大学 2017 年)
(37)我们应该把这个好消息告诉大伙知道。(黑龙江大学 2017 年)
(38)对于水污染的问题,已经有了解决的办法。(黑龙江大学 2017 年)
(39)这条道路使我感觉到了困难,但也认清了是唯一的正路。(黑龙江大学 2018 年)
(40)设计者与导演焦菊隐在寻求这一"北京味儿"的舞台样式中,倾注和凝聚了心血。(黑龙江大学 2018 年)
(41)孩子把书包放下在床上,就出去玩儿了。(黑龙江大学 2018 年)
(42)对于环境污染的问题,已引起世界各国的关注。(黑龙江大学 2018 年)
(43)他每天认真学习得很努力。(黑龙江大学 2018 年)
(44)如何更好地传承民族文化?有学者提议,应倡导全民重温中华经典,对弘扬民族文化更具积极意义。(黑龙江大学 2019 年)
(45)对于怎样提高学习效果这个问题上,我已经找到了有效的方法。(黑龙江大学 2019 年)
(46)市旅游局要求各风景区整治和引导不文明旅游的各种顽疾和陋习,有效提升景区的服务水平。(黑龙江大学 2019 年)

六、简答题

1. 简述语素、词和句子的关系和区别?(南京大学 2014 年)
2. 什么是"存现句"?它有哪些类型和特点?请举例说明。(兰州大学 2012 年)
3. 从词性上说,"的、地、得"是什么词?有什么共同的语法特征?并举例说明三个词的正确用法。(兰州大学 2013 年)
4. 什么是"被"字句?"被"字句的构成和应用条件是怎样的?请举例说明。(兰州大学 2015 年)
5. 举例说明什么是"连谓短语"。(暨南大学 2016 年)
6. 一般而言,汉语的词可以分为实词和虚词两大类,请说说这两类词的区别。(中山大学 2017 年)
7. 什么是兼语句?其意义和特点是什么?(北京语言大学 2017 年)
8. 什么是复句?总体分为哪两大类?典型的复句类型有哪些?(北京语言大学 2017 年)
9. 什么是"被"字句?其意义和特点是什么?(北京语言大学 2017 年)
10. 谈谈词类划分的依据。(黑龙江大学 2013 年)(北京语言大学 2018 年)
11. 谈"把"字句及其特点。(黑龙江大学 2014 年)(黑龙江大学 2015 年)
12. 现代汉语中的助词"的"有哪些用法?请举例说明。(黑龙江大学 2015 年)
13. 什么是连谓句?举例说明连谓句前后谓词部分间的语义关系。(黑龙江大学 2016 年)

14. 简要说明"和"作为连词和介词时如何分辨？（黑龙江大学 2017 年）
15. 什么是多义短语？多义短语有几种类型？请举例说明。（黑龙江大学 2018 年）
16. 简述兼语句与主谓短语做宾语句的区别。（黑龙江大学 2020 年）

练习答案

一、填空题

1. 语言的组合法则，专指组成词、短语、句子等有意义的语言单位的规则　语法规律本身　语法学(知识或理论)　2. 研究语法的科学，是语法学者对客观语法事实的说明　3. 词的分类、词的构成(构词法)和形态变化(构形法)　句子中的句法结构(短语)和句子的分类　4. 语素　词　短语　句子　5. 现成的语言材料　被自由地组合在各种句子之中　6. 词序　虚词　7. 语法　语法功能　8. 全部的词　个别的词　9. 充当句法成分　充当句法成分　10. 抽象性　稳固性　民族性　11. 能否单独充当句法成分　12. 组合能力　造句功用　13. 实词　虚词　14. 句法　15. 分布功能　16. 虚词　17. 的、了、吗、呢、吧、啊　18. 状语　19. 疑问代词　20. 比况助词　21. 时间名词、处所名词和方位名词　22. 动词、形容词　副词　23. 名宾动词　谓宾动词　名谓宾动词　24. 动作短暂或尝试　加深程度　25. 心理活动动词和能愿动词　状态形容词和形容词的重叠形式　26. 区别词　定语　27. 能否做谓语　28. 做谓语　谓词　29. 表示数目次序　基数词　序数词　30. 计算单位　名量词　动量词　31. 借用名词为量词　借用动词为量词　32. 每一　多　按次序进行　33. 具有指示和代替作用的词　人称代词　疑问代词　指示代词　34. 任指　虚指　35. 动词和形容词　程度、范围、时间　程度　范围　时间　语气　36. 名词性的词语　介词短语　时间、处所　时间　处所　对象　方式　37. 词、短语、分句和句子等　并列、选择、递进、转折、条件、因果　38. 实词、短语或句子后面　结构关系或动态　39. 表示感叹呼唤应答的词　是做独立语或独立成句　40. 模拟事物声音的词　做独立语或独立成句　41. 相同　相同　相关　语法特点　42. 副词　语气　43. 介词　方式依据　44. 词语联合　45. 助词　比喻　46. 拟声词　模拟声音　47. 形容词　动词　48. 动宾　主谓　49. 主谓短语　50. 区别词　51. 结构　功能　52、结构　并列　53、修饰　被修饰　修饰成分　中心成分　54. 动词　动作行为　名词　55. 动词　形容词　补充　56、名词　形容词　词　57. 由方位词直接附在名词性或动词性词语后面组成　58. 互相说明的复指　59. 兼语短语　60. 主谓短语做谓语　主谓谓语句　61. 有量词标志的短语　数词　量词　代词　量词　62. 有介词标志的短语　名词　63. "的"附着在词语后面构成的短语　名词　64. 比况助词附着在词语后面的短语　似的、一样、一般　65. 名词性　动词性　形容词性　加词性　66. 动词

性　名词性　动词性　形容词性　67.结构关系　结构成分　68.固定短语　69.名词　动词　形容词　动词形容词　70.定中　动宾　定中　71.定中　主谓　72.名词性　73.连用　74.动宾　主谓　75.句子　76.不止一个意义、音同形同义不同　77.结构关系　结构层次　语义　78.层次　79.不能换词语　不能改次序　不能插入其他成分　80.结构关系　81.中心语　82.主谓　83.主谓　84.偏正　85.语调　86.中性主语　87.非主谓句　88.主谓谓语　89.连谓句　90.分句　91.关联词语　92.疑问　93.选择问　94.形容词　副词　95.副词　名词　96.同位　97.学校管理部门同志　98.结果补语　程度补语　可能补语　状态补语　程度补语　数量补语　时间处所补语　99.动　副　100.施事或单用助词"被"　101.条件　102.体词　区别词　103.主语　104.语法性质　105.复说语　插说语　106.隐现　107.表示处置意义的及物　108.转折关系　109.语境依赖　110.第二　111.是非　112.否定副词　113.双宾　114.拟声词　115.介词　116.谓语　117.可能　118.动态　静态　119.主谓谓语　120.副词　121.条件　122.前置部分　123.语调　语气词　124.动词　否定副词　125.歧义

二、单项选择题

1. D　2. A　3. B　4. C　5. D　6. A　7. C　8. B　9. A　10. D　11. A　12. B　13. B　14. C　15. A　16. A　17. B　18. D　19. C　20. D　21. A　22. A　23. B　24. B　25. B　26. B　27. D　28. B　29. A　30. B　31. C　32. D　33. A　34. B　35. C　36. B　37. D　38. C　39. C　40. D　41. C　42. A　43. C　44. D　45. A　46. C　47. D　48. D　49. B　50. A　51. D　52. B　53. B　54. B　55. C　56. D　57. D　58. A　59. C　60. C　61. B　62. C　63. A　64. A　65. B　66. A　67. B　68. C　69. C　70. D　71. D　72. B　73. D　74. B　75. D　76. B　77. D　78. A　79. D　80. B　81. B　82. D　83. D　84. D　85. D　86. A　87. B　88. B　89. D　90. A　91. A　92. C　93. C　94. D　95. D　96. D　97. D　98. A　99. D　100. D　101. A　102. C　103. A　104. B　105. C　106. D　107. B　108. B　109. B　110. B　111. C　112. D　113. D　114. D　115. C　116. D　117. B　118. C　119. A　120. C　121. D　122. A　123. C　124. D

三、多项选择题

1. CD　2. AD　3. ABD　4. BC　5. AC　6. AC　7. BCD　8. BD　9. BD　10. BCE　11. BE　12. BDE　13. BDF　14. ACD　15. ADE　16. ABCE　17. AD　18. AD　19. AC　20. ACDE　21. ABD　22. BCD　23. AB　24. CD　25. ABDFG　26. BDE　27. BDEG　28. ACDF　29. CDE　30. AC　31. ABE　32. ABCDE　33. ABDE　34. ACDF　35. AC　36. ADE　37. ACEF　38. BCD　39. ACDE　40. BCDE　41. ABCE　42. ABCD　43. BCD　44. ABCE　45. ABDE　46. BC　47. BDE　48. BCDE　49. ABCDE　50. ABDE　51. CE　52. ACD　53. ACE　54. AD　55. ADE　56. BE　57. CDE　58. AC　59. ABCDF　60. ACDFG　61. DEF　62. ACEF　63. BD　64. ABC　65. ABDE　66. ABDF　67. ACEF　68. BDG　69. ABCD　70. CEF　71. ABEF　72. ABCD

73. CDEF 74. ADE 75. BD 76. CDE 77. ACEG 78. AEF 79. CDEF 80. ACD 81. DE
82. AC 83. BC 84. AE 85. BE 86. CD 87. AC 88. AB

四、判断题

1. √ 2. √ 3. × 4. × 5. × 6. × 7. √ 8. × 9. × 10. √ 11. √ 12. ×
13. √ 14. × 15. √ 16. × 17. √ 18. × 19. √ 20. √ 21. × 22. × 23. √
24. × 25. √ 26. √ 27. × 28. × 29. √ 30. × 31. × 32. × 33. √ 34. ×
35. × 36. √ 37. × 38. × 39. √ 40. √ 41. √ 42. √ 43. × 44. √ 45. ×
46. × 47. × 48. √ 49. √ 50. √ 51. × 52. × 53. × 54. √ 55. √ 56. ×
57. × 58. × 59. √ 60. √ 61. × 62. √ 63. × 64. √ 65. √ 66. × 67. √
68. √ 69. √ 70. √ 71. √ 72. √ 73. √ 74. √ 75. √ 76. √ 77. √ 78. √
79. × 80. √ 81. √ 82. √ 83. √ 84. √ 85. √ 86. √ 87. √ 88. √ 89. √
90. × 91. √ 92. √ 93. √ 94. √ 95. √ 96. √ 97. √ 98. √ 99. √ 100. √
101. × 102. × 103. √ 104. √ 105. √ 106. √ 107. × 108. √ 109. × 110. √
111. √ 112. × 113. × 114. √ 115. √ 116. √ 117. √ 118. √ 119. √ 120. √
121. √ 122. √ 123. √ 124. √ 125. √ 126. √ 127. √ 128. √ 129. × 130. ×
131. √ 132. √ 133. √ 134. √ 135. √ 136. √ 137. √ 138. √ 139. √ 140. ×
141. √ 142. ×

五、名词解释

1. 语法：语法是语言三要素之一，是语言的组合法则，专指组成词、短语、句子等有意义的语言单位的规则。语法术语有两个含义，一个指语法结构规律本身；另一个指语法学。

2. 实词：能独立充当句法成分，具有实在的词汇意义和语法意义，有些可以重叠。

3. 双宾句：动词之后先后出现近宾语（间接宾语）和远宾语（直接宾语）两层宾语的句子。

4. 虚词：不能独立充当句法成分，没有词汇意义，但有语法意义，不能重叠。

5. 兼语短语：由一个动宾短语和主谓短语套叠而成的短语。

6. 句子：具有一个句调，能够表达一个相对完整意思的语言单位。

7. 语素：语言中最小的有音有义的单位。

8. 短语：也称词组，是由两个或两个以上的词按照一定方式组合起来，表示一定关系的语言单位。它是大于词而又不成句的语法单位。

9. 祈使句：要求对方做或不要做某事的句子。

10. 方位短语：由方位词直接附在名词性或动词性词语后面组成，主要表示处所、范围或时间，具有名词性。

11. 疑问句：具有疑问句调、表示提问的句子。

12.非主谓句:分不出主语和谓语的单句。

六、分析题

1.指出下列各词所属的词类。
名词　形容词/动词　名词/形容词　名词　形容词　名词　形容词/名词　形容词
动词　介词/连词　介词/动词　代词　代词　拟声词　叹词　语气词　拟声词　拟声词
动词/形容词　动词/形容词　动词　形容词　连词　连词　副词　动词/形容词　动词/名词
副词　量词　量词

2.指出下文中各词的词性。
<u>这</u>时,<u>我</u> <u>看见</u> <u>他</u> <u>那</u> <u>张</u> <u>十分</u> <u>年轻</u> <u>稚气</u> <u>的</u> <u>圆脸</u>,<u>顶多</u> <u>有</u> <u>十八</u> <u>岁</u>。<u>他</u> <u>见</u> <u>我</u>
代　名代　动　代　代量副　形　形　助形名副形动　数　量　代动代
<u>挨</u> <u>他</u> <u>坐下</u>,<u>立即</u> <u>张皇</u> <u>起来</u>,<u>好像</u> <u>他</u> <u>身边</u> <u>埋</u> <u>下</u> <u>了</u> <u>一</u> <u>颗</u> 定时 <u>炸弹</u>,局促 <u>不安</u>。
动代动动　副　形　动　　动　代　名　动动助数量　名　　名　　形　形

3.指出下列句子中画线词所属的词类。
(1)动态助词　(2)副词　(3)介词　(4)趋向动词　(5)动态助词　(6)动态助词
(7)语气词　(8)形容词　(9)时间名词　(10)程度副词　(11)方位词　(12)区别词
(13)动词　(14)副词　(15)副词　(16)形容词　(17)连词　(18)副词　(19)形容词
(20)形容词　(21)动词　(22)量词　(23)形容词　(24)形容词　(25)形容词　(26)副词
(27)副词　(28)动词　(29)名词　(30)动词

4.说明下列句子里加点词的词性。
(1)动词　动态助词　语气词
(2)动词　动词　动词　动态助词　动态助词
(3)动词　动词　介词　介词　介词　助词
(4)动词　动词　介词　动词　动词
(5)动词　动词　介词　形容词　量词
(6)介词　介词　连词
(7)动词　介词　连词
(8)动词　介词　量词　量词
(9)动词　动词　助动词　助动词　助词

5.指出下列句子中带点词语的词性及意义。
(1)<u>结构助词</u>,用来构成没有中心词的"的"字结构;<u>结构助词</u>,用来构成没有中心词的"的"字结构。
(2)<u>副词</u>,必须重读,表示坚决肯定,含有"的确、实在"的意思;<u>语气词</u>,用于陈述句末尾,表示肯定的语气。

(3)副词,必须重读,表示坚决肯定,含有"的确、实在"的意思;语气词,用于陈述句末尾,表示肯定的语气。

(4)语气词,用于陈述句末尾,表示肯定的语气;语气词,用于陈述句末尾,表示肯定的语气。

(5)动词,与"的"字配合使用,有分类的作用;结构助词,用来构成没有中心词的"的"字结构。

(6)副词,必须重读,表示坚决肯定,含有"的确、实在"的意思;语气词,用于陈述句末尾,表示肯定的语气。

(7)动词,与"的"字配合使用,有分类的作用;结构助词,用来构成没有中心词的"的"字结构;副词,必须重读,表示坚决肯定,含有"的确、实在"的意思;语气词,用于陈述句末尾,表示肯定的语气。

(8)副词,必须重读,表示坚决肯定,含有"的确、实在"的意思;语气词,用于陈述句末尾,表示肯定的语气。

(9)动词,与"的"字配合使用,有分类的作用;结构助词,用来构成没有中心词的"的"字结构。

(10)副词,必须重读,表示坚决肯定,含有"的确、实在"的意思;语气词,用于陈述句末尾,表示肯定的语气;副词,必须重读,表示坚决肯定,含有"的确、实在"的意思;语气词,用于陈述句末尾,表示肯定的语气。

(11)助词,用在动词或形容词后面,表示动作或变化已经完成;语气助词,用在句子的末尾或句中停顿的地方,表示变化或出现新的情况。

(12)助词,用在动词或形容词后面,表示动作或变化已经完成。

(13)语气词,表示认识、想法、主张、行动等有变化。

(14)助词,用在动词或形容词后面,表示动作或变化已经完成。

(15)语气助词,表示在某种条件之下出现某种情况。

(16)语气助词,用在句子的末尾,表示变化或出现新的情况。

(17)助词,用在动词或形容词后面,表示动作或变化已经完成;语气助词,表示在某种条件之下出现某种情况。

(18)语气词,表示已经出现或将要出现某种情况;语气词,表示已经出现或将要出现某种情况。

(19)语气词,表示已经出现或将要出现某种情况。

(20)语气助词,用在句子的末尾或句中停顿的地方,表示变化或出现新的情况。

(21)时间名词,刚过去不久的时间。

(22)时间名词,刚过去不久的时间。

(23)副词,恰好。
(24)时间名词,刚过去不久的时间。
(25)副词,恰巧、正巧。
(26)副词,恰巧、正巧。
(27)动词,使对方得到某些东西或某种遭遇。
(28)动词,使对方做某件事。
(29)介词,用在动词后面,表示交与、付出。
(30)介词,表示某种遭遇。
(31)助词,直接用在表示被动、处置等意思的句子的谓语动词前面,以加强语气。
(32)助词,直接用在表示被动、处置等意思的句子的谓语动词前面,以加强语气。
(33)介词,引进动作的受害者。
(34)介词,用于祈使句,加强祈使语气。
(35)助词,直接用在表示被动、处置等意思的句子的谓语动词前面,以加强语气。
(36)名词,作为论断的前提或言行基础的事物。
(37)动词,以某种事物为依据。
(38)介词,表示以某种事物作为结论的前提或语言行动的基础。
(39)连词,表示并列关系;和。
(40)介词,引进动作的对象;同。
(41)动词,在后面紧接着向同一方向行动。
(42)动词,不能责备;别见怪。
(43)副词,表示明白了原因,对某种情况就不再觉得奇怪。
(44)副词,表示事情发生得早或结束得早。
(45)副词,表示事情发生得早或结束得早。
(46)副词,仅仅,只。
(47)副词,表示对比起来数目大、次数多、能力强等。
(48)介词,表示动作的对象或话题的范围。
(49)介词,表示动作的对象或话题的范围。
(50)连词,表示假设的让步。
(51)连词,表示假设的让步。
(52)副词,表示前后事情紧接着。
(53)副词,仅仅,只。
(54)动词,比较,较量。
(55)介词,用来比较性状和程度的差别。
(56)介词,用来比较性状和程度的差别。

(57)动词,希望得到。

(58)动词,请求。

(59)助动词,需要。

(60)助动词,应该。

(61)助动词,表示估计,用于比较。

(62)助动词,将要。

(63)连词,如果。

(64)连词,如果。

(65)形容词,一个样子;相同。

(66)副词,适用于全体,无例外。

(67)名词,同一个处所。

(68)名词,同一个处所;名词,同一个处所。

(69)副词,一同。

(70)动词,用容易明白的甲事物来说明不容易明白的乙事物。

(71)动词,用容易明白的甲事物来说明不容易明白的乙事物。

(72)连词,表示"假如"的意思。

(73)动词,把方便或好处给别人。

(74)动词,请人接受招待。

(75)动词,指使、致使、容许或听任。

(76)介词,用于被动句,引进动作的施事。

(77)介词,用于被动句,引进动作的施事。

(78)介词,引进相关或比较的对象。

(79)介词,引进相关或比较的对象。

(80)连词,表示并列关系;跟,与。

6.将下列句中的"de"替换成适当的结构助词。

(1)的 (2)地 (3)的 (4)得 (5)得 (6)地 地 (7)地 的 的 (8)地 的 (9)的 的 的 (10)的 的 的 的 (11)地 的 地 (12)地 的 (13)的 的 的 (14)的 的 (15)的 的 地 地 的 (16)的 的 的 的 地

7.指出下列句子中的介词短语,并说明介词短语所充当的句子成分。

(1)"对青年人的思想脉搏"(状语)。

(2)"对卫兵"(状语);"到狗国"(状语);"从狗洞"(状语)。

(3)"把蛇"(状语);"从衣服里面"(状语)。

(4)"从省委"(状语)。

(5)"由陈建华"第二次去机场迎接妹妹(状语)。

(6)"在她这个年纪的女人里边"(状语)。
(7)"在一万一千米以上的高空"(状语)。
(8)"从政治上、思想上、经济上和文化上"(状语);"对于进一步发挥社会主义民主,发展全国安定团结、生动活泼的政治局面,调动一切积极因素加速国民经济的发展"(状语)。
(9)"在党中央的领导下"(状语);"在近半个世纪的革命斗争中"(状语);"为中国革命战争的胜利";"为人民军队的成长和壮大";"为保卫和建设社会主义祖国"(状语)。
(10)"在理论战线上"(定语);"把马列主义、毛泽东思想的普遍真理"(状语);"同社会主义现代化建设的具体实践"(状语);"在新的历史条件下"(状语)。

8. 指出下列短语的类型。
(1)中补短语 (2)动宾短语 (3)联合短语 (4)主谓短语 (5)方位短语 (6)兼语短语 (7)"的"字短语 (8)连谓短语 (9)同位短语 (10)介词短语

9. 分析下列短语的结构类型和功能类型。
(1)定中短语(名词性) (2)动宾短语(动词性) (3)主谓短语(形容词性) (4)介词短语 (5)方位短语(名词性) (6)"的"字短语(名词性) (7)比况短语(形容词性) (8)方位短语(名词性) (9)中补短语(动词性) (10)兼语短语(动词性) (11)动宾短语(动词性) (12)定中短语(名词性) (13)状中短语(动词性) (14)动宾短语(动词性) (15)连谓短语(动词性) (16)状中短语(形容词性) (17)主谓短语(形容词性) (18)动宾短语(动词性) (19)中补短语(动词性) (20)同位短语(名词性) (21)数量短语(名词性) (22)定中短语(名词性) (23)兼语短语(动词性) (24)介词短语 (25)方位短语(名词性) (26)"的"字短语(名词性) (27)比况短语(形容词性) (28)定中短语(名词性) (29)连谓短语(动词性) (30)同位短语(名词性) (31)主谓短语(动词性) (32)中补短语(形容词性) (33)动宾短语(动词性) (34)定中短语(名词性) (35)联合短语(名词性) (36)中补短语(动词性) (37)定中短语(名词性) (38)中补短语(动词性) (39)动宾短语(动词性) (40)主谓短语(形容词性) (41)定中短语(名词性) (42)动宾短语(动词性) (43)定中短语(名词性) (44)定中短语(名词性) (45)兼语短语(动词性)

10. 分化下列歧义短语。
(1)他的哥哥和妹妹的三位朋友　　他的哥哥和妹妹的三位朋友
　　|联 + 合|　　　　　　　　|定) 中|
(2)看打乒乓球的中小学生　　看 打乒乓球的中小学生
　　|定) 中|　　　　　　　　|动　宾|
(3)我们 五人 一组　　我们五人 一组
　　|主 ‖ 谓|　　　　　|主 ‖ 谓|
　　|主 ‖ 谓|　　　　　|同 = 位|

(4) 关于植树造林的建议　　　　关于植树造林的建议
　　｜介｜　宾　｜　　　　　　　｜定　）中　｜

(5) 骂他朋友的孩子　　　　　　骂他朋友的孩子
　　｜动｜　宾　｜　　　　　　　｜定　）中　｜

(6) 安排好工作　　　　　　　　安排好工作
　　｜动｜宾｜　　　　　　　　　｜动｜宾｜

(7) 非洲语言研究　　　　　　　非洲语言研究
　　｜定　）中　｜　　　　　　　｜定　）中　｜

(8) 他兄弟小刚和小明　　　　　他兄弟小刚和小明
　　｜同　＝　位　｜　　　　　　｜联　＋　合　｜

(9) 撞倒他的自行车　　　　　　撞倒他的自行车
　　｜动｜　宾　｜　　　　　　　｜定　）中　｜

(10) 摩托车和汽车的零件　　　　摩托车和汽车的零件
　　　｜联　＋　合　｜　　　　　｜定　）中　｜

(11) 思念故乡的亲人　　　　　　思念故乡的亲人
　　　｜动｜　宾　｜　　　　　　｜定　）中　｜

(12) 干部和工人中的积极分子　　干部和工人中的积极分子
　　　｜联　＋　合　｜　　　　　｜定　）中　｜

(13) 优秀的纪实小说的作者　　　优秀的纪实小说的作者
　　　｜定　）中　｜　　　　　　｜定　）中　｜

(14) 要学习文件　　　　　　　　要学习文件
　　　｜动｜宾｜　　　　　　　　｜状］中　｜

(15) 关于索绪尔的两本书　　　　关于索绪尔的两本书
　　　｜介｜　宾　｜　　　　　　｜定　｜中　｜

11. 用层次分析法的框式图解法,分析下列复杂短语的结构层次和结构关系。

(1) 研究这个运动的现状及其发展

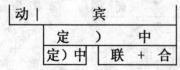

(2) 外语老师最喜欢的

第五章 语　法

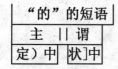

(3) 在车站前面的广场上

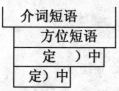

(4) 天气已经热得受不了

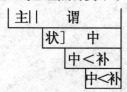

(5) 昨天在休息室里同他交谈

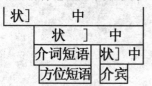

(6) 狠狠地打了孩子几下

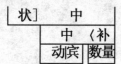

(7) 提着篮子上街 买菜

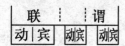

(8) 必须极大地提高中华民族的科学文化水平

(9) 乘车 去机场 迎接出访归来的同志

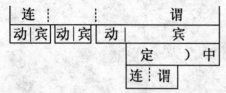

(10) 这些为了抢救伤员献了三次血的同志

(11) 社会的发展需要迅速及时获得文字信息

(12) 派 他 到镇上粮食棉花收购站看一下市场情况

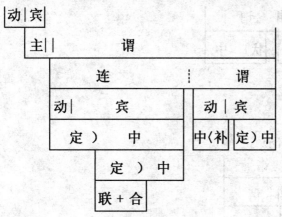

(13) 把地下水抽上来供牛羊饮用

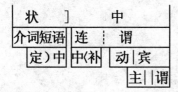

(14) 这件如此重要的事情我们几个人现在脑子里竟然没有一点印象了

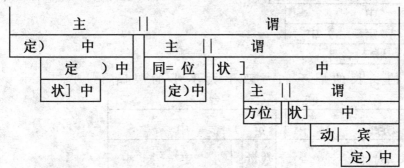

(15) 布马褂底下的袍子的大襟后面的口袋

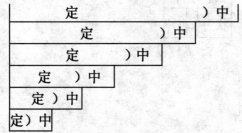

(16) 走 在 后 头 的 人 要 加 油

(17) 这 位 新 来 的 客 人 我 不 认 识

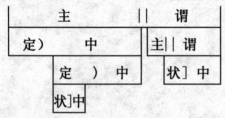

(18) 世 界 珍 贵 稀 有 动 物 熊 猫 的 故 乡 中 国

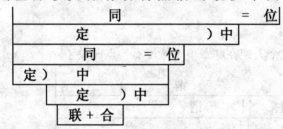

(19) 浓 浓 的 长 长 的 眉 毛 和 一 双 不 大 不 小 的 眼 睛

(20) 谁 是 最 可 爱 的 人

```
主‖    谓
   动|  宾
      定 ) 中
        状] 中
```

(21) 昨天从家乡传来振奋人心的好消息
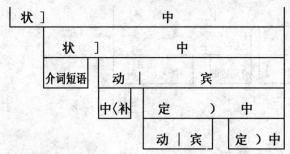

(22) 希望参加去北京的旅行团
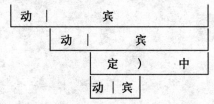

(23) 痛得我差点掉眼泪

(24) 他能不能马上来还是个问题
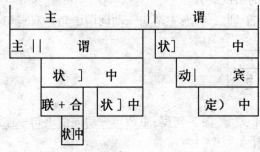

(25) 把 你妹妹小英的情况 给大家 介绍 一下

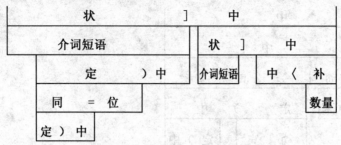

(26) 做 一个有理想有作为的青年

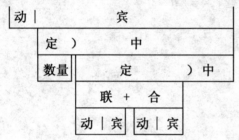

(27) 告诉我 他 怎样来 这儿

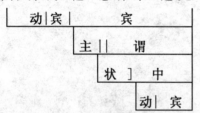

12. 指出下列句子的句型并分析它们的层次成分。

(1) 这件事 给了他很深刻的教训。句型：<u>主谓句—动词谓语句—双宾句</u>。

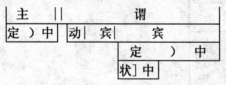

(2) 我 弟弟 极力主张到杭州去旅游。句型：<u>主谓句—动词谓语句—连谓句</u>。

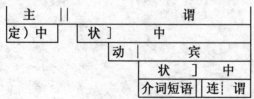

(3)据说,厂长 已经 找 了 你 三 回 了。句型:主谓句—动词谓语句。

(4)这个问题 回答的人不多。句型:主谓句—主谓谓语句。

(5)这台计算机 学校的。句型:主谓句—名词谓语句

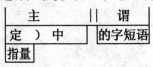

(6)老王 劝他 马上骑车去请医生。句型:主谓句—动词谓语句—兼语连谓句。

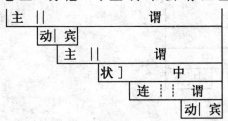

(7)我们 对他的品德 还 是 很清楚的。句型:主谓句—形容词谓语句。

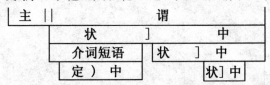

(8)叔叔,你 去 动员 他 留下来看戏。句型:主谓句—连谓兼语句。

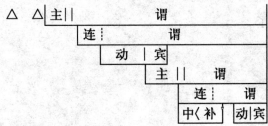

(9) 中国女排 飞 到漳州 开始训练。句型：<u>主谓句—动词谓语句—连谓句</u>。

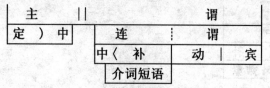

13. 用框式图解法分析下列单句。

(1) 这件事，我决定让你去办。

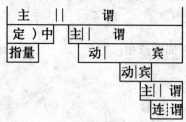

(2) 出版社在全市中小学开学之前把教材赶印出来了。

(3) 我的确被他的精神所感动。

(4) 小山被黑胡子抓壮丁抓走了。

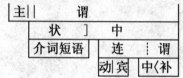

(5) 你 坐 在 这儿 看看 报纸 等 我 一会儿。

(6) 那个 班的同学，名字我一个都叫不出来。
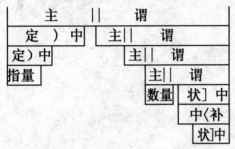

(7) 大夫嘱咐她每天按时吃药。
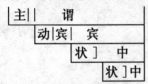

(8) 我们要求他们执行命令。

(9) 乡长 看见他 从食堂走出来。
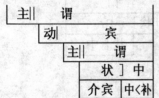

(10) 我驻联合国代表 致函安理会主席。
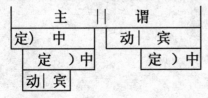

(11) 别人问他小王整天待在家里干什么。

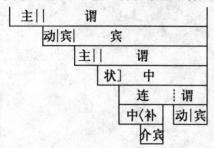

(12) 树枝上 已经结出第一个金钱橘。

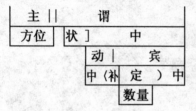

(13) 景泰蓝花瓶里插满了各种名贵的花。

(14) 你 去 问问学习委员三角形内角之和等于一平角应该怎样证明。

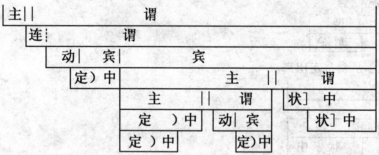

(15)这样做 就能使市长腾出手来处理一些群众反映强烈的社会治安问题。

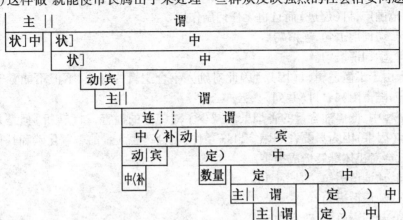

14.分析下面的句子,指出哪些是单句,哪些是复句。
(1)单句 (2)复句 (3)复句 (4)单句 (5)复句
(6)单句 (7)单句 (8)单句 (9)复句 (10)复句

15.分析下列句子,如果是单句,请根据谓语确定其句型;如果是复句,则分析分句之间的层次和关系。
(1)主谓句,动词谓语句。
(2)他不但细心听取了我们的意见,Ⅰ(递进)而且立刻通知组内同志前来商量,Ⅱ(递进)态度甚至比我们还要积极。
(3)主谓句,动词谓语句,"被"字句。
(4)主谓句,动词谓语句,连谓句。
(5)要是谁干起活来马马虎虎,Ⅰ(假设条件)不管他怎样能干,Ⅲ(并列)不管他对我多么好,Ⅱ(条件)我也不买他的账。
(6)主谓句,动词谓语句。
(7)主谓句,动词谓语句,"把"字句。
(8)主谓句,动词谓语句,"是"字句。
(9)虽然这世界罕有的铁路工程甚为艰巨,Ⅱ(并列)虽然领导干部和技术人员都没有对付过这样复杂的自然情况,Ⅱ(并列)虽然绝大部分工人是刚放下枪杆或者农具的外行,Ⅲ(因果)不懂得如何下手工作,Ⅰ(转折)可是,历史既把建设的担子放在他人肩上,Ⅱ(因果)他们就以无比的英雄气概,挑起这繁重的担子,Ⅲ(顺承)坚毅地向前走。
(10)主谓句,主谓谓语句。
(11)只要能让我工作,Ⅰ(条件)不管到什么地方,Ⅲ(并列)不管条件多么艰苦,Ⅱ(条件)我都去。
(12)太阳神口服液可调节机体平衡,Ⅲ(并列)帮助人体主动吸收食物中的养分,Ⅱ(并列)而非单一进补,Ⅰ(因果)因此,不仅突破了滋补型及治疗型传统保健品的季节和年龄限制,Ⅲ(并列)适用范围广,Ⅱ(递进)而且也无任何副作用。

(13)主谓句,动词谓语句,连谓句。

(14)主谓句,动词谓语句。

(15)有的人由于不懂逻辑,Ⅰ(因果)因此对别人不合逻辑的言论,不但不能觉察它的荒谬,Ⅱ(递进)反而随声附和,Ⅲ(并列)人云亦云。

(16)现在一些中、低焦油含量的香烟虽然减少了对肺部的损害,Ⅱ(转折)但是并不等于此类香烟无毒,Ⅰ(因果)因为只要香烟燃烧,Ⅱ(条件)就会产生大量的一氧化碳和其他有毒物质,Ⅲ(并列)就会对机体继续造成损害。

(17)主谓句,动词谓语句,"是"字句。

(18)主谓句,动词谓语句。

(19)主谓句,动词谓语句,双宾句。

(20)三味书屋后面也有一个园,Ⅰ(解说)虽然小,Ⅱ(转折)但在那里也可以爬上花坛去折腊梅花,Ⅲ(并列)在地上或桂花树上寻蝉蜕。

(21)主谓句,动词谓语句,兼语句。

(22)主谓句,动词谓语句。

(23)我们有正确的思想路线、政治路线和组织路线,Ⅰ(因果)只要大胆而谨慎地工作,Ⅲ(并列)只要经过周密的调查研究,广泛听取群众意见,Ⅱ(条件)就完全有把握把大批优秀的中青年干部提拔起来,Ⅲ(目的)保证我们的事业后继有人。

(24)主谓句,动词谓语句。

(25)主谓句,动词谓语句。

(26)主谓句,动词谓语句。

(27)他早想在路上拾得一注钱,Ⅱ(转折)但至今还没有见;Ⅰ(并列)他想在自己的破屋里忽然寻到一注钱,Ⅲ(顺承)慌张地四顾,Ⅱ(转折)但屋内是空虚而且了然。

(28)主谓句,动词谓语句。

(29)我两手空空,Ⅰ(因果)既不愿让悲鸿知道,Ⅲ(目的)以免他焦急,Ⅱ(并列)又不愿开口向人求助。

(30)主谓句,动词谓语句,"把"字句。

16.分析下列多重复句。

     转折   因果   并列

(1)问题是提出了,Ⅰ但还不能解决,Ⅲ就是因为还没有暴露事情的内部联系,Ⅳ就是

           因果   并列

因为还没有经过这种系统的周密的分析过程,Ⅱ因而问题的面貌还不清晰,Ⅲ还不能做综合

  因果

工作,Ⅱ也就不能很好地解决问题。

　　　　　　　　　　　　　　　　　　　　　　　　　　　　　顺承
　　(2)蜜蜂的复眼因为具有特殊的结构能够看到太阳偏振光的振动方向,‖而这种方向
　　　　　　　　　　　因果　　　　　　　　　　　　顺承　　　　　　　　顺承
与太阳的位置有确定的关系,│所以蜜蜂能够随时辨别太阳的方位,‖确定自身的运动方向,‖
准确无误地找到蜜源或回巢。
　　　　　　　　　　　并列　　　转折
　　(3)在我们的工作中尽管有缺点,‖有错误,│但每个公正的人都可以看到,我们对人民是
　　　　　　因果　　　　　　　　　　　　　　　　并列　　　　　　　　　　　递进
忠诚的,‖‖我们有决心有能力同人民在一起把祖国建设好,‖我们已经得到巨大的成就,‖‖
并且将继续得到更巨大的成就。
　　　　　　　　　　　　　　　　顺承
　　(4)只有实行劳动力合理流动,‖让那些有能力而又愿意为社会主义贡献力量的人去取代
　　　　　　　条件　　　　　　　　　　　　　　顺承　　　　　　　　顺承
相形见绌的分子,│才能使生产资料和劳动力更好地结合,‖创造更高的劳动生产率,‖使按劳
分配原则得到更好的贯彻。
　　　　　　　　　　　　　　　解说
　　(5)实事求是地分析以上的问题,│应该说,不是独生子女天生就有品德和行为习惯方面的
　　　　　并列　　　　　　　　　　　　　　　　　　　　　　　递进
弊病,‖而是在独生子女家庭中存在着不利于儿童良好品行形成的因素,‖‖并通过不正确的
家庭教育而发展成为事实。
　　(6)但是一切外国的东西,如同我们对于食物一样,必须经过自己的口腔咀嚼和胃肠运
　　　并列　　　　　　　并列　　　　　　　　顺承　　　　　　　　条件
动,‖‖送进唾液肠液,‖‖并把它分解为精华和糟粕两部分,‖‖‖然后排泄其糟粕,‖才能
　　　　　　因果
对我们的身体有益,│决不能生吞活剥地毫无批判地吸收。
　　(7)关于物种起源问题,如果一位博物学家,对于生物相互间的亲缘关系、它们的胚胎的
　　　　　　　　　　　　　　　　　　　　　　　　　　　　　假设
关系、地理的分布以及在地质期内出现的程序等事实,加以考虑,│那么我们可以推想到,
　　　　　　　　　　　　　　　　并列
生物的种,和变种一样,是由以前别的种演变而来,‖而不是分别创造出来的。
　　　　　　　　　　　　　　　　　　　　　　　　　　　　　　　　转折
　　(8)在我自己,本以为现在是已经并非一个迫切而不能已于言的人了,│但或者也还未
　　　　　　　　　　　　因果　　　　　　　　　　　目的
能忘怀于当日自己的寂寞的悲哀罢,‖所以有时候仍不免呐喊几声,‖‖聊以慰藉那在
　　　　　　顺承
寂寞里奔驰的猛士,‖‖‖使他不惮于前驱。

(9)"没有调查就没有发言权"这句话,虽然曾经被人认为"狭隘经验论"的,||我却至今
　　　　　　　　　　　　　　　　　　　　　　　　　　　　　　　　　转折
　　　并列　　　递进
不悔;|不但不悔,||我仍然坚持没有调查是不可能有发言权的。

(10)倘或安适之还没来,|她一定死死地钉在那预约见面的地方,|||纵使发生了火灾、洪
　　　　假设　　　　　　　　　　　　　　　　　　　　　　　　　假设
　　　　　选择　　　　　并列　　　　　条件　　　　　　　顺承
水、地震,||||或者爆炸了一颗氢弹,||只要她不死,|||她一定牢牢地站在那儿,||||站在那儿
等待他的到来。

(11)经过的年月一多,||话更无从说起,|所以虽然有时想写信,||却又难以下笔。
　　　　　因果　　　　　因果　　　　　转折

　　　　　　　　　转折　　　　　　　　　　　假设　　　　　　　　　　解说
(12)"理直气壮"看来无可非议,|但若运用于人民内部,||"气壮"往往效果不佳,|||使
　　　　　　　　　　　　　　　　　　　　　　递进
对方难以接受,||||甚至发生纠纷。

　　　　　　　　　　　　　　因果
(13)我们很多人没有很好地学习语言,|所以我们在写文章做演说时就没有几句生动
　　　　　　　　　并列　　　　　　　　　　　　解说　　　　　　并列
活泼切实有力的话,||只有死板板几条筋,像瘪三一样,||||瘦得难看,|||不像一个健康的人。
　　　　　　　　　　条件　　　　　　　　　　　　　　　　　　　　　　　　　　目的
(14)只要他们不觉得厌烦,|我愿意跟他们谈谈我在探索人生方面曾经走过的弯路,||
以便他们少付出一些不必要的代价。
　　　　　　　　并列　　　　　假设　　　　　并列　　　　并列　　　　　假设
(15)车摇慢了,|||线抽快了,||线就会断头;|车摇快了,|||线抽慢了,||毛卷、棉条
　　　　　　　　并列
就会拧成绳,|||线就会打成结。

　　　　　　　　　　　　并列　　　　　　　　因果　　　　　　　并列
(16)掌柜是一幅凶脸孔,|||主顾也没有好声气,||教人活泼不得;|只有孔乙己到店,
条件　　　　　因果
|||才可以笑几声,||所以至今记得。

　　　　　　　　　　　　　　　　递进　　　　　　　　　　　　　　　　因果
(17)城里有许许多多的事他不明白,||听朋友们在茶馆里议论更使他发胡涂,|因为一
　　　　　　　　递进
人一个说法,||而且都说得不到家。

(18) 虽然是满月,||| 天上却有一层淡淡的云,|| 所以不能朗照;| 但我以为这恰是到了好处||——酣眠固不可少,||| 小睡也是别有风味的。
（转折／因果／转折／解说／转折）

(19) 固然,如果不认识矛盾的普遍性,|| 就无从发现事物运动发展的普遍原因或普遍的根据,| 但是,如果不研究矛盾的特殊性,|| 就无从确定一事物不同于它事物的特殊本质,||| 就无从发现事物运动发展的特殊原因。
（假设／转折／假设／并列）

(20) 内容有分量,||| 尽管文章短小,|||| 也是有分量的;|| 如果内容没有分量,||| 不管写多长,|||| 也没有分量,| 所以不能只看量,|| 要讲求质。
（假设／转折／并列／假设／条件／因果／并列）

(21) 北京是美丽的,我知道,| 因为我不但是北京人,|| 而且到过欧美,||| 看见过许多西方的名城。
（因果／递进／顺承）

(22) 只要我们在今后进一步改善对青年的思想教育工作,||| 把国家的真实情况告诉他们,|| 并且努力纠正我们工作中的错误,| 我们就一定能够帮助广大青年自觉地克服自己的弱点,|| 勇敢地迎接自己的战斗任务。
（并列／递进／条件／并列）

(23) 现在一些中低焦油含量的香烟虽然减少了对肺部的损害,|| 但是并不等于此类香烟无毒,| 因为只要香烟燃烧,|| 就会产生大量的一氧化碳和其他有毒物质,||| 就会对机体继续造成损害。
（转折／因果／条件／并列）

(24) 他早想在路上拾得一注钱,|| 但至今还没有见;| 他想在自己的破屋里寻到一注钱,||| 慌张的回顾,|| 但屋里是空虚而且了然。
（转折／并列／顺承／转折）

(25) 塑料不腐烂分解是一大长处,| 因为当塑料垃圾被深埋时,它永远不会变成任何有毒的化学物质污染人类生存的环境,|| 即使是被焚烧,||| 大部分塑料也不会释放出有毒气体。
（因果／并列／假设）

　　　　　　　　　　　　因果　　　　　　并列　　　　　　转折
　(26)宋师毕竟是个快乐的人,|虽然也苦恼了几天,|||装过几天病,||但过了那股劲,
因果　　　　　　　　　并列
|||憎恨的情绪慢慢也淡了,||||对小娥也管得不那样紧了。

　　　　　　　　　　　　　　　　　条件　　　　　　　　解说
　(27)拉车的人们,只要今天还不至于挨饿,||就懒得去张罗买卖:|有的把车放在有些
　　　　　　顺承　　　　　　并列　　　　　　　　　并列　　　　　　　　　并列
阴凉的地方,|||坐在车上打盹;||有的钻进小茶馆去喝茶;||有的根本没有拉出车来,|||
只到街上看看有没有出车的可能。

　　　　　　　　　　　　递进　　　　　　　　　　解说
　(28)这个院子,虽然不气派,||甚至连一条平坦的路也没有,|||下雨到处是水塘和泥
　转折　　　　　　　　　目的
坑,|但却时有漂亮的卧车驶入,||都是找人事局那位陈科长的。

　　　　　　　　　　　　　　　　　　　　转折　　　　　　　　　　　　　　因果
　(29)尽管古代的一些作家,并不完全是唯物主义者,|但是他们既然是现实主义者,|||
　　　　　　　　　　　　　　　因果
他们思想中就不能不具有唯物主义的成分,||因而他们能够从艺术描写中反映出一定的客观
真理。

　　　　　　　　　　　　　　　　因果
　(30)我们所以要隆重纪念阿尔伯特·爱因斯坦,|不仅是因为他一生的科学贡献对现代
　　　　　　　　　　　　　递进
科学的发展有着深远的影响,||而且还因为他勇于探索、勇于创新、为真理和社会而献身的精
　　　　　　　　　　并列
神是值得我们学习的,|||是鼓舞我们为加速实现四个现代化而奋斗的力量。

　　　　　　　　　　　　　　　　　　　解说　　　　　　　并列
　(31)在周副主席的号召和影响下,整个村子的部队都搓米:|有瓦片对瓦片搓的;||有石
　　　　　　并列　　　　　　　顺承　　　　　　转折
头对石头搓的;||有的干脆就用手搓,||||手上磨出了血泡,|||但仍然愉快地搓。

　　　　　　　　　　假设　　　　　　　　　　因果　　　　　　　　转折
　(32)巴儿狗如此宽容,||别的狗也大可不必打了,|因为它们虽然势利,||但究竟还有
　　　　　并列　　　　因果
些像狼,||||带有野心,|||不至于如此骑墙。

　　　　　　　　　　　　条件　　　　　　　　　　并列　　　　　　　　　　递进
　(33)我们无论认识什么事物,||都必须全面地去看,|||不但要看到它的正面,||||而
　　　　　　　条件
且还要看到它的反面,|否则,就不能有比较完全的和正确的认识。

268

　　　　　　　因果　　　　　　　　　　　　　　转折
　(34)革命精神是非常宝贵的,‖所以没有革命精神就没有革命行动,｜但是革命又是在
　　　　　　因果　　　　　并列　　　　　假设
物质利益的基础上产生的,‖如果只讲革命精神,‖‖不讲物质利益,‖‖那就是唯心论。

17.修改下面的病句,并指出致病的原因。

(1)成分残缺,缺少定语中的谓语动词,应在"就安全生产问题"后加"做"。

(2)滥用使动式造成主语残缺,去掉"使"。

(3)"相似"后面不能带宾语,应该改成"跟这类半浊音很相似"。

(4)缺少宾语中心,应在"具有速溶、清洁卫生、营养丰富"后面加上"的特点"。

(5)"人次"使用不准确,应改成"人"。"三科四门公共课考试"不联系上下文的话指代不明确。

(6)语序不当,改为"是封建帝王的被阉割过的奴仆"。

(7)"演于"使用不当,应该为"演出于"。

(8)加上"使其",应是"使其闭上眼睛",后面改成"家属们深受感动",连词"与"使用不准确,应该为"的","要求"该为"请求"。

(9)"家具"包括"沙发、红木家具、藤制品家具",所以去掉第一个"家具"。

(10)把"六老"后面的"的"改为破折号"——"。

(11)"把"字句后面应该有谓语动词,去掉"的",改为"而如果能把方块汉字结构条理化"。

(12)动宾搭配不当,"进出"后面应是"火花",把"闪光"改成"火花"。

(13)"决定"的后面缺少介词"把";"作为建设南开大学东方艺术系的大楼之用"搭配不当,把"之用"改成"的资金"。

(14)句式杂糅,改成"这当然是同三中全会以来我们党所执行的对外开放政策分不开的"或者"这当然是三中全会以来我们党所执行的对外开放政策的结果"。

(15)暗中更换主语造成谓语残缺,应该改为"作者以他生动的笔触、细腻的情感、恢宏的气势写成的这两篇小说,一经《北京晚报》和大型文学丛刊《昆仑》发表后,赢得了广大读者,尤其是青少年读者的普遍欢迎,被誉为一曲难得的爱国主义颂歌"。

(16)句式杂糅,应该改为"从河西走廊到西南山区,从大巴山脉到云贵高原,沿途有不少名胜古迹,吸引着中外游客,可是追捕组为了争取时间查缉,无暇去观光"。

(17)主语和宾语搭配不当,把"中国"改成"中华民族"。

(18)缺少定语中心,后面应改为"把当时担任毛泽东联络员的同志找到了医院"。

(19)缺少主语,去掉"有"。

(20)前后主语不一致,应改为"在'文化大革命'这场悲剧性的历史灾难中,人民看到了周恩来力挽狂澜、呕心沥血的努力和中流砥柱的作用,认识到了他是人民意愿的体现者,因而更加爱戴他,把党和国家的前途命运寄托在他的身上。"

(21)"搁延"为生造词,应该为"如果我国西部的开发搁浅"。

(22)"一起"和"共同"语义重复,去掉一个。
(23)前后构不成转折关系,应在后面再加上"所以大家至今仍然记得他"。
(24)"发颤"一词用得不准确,应根据上下文内容修改。
(25)歧义,要根据具体语境调整。
(26)"明慧"为生造词,应改为"智慧"。
(27)成分多余,"高于或维持试用期工资"的规定已排除了"低于试用期工资"这一可能,所以原句中"而不低于试用期工资"为赘余,应删去。
(28)数目的减少不能使用倍数,应改为"减少一半"。
(29)数词使用不正确,"四番"应改为"两番"。
(30)"提高为"改为"提高了"。
(31)成分残缺,在"世界总人口中约1/3"加上"人口";"即81 400万人"后面加上逗号",";"其中"前面加上"这"。
(32)搭配不当,"拉拢"不能和"矛盾"构成动宾关系;滥用介词造成主客体颠倒,"对今天的青年一代比较生疏"中的"对"改成"对于";语序不当,后面一句应改为"就要以它本来比较真实的面貌和我们见面了。"
(33)语序不当,句子内部词与词间的联系应讲严谨,否则会造成语病。该句中陈述"从理论上和政策上",后边应与之对应,将"深刻的说明"与"详细的规定"对调才能使句子通顺无碍。
(34)句式杂糅,应改为"雷锋同志有善于挤和善于钻的'钉子'精神,这种精神是我们学习的榜样"。
(35)成分残缺,应改为"思念千里共婵娟的你"。
(36)成分残缺,改为"突然发生故障"。
(37)词性弄错,"熟练"是形容词,不能带宾语,改为"熟悉"。
(38)词性弄错,"偏见"是名词,不能做谓语,改为"有偏见"。
(39)词性弄错,"模范"是名词,改为"他的工作很具有模范作用。"
(40)词性弄错,"比赛"不能带宾语,改为"跟明德中学比赛"。
(41)动宾不搭配,后面改成"放弃了侵犯苏州的计划"。
(42)主谓不搭配,改为"鸽子长途飞行的本领"。
(43)动宾搭配不当,应改为"是具有决定性意义的年代"。
(44)动宾不搭配,改为"种植桐树并使用桐油了"。
(45)词性弄错,"刚刚"是副词,改为"刚才"。
(46)成分多余,去掉"对"。
(47)成分多余,去掉"得很"。
(48)"一颗"与"心情"搭配不当,"心情"改为"心"。
(49)搭配不当,"进行帮助"改为"进行指正"。
(50)否定词多余,去掉"不"。

(51)介词使用不当,"利用"不是介词,换介词"以"。
(52)介词使用不当,"从"改为"在"。
(53)介词使用不当,改为"给";述宾搭配不当,"开辟"改为"开创"。
(54)滥用介词造成主客体颠倒,把"对"改为"对于"。
(55)宾语中心残缺,在句子的后面加上"的问题"。
(56)结构杂糅,改为"王进喜是中国工人的杰出代表"或者"王进喜给中国工人树立了榜样"。
(57)结构杂糅,改为"大家虽然有点累,但保护了集体财产,使其免受损失,心里很高兴。"
(58)结构杂糅,应改为"经过大夫们的抢救,休克的病人苏醒过来了。"
(59)成分残缺,"把"字句中的谓语动词不能使光杆动词,应在句末加上"一下"。
(60)副词"没有"不能放在"把"字结构的后边,"来得及"这种可能补语的形式不宜用在"把"字结构中。所以改为"我没有把这篇小说看完"或者,"我没有来得及看完这篇小说"。
(61)"被"多余,去掉。
(62)介词使用不当,"被"应换为"把"。
(63)关联词语位置不当,"不但"放在"中国人民"前面。
(64)关联词语残缺,后面"而且提高了产品的质量"。
(65)错用关联词语,后面的句子中"而是"改为"而且是"。
(66)第二个"的"多余,应删除。
(67)第二个"的"的存在造成歧义,应删除。
(68)宾语残缺,应在"奖金"之后加上"制度"。
(69)动宾搭配时顾此失彼,应把"坐"改为"用"。
(70)动词"感到"要带动词性宾语,可改为"感到了婆媳之间的气氛相当紧张"。
(71)该句缺少一个必要的主语,删去"使","终于"移到主语"我们"的后边。
(72)"不管"改为"尽管","终于"改为"还是"。
(73)"在……上""在……下"等句法格式中,只能嵌入名词性的词语,而"起早睡晚、终日劳动"是动词性短语,应改成"在……的情况下"。
(74)关联词语位置不当,分句主语相同,关联词语要放到分句主语之后。

七、简答题

1. 为什么说词的语法功能是划分词类的主要依据?
词类划分标准:以语法功能为主要依据,兼形态和意义标准。
(1)语法功能。
①组合能力:实词与实词的组合能力;虚词依附实词和短语的组合能力。
②句法角色:在语句中充当何种成分。
(2)词的形态。
①构形形态:重叠(动词、形容词)。

②构词形态:"凿子""workers"。

(3) 词的意义,这里指语法上同类词的概括意义或意义类别。表示人、事物的是名词;表示动作行为的是动词;表示性质状态的是形容词。如"打仗"和"战争"有相同的意义基础,可是功能并不相同。我们可以说"在前方打仗",不能说"在前方战争";可以说"一场战争",不能说"一场打仗"。我们把"打仗"归入动词,把"战争"归入名词。

因为汉语属于汉藏语系,是孤立语,缺少形态变化,所以,汉语中划分词类的主要标准应该是语法功能的标准。

2. 名词、动词、形容词各有哪些主要语法特征?

主要语法特征	名词	动词、形容词
能否经常做主语、宾语	能	不能
能否经常做谓语	不能	能
能否受"不"修饰	不能	能
能否重叠	不能	部分能
能否同时用肯定否定提问	不能	部分能
概括意义	人或事物	动作性状

3. 时间名词、处所名词、方位名词与其他名词有何异同?

(1) 时间名词、处所名词较特殊,除了能做主语、宾语和定语外,还可以经常做状语,表示事情发生的时间、地点,如"他昨天来过了""你们里屋坐"等。

(2) 方位名词主要是加在别的词语后面,组成方位短语,表示处所或时间,如"教室里、放假前"等。

4. 区别词与形容词有何区别?

形容词能充当定语,还可以充当谓语、补语和状语,而区别词则只能充当定语,不能充当谓语、补语等;否定时,形容词能前加副词"不",区别词不能前加"不"。

5. "我住在三楼"的"三"和"我走了三里路"的"三"有什么区别?

"三楼"中的"三"是序数词,表示次序的先后。"三里路"中的"三"是基数词,表示数目的多少。

6. 量词单独做句子成分有什么条件限制?

量词一般不能单用,量词单独做句法成分需要重叠,单音节量词大都可以重叠,重叠后能单独充当定语、状语、主语、谓语,不能做补语,如"门门都是满分(主语)、浪花朵朵(谓语)、条条大路(定语)、节节败退(状语)"。量词不能单独做句法成分,在"带份礼物给他""那份留给你"中"份"是"一份"的省略。只有数词是"一"的时候,数词才能省略。

7. "出了一身汗"和"买了一身衣服"中的"一身"有什么不同?

"出了一身汗"中"一身"是名词做定语;"买了一身衣服"中"一身"是数量短语,这里的量词"身"是借用名词的量词。

8. "小李怎么样了?"和"小李怎么不来?"这两句中的"怎么样"和"怎么"有什么区别?

"怎么样"和"怎么"都是疑问代词,代谓词,但是"小李怎么样了?"中"怎么样"是充当谓语成分的,而"小李怎么不来?"中"怎么"是充当状语成分的。

9. 副词有哪些主要语法特征?怎样区分副词和形容词?

副词常限制、修饰动词和形容词性词语,表示程度、范围、时间等意义。①副词都能做状语。个别程度副词可以做补语。②副词一般不能单说,只有"不、没有、也许、有点儿、当然、马上、刚刚、的确"等在省略句中可以单说。③部分副词能兼有关联作用,有单用的,有成对使用的。

这两类词的主要功能差别也有两点:①形容词一般都可以受程度副词修饰,而副词则不能。"非常努力""很亲切"中的"努力""亲切"都应当确定为形容词;"大力""亲自"不能说成"非常大力""很亲自",则应是副词。②形容词可以修饰名词,副词不能。"共同的生活""静静的顿河"中的"共同""静静"都修饰名词,应当确定为形容词;而"互相""悄悄"不能修饰名词,则是副词。

此外,要特别注意一部分同音同形的形容词和副词的区别,它们是"好、光、老、白、直、怪、硬、净、干、穷"等。由于它们在做状语和做定语、谓语时语义不同,因而应分别属于副词和形容词两类,它们是同音词。例子如下。

形容词:好戏、光脚、白手套、路很直、人老了。

副词:好漂亮、光说空话、白跑一次、直哭、老不说话。

10. 怎样区分时间副词与时间名词、副词与形容词、副词"没有"与动词"没有"?

(1)时间副词与时间名词的主要功能差别是:①时间名词可以修饰名词,时间副词不能修饰名词。"刚才"可以修饰名词(如"刚才的事""刚才的话"),应归入时间名词,而"刚刚"只能归入时间副词。②时间名词前面可以加介词"在""到"或者"从",构成介词结构,时间副词前面不能加这些介词。根据这个差别,可以确定"早上、平时、日前"之类是时间名词,"从来、时常、立刻"之类是时间副词。

这两条标准只要满足一条便可以确定是时间名词,因为副词除了做状语外不能再做其他成分。由于部分时间名词跟介词组合有一定困难(即习惯上反而不用介词),如"在现在",因此第一条标准最简单可行。

(2)副词与形容词:有的形容词也可以做状语,它与副词的区别在于:副词只做状语,而形容词除了做状语之外,还可以做定语和谓语。如"特别"(形容词)和"格外"(副词),可以说"特别鲜艳""格外鲜艳"(状语),但可以说"特别快车"(定语)、"这事情很特别"(谓语),而"格外"却不能说。

(3)副词"没有"与动词"没有":①在汉语中,有两个"没有":"没有$_1$"是动词,"没有$_2$"是副词。它们在语法形式上最大的不同是"没有$_1$"后跟名词性词组,"没有$_2$"后跟非名词性词组。例如:

[1] 我没有语法书。

[2] 我没有借语法书。

例[1]中"没有"后接的是名词性词组"语法书",所以是动词;例[2]中"没有"后接的动词性词组"借语法书",所以是副词。如果我们把这两个例句变换组成相应的主谓谓语句,则也可发现这两个"没有"和它们的后续成分之间的结构关系是不同的。

[3] 语法书我没有。(例[1]的变换式)

[4] 语法书我没有借。(例[2]的变换式)

从以上的变换式中,我们可以看出"没有$_1$"是支配后面的名词性词组的,因而是动词;"没有$_2$"只是修饰限定后面的动词性词,因而是副词。

②这两个"没有"都是表示否定的,但是它们所否定的内容有所不同。"没有$_1$"是对"领有、具有、存在"等意义的否定,即是对动词"有"的否定;"没有$_2$"却是否定动作或状态已经发生或出现的。所以,它们的肯定形式有所不同。例如:

[5] 我有语法书。(例[1]的肯定式)

[6] 我借了语法书。(例[2]的肯定式)

③这两个"没有"在结构地位上的不同,也造成了它们的提问形式有所不同。"没有$_1$"只有一个提问形式"有没有……";而"没有$_2$"的提问形式却不止一个。例如:

[7] 你有没有语法书?(例[1]的提问形式)

[8] 你借了语法书?(例[2]的提问形式)

[9] 你借没有借语法书?(例[2]的提问形式)

有的方言(如上海方言)存在"你有没有借语法书?"这种格式,但普通话里是不能这样说的,因为不存在"有借语法书"这种肯定形式。

11. 介词有哪些主要语法特征?介词大都是由及物动词虚化而来的,有的介词与动词同形,如何区分它们?

介词用在名词、代词或其他词语前头,合起来构成介宾短语,对动词、形容词起修饰或补充说明的作用,表示方向、处所、时间、对象等。

(1)不能单独做谓语。

(2)在实词或短语前边,组成介词短语,修饰后面的成分。介词短语常做状语,少数可以做补语和定语。

一般情况下,动词和介词不难确定,如"被、从、对于、关于、以、自"等从来不单独做谓语,即使带上名词也不做谓语,显然是介词。但是,现代汉语里,还有一批动、介兼类的词,如"在、为、比、到、给、通过"等,就容易发生界线模糊不清的情况。区别的办法是:凡句子里有别的词充当谓语的中心语,它就是介词;没有别的词充当谓语的中心语,它就是动词。

他在教室里。("在"是动词)　　他在教室里读书。("在"是介词)

他到北京。("到"是动词)　　他飞到北京。("到"是介词)

我给你一支笔。("给"是动词)　　我给你买铅笔。("给"是介词)

12. 怎样区分介词"和、跟、与、同"与连词"和、跟、与、同"？

(1) 区分方法一："和、跟、与、同"连接的两个单位可以变换位置，而意思基本不变，这是连词的用法。否则，便是介词的用法。例如：

张三和李四都是武汉人。

李四和张三都是武汉人。（意思不变，"和"是连词）

为了报告喜讯，王五跟赵六通了电话。

为了报告喜讯，赵六跟王五通了电话。（意思变了，"跟"是介词）

(2) 区分方法二："和、跟、与、同"前边能插入修饰语的，这是介词的用法；不能插入的，便是连词的用法。例如：

为了报告喜讯，王五已经和赵六通了电话。（可以插入修饰语，"跟"是介词）

张三已经和李四都是武汉人。（不能插入修饰语，"和"是连词）

13. 怎样区分介词"由于、因为、为了"与连词"由于、因为、为了"？

区分方法是：后面接名词或名词性短语的，是介词；后面接非名词或非名词性短语的，是连词。例如：为了（介词）祖国，前进！由于（连词）有空调，不觉得热。

14. 动词和形容词的重叠方式有什么不同？各自表示什么语法意义？

(1) 单音节动词的重叠形式是"AA"：看看、听听、说说、想想。双音节动词的重叠形式是ABAB：打扫打扫、商量商量、研究研究、合计合计、清理清理。可重叠的动词限于可持续的动作动词。语音上多伴有轻声出现，如AA的第二个音节读轻声，ABAB式的两个B音节都读轻声。语义上重叠后表示短暂、轻微的动作，表示动作的动量少或时量少。

(2) 单音节形容词的重叠形式是：AA、AA的、AA儿。双音节形容词的重叠形式是：AABB、AABB（的）、AABB（儿）。形容词重叠以后表示性状程度的加深或适中。

15. 词的兼类与同形同音词及词类活用有什么区别？

判断兼类词应注意同一性原则，即将读音相同、意义有联系而分属不同词类的词看作兼类词，否则就是同音词或是词的活用。

(1) 兼类词除具有相同的语音形式，具备不同词类的语法功能，词汇意义还应相关。同音词是语音形式相同，而意义不相关的词。

(2) 词的兼类与词的活用不同。词的活用是指出于修辞的需要，临时具备其他词类的语法功能，本身并不具备动词的语法功能，是出于表达上的需要，临时的活用。

举例如下：

①他是一名翻译。②他翻译了两本书。③请别上校徽。④你别上街了！⑤他比医生还医生。这五个句子中，①和②中的"翻译"是词的兼类，③和④中的"别"是同形同音词，⑤中的两个"医生"是词类活用。

16. 从结构角度，短语可分为哪几类？举例说明。

现代汉语中，从结构角度，短语可以分为十二类，分别是主谓短语（我们出发）、动宾短语（看电视）、偏正短语（漂亮的衣服＜定中短语＞、飞快地跑＜状中短语＞）、中补短语（看完）、联合短语（我和你）、连谓短语（去上课）、兼语短语（请老师上课）、同位短语（首都北京）、方位短语(桌子上)、介词短语(从上海)、量词短语(一个、这个)、助词短语(红的、花一样、所认识)。

17.怎样区分同位短语和联合短语？

(1)同位短语的前后项是异名同物,联合短语的前后项是异名异物。

(2)同位短语中间不能插入虚词,联合短语可以。

(3)同位短语是名词性的,联合短语有名词性和其他词性的。

(举例略)

18.怎样区分述宾短语和述补短语？

第一,从述语性质看:述宾结构的述语是动词性成分,而且必须是可以带宾语的及物动词,如"喜欢美术""研究问题";述补结构的述语有动词,也有形容词,形容词不能带宾语,因此形容词做述语的短语,肯定是述补短语。动词可以是不及物动词,如"跳了起来""高兴极了"。第二,从宾语的性质看:述宾结构的宾语主要是名词性成分,如"走了一个人";述补结构的补语是非名词性成分,如"走进去""跑出来"。第三,从意义关系看:述宾结构述语和宾语是动作与支配对象的关系,宾语是动词关涉的对象;述补结构述语和补语是补充说明关系。如"消灭敌人",敌人是消灭的关涉对象,是述宾结构；"消灭干净","干净"对动词消灭做补充说明,是述补结构。第四,从组合特点看:述宾结构述语和宾语直接组合,述补结构述语和补语也可以直接组合,但在很多情况下需要结构助词"得"连接,这是补语的标志。如"喜欢跳起来"是述宾,"喜欢得跳起来"是述补。

量词位于动词后是宾语还是补语,根据量词的性质决定:如果是物量词,一般是宾语,如"读一本"是述宾结构;如果是动量词,一般是补语,如"读一遍"。如果是时间量词,能反过来说的是述宾,如"过去了两天";不能反过来说的是述补,如"去了两天"。

19.连谓句和兼语句有什么不同？

连谓句是由连谓短语充当谓语或独立成句的句子。连谓句的主要特点是两个或两个以上的谓词性词语连用,中间没有语音停顿,也没有关联词语,它们在意义上都能与同一主语发生主谓关系,即都是陈述同一主语的。连谓短语的各项之间往往有时间先后、目的、方式、手段等关系。兼语句是用兼语短语充当谓语或独立成句的句子。它的谓语由一个动宾短语和一个主谓短语套接而成；动宾短语中的动词通常是使令性动词,如"叫、让、派、使、请、教、劝、命令、禁止、任命、号召、选举"等。有表示称谓认定意义的"选、叫"等,还有表示存在意义的"有、无"等。

20.短语都可以从哪些角度分类？

(1)按内部的结构关系来分类:主谓短语、动宾短语、偏正短语、中补短语、联合短语、连谓短语、兼语短语、同位短语、介词短语、方位短语、量词短语、助词短语。

(2)按语法功能(充当句子成分的能力)来分类:名词性短语和谓词性短语(动词性短语和形容词性短语)。

(3)按内部组成成分结合的稳定程度来分:固定短语和临时短语。

(4)按意义来分类:单义短语和多义短语。

(5)按层次多少来分类:一层短语(即简单短语)和多层短语(即复杂短语)。

21.层次分析法切分的原则是什么?举例说明。

(1)切分后的直接成分如果包含两个或两个以上词的话,这些词必须能组合(语法规则允许)成结构(成话)。例如,"一件新大衣"我们只能切分为"一件/新大衣"和"新/大衣",而不能切分为"一件新/大衣"和"一件/新"。理由很简单,"新"与"大衣"能组合,"新大衣"成话,而"一件"不能与"新"组合,"一件新"不成话。有的结构,如"状·动·宾"结构,就有两种可能的分析:一是"状/动宾",二是"状动/宾"。例如:

从原则上来讲,这两种分析都是可以的。但为了教学的方便,一般是先状后宾,即采取前一种切分方法。还有的"状·动·宾"结构,状语修饰的是整个动宾结构,动词和前面的状语没有直接关系,这种情况就只能切分为"状/动宾"。例如,"很有学问","有"和"学问"能够组合,"很"和"有"不能组合,所以我们只能切分为"很/有学问"。同理,"很看了几本书",只能切分为"很/看了几本书"。再比如"状·动·补"结构,"马上去一趟",我们可以先切出"状语"——"马上/去一趟";也可以切出补语——"马上去/一趟"。但为了教学的方便,教材一般规定先状后补。但有的"状·动·补"结构,只能先补后状,不能先状后补。例如"能吃得很"、"会说得很",只能分析为"状动/补",因为可以说"能吃"(他很能吃)、"会说"(她很会说),但不能说"吃得很""说得很"。

(2)不能违背原意。有些分析,一分为二切分后,尽管两部分都成话,但与整个短语的意思不符,这也是错误的分析。例如"中国革命的经验"这个短语,第一层究竟是切分为"中国/革命的经验"(A),还是"中国革命的/经验"(B)?单纯从结构上来看A种切分的后项"革命的经验"也成结构体,带"的"的偏正短语也可以直接受名词修饰(如"外国进步的团体"),但从意思上来看,整个结构指的是有关中国革命的经验,所以只能按B切分。如果要表示革命经验属于中国,就得说成"中国的革命经验",而不能说"中国革命的经验"。有的短语的意义不止一个,这种短语叫多义短语。如"热爱人民的军队",我们既可以理解为"热爱/人民的军队",也可以理解为"热爱人民的/军队"。对于因结构或层次不同形成的多义短语,原则上有几种意义,就进行几次分析。例如:

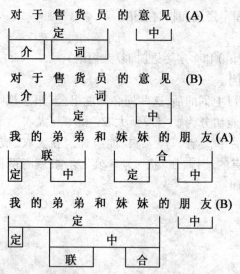

（3）注意结构关系。谁陈述谁、谁修饰谁、谁支配谁、谁补充说明谁等问题，是结构关系问题。判断短语内部的结构关系，"管到哪里"这四个字很重要。如"美丽的天空中飘着淡淡的白云"，主语"美丽的天空中"是偏正短语（美丽的/天空中），还是方位短语（美丽的天空/中）？那要看"美丽"修饰谁，也就是"美丽"管到哪里。如果"美丽"修饰的是"天空"，整个短语就是方位短语；如果"美丽"管到"天空中"，整个短语就是偏正关系。分析结果如下：

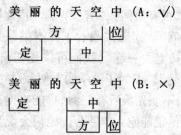

我们认为"美丽"只管到"天空"，因此"美丽的天空中"应是方位短语。A 的分析是正确的。

再比如"伟大的共产主义战士雷锋同志"，"伟大"管到哪里？我们认为它只管到"共产主义战士"。因此这个短语应该这样切分：

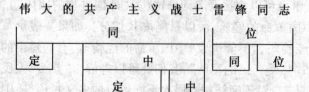

再比如"伟大的人民创造了不朽的业绩"，如果第一层切分为"伟大的/人民创造了不朽的

业绩",第二层切分为"人民创造了/不朽的业绩",这虽然符合了第一条原则,但在"管到哪里"问题上出现了差错,同样是不允许的。

22. 宾语有哪些意义类型？请你举例说明。

宾语可分受事、施事、中性宾语三种。

(1)受事宾语,表示动作、行为直接支配、涉及的人或事物,包括动作的承受者、动作的对象,如"看书、洗衣服、告诉大家、感谢你"等。

(2)施事宾语,表示动作、行为的发出者、主动者,可以是人或自然界的事物,如"来客人了、出太阳了"等。

(3)中性宾语,表示施事、受事以外的宾语,即非施非受宾语。细分起来,关系也是多种多样的。

①工具宾语(可用"用"把宾语提前):编柳条、喝小杯。

②方式宾语(可用"用"把宾语提前):存活期、寄航空。

③处所宾语(可在宾语前加"到"或用"在"把宾语提前):回南方、去北京、经过上海。

④时间宾语(可用"在……里""在……时"把宾语提前):熬夜、过中秋节。

⑤目的宾语(可用"为"把宾语提前):筹备展览会、接洽业务。

⑥原因宾语(可用"因为"把宾语提前):避雨、缩水、歇病假。

⑦致使宾语(可用"使"把宾语提前):方便群众、开门。

⑧结果宾语(宾语前可加"成"):盖房子、写文章、织毛衣。

⑨类别宾语:他当班长、我是老师。

⑩存在宾语:那里有鱼、桌上有书。

另外,还有的宾语类型不好确定,我们把它放到"其他宾语"中,如"上年纪、出风头"等。

23. 请举例说明什么是多层定语和多层状语。

(1)定中短语整体加上定语就可形成多层定语。如"一只大白鸡",层次分析按照"以左统右"的划分法。

(2)状中短语整体加上状语就可以形成多层状语。如"正在迅速前进",层次分析按照"以左统右"的划分法。

24. 补语有哪些语义类型？请你举例说明。

(1)结果补语(动+动/形),如:看穿、洗干净。

(2)趋向补语,如:登上。

(3)可能补语,如:合得来(肯定)、合不来(否定)。

(4)情态补语,如:爬得高。

(5)程度补语,如:害怕极了。

(6)数量补语,如:打一拳。

(7)介词短语补语,如:赵先生生于1957年。

25. 补语和宾语的一般顺序是怎样的？在哪种情况下会出现哪些特殊顺序？

(1)最常见的是补语在前、宾语在后。

闻〈到〉香味儿了/猜〈到〉情况了

走〈进〉教室了/拿〈出来〉一本书

去过〈三次〉北京

(2)宾语在前、补语在后。尤其是代词宾语必须放在动量补语的前面。

他去过昆明〈两次〉/我叫了你〈好几声〉

(3)宾语在中间。

拿出〈书〉来

26. 举例说明宾语和补语的区别。

宾语和补语都是在动词的后面，它们是有区别的，它们的区别如下。

(1)看关系：动语和宾语两部分构成支配关系，宾语可以回答"谁、什么"的问题，如"喜欢安静"；中心语和补语两部分构成补充说明的关系，补语可以回答"怎么样"的问题，如"考虑清楚"。

(2)看词性：宾语可由名词性和谓词性的成分充当，以名词性为主。补语限于由谓词性成分充当，量词短语里如果是物量词，为宾语，如"买几本"。如果是动量词，为补语，如"看几遍"。

(3)看句式变换：时量词做宾语时往往可以变换成"把"字句，做补语时不能变换成"把"字句。例如，"他浪费了<u>两个钟头</u>"(宾语)，"他干了<u>两个钟头</u>"(补语)。

27. 独立语中的示意性独立语(又称插入语)包括哪些小类？常用哪些词语充当？

(1)插入语目的在于补足句意，使句意严密化。

①表示肯定、强调语气的，多用"毫无疑问、不可否认、不用说、十分明显、特别是……"。

毫无疑问，我们应当批评各种各样的错误思想。

②表示推测、估计，口气委婉的，多用"看来、我想、我猜……"。

看来他是不愿意参加的。

③表示消息来源的，多用"据说、听说……"。

据说明天有雨。

④表示引起对方注意，多用"你猜、你想、你瞧、你看、你听……"。

你看，他不是来了吗？

⑤表示概括的，多用"总之、总而言之、总起来说……"。

总之，有许多人把老师的话当成耳旁风，好像是故意和它作对似的。

⑥表示注释、补充、举例的，多用"正如、即、也就是……"。

在那段日子，也就是一起在山西时期，我对他多少也关心过。

(2)称呼语用来称呼对方,明确说话的对象。

小李,你去报名了吗?

(3)感叹语表示各种各样感情的呼声和应答等。

哎呀,小玉,什么风把你给吹来啦!

(4)拟声语模拟事物的声音,给人真实感,以加强表达效果。

砰,砰,我正在擦枪的时候,响起了敲门声。

28.以"我希望他早点来"和"我请他早点来"为例,说明兼语句与主谓短语做宾语句的区别。

"我请他早点来"是一个兼语句;"我希望他早点来"是一个主谓短语做宾语的动宾谓语句。二者的区别表现在:

(1)兼语句中的第一个动词带有使令意义,而主谓短语做宾语的动宾谓语句的第一个动词不带有使令意义。换言之,兼语句中前后两个动作之间有因果关系,可以分化为"我请他,他早点来。"而主谓短语做宾语的动宾谓语句中前后两个动作之间没有因果关系,它不能分化为"我希望他,他早点来。"

(2)从意义上看,兼语句的第一个动词的对象是人,"要求"的对象是"他",而不是"他早点来"。主谓短语做宾语的动宾谓语句的第一个动词的对象是事,"听见"的对象是"他希望他早点来"这件事。

29.什么叫非主谓句?它分为哪些类型?试举例说明。

非主谓句由单个词或主谓短语以外的其他短语构成的单句。非主谓句是分不出主语和谓语的单句。它分为:

(1)名词性非主谓句。

①名词:证件!

②定中短语:多好的孩子!

③联合短语:老张和老李。

④的字结构:卖菜的。

(2)动词性非主谓句。

①动词:听!

②述宾短语:到点了。

③述补短语:吃完!

④兼语短语:祝你健康!

⑤连谓短语:开窗户通风。

(3)形容词性非主谓句。

①形容词:好!

②形补短语:好极了!

(4)叹词句:哎哟!

(5)拟声词句:砰!

30. 名词有哪些特点?

名词表示人或事物的名称,包括表示时间、处所、方位等。①经常做主语和宾语;多数能做定语和带定语;不能做补语。表时间和处所的名词经常做状语。表示日期、天气、节气、节日等的名词或名词性短语可以做谓语。②名词前面一般能够加上表示物量的数量短语,一般不能加副词。③名词不能用重叠表示某种共同的语法意义。亲属称谓以及少数词,是构词的语素重叠,不算构形的形态变化。④表人的名词后面能够加"们"表示群体。不加"们"的名词可以是个体,也可以是群体。

31. 有人说,宾语就是动词的受事。这种说法对吗?为什么?

不对,汉语中的宾语除了受事宾语以外,还有施事宾语和中性宾语。例如:①受事宾语,表示动作、行为直接支配、涉及的人或事物,包括动作的承受者、动作的对象,如"看书、洗衣服、告诉大家、感谢你"等。②施事宾语,表示动作、行为的发出者、主动者,可以是人或自然界的事物,如"来客人了、出太阳了"等。③中性宾语,表示施事、受事以外的宾语,即非施非受宾语。细分起来,关系也是多种多样的,有时间宾语、处所宾语、方式宾语、工具宾语等。

32. 举例说明什么是双宾语,并指出能带双宾语的动词。

动词之后先后出现近宾语(间接宾语)和远宾语(直接宾语)两层宾语的句子,如"老师问他一个问题"。

能带双宾语的动词不多,从语义上讲可以分成三类:

(1)表给予的:给、赔、教、赠、卖、嫁、借、租。

(2)表取得的:买、收、赚、偷、借、租、请教、娶。

(3)表称谓的:叫、称、骂……

33. 主谓句有哪几类?试举例说明。

主谓句是由主语、谓语两个成分构成的单句。从谓语核心看,它可以分成以下四个小类。

(1)动词谓语句。动词性词语充当谓语。如:太阳出来了。

(2)形容词谓语句。形容词性词语充当谓语。如:土地肥沃。

(3)名词谓语句。名词性词语充当谓语。如:明天圣诞节。

(4)主谓谓语句。主谓短语充当谓语。如:小李胆子特别大。

34. 举例说明动词和形容词的关系。

这两类词共同的语法功能主要有两条:①大都能受到副词"不"的修饰。②都经常做谓语或谓语中心词。它们相对立的语法功能差别主要也有两条:①能不能带宾语,能带的是动词,不能带的是形容词。②能不能受程度副词"很"的修饰,能加"很"的是形容词,不能加"很"的是动词。这两条要同时做鉴别标准。请看下表。

例词	能不能带宾语	能不能加"很"	词性
洗、赠送	+	-	动词
短、平常	-	+	形容词
想、喜欢	+	+	动词
休息、出发	-	-	动词
碧绿、共同	-	-	形容词

第一行是动词,第二行是形容词,功能对立,界线清楚。第三行能带宾语,又能加"很",也是动词,不过主要是表示心理活动的动词。困难在于第四、第五两行,都不能带宾语,也都不能加"很"。这就要用第三条功能差别来鉴定了,能不能受副词"没有"修饰,能加"没有"的是动词,不能加"没有"的是形容词。据此,可以确定,"休息""出发"是动词,"碧绿""共同"是形容词。

35. 如何区分现代汉语中两个不同的"是"?

(1)"是"也有两个:"是$_1$"起判断作用,后接名词性词组作为它联系的对象;"是$_2$"起强调作用,后接非名词性词组作为它修饰的对象。下面有三个例句:

①他是我的老师。("是$_1$")
②火车是误点了。("是$_2$")
③他是勇敢。("是$_2$")

(2)因为"是$_1$"起的是判断作用,而"是$_2$"并没有起判断作用,所以它们的否定形式是不同的。试把上面三个例句变换为否定句,就成了:

④他不是我的老师。(例①的否定式)
⑤火车是没有误点。(例②的否定式)
⑥他是不勇敢。(例③的否定式)

可见,"是$_1$"的否定式为"不是",而"是$_2$"的否定式为"是没有"或"是不"。

(3)因为"是$_2$"是表强调的,所以它可以被副词"的确"替换,例如:

⑦火车的确误点了。(例②的替换式)
⑧他的确勇敢。(例③的替换式)

	是$_1$	是$_2$
词性	动词	副词
表达作用	判断	强调
肯定形式	是 + 名词性词组	是 + 非名词性词组
否定形式	不是 + 名词性词组	是没有 + 非名词性词组 不是 + 非名词性词组
用"的确"替换	不能	能

而"是₁"则因为不表强调,并且又处在句法结构中的重要位置上,所以它不能由"的确"来替换,而只能受副词"的确"的修饰。

⑨他的确是我的老师。

从这儿,我们也能获得证据,说明"是₁"为动词,"是₂"为副词。

36."把"字句的特点有哪些?

(1)"把"的后边一般是名词,表示有定的、被处置或受影响的人或事物。如:"他把嗓子喊哑了(受影响)""你把衣服整理整理(被处置)"。

(2)"把"和后边的词语一起组成介词短语,做状语,修饰的动词不能是简单形式的一个动词,特别是不能用一个单音节的动词。例如:"我把信一看,简直气坏了。""你把信交给领导!""你把信复印一下!(动词性短语)""你把信撕了!(带动态助词)""你把信看看!(动词的重叠形式)"

(3)否定词"不、没"一般用在"把"的前面。

37.结合实际例子说明助词"的"和语气词"的"。

"的"作为结构助词,可以附着在实词或词组后表示前面的成分是定语,也可以附着在实词或词组后构成具有名词性功能的"的"字结构。做宾语的"的"字结构中的"的"有时会和处在句末的语气词"的"发生混淆。我们把构成"的"字结构的"的"叫作"的₁",把语气词"的"叫作"的₂"。

(1)"的₁"之前的实词或词组,可以是名词性的,也可以是非名词性的;"的₂"前的词或词组却一定是非名词性的。例如:

①在那么多的设计方案中,我还是赞成小王的。("的₁")

②在那么多的设计方案中,我还是赞成小王提出的。("的₁")

③我要去的。("的₂")

(2)"的₂"一定出现在句末,而"的₁"就不一定出现在句末。

④小王提出的最合理。("的₁")

⑤我找了卖瓜的三次。("的₁")

(3)"的₂"是表示肯定的语气词。因此去掉后,原句的基本意思不会改变,只是肯定的语气不那么强烈罢了。"的₁"是"的"字结构的不可缺少的一个标志,所以不能去掉。例如:

⑥南方的夏天很热的。

⑦南方的夏天很热。(这两句话的基本义不改变)

38.如何区分助词"了"和语气词"了"?

(1)有两个"了"容易发生混淆。从形式上看,一个必须用在动词或形容词之后,而且还必须紧挨着前面的那个动词或形容词。这就是说,如果动词或形容词还带有宾语或补语,这个"了"要放在宾语或补语之前。我们把这个助词"了"叫作"了₁"。例如:

①他批评了我。

②屋子里亮了起来。

另一个"了",是用在句子末尾。我们把这个语气词称之为"了₂"。例如:

③他批评我了。

④下雨了。

这两个"了"还可以在一个句子里共现,足见例①、例②句子和例③、例④中的两个"了"不是语序上的变化,而确是两个不同的词。例如:

⑤他批评了我了。

(2)"了₁"紧挨着动词或形容词,语法意义表示动作完成或变化完成。例如,例句①中的"了₁"是表示"批评"的动作已经完成,例句②中的"了₂"则用以表示"原先屋子里是暗的,现在已经变得亮了"。所以,"了₁"是时态助词;"了₂"用在句末,紧跟在名词之后,语法意义表示一种新的情况已经出现或即将出现,并起煞句作用,表示一个句子的终结。例句③、④中的"了",就是起这个作用的。所以,"了₂"是语气词。

(3)"了"出现在句子的末尾,而又紧挨着前面的动词或形容词,例如:

⑥他终于来了。

这个"了"既表示动作的完成,又起煞句的作用。我们不妨把它看成是时态助词"了₁"和语气词"了₂"的重合体,即"了₁+了₂"。下表总结了"了₁"和"了₂"的不同。

	了₁	了₂	了(了₁+了₂)
位置	动词或形容词+了₁+宾/补	名词后、句末	动词或形容词+了、句末
表达作用	动作完成或变化完成	一种新情况出现并煞句	兼有了₁和了₂的语法义
词性	助词	语气词	助词+语气词

39. 语气词"的、了"与助词"的、了"同形,但语法意义和用法却不一样,那么,什么情况下"的、了"是助词,什么情况下"的、了"是语气词? 举例说明。

我们先来看"的"。"的"作为结构助词,可以附着在实词或词组后表示前面的成分是定语,也可以附着在实词或词组后构成具有名词性功能的"的"是结构。做宾语的"的"字结构中的"的"有时会和处在句末的语气词"的"发生混淆。我们把构成"的"字结构的"的"叫作"的₁",把语气词"的"叫作"的₂"。

(1)"的₁"之前的实词或词组可以是名词性的,也可以是非名词性的;"的₂"前的词或词组却一定是非名词性的。例如:

①在那么多的设计方案中,我还是赞成小王的。("的₁")

②在那么多的设计方案中,我还是赞成小王提出的。("的₁")

③我要去的。("的₂")

(2)"的$_2$"一定出现在句末,而"的$_1$"就不一定出现在句末。

④小王提出的最合理。("的$_1$")

⑤我找了卖瓜的三次。("的$_1$")

(3)"的$_2$"是表示肯定的语气词。因此去掉后,原句的基本意思不会改变的,只是肯定的语气不那么强烈罢了。"的$_1$"是"的"字结构的不可缺少的一个标志,所以不能去掉。例如:

⑥南方的夏天很热的。

⑦南方的夏天很热。(这两句话的基本义不改变)

再来看"了"。

(1)有两个"了"容易发生混淆。从形式上看,一个必须用在动词或形容词之后,而且还必须紧挨着前面的那个动词或形容词。这就是说,如果动词或形容词还带有宾语或补语,这个"了"要放在宾语或补语之前。我们把这个助词"了"叫作"了$_1$"。例如:

①他批评了我。

②屋子里亮了起来。

另一个"了",是用在句子末尾。我们把这个语气词称之为"了$_2$"。例如:

③他批评我了。

④下雨了。

这两个"了"还可以在一个句子里共现,足见例句①、②和例句③、④中的两个"了"不是语序上的变化,而确是两个不同的词。例如:

⑤他批评了我了。

(2)"了$_1$"紧挨着动词或形容词,语法意义表示动作完成或变化完成。如例句①中的"了$_1$"是表示"批评"的动作已经完成,例句②中的"了$_2$"则用以表示"原先屋子里是暗的,现在已经变得亮了"。所以,"了$_1$"是时态助词。"了$_2$"用在句末,紧跟在名词之后,语法意义表示一种新的情况已经出现或即将出现,并起煞句作用,表示一个句子的终结。例句③、④中的"了",就是起这个作用的。所以,"了$_2$"是语气词。

(3)"了"出现在句子的末尾,而又紧挨着前面的动词或形容词。例如:

⑥他终于来了。

这个"了"既表示动作的完成,又起煞句的作用。我们不妨把它看成是时态助词"了$_1$"和语气词"了$_2$"的重合体,即"了$_1$+了$_2$"。下表总结了"了$_1$"和"了$_2$"的不同。

	了$_1$	了$_2$	了(了$_1$+了$_2$)
位置	动词或形容词+了+宾/补	名词后、句末	动词或形容词+了、句末
表达作用	动作完成或变化完成	一种新情况出现并煞句	兼有了$_1$和了$_2$的语法义
词性	助词	语气词	助词+语气词

40. "被"字句的特点有哪些？运用条件是什么？

谓语中用介词"被"引出施事或单用助词"被"的一种被动句。基本格式：主语＋"被"＋（宾语）＋谓语动词＋其他成分。例如，"羊被（狼）咬死了。"下边几种情况一般宜用"被"字句。

（1）为了突出句子的被动意义。

（2）如果说不出施事者，或者不必说出施事者。

（3）在一定的上下文中，为了使主语前后一致、语意通畅和句式协调。

41. 时间名词和处所名词能不能做主语？做主语和做状语有什么不同？

时间名词和处所名词可以做主语，如"明天是晴天""里屋里有个大沙发"。二者做主语的时候是作为被陈述的对象，后面的成分是用来陈述它的；做状语时，如"明天我去开会""里屋坐"，"明天"和"里屋"是修饰限制后面的成分。

42. 现代汉语中哪些词可重叠，重叠的方式如何，重叠之后都表示什么意思？是否存在着貌似重叠的现象，怎样解释？

"重叠"有两种：一种是构词重叠，一种是构形重叠。从构形重叠的角度看，一般可以重叠的词语有动词、形容词和量词。

（1）单音节动词的重叠形式是"AA"：看看、听听、说说、想想。双音节动词的重叠形式是ABAB：打扫打扫、商量商量、研究研究、合计合计、清理清理。可重叠的动词限于可持续的动作动词。语音上多伴有轻声出现，如AA的第二个音节读轻声，ABAB式的两个B音节都读为轻声。语义上重叠后表示短暂、轻微的动作，表示动作的动量少或时量少。

（2）单音节形容词的重叠形式是AA、AA（的）、AA（儿）；双音节形容词的重叠形式是AABB、AABB（的）、AABB（儿）。形容词重叠以后表示性状程度的加深或适中。

（3）汉语中量词一般不能单独做句法成分，但是重叠之后可以。单音节量词大都可以重叠，重叠后表示每一、逐一、多，能单独充当定语、状语、主语、谓语，不能做补语、宾语。

（4）在黄伯荣、廖序东的《现代汉语》中有很清楚的解释——名词不能用重叠式表示某种共同的语法意义。亲属称谓词以及其他少数词，如"妈妈""哥哥""星星"等，这些是构词的语素重叠，不算构形的形态变化。这也就是说，所谓名词不能用重叠式，指的是构形法中的重叠。而像"人人、年年"这些貌似名词重叠的现象，重叠后有"每一"的意思。

43. 一般地说，副词不能修饰名词，那么，如何解释下列现象？

（1）也许老王肯去。　幸亏小王没来。

有一些双音节副词可以放在主语前面做状语，修饰主谓短语。但是放在主语前和放在主语后使用场合不同。

（2）只这几家商店开始营业。　光书就有十箱。

有一些副词可以用来修饰名词主语，如"就、仅、仅仅、只、光、单、单单、几乎"等，表示限制人或事物的范围。

(3)不卫生。很理智。非常精神。

近年来在书面中出现一种程度副词修饰名词的现象,这类名词有一个共同特点,从语义上看,都包含一种描述性语义特征。

(4)很洋气。 太书生气。

"……气",词缀化,有形容词性。

(5)仅仅一个人。 大约三辆汽车。

有一些副词可以用来修饰数量短语,用来表明说话人对数量的一种看法,这种句子所叙述的事情都是已经成为事实的。

(6)今天才星期一。 明天又星期日了。

"副词+有序名词",出现在名词谓语句,表明了说话人的某种看法。

(7)最上头。 最北边。 最前线。 最底层。

"最"修饰限制方位词相当于一个名词的用法,可以做主语、宾语、定语。

(8)不男不女。人不人鬼不鬼。

这是一种固定格式中的对举用法。

44.所谓的"判断动词"仅仅表示判断吗?它都能表示哪些意思,举例说明。

"判断动词"除了表示判断,它的用法如下。

(1)联系两种事物,表明两者同一或后者说明前者的种类、属性:《阿Q正传》的作者~鲁迅。

(2)表示存在:满身~汗。

(3)表示承认所说的,再转入正意,含有"虽然"的意思:好诗,就~太长了。

(4)表示适合:来的~时候。

(5)表示任何:~活儿他都肯干。

(6)用于问句:~走了吗?

(7)加重语气,有"的确""实在"的意思:天气~冷。

(8)对,合理,与"非"相对:他说的~。

(9)认为对:各行其~。

(10)表示应承或同意(单说一个"是"字):~,我就去。

(11)这,此:~可忍,孰不可忍。

(12)助词,把行为对象提前表示只这样做:唯你~问、唯利~图。

(13)姓。

45.汉语里的词和短语的界限不是非常清楚的,尤其是双音节的语言单位,如"黑板""骨肉""开车""牛羊"等,我们用什么样的方法区别它们?

由于词具有整体意义和凝固性,故在结构上不可再插入其他成分,而短语的组合具有临时性,内部结构松散,当中可以插入其他成分。这种判断词与短语的方法叫扩展法,又叫插入法。

例如,"黑板"和"骨肉"插入结构助词"的""和"之后,意思改变了,所以它们不能进行扩展,是"词";"开车"与"牛羊","开车"可以插入"一辆","牛羊"可以插入"和",所以"开车"和"牛羊"是"短语"。

46. 现代汉语划分词类的依据是什么?

汉语词类划分标准:以语法功能为主要依据,兼形态和意义标准。

(1)语法功能。

①组合能力:实词与实词的组合能力;虚词依附实词和短语的组合能力。

②句法角色:在语句中充当何种成分。

(2)词的形态。

①构形形态:重叠(动词、形容词)。

②构词形态:"凿子""workers"。

(3)词的意义,这里指语法上同类词的概括意义或意义类别。表示人事物的是名词;表示动作行为的是动词;表示性质状态的是形容词。如"打仗"和"战争"有相同的意义基础,可是功能并不相同。我们可以说"在前方打仗",不能说"在前方战争";可以说"一场战争",不能说"一场打仗"。我们把"打仗"归入动词,把"战争"归入名词。

所以,汉语中划分词类的主要标准应该是语法功能的标准。

47. 什么是语法功能?语法功能表现在哪些方面?

主要表现在词的组合能力和造句功能上,其次表现在词的形态变化方面。前两点统称为词的语法功能。

(1)表现在词和词的组合能力上。哪些词和词组合,以怎样的方式组合,组合后的关系,这就表现出实词的类别,而虚词就表现在它同实词或短语的关系上。

(2)表现在能否充当句法成分即语法功能上。能充当句法成分的词叫实词,不能充当句法成分,只能帮助实词造句的词叫虚词。

(3)表现在词的形态变化上。在汉语里主要指合成词中的附加式和重叠式上,如椅子、花儿、老虎等,带点的是虚语素;再如想想(AA式)、考虑考虑(ABAB式)、干干净净(AABB式)等,则是一般动词和某些形容词的重叠式。这两者都是词的形态变化,只表示某种语法意义。

48. 形态可分为几种类型,形态能不能成为汉语词类划分的主要依据,为什么?

词的形态变化在汉语里主要指合成词中的附加式和重叠式上,如椅子、花儿、老虎等,带点的是虚语素;再如想想(AA式)、考虑考虑(ABAB式)、干干净净(AABB式)等,则是一般动词和某些形容词的重叠式。这两者都是词的形态变化,汉语是孤立语,缺少形态变化,所以形态标准在划分词类时只能作为参考标准。

49. 名词的语法特点之一是不能重叠,那么如何解释下列现象?

(1)妈妈 哥哥 星星

(2)人人 家家 年年

名词不能用重叠式表示某种共同的语法意义。亲属称谓词以及其他少数词,如"妈妈""哥哥"和"星星"等,这些是构词的语素重叠,不算构形的形态变化。这也就是说,所谓的名词不能用重叠式指的是构形法中的重叠。而像"人人、年年"这些貌似名词重叠的现象,重叠后有"每一"的意思。

50. 在"啊!多么雄伟的长城啊!"之中,两个"啊"是否属于同一个词类,为什么?

这两个"啊"的词性不同,第一个"啊"是叹词,可以在句子中独立成句;第二个"啊"是语气词,附加在词句末尾,表示感叹的语气。

51. 哪些方位词具有引申用法?举例说明。

方位词除了表方位,还可以:

(1)表示时间,如"放假前、开学以后"。

(2)表示在某个方面,如"政治上、理论上、历史上"。

(3)表示界限,如"四十上下、县团级以上"。

52. 汉语中的及物动词都可带宾语,那么不及物动词是不是都不能带宾语?举例说明这个问题。

及物动词指的是能带受事宾语的动词,如"做、看、打、吃、洗、拿、喝、生产、出席、发明"等。

不及物动词指的是不能带受事宾语的动词,如"来、去、进、出、抖、休息、示威、睡觉、罢工、办公、保密、备战、营业、合作"等。这些动词也可以带宾语,只不过不是受事宾语,而是施事宾语或者中性宾语,如"来了一个人"(施事宾语)、"去北京"(处所宾语)等。

53. 什么是谓宾动词?举例说明。

谓宾动词指的是只能带谓词性宾语的动词,如"打算、估计、认为、以为、主张、省得、值得、觉得;加以、给以、进行、予以、致以、进行;开始、停止、禁止、失悔、意味着"等。它们构成的动宾结构是"打算去旅游/估计出了问题/认为很好/主张去北京/省得空跑/值得重视/觉得累/加以批评/给以奖励/进行帮助/予以鼓励/致以崇高的敬礼/开始执行/停止比赛/禁止吸烟/失悔不该来/意味着上了一个新台阶"。

54. 形容词一般可受程度副词的修饰,可是"雪白、笔直、绿油油、水灵灵、黑不溜秋、灰里叭叽"却不能,为什么?

这些形容词是状态形容词和单音性质形容词带上了叠音后缀或其他后缀的形式,本身就表示性状程度的加深或适中,所以不能受程度副词修饰。

55. 汉语中表示数目的增减有一套习惯用语,"增加了"与"增加到"表示的意思就不一样,请回答它们之间有何不同。

(1)表示数量增加的,可以用:

增加(了)、增长(了)、上升(了)、提高(了)——不包括底数,只指净增数。

增加到(为)、增长到(为)、上升到(为)——包括底数,指增加后的总数。

(2)表示数量减少的,可以用:

减少(了)、降低(了)、下降(了)——指差额。

减少到(为)、降低到(为)、下降到(为)——指减少后的余数。

56. 一部分单音节量词可以重叠,重叠以后表示何种语法意义要取决于量词充当哪种成分,请回答重叠的量词充当主语、谓语、定语、状语时都表示什么语法意义。

量词一般不能单用,量词单独做句子成分需要重叠,单音节量词大都可以重叠,重叠后能单独充当定语(表示"每一")、状语(表示"逐一")、主语(表示"每一")、谓语(表示"多")。如"门门都是满分(主语)、浪花朵朵(谓语)、条条大路(定语)、节节败退(状语)"。

57. "偶然"与"偶尔""突然"与"忽然"是意义相近的两组词,它们的词性相同吗?如果不同,它们都属于哪种词性?你是如何分析它们的词性的?

它们词性不同。"偶然"和"突然"是形容词,它们可以充当谓语、定语、状语和补语;"偶尔"和"忽然"是副词,只能做状语。

58. 助词"的"有几种意义和用法?举例说明。

(1)定语的标志:附着在词或短语之后,表示它前边的词或短语是定语,如"人民的中国""推广普通话的经验"。

(2)构成"的"字短语:"的"字短语 = X + 的 = 名词性短语。

(3)表示列举不尽:"这阵子,他总算摆了个小摊儿,买点儿烟卷儿、糖果什么的,维持生计。"

59. 写出 A、B、C 三组的重叠形式,说明为什么不能依照同形的重叠形式归并词类。

A. 笔直、血红、滚烫、雪白　　　　　B. 干净、漂亮、马虎、文静

C. 打扫、布置、调查、整理　　　　　D. 同情、害怕、理解、担心

A 组 ABAB 方式重叠,如"笔直笔直";B 组 AABB 方式重叠,如"干干净净";C 组也按 AB-AB 方式重叠,如"打扫打扫"。虽然 A 和 C 在重叠方式这一点上相同,但它们之间的不同点更多:C 组可以带宾语,A 组不行;A 组既不能受"很"修饰,也不能受"不"修饰,但可以进入"是……的"格式中,而 C 组这些及物动词虽然不能受"很"修饰,但却能受"不"修饰,不能进入"是……的"格式中。因此,不能仅仅只凭重叠形式相同这一点来把 A 和 C 两组归为一类。D 组可以受"很"修饰的同时又可以带宾语,如"很同情他",因此还是动词。

60. "经济的逐步发展""他们的估计""分析的精确"等短语,就其功能而言应属于哪种类型,为什么?

这些都是名词性的定中短语。从短语的内部结构看,它们都用"的"连接前后成分,而"的"是定语的标志,从短语的外部功能看,这些短语只能出现在主语或宾语的位置上,而这正是名词的主要语法功能。但是这些短语经常出现在书面语中,对语体有选择。

61. 什么是多义短语？什么是歧义短语？二者有何区别？

多义短语是不止一个意义的短语。如果短语出现在句子中，在特定语境中有不止一种意思，使读者、听者产生误解，这便是语病。这样的短语是歧义短语。多义是一种正常的现象，多义短语作为一种静态的语言单位，没有进入到交际的层面，不会对交际造成障碍，相反，对语言的发展还有积极的影响，避免了另造新词，减轻了人们的记忆负担。而歧义是一种语病，出现在句子中的歧义短语作为一种动态语言单位，会对交际产生不利的影响，对语言的发展是一种消极的影响。

62. 谓语与动语有何不同，举例说明。

谓语是陈述主语的，可以由名词、动词、形容词或名词性、动词性、形容词性的短语充当。动语是带宾语的成分。只能由动词或动词性短语来充当。例如（"‖"右面的是谓语，下面画线的是动语）：

①这个人‖黄头发

②阳光‖灿烂

③妈妈‖来了

④我‖昨天吃了一顿鸡

⑤妈妈‖买回来二斤苹果

①②③只有谓语，没有动语。④⑤既有谓语，也有动语。

63. 汉语中的主语一般由名词性成分充当，谓词性词语能否充当主语？如何充当？它们与名词做主语的句子有什么不同？

谓词性词语可以充当主语，这样的主语是谓词性主语。这些谓词性词语包括动词、形容词、谓词性的代词、动词性短语、形容词性短语。这是以动作、性状或事情作陈述的对象。而名词性主语由名词性词语充当，包括名词、数词、名词性的代词和名词性短语，多表示人或事物。主语作为被陈述的对象，在句首能回答"谁"或者"什么"等问题。名词性主语后面的谓语在词性上不受限制，只要语义能搭配，可以用各种谓词语充当。而谓词性主语后面的谓语要受到限制，它总是由非动作性谓词（含判断动词、形容词等）充当。

64. 一般来说，状语的位置应在主语之后、谓语之前，但是也有一些状语可以放在句子之前，充当句首状语，举例说明。

状语一般放在谓语的前面，但是有些状语，如表示时间、处所、范围、情态、条件、关涉对象或语气的状语还可以放在主语的前面，作为句首状语，而由"关于"组成的介词短语做状语，只能出现在句首。例如，"[在回家的路上]，小伙子的眼睛像七月的枣儿一样红了圈。""[在这三天里]，[按以往习惯]，大哥要去探亲访友。""[关于目前的形势]，我们已经做了详细的分析。"

65. 某些时间语词既可以做补语又可以做宾语，怎么加以辨别？举例说明。

量词短语既可以做补语又可以做宾语。①看词性：量词短语里如果是物量词，为宾语，如

"买几本"。如果是动量词,为补语,如"看几遍"。②看句式变换:时量词做宾语时往往可以变换成"把"字句,做补语时不能变换成"把"字句,如"他浪费了<u>两个钟头</u>"(宾语)、"他干了<u>两个钟头</u>"(补语)。

66. "有个农村叫张家庄"是兼语句,也是非主谓句,这种判断对不对,为什么?

这种判断是正确的。"有个农村叫张家庄"是兼语句,它是由动宾短语"有个农村"和主谓短语"(一)个农村叫张家庄"套叠而成。非主谓句是分不出主语和谓语的单句,"有个农村叫张家庄"是一个兼语短语独立成句的,也分不出主语和谓语,所以说这个句子既是兼语句,又是非主谓句。

67. "爱、恨、希望"等是动词,经常受程度副词修饰;"笔直、雪亮、红彤彤、绿油油"等是形容词,却不能受程度副词修饰。为什么说前者是动词,后者是形容词?

一般动词不能受程度副词的修饰,但是"爱、恨、希望"等表示心理活动的动词,有程度之别,所以可以受程度副词修饰。我们之所以判定这些是动词,是因为这些词都能做谓语中心,又能带宾语,如"爱祖国""恨敌人"。

一般形容词可以受程度副词修饰,但是"笔直、雪亮、红彤彤、绿油油"等不受程度副词修饰,因为这些词本身含有程度深的意思。我们之所以判定它们为形容词,是因为它们都可以做定语和谓语,不能带宾语,如"笔直的大道""眼睛雪亮"等。

68. "我催着他干活"和"我瞒着他干活"是同样的句型吗?为什么?

"我催着他干活"是一个兼语句。"我瞒着他干活"是一个连谓句。二者的区别是:①连谓句前后两个动词为同一个主语,可以分化为"我瞒着他,我干活。"而兼语句的前后两个动词分别有自己的主语,可以分化为"我催着他,他干活。"②连谓句前一个动词的宾语只是受事,而兼语句中的兼语既是前一个动词的受事,又是后一个动词的施事。

69. 下面的句子有什么特殊之处,请归纳它们的特点。

车旁蹲着几位战士。　　学校里出了一件大事。　　早晨走了一批旅客。

这些句子都是存现句。它的主要特点有三个:

(1)存现句的主语具有时间处所性。充当主语的词语一般是表示处所,有时表示时间。

(2)存现句的动词具有存现性,即表示存在、出现或消失的意义。如第一个句子表示存在,第二个句子表示出现,第三个句子表示消失。

(3)存现句的宾语一般是施事,但大都具有不确指性。宾语里常带"一个、几个"之类的数量定语,不能带"这个、那个"这样的指量定语。

70. 现代汉语语法特点有哪些?

(1)汉语缺少严格意义上的形态变化,语序和虚词是表达语法意义的主要手段。

比如英语的book,复数是books。俄语中性(阴性/阳性)数(单数/复数)格(1~6格)有不同的变化形式。而汉语的"书",不论出现在什么位置,没有形态变化。那么汉语通过什么表示语法意义呢? 就是语序和虚词。比如说同样的一些词语,排列顺序不同,意思也不一样,如

"爸爸的妈妈"和"妈妈的爸爸"意思不一样。印欧语系语言用形态变化表示的意义，汉语常用虚词来表示。例如，用助词"了、着、过"表示时态，"看了、看着、看过"不一样。虚词不同，意义也不一样，如"爸爸的妈妈"(一个人)、"爸爸和妈妈"(两个人)等。

(2)词、短语和句子的结构原则基本一致。

词、短语和句子都有主谓、动宾、补充、偏正、联合等五种基本语法结构关系。

月亮(词)

月光明亮(短语)

朦胧的月光静静地泻在美丽的荷花上。(句子)

(3)词类和句法成分不是简单的对应关系。

汉语中词类和句法成分的关系比较复杂，同一词类可以充当多种句法成分，词在句法成分方面呈现出多功能性。例如，名词可以做主语、宾语、定语、状语、谓语；形容词可以充当谓语、定语、谓语、补语等。

(4)量词十分丰富，有语气词。

量词是汉语中后起的词类。先秦汉语中还很少有这一类词。它们在两汉时开始兴起，到南北朝时期就大量使用了。数词和名词、动词结合时，一般都需要在数词之后加个量词，不同名词所用量词不同。

71. 词的语法功能与词的意义有没有联系？

二者都是划分词类的标准。词的语法功能标准是汉语中划分词类的主要标准，词的意义标准是重要的参考标准。功能与词义有一定的联系，但是词的意义不是划分词类的主要标准，而是词类的基础。通常表示人或事物的词叫名词，表示动作或变化的词叫动词，表示性质或状态的词叫形容词，指明的是词类的意义基础，而不是划分词类的科学标准。例如，"打仗"和"战争"有相同的意义基础，可是功能并不相同。我们可以说"在前方打仗"，不能说"在前方战争"；可以说"一场战争"，不能说"一场打仗"。我们把"打仗"归入动词，把"战争"归入名词，认为它们属不同词类。又如"害怕"和"恐惧"有相同的意义基础，"害怕"可以带宾语，说成"害怕出事"，"恐惧"不能这么用。前者属动词，后者属形容词。

72. "了解、繁华、繁荣"都能受"不"和"很"修饰，能否归入同一个词类？为什么？

不能归入同一个词类。"了解"是表示心理活动的动词，汉语的动词中表示心理活动的动词是可以受程度副词"不""很"的修饰的；"繁华"是性质形容词，可以受到程度副词的修饰；"繁华"是形容词兼动词，当它作为形容词使用时，可以受"不""很"修饰，如"经济很繁荣"。

73. A、B、C三人争论"努力"的词性。A认为"努力"是动词，因为有"这个人一向努力"的说法。B认为"努力"是形容词，因为"努力"可以受"很"的修饰。C不完全同意A、B二人的分析。请把C的意思表达清楚。

A和C所说的句子中"努力"都是形容词。表示"花的精力多，下的功夫大"。①"这个人一向努力"中，"努力"是充当谓语中心，这是形容词的主要句法功能。②作为形容词，可以受到程度副词"很"的修饰,这是从它和其他词语的组合关系来看的,所以 A 和 C 所说的都是"努力"作为形容词的功能。③"努力"可以作为动词使用,如"大家该努力了!"这里的"努力"表示"把力量尽量使出来"。

74. 有些动词能重叠,有的不能重叠。试分别举一些例子,想一想能重叠与不能重叠的动词有什么区别。

动作性强的行为动词一般可以重叠,如"看、笑、调查、动作、讨论"等,而一些非行为动词或动作性不强的动词常不可重叠,如"消失、产生、成为、敢"等。这是因为能重叠的行为动词所表示的动作有可持续性或可反复性的语义特点,即有阶段性可言,而非动作行为动词则不具备这样的性质,因而多不可重叠。具体来说,这些不可重叠的非动作行为动词包括:

(1)助动词,如"要、能、肯、愿、会、能够、可以、应该"等,只表示可能、意愿或必要,而无动作义,故不能重叠。

(2)表判断的动词,如"是"。

(3)表心理感知的动词,如"怪、爱、怨、担心、留恋、期望、钦佩、看见、发现、遇见、知道、认为"等。它们所表示的活动要么是瞬间的,要么是持久的,都无阶段性可言,没有"反复性",所以都不能重叠。

(4)表趋向的动词,趋向动词多数不止一个义项,该动词在句中呈趋向义时不能重叠;若呈动作行为义,多可重叠,如"上、下、起、起来、上来"等。

(5)存在、出现、变化、消失的动词,如"存在、具有、呈现、位于、出现、发生、显现、成为、变成、消失、消亡、熄灭、停止、丢、在、有、成"等,这些动词或表示持久,或表示情况突变,稍纵即逝,均不具备可持续性或反复性,因此多不可重叠。

75. 什么是复句?复句和单句有什么区别?

复句是由两个或两个以上意义上相关、结构上互不做句法成分的分句加上贯通全句的句调组成的。

单句与复句的区别:

(1)单句只有一套句子成分而复句有两套或两套以上的句子成分。

①就坚定不移地为当时的进步事业服务这一原则来说,我们祖先的许多有骨气的动人事迹还有它积极的教育意义。

这句话的主语是"事迹",谓语是"有",宾语是"意义"。句子虽长,只有一套句法成分,因此,它是单句。

②剧是必须从序幕开始的,但序幕还不是高潮。

这句话,前一分句的主语是"剧",谓语是"开始",后一分句的主语是"序幕",谓语是"是",宾语是"高潮"。这句话有两套句法成分,所以它是复句。

(2)复句的构成方式有两种:一种是由两个或两个以上的分句按一定的次序直接组合起来,成为一个复句。一种是借助起关联作用的词语(通称"关联词语"),把两个或两个以上的分句组合起来,成为一个复句。如例句②,借助关联词语"但",把两个分句组合起来,成为一个复句。

76. 举例说明并列复句与顺承复句的区别。

①公路冲垮了,树木冲断了,房屋冲塌了。②大堤决口了,洪水扑进村了,房屋冲塌了。

例①几个分句前后可以互换而意思基本不变,分句间按雁行式排列,因而是并列复句;例②几个分句的顺序有先后,位置不能互换,分句间关系是相继的,按鱼贯式排列,因而是顺承复句。

77. 举例说明并列复句与选择复句的区别。

①他不是老实,而是愚蠢。②他不是去苏州,就是去杭州。

以上两个复句中,前后两个分句都是对立的,但是,例①肯定后一分句而否定前一分句,说话者的意思明确无误,因而是并列复句;例②可能否定前一分句肯定后一分句,也可能否定后一分句而肯定前一分句,说话者在这二者之间选择未定,因而是选择复句。区别标志是:①并列复句关联词语"不是……而是";选择复句关联词语"不是……就是"。②分句间有"不是……就是"而能用"或者……或者"或"要么……要么"替换的是选择复句,不能替换的是并列复句。

78. 举例说明并列复句与转折复句的区别。

①他爱听音乐,不爱听京戏。②他爱听音乐,但不爱听京戏。

例①是肯定前一分句而否定后一分句,两个分句意思虽然对立但无转折意思,两个分句语意并重,因而是并列复句;例②也是肯定前一分句而否定后一分句,但两个分句之间有明显的转折意思,语意重心落在后一分句上,因而是转折复句。区别标志是:后一分句中出现表示转折关系的关联词语"但是""可""却"等才承认它为转折复句,否则,即使前一分句和后一分句语义对立也只能承认它是并列复句。

79. 举例说明转折复句与条件复句的区别。

①尽管下这么大的雨,我还是要去。②不管下多么大的雨,我都要去。

表面上看,例①和例②的后一分句所表示的意思都是前一分句的对立面,但实际上情况很不一样。"尽管"表示转折,跟"虽然"相似,前一分句是事实,"尽管"后面不能用表示任指的词语,如有两项事实出现,则不是选择关系而是并列关系,如"尽管刮风下雨,他还是要去。"所以,例①是转折复句。"不管"表示无条件,跟"无论"相近,前一分句是假设,"不管"后面总是跟表示任指的词语,如果有两项事实出现,则一定是选择关系而不是并列关系,如"不管刮风还是下雨,他都要去。"因而,例②是条件复句。

80. 举例说明假设复句与转折复句的区别。

①即使天气很好,我也不去。②虽然天气很好,我也不去。

例①和例②的前一分句和后一分句之间都有转折关系,即后一分句不是顺着前一分句说,而是转到前一分句的对立面去了。不同之处在于,例①的前一分句是假设性的,有的甚至根本无法实现的,如"即使天塌下来,我也不去。"而例②的前一分句则是事实,已实现或证实了的。区别的标志:假设复句后一分句不能用关联词语"但是、可是、然而"等。

81. 举例说明假设复句与因果复句的区别。

①如果天气不好,运动会就推迟一天举行。②因为天气不好,所以运动会就推迟举行。

例①和例②都是由于前一分句的原因而产生后一分句的结果,前一分句和后一分句之间都有相承关系。但是,"如果"表示的是一种假设条件,后一分句表示在这种条件下可能推论出的结果;"因为"表示的是一种客观存在的事实,是对后一分句表示的结果的一种解释。

82. 如何辨别顺承复句与连谓句?

连谓句内部不能有语音停顿,不能使用标点符号,不能使用关联词语,如"他出去买菜"。而顺承复句内部使用标点符号,有语音停顿,有时也使用关联词语,如"他出去,买菜"或者"他先去银行了,然后去买菜了"。

83. 如何辨别假设复句和条件复句?

(1)假设复句:前一分句提出一个假设条件,后一分句表示这个条件实现后将产生的结果。常用的关联词语有"如果(假如、倘若、要是)……就(那么)、即使(就算、哪怕)……也(还)"等。例如:①如果有一种药,让病人吃下去,也像醉了一样,动手术不就没有痛苦了吗?②倘若用手指按住它的脊梁,便会啪的一声,从后窍喷出一阵烟雾。

前一分句提出假设条件,后一分句说出结果。后面的结果能否成为现实,那就要看前面的假设条件能不能实现。这种复句的结果与条件是一致的。关联词语一般要成对使用。

又如:即使发生了什么事,于我也毫无关系了。前一分句先承认假设的事实,后一分句转入正意。这种复句的结果与条件是不一致的。

(2)条件复句:前一分句提出一个或多个条件,后一分句表示在这个条件下产生的结果。常用的关联词语有"只有……才,除非……才,只要……就,不管(无论,任凭)……也(都,还)"等。例如:①只有你意识到这一点,你才能更深刻地了解我们的战士在朝鲜奋不顾身的原因。"只有……才"关联,是必要条件句,就是一定要具备这个条件,才会产生后面的结果,缺少了这个条件就不成。②这种水雷,只要受到马达的震动,就会爆炸。此复句为充足条件句,表示有了这条件就会有后面的结果,但也不排斥别的条件也能有这样的结果。③缺乏艺术性的艺术品,无论政治上怎样进步,也是没有力量的。这一复句为无条件句,即不以分句提出的条件为转移,在任何情况下,都有同样的结果。

84. 什么是多重复句? 怎样分析多重复句?

有两个或两个以上结构层次的复句叫多重复句。分析多重复句的步骤:①总观全句,确定分句界限,在每个分句开头标明数码。②找出关联词语,判定分句间的关系。③尽量一分为二,先用单竖线把第一层次的分句隔开,并在上方注明前后分句间的关系,然后用双竖线把第二层次的分句隔开,并且写明关系。如剩下的还可以分出层次,就标上三条竖线,并且写明关系。逐层分析,一直分析到都是单个分句为止。

85. 什么是紧缩复句？紧缩复句有什么特点？分为哪些类？

紧缩复句是由两个或三个分句紧缩在一起形成的特殊复句。①紧缩复句的各分句之间存在着条件、转折、因果、顺承、选择等结构关系。②紧缩复句一般都采用固定的表达格式，如"……也……、……就……、……又……、不……不……、越……越……、再……也……、一……就……"等。有些紧缩复句则不使用关联词语，而依靠语义上的关系和语序表示其内部的结构关系。③紧缩复句如果加上相应的关联词语或停顿，就可以转换为一般的复句。④紧缩复句具有凝练紧凑、明快简洁的表达特点，常用于口语或熟语中。

86. 紧缩复句与连动句有什么区别？

连动句是单句，有一个统一的主语，几个动词之间有动作先后发生的关系。连动句通常不能使用成对的关联词语。紧缩复句是由两个或三个分句紧缩在一起形成的特殊复句。紧缩复句的各分句之间存在着条件、转折、因果、顺承、选择等结构关系。紧缩复句一般都采用固定的表达格式，如"……也……、……就……、……又……、不……不……、越……越……、再……也……、一……就……"等。有些紧缩复句则不使用关联词语，而依靠语义上的关系和语序表示其内部的结构关系。

87. 修改病句的意义和原则各是什么？

修改病句的原则：把握句意，修改得要少，改动得要巧，尽可能保住原句的意思。务求全句改得妥帖，避免以错改错。①对症下药，有针对性。②尽量保持句子的原意。③要善于运用多种方法进行修改。能够用调整语序的方法来修改就尽量不要增删词语；改一处可以解决问题就绝不改两处；修改病句要注意句意的简洁，尽量保持句式或陈述者对象一致。总之，要记住修改病句的五字诀：增（成分残缺的）、删（多余的）、换（用词不妥当）、简（修改应简要）、调（不搭配、不照应的）。

88. 什么叫"简缩法"？利用"简缩法"修改病句时，其步骤如何？应注意哪些问题？

简缩法是先检查句子的"主干"，后检查句子"枝叶"的方法。"主干"指的是句子的主语中心、谓语中心，有时还有宾语中心。"枝叶"指的是附加成分。先把句子中的附加成分都去掉，紧缩出主干，检查主干是否存在成分残缺、搭配不当的语病，如果主干没问题，再检查局部，看修饰语和中心语之间的搭配有无问题，修饰语的内部是否存在语序问题。例如，"今天的青年担负着在21世纪内把我国建设成为四个现代化的社会主义强国。"这个句子的主干是"青年担负着建设成为强国"。从这个主干可以看出这个句子的结构是不完整的。紧缩法也适于检查句子成分是否搭配得当。例如，"老红军向我们讲述了红军爬雪山、过草地，历尽千辛万苦，克服重重困难，在毛主席的领导下勇往直前的一曲壮歌。"紧缩以后，全句成为"老红军向我们讲述了一曲壮歌"。这样我们可清楚地看到"讲述"与"一曲壮歌"搭配不当。运用紧缩法应注意以下几点：①紧缩时，为了避免在否定句中去掉否定词而出现与原意相反的情况，应把否定词保留在主干里。②紧缩时，必须保持原格式的基本结构不变。如果砍掉了修饰成分以外的词语，就会破坏原句的结构。

考研真题答案

一、填空题

1.典范的现代白话文著作 2.抽象性 3.虚词 4.语序 5.语素 短语 6.词 7.句子 8.音义结合体 9.语素 10.语素 11.能够独立运用 12.表述 13.句调 14.不成词语素 15.能否独立运用 16.成分分析法 层次分析法 17.词的语法功能 18.语法性质 在语句里充当句法成分的能力 19."刚才"和"平时" 20.趋向动词 21.形容词 22.谓词 23.状态形容词 24.程度副词 25.形容词 26.语法意义 27.介词 连词 助词 语气词 28.介词 29.系 位 30.指示代词 31.虚指 32.副词 33.区别词 34."的" "着呢" 35.形容词 36.词组 37.结果 38."的"字短语 39.主谓 40.定中 41.定中 42.动 43.可能 44.连谓 45.与事 受事 46.独立语 47.方式 48.非主谓句 49.是非问 50.祈使句 51.存在 52.祈使句 53.特指问 54."我也不知道" 55.主谓句 存现句 疑问句 56.假设 57.假设 58.递进 59.状态 60.任指 61.反问句 62.变式 63.句法 64.祈使句 65.直接宾语 66.宾语 67.语气助词 68.语气词 69.递进 70.语法功能 71.中性主语 72.名词谓语 73.可能 74.连谓 75.祈使句 76.介 77.[piɑu²¹⁴] 78.状态 79.状态 80.介 81.存现 82.受事主语 83.离合 84.比较 85.主谓谓语句 86.兼语 87.偏正短语 88.副词 89.因果 90.非主谓句 91.构词形态 92.动词、形容词 93.名词性短语、谓词性短语 94.施事主语、受事主语、中性主语 95.表示处置意义的及物动词 96.并列 97.句型 98.名词、数词、量词 99.结构助词 100.动宾短语和主谓短语 101.独立语 102.施事宾语、受事宾语、中性宾语 103.选择 104.情态 105.递进 106.特指问 107.程度 108.语素 109.动量词 110.重叠式 111.存现句 112.结果 113.抽象性 114.是非问句、特指问句、正反问句和选择问句 115.构形形态 116.稳固性

二、单项选择题

1.C 2.D 3.A 4.C 5.C 6.A 7.D 8.D 9.C 10.D 11.C 12.C 13.A 14.B 15.D 16.C 17.D 18.D 19.D 20.D 21.A 22.B 23.B 24.C 25.B 26.D 27.B 28.A 29.A 30.B 31.D 32.B 33.C 34.A 35.A 36.B 37.C 38.C 39.D 40.B 41.A 42.D 43.B 44.A 45.D 46.C 47.C 48.D 49.C 50.B 51.C 52.A 53.C 54.D 55.A 56.B 57.C 58.D 59.B 60.B 61.C 62.C 63.B 64.A 65.B 66.C 67.B 68.A 69.A 70.B 71.A 72.D 73.C 74.C 75.C 76.A 77.C 78.B

79. C 80. A 81. B 82. C 83. D 84. A 85. B 86. A 87. D 88. B 89. D

三、判断题

1. × 2. × 3. √ 4. √ 5. × 6. √ 7. √ 8. × 9. × 10. × 11. √ 12. ×
13. √ 14. √ 15. × 16. √ 17. √ 18. × 19. × 20. √ 21. × 22. × 23. √
24. × 25. × 26. × 27. × 28. × 29. × 30. √ 31. × 32. × 33. √ 34. ×
35. × 36. × 37. × 38. √ 39. × 40. × 41. × 42. √ 43. √ 44. √ 45. √
46. × 47. √ 48. × 49. × 50. √ 51. √ 52. √ 53. √ 54. √ 55. √ 56. √
57. √ 58. × 59. × 60. √ 61. √ 62. √

四、名词解释

1. 词：语言中能够独立运用的最小的语法单位。

2. 实词：能独立充当句法成分，具有实在的词汇意义和语法意义，有些可以重叠。

3. 被字句：谓语中用介词"被"引出施事或单用助词"被"的一种被动句。

4. 谓词：主要功能是做谓语，如动词、形容词、部分代词（如"怎样"）。

5. 语法：语法是语言三要素之一，是语言的组合法则，专指组成词、短语、句子等有意义的语言单位的规则。语法术语有两个含义，一个指语法结构规律本身，另一个指语法学。

6. 多义短语：不止一个意义的短语。

7. 短语：也称词组，是由两个或两个以上的词按照一定方式组合起来，表示一定关系的语言单位。它是大于词而又不成句的语法单位。

8. 双宾语：动词之后先后出现近宾语（间接宾语）和远宾语（直接宾语）两层宾语的句子。

9. 主谓谓语句：由主谓短语充当谓语的句子。

10. 独立语：句子里的某个实词或短语，跟它前后别的词语或句法成分没有结构关系，不互为句法成分，但又是表达上有作用的成分，这就是独立语。独立语多数在句子里的位置比较灵活，可以添加在句首、句中或句末，以适应表达的需要。

11. 存现句：表示存在、出现、消失的句子。

五、分析题

1. 分析下列句子中画线的词的词性。

（1）中"开始"在动词"上课"之前，可能是副词，也可能是动词。如果判定为副词，那么"开始上课"就是状中结构，因为副词只能做状语；如果判定为动词，那么"开始上课"就是动宾结构。根据"开始"的语法功能，它可以做谓语，如"比赛马上开始"；可以做定语，如"开始的那段时间"。我们可以判定"开始"为动词。

（2）中的"给"显然不是动词，而是"助词"。在现代汉语中"给"有三个词性：动词、介词、助词。本题中,很显然它不是动词。但是它也不是介词,因为介词是不能在动词之前,介词之后必须出现名词,所以这个"给"一定是助词。

(3)中的"多"有四个词性:形容词(可以受程度副词修饰,如"很多")、副词(只能在形容词之前,如"多长"表示程度)、动词(可以加动态助词"了",可以带宾语,如"多一个人")、助词(用在数词或量词短语的后面表示约数,如"十多封信")。本题中"多"很显然是助词。

(4)中"一样"是个比况助词。

(5)中"一样"充当谓语,这不是助词所能充当的语法成分,此例中的"一样"是形容词,可以受程度副词的修饰,如"完全一样"。

(6)中"大"很明显是修饰成分,表示程度深,和形容词"大"所表示的意义无相关性,所以判定为程度副词。

(7)中"至于"在名词短语之前,同"关于"类似,构成介宾短语做状语,所以是介词。

(8)中的"智慧"充当定语,而且和"勤劳"构成并列关系,"勤劳"又是典型的形容词,那么是不是可以直接判定"智慧"就是形容词呢?首先,"智慧"不能受程度副词修饰,"很智慧"一般是不被接受的;其次,"智慧"一般不能充当谓语,当定语成分并不只限于形容词、名词、代词、动词等,可以充当定语。所以,此处的"智慧"词性为名词。《现代汉语词典》给"智慧"所标识的词性只有"名词"一种。

(9)"端正"是兼类词,可以是动词,也可以是形容词,如果后面带有宾语的话,那么应该看作动词。

(10)中"将来"表示时间,那么它是时间名词,还是时间副词呢?"将来"可以充当定语,如"在将来";可以受定语修饰,如"不久的将来";可以充当定语,如"将来的情况"。很明显,时间副词是不具备这些语法功能的,据此,我们就可以判定它为名词。

2. 语法偏误分析(改正错误,并说明错误的原因)。

(1)"透了"改为"极了"。"透了"搭配的动词往往表示不如意、不满意的意思。

(2)"帮忙"改为"帮助"。"帮忙"后面不能带受事宾语。

(3)"对于"改为"关于"。"对于"表示引进对象,而"关于"是表示关涉的内容。

(4)"尽管"改为"不管"。错用关联词语。

3. 指出句子所属的句型(须说出上位类型和下位类型)。

(1)非主谓句(动词性非主谓句)　　(2)非主谓句(形容词性非主谓句)

(3)主谓句(主谓谓语句)　　(4)主谓句(名词谓语句)

(5)主谓句(动词谓语句—连谓句)　　(6)主谓句(动词谓语句—"被"字句)

(7)非主谓句(动词性非主谓句—兼语句)　　(8)主谓句(动词谓语句—存现句)

(9)主谓句(动词谓语句—双宾句)　　(10)主谓句(动词谓语句—主谓谓语句)

4. 分析下列句子中加点的词的词性。

(1)介词　(2)区别词　(3)助词　(4)连词　(5)副词　(6)助词　(7)副词　(8)助词

(9)动词 (10)介词 (11)副词 (12)形容词 (13)动词 (14)介词 (15)动词 (16)助词 (17)语气词 (18)①拟声词 ②动词/形容词 ③副词 ④动词 (19)介词 (20)动词 (21)结构助词 (22)语气词 (23)形容词 (24)名词(25)介词 (26)连词

5.分析下面歧义句的结构。

(1)的歧义是由句子的重音(即焦点)不同造成的。如果重音在"一早上",句子中的"三封信"表示数量多;如果重音在"三封信",表示数量少。

(2)的歧义是由句子层次划分方法不同造成的。如果第一层在"三个人"之后切分,句子的主语是同位结构"我们三个人",谓语是"一组"。如果第一层在"我们"之后切分,"我们"做主语,"三个人一组"做谓语,意思是"我们"不止三个人,分组时每组三人。

(3)的歧义是由"唱得好"的结构类型不同造成的,其中的补语可以是状态补语,也可以是可能补语。

6.指出下列各句中画线词语在句子中的成分。

(1)兼语(宾语/主语) (2)主语 (3)谓语 (4)状语 (5)补语

7.汉语中有一些词有重叠形式,请指出下列语言实体中的重叠情况,并说出判定的理由。

人人(名词不能用重叠表示某种共同的语法意义。有些能重叠,重叠后有"每一"的意思。)

聊聊(单音节动词的重叠,重叠形式为 AA 式。)

徐徐(音节的重叠,属于单纯词中的叠音词。)

高高兴兴(双音节动词的重叠,重叠形式为 ABAB 式。)

星星(构词语素的重叠,这是重叠式合成词。)

8.分析下面各动宾短语的意义类型并说出分析的依据。

(1)刷墙:受事宾语,表示动作的对象。

(2)刷碗:受事宾语,表示动作的对象。

(3)刷白灰:工具宾语,表示动作凭借的材料,可以借助介词"用"进行句式变换。

(4)刷窗户:受事宾语,表示动作的对象。

9.分析短语,单义的用层次分析法,多义的用变换分析法。

(1)房子没有找到

(2)那个朋友没有找到

多义短语:①(我们)没有找到那个朋友。②那个朋友没有找到(我们)。

(3) 找到了两个朋友送的月饼盒

多义短语：①找到了朋友送的两个月饼盒。②找到了两位朋友送的月饼盒。

10. 用层次分析法分析下面的结构，有歧义的请分析原因。

(1) 车　上　睡不好　　　　　车　上睡　不好

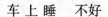

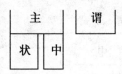

（结构层次和结构关系都不同造成的歧义。）

(2) 新　教师　公寓　　　　　新　教师公寓

（结构层次不同造成的歧义。）

(3) 哥哥和姐姐　是朋友

(4) 热爱人民 的总理　　　　热爱　人民的总理

（结构关系和结构层次都不同造成的歧义。）

(5) 三个重点大学的学生　　　三个重点大学的学生

（结构层次不同造成的歧义。）

(6) 他 让 我给老张带了一份礼物。

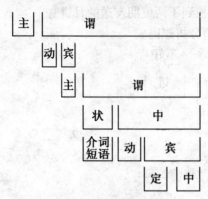

(7) 他 哭得嗓子都哑了。

(8) 咬 死了猎人的狗　　　　咬死了猎人的狗

(9) 良种的细毛羊和杂交牛　　良种的细毛羊和杂交牛

(10) 讨厌酗酒和赌博的女人　　讨厌酗酒和赌博的女人

(11) 三个学校的助教　　　　　　三个学校的助教

(12) 三个学校的实验员　　　　　三个学校的实验员

(13) 这个报告我写不好　　　　　这个报告我写不好

(14) 一场非常精彩的话剧

(15) 留学生分析汉语问题的能力

(16) 爸爸和妈妈的朋友　　　　　爸爸 和 妈妈 的朋友

 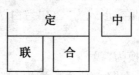

(结构层次和结构关系都不同造成的歧义。)

(17) 对 一个老师的意见　　　对一个老师的意见

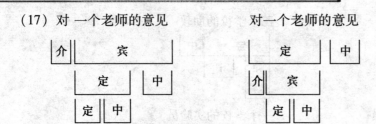

(结构层次和结构关系都不同造成的歧义。)

11. 指出下列句子所属的句式,并简要说明这几种句式的特点。

(1)存现句。特点：①主语是表示处所的词语。②动词表示存在、出现或消失。③宾语常常带有数量短语,大都是施事。

(2)兼语句。特点：由兼语短语充当谓语或独立成句的句子。谓语由动宾短语和主谓短语套叠而成。兼语句的谓语动词往往是表示使令、称谓认定或存在意义的动词。

(3)被字句。特点：①谓语动词一般是表示动作意义的及物动词,一般要有处置性。②谓语动词的前后往往有一些别的词语,而不能是一个光杆的单音节动词。③时间副词、否定副词或能愿动词,一般应放在"被"字前边。④主语表示的受事一般是确定的人或事物。

(4)双宾句

(5)"把"字句

(6)连谓句

(7)主谓谓语句

(8)"被"字句

(9)存现句

(10)动词谓语句

(11)存现句

(12)兼语句

(13)连谓句

12. 请判断下列句子是否符合现代汉语普通话规范。

(1)符合规范。

(2)不符合,须在动词和补语之间添加结构助词"得"。

(3)不符合,"雪白"的重叠形式为"雪白雪白"。

(4)符合,但有歧义。

(5)不符合,"不"应替换为"没"。

(6)不符合,去掉"了",在"每次"之后添加"都"。

(7)不符合,动补结构中的动词不能重叠。

(8)不符合,把"不好"改为"差",在比较句中不能出现否定结构。

(9)不符合,数量补语在宾语之后。

(10)不符合,"不料"的后边往往是不如意的,改成"没想到"。

(11)不符合,否定副词放在"给"的前边。

(12)不符合,"他"放在"一本书"前边。

(13)不符合,"随即"改为"马上"。

(14)符合规范。

(15)不符合,动词和补语之间添加结构助词"的"。

(16)符合规范。

(17)不符合,去掉"们"。

(18)不符合,应该使用"把"字句。

(19)符合规范。

(20)符合规范。

(21)不符合,去掉"的勒"。

(22)符合规范。

(23)符合规范。

(24)不符合,"啥"应替换为"什么"。

(25)不符合,应改为"今天比昨天冷"。

(26)不符合,"雪条"是方言词,应该为"冰棍"。

(27)不符合,"笔直笔直的"改为"笔直";"饰着"不准确。

(28)不规范,"一边"应替换为"一样"。

(29)不规范,应该为"咱们一边吃晚饭,一边看电视吧。"

13.用简易加线法分析下列句子成分,主谓之间用‖隔开,主语中心语用＿＿＿＿表示,谓语中心语用＿＿＿＿表示,宾语中心语用＿＿＿＿表示,定语用( )表示,状语用[ ]表示,补语用< >表示,插入语用下划小△表示,兼语用双横线下加波浪线表示,分析到成分为止。

(1)(小王)的晋升‖使得(他俩之间)的平衡 被打破了。

(2)[在这三天里],[按以往习惯],大哥‖[要]去┆探亲┆访友。

(3)她‖激动得＜说不出话＞。

(4)[放假的第一天],我们班‖[就]走了(20个)同学。

14. 用层次分析法分析下面句子。

(1) 当时最重要的课程 是从前方回来的领导同志做的他们……等实际工作的报告。

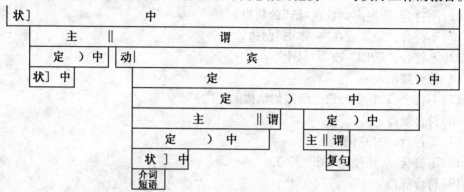

(注:"……"是"如何开辟根据地、如何作战、如何克服困难",这是复句形式。)

(2) 我和陈昌浩 率右路的四军、三十军及红军大学部分人员回头再次穿越草地。

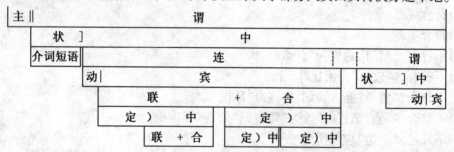

(3) 关于中东问题,你能不能告诉我们使目前的谈判受到阻碍的真正原因在哪里?

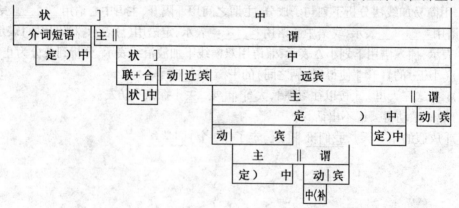

(4)那种场面,那种气氛,使 我感到从未有过的新奇和兴奋。

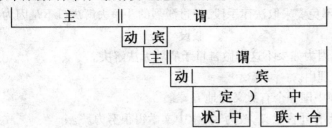

15.用画线法分析复句(用竖线标明层次并说明关系)。
           目的   并列
(1)我既不愿让父母知道我的难处,||以免他们担心,|又不愿开口向别人求助。
    假设   递进   递进
(2)要是话太多,|不但让人感到厌烦,||还会自讨没趣,|||甚至会惹出麻烦。
              解说   解说
(3)我还记得张闻天同志在马列学院有两次特别的报告,一次是反张国焘主义的报告,|||
      并列   并列   并列
历史事实讲得不很多,||||主要是反复发挥"党指挥枪"的道理,||||说理精微,||||态度和蔼,
并列
||还有一次是关于学院的组织生活的。
      并列   并列   并列   顺承   顺承
(4)朱总司令面色黧黑,||目光炯炯,||步履矫健,|见到我们有说有笑,||一如往常,||
似乎天塌下来,也没放在心上一样。
                        因果
(5)简·雅各布斯是一位富有社会责任心和文化使命感的公共知识分子,||因而被人
        并列   转折
誉为"压倒骆驼的伟大稻草",|她不是一个医生,||但却总是带着医生审视病人的眼光观
    并列
察整个社会,|||诊断现代社会的诸多症状和病因。
     转折   因果   转折
(6)虽然是满月,|||天上却有一层淡淡的云,||所以不能朗照,|但我以为这恰是到了
好处。
         假设   并列
(7)即使银行收回债权,|||它们也无法支付投资人的钱,||而银行谁也不敢承认,借大
        因果   并列
笔钱给佐佐木是严重的失误,|所以银行只好忍气吞声,||任其发展。

　　　　　　　　　　　　　　　　　　　　　　　并列(解说)
(8)对待敌我矛盾,诚然不免要采取法律手段,经过激烈的斗争去解决,丨不是因为我们
　　　　　并列　　　　　　　　　　　假设
有意加剧矛盾的激化,丨丨而是因为如果不这样做,丨丨丨矛盾就无法解决。

16. 修改下列病句并说明理由。

(1)定语位置不当,改为"中国一个有意义的地方。"。

(2)"把"字句中的动词要有处置意义,改为"我学中文学得很努力。"。

(3)动词重叠表示时量或动量短,有尝试义,这里应该为"我要讲的故事是在美国发生的。"。

(4)关联词语位置不当,主语相同时,关联词语放在主语之后。应改为"有些炎症,西药中药都能治。中药不但能与一般抗菌素媲美,而且副作用小,成本也比较低。"。

(5)"告诉"是一个可以带双宾语的动词,不需要使用介词,应改为"他告诉我一个秘密。"。

(6)滥用介词造成主语残缺,应改为"桃子里出来了一个男婴儿。"。

(7)"结婚"是离合词,不能直接带宾语,应改为"他和这个女的结婚了。"。

(8)成分多余,应改为"你来广州多长时间了?"。

(9)"把"字句的动词一般具有处置义,动词一般不能单独出现,尤其是单音节动词,所以应改为"她买了一件衣服。"。

(10)句式杂糅,应改为"我仿佛看到了儿时漂亮的她。"。

(11)处所宾语只能插在复合趋向补语的中间,应改为"他走进教室来。"。

(12)主语残缺,应改为"蜜蜂酿造一公斤蜂蜜需要采集五万朵花的花粉。"。

(13)比较句中不能出现"很+形容词"应改为"妹妹比姐姐漂亮多了。"。

(14)主谓搭配不当,应改为"山东寿县的绿色无公害有机蔬菜,除供应本省外,还远销青海、新疆。"。

(15)中心语和补语搭配不当,应改为"同学们齐心协力地把教室打扫得干干净净、收拾得整整齐齐。"。

(16)数量短语做补语应紧接在动词后面,应改为"我给她打了三次电话都没人接。"。

(17)搭配不当,"习惯"指常常接触某种新的情况而逐渐适应,后面应该接某种情况,而不是单一地点名词。另外,"快"单用做状语时表示将要发生还未发生,所以应改为"来北京不久,我很快就习惯了北京的生活。"。

(18)"的"连接的是定语和中心语,这里应改为"他飞快地跑了过去。"。

(19)搭配不当,"安史之乱"前面加上"平定"。

(20)搭配不当,"在……中"中间应为名词性词语,去掉"充满"。

(21)语序不当,把"按照我们中华民族的传统"放在"向台湾、港澳和远在海外的同胞们"

之前。

(22)成分残缺,缺少宾语中心词,在"满洲映画株式会社"后加上"所在地"。

(23)成分多余,去掉"不"。

(24)关联词语搭配不当,"而是"改为"而且是"。

(25)关联词语搭配不当,"虽然"改成"即使"。

(26)滥用介词造成主语残缺。删掉"在""下"。

(27)搭配不当,个体和集体不能搭配,应改成"均是优秀选手"。

(28)搭配不当,"发电量"不能"输送",应把"发电量"改为"电能"。

(29)搭配不当,"中学生"改为"中学阶段"。

(30)介词使用不当,"对"改为"给";搭配不当,"开辟"改为"开创"。

(31)滥用介词造成主语残缺,去掉"对于"。

(32)搭配不当,中心语"往返"后面的补语应该是双向的,所以把"往返于"改为"到"。

(33)主宾搭配不当,应改为"中国是全球石油储存量最丰富的地区之一"。

(34)成分多余,去掉"左右"。

(35)成分残缺,缺少谓语中心词,应改为"根据改造需要,学校应完成建立新的规章制度等一系列工作"。

(36)词性不当,"简单"为形容词,误用为动词,应改为"简化"。

(37)句式杂糅,应改为"我们应该把这个好消息告诉大伙"。

(38)滥用介词造成主语残缺,应改为"水污染的问题,已经有了解决的办法。"。

(39)前后主语不一致,应改为"这条道路使我感觉到了困难,但也使我认清了是唯一的正路。"。

(40)成分残缺,应改为"设计者与导演焦菊隐在寻求这一'北京味儿'的舞台样式过程中,倾注和凝聚了心血。"。

(41)成分多余,应改为"孩子把书包放在床上,就出去玩儿了。"。

(42)滥用介词造成主语残缺,应改为"环境污染的问题,已引起世界各国的关注。"。

(43)句式杂糅,应改为"他每天学习得很努力。"。

(44)成分残缺,应改为"如何更好地传承民族文化?有学者提议,应倡导全民重温中华经典。这项举措对弘扬民族文化更具积极意义。"。

(45)搭配不当,应改为"在怎样提高学习效果这个问题上,我已经找到了有效的方法。"。

(46)搭配不当,应改为"市旅游局要求各风景区整治不文明旅游的各种顽疾和陋习,有效提升景区的服务水平。"。

六、简答题

1. 简述语素、词和句子的关系和区别？

这三级语法单位之间是既有联系又有区别。它们的联系在于：都是语言中的音义结合体，语素和词之间有构成关系，语素是词的构成单位，一些词加上特定的语调就可以实现为句子。其区别在于它们属于不同层级的语法单位，语素是最小的音义结合体，词是最小的能独立运用的语言单位，语素和词都是语言备用单位，句子具有语调，并且能够表达相对完整的意思，是表述单位，这是语素和词不具备的特点。

2. 什么是"存现句"？它有哪些类型和特点？请举例说明。

存现句是表示什么地方存在、出现或消失了什么人或物的一种句型。句首为处所主语。分为存在句和隐现句两类。

特点：①主语是表示处所的词语，如"前面来了一个人""柜子里装满了书"。②动词表示存在、出现或消失，如"有、是、站、挂、来、走、死、发生、出现、进来、下来、出去、过来、响起"等。③宾语常常带有数量短语，大都是施事，如"这学期来了一位新老师"中的"一位新老师"，"礼堂里爆发出一阵阵热烈的掌声"中的"一阵阵热烈的掌声"。

3. 从词性上说，"的、地、得"是什么词？有什么共同的语法特征？并举例说明三个词的正确用法。

从词性上看，"的、地、得"是结构助词。作为虚词，它们都是某种句法结构的标志。其中，"的"是定语的标志，附着在词或短语之后，表示它前边的词或短语是定语，如"人民的中国""推广普通话的经验"。"地"是状语的标志，附着在词或短语之后，表示它前边的词或短语是状语，如"迅速地前进""仔仔细细地调查""异乎寻常地热烈"。"得"是补语的标志，附着在动词或形容词之后，表示它后边的词或短语是补语，如"干得起劲""说得清清楚楚""红得十分可爱"。

4. 什么是"被"字句？"被"字句的构成和应用条件是怎样的？请举例说明。

谓语中用介词"被"引出施事或单用助词"被"的一种被动句。基本格式：主语＋"被"＋（宾语）＋谓语动词＋其他成分，如"羊被（狼）咬死了"。下边几种情况，一般宜用"被"字句：

(1)为了突出句子的被动意义。

(2)如果说不出施事者，或者不必说出施事者。

(3)在一定的上下文中，为了使主语前后一致、语意通畅和句式协调。

5. 举例说明什么是"连谓短语"。

连谓短语是由两个谓词性成分组合在一起所形成的，彼此并不构成主谓、动宾、偏正、中补、联合等关系，连谓短语里的两个谓词性词语之间也没有语音停顿。如"打开门走出去/煮饺子吃"，可以表示动作的先发后续，也可以表示动作的方式与目的。

6.一般而言,汉语的词可以分为实词和虚词两大类,请说说这两类词的区别。

依据语法功能标准和意义标准,可以将词分为实词和虚词两类:能够充当句法成分、有词汇意义和语法意义的词是实词;不能够充当句法成分、只有语法意义的词是虚词。

7.什么是兼语句?其意义和特点是什么?

兼语句是由兼语短语充当谓语或独立成句的句子。兼语句的谓语是由动宾短语和主谓短语套叠而成的。兼语句的特点是:(1)前面的动词表示使令意义。(2)前面的动词表示称谓或认定意义。(3)前面的动词表示领有或存在。

8.什么是复句?总体分为哪两大类?典型的复句类型有哪些?

复句是由两个或两个以上意义上相关、结构上互不做句法成分的分句加上贯通全句的句调组成的。复句有联合复句和偏正复句两大类。联合复句包括并列关系、顺承关系、解说关系、选择关系、递进关系;偏正复句包括转折关系、因果关系、条件关系、假设关系、目的关系。举例略。

9.什么是"被"字句?其意义和特点是什么?

"被"字句是谓语中用介词"被"引出施事或单用助词"被"的一种被动句。基本格式:主语+"被"+(宾语)+谓语动词+其他成分。如"羊被(狼)咬死了。""被"字句的特点是:第一,主语表示的受事一般是确定的人或事物。第二,"被"字后面的施事宾语有时可以不出现。第三,谓语动词一般是表示动作意义的及物动词,一般要有处置性。第四,谓语动词的前后要有其他成分。第五,时间副词、能愿动词或否定副词一般应放在"被"字前边。

10.谈谈词类划分的依据。

词类划分标准:以语法功能为主要依据,兼形态和意义标准。

(1)语法功能:

A 组合能力:实词与实词的组合能力;虚词依附实词和短语的组合能力。

B 句法角色:在语句中充当何种成分。

(2)词的形态:

构形形态:重叠(动词、形容词)。

构词形态:"凿子""workers"。

(3)词的意义,这里指语法上同类词的概括意义或意义类别。表示人和事物的是名词,表示动作行为的是动词,表示性质状态的是形容词。如"打仗"和"战争"有相同的意义基础,可是功能并不相同。我们可以说"在前方打仗",不能说"在前方战争";可以说"一场战争",不能说"一场打仗"。我们把"打仗"归入动词,把"战争"归入名词。

11.谈"把"字句及其特点。

(1)"把"的后边一般是名词,表示有定的、被处置或受影响的人或事物。如:

他把嗓子喊哑了。(受影响)

你把衣服整理整理。(被处置)

(2)"把"和后边的词语一起组成介词短语,做状语,修饰的动词不能是简单形式的一个动词,特别是不能用一个单音节的动词。例如:

我把信一看,简直气坏了。你把信交给领导!你把信复印一下!(动词性短语)

你把信寄走!你把信撕了!(带动态助词)

你把信看看!(动词的重叠形式)

(3)否定词"不、没"一般用在"把"的前面。

12. 现代汉语中的助词"的"有哪些用法?请举例说明。

"的"作为结构助词,可以附着在实词或词组后表示前面的成分是定语,也可以附着在实词或词组后构成具有名词性功能的"的"字结构。做宾语的"的"字结构中的"的"有时会和处在句末的语气词"的"发生混淆。我们把构成"的"字结构的"的"叫作"的$_1$",把语气词"的"叫作"的$_2$"。

(1)"的$_1$"之前的实词或词组,可以是名词性的,也可以是非名词性的;"的$_2$"前的词或词组却一定是非名词性的。如:

①在那么多的设计方案中,我还是赞成小王的。("的$_1$")

②在那么多的设计方案中,我还是赞成小王提出的。("的$_1$")

③我要去的。("的$_2$")

(2)"的$_2$"一定出现在句末,而"的$_1$"就不一定出现在句末。

④小王提出的最合理。("的$_1$")

⑤我找了卖瓜的三次。("的$_1$")

(3)"的$_2$"是表示肯定的语气词。因此去掉后,原句的基本意思不会改变的,只是肯定的语气不那么强烈罢了。"的$_1$"是"的"字结构不可缺少的一个标志,所以不能去掉。例如:

⑥我要去的。

⑦我要去。(这两句话的基本义不改变)

13. 什么是连谓句?举例说明连谓句前后谓词部分间的语义关系。

连谓句是由连谓短语充当谓语或独立成句的句子。连谓句的前后谓词部分可以表示种种语义关系,如:

(1)我下了班骑车去体育馆买票。(表示动作的先发后续关系)

(2)他有能力做好这项工作。(表示条件和行为的关系)

(3)你坐着别动。(表示肯定和否定的关系)

(4)恰巧小二黑发疟疾没去。(表示原因和结果的关系)

(6)我们煮汤圆吃。(表示行为和目的的关系)

14. 简要说明"和"作为连词和介词时如何分辨?

(1)我和他都来过这儿。(连词)

(2)我和你一起去。(介词)

第一,连词连接的前后两个部分是并列的,没有主次之分,可以对调,对调后基本意义不变;介词连接的前后两个部分不是并列的,有主次之分,不能对调,对调后意义会发生变化。(说明略。)

第二,连词大多数可以省去,改用顿号;介词不能省去,不能用顿号代替。(说明略。)

第三,连词的前边不能插入别的语言成分,介词的前边可以插入别的语言成分。比如否定副词,例(1)只能说成"我和他都没来过这儿",例(2)可以说成"我不和你一起去"。

15. 什么是多义短语?多义短语有几种类型?请举例说明。

多义短语是可以做两种或两种以上语义理解的短语。多义短语形成的原因有三种:(1)语法原因。包括结构关系不同(研究资料),结构层次不同(几个省的领导),结构关系和结构层次都不同(热爱人民的军队)。(2)语义原因。施受关系不明确造成的多义,如"小王没找到"。(3)语法和语义两方面的原因,比如"咬死了猎人的狗"。具体分析略。

16. 简述兼语句与主谓短语做宾语句的区别。

兼语句和主谓短语做宾语句的区别表现在:(1)兼语句中的第一个动词带有使令意义,而主谓短语做宾语的动宾谓语句的第一个动词不带有使令意义。换言之,兼语句中前后两个动作之间有因果关系,而主谓短语做宾语的动宾谓语句中前后两个动作之间没有因果关系。(2)从意义上看,兼语句的第一个动词的对象是人,主谓短语做宾语的动宾谓语句的第一个动词的对象是事。举例略。

第六章
Chapter 6

修　辞

练习题

一、填空题

1. "修辞"有三个含义:第一指_____;第二指_____;第三指_____。
2. 修辞学的任务,是在大量收集修辞现象的基础上,从修辞手法、_____、_____三方面去探索规律。
3. 修辞与语音、词汇、语法既有_____又有_____。
4. 词语修辞就是指_____的过程。
5. 词语锤炼一般从_____和_____两个方面入手。二者_____,_____。
6. 词语的色彩,一般是指词的_____、_____和_____。
7. 现代汉语中的双声词、_____、_____等在语言上都很富有表现力。
8. 修辞上把意思相同或基本相同而风格色彩、修辞功能、表达效果方面存在细微差别的句式叫作_____。
9. 把结构不同、长短不齐的句子交错运用叫作_____。
10. 双重否定句常见的格式有_____、_____等。
11. 口语句式的修辞作用主要是_____,书面语句式的修辞作用主要是_____。
12. 修辞研究的是如何_____运用语言各方面的材料,以增强口头和书面的_____。
13. 寻常词语的选用,要注意它们的意义,也要留心_____,尤其要讲究_____的配合和协调。
14. 有些词语除了它们的基本意义之外,还具有褒奖或贬斥的感情色彩,分别叫作_____、_____。

15. 一个双音节的词，彼此的声母相同，叫_____；彼此的韵母相同，叫_____。

16. 修辞上把_____相同或基本相同而_____不同的句式，叫作同义句式。

17. 比喻的基本类型有_____、_____、_____三种，用"像"做喻词的是_____，用"是"做喻词的是_____，这两种比喻都由_____、_____和_____三个部分构成。

18. 本体和比喻词都不出现而借喻体来代替本体的比喻叫_____。

19. 映衬又叫_____。

20. 映衬可以分为_____和_____两种。

21. 设问是_____、_____的修辞方法。

22. 反问是_____、_____的修辞方法。用否定句反问表示_____的意思，用肯定句反问表示_____的意思。

23. 顶真和回环都有首尾蝉联的特点，但它们的结构形式不同：顶真的轨迹是_____；回环的轨迹是_____。

24. 利用前后语句的循环往复以表现两种事物之间相互制约、相互依存关系的修辞方法叫作_____。把上句结尾的词语作为下句的开头，使相邻语句首尾蝉联，上递下接的修辞方法叫作_____。

25. 仿拟有_____、仿语、仿句、_____等类型。

26. "生命之树常青"这一句话中用了比喻，这种比喻属于_____。

27. "我最近在读鲁迅"这句话中用了借代，其借代方式是_____。

28. "人人为我，我为人人"的修辞格为_____。

29. 借用成语原形，但感情色彩不一样，这种成语活用的方式叫_____。

30. 对偶从意义看，有_____、_____、_____三种。

31. 上下联意义相承，表示连贯、递进、因果、条件等关系的对偶句叫_____。

32. 整句和_____是从结构形式上对句子的分类。

33. 四个音节的语音段落也称"_____"，它两字一顿，整齐匀称，是人们喜闻乐道的一种语言格式。

34. 反语可以分为_____反语和_____反语。

35. 反复可以分为_____和_____。

36. 修辞格的综合运用可以分为_____、_____、汇合运用。

37. 语境有广义狭义两种。广义的语境包括说话作文的_____环境、自然环境以及上下文等；狭义的语境主要指_____。

38. 有些词适用于一定的交际场合、一定的语体，而不适用于另一些交际场合、另一些语体，这表现出词的_____色彩。

39. 俚俗语是一种带有_____色彩的口头语词。

40. 一个双音节词，两个音节相同，叫_____。

41. 词语加工的具体做法有：增添、删减和_____。
42. 用某一事物或情景来比况另一事物或情景的修辞格叫_____。
43. 把人当作物或把甲物当作乙物来看的比拟叫作_____。
44. 比拟包括_____和_____两种类型。
45. 借代的基础是人或事物间的_____性，其特点是隐去_____，只出现_____。
46. 夸张可以分为_____、_____、_____三种。
47. 对偶和对比是两种不同的修辞方法。对偶重在_____，对比重在_____。
48. 结构_____、字数_____、意义_____的两个短语或句子成对地排列,叫作对偶。
49. 语义双关是利用_____构成的双关。
50. 利用同音或近音条件构成的双关叫_____。
51. 为了风趣、幽默、诙谐而说的反语叫_____。
52. 甲、乙事物连着说时,把原来适用于甲事物的词语顺势拈来用到乙事物的修辞格叫_____。
53. 把适用于甲事物的词语移来修饰乙事物的修辞格叫_____。
54. 对偶是把一对_____相同(或相似)、_____相等的语句连接起来表达相关或相对意思的修辞格。

二、单项选择题

1. 我国修辞学的研究源远流长,早在(　　),古人就已经注意到了修辞现象,提出了自己的见解。
   A. 商周时期　　　　　　　　　　　B. 先秦两汉时期
   C. 魏晋时期　　　　　　　　　　　D. 南北朝时期
2. 我国现代修辞学的建立是以(　　)的出版为标志的。
   A.《现代汉语修辞学》　　　　　　B.《语法修辞讲话》
   C.《修辞学发凡》　　　　　　　　D.《修辞概要》
3. "善者不来,来者不善""人不犯我,我不犯人"运用的修辞格是(　　)。
   A. 借喻　　　　　　　　　　　　　B. 回环
   C. 比拟　　　　　　　　　　　　　D. 借代
4. 以下各例中运用了比喻修辞格的是(　　)
   A. 这孩子像他爸爸。　　　　　　　B. 这孩子像个猴子。
   C. 这孩子好像感冒了。　　　　　　D. 这孩子好像活过来了。
5. "墙上挂着横幅"变换成别的格式后意义有差别的是(　　)。
   A. 横幅在墙上挂着　　　　　　　　B. 横幅挂在墙上
   C. 横幅被挂在墙上　　　　　　　　D. 把横幅挂在墙上

6. 下面的句子里使用了拈连辞格的是(　　)
   A. 人老心却不老。　　　　　　　　B. 舍不得孩子套不住狼。
   C. 酒好不怕巷子深。　　　　　　　D. 高山低头,河水让路。

7. 下面的句子里使用了比喻辞格的是(　　)
   A. 来者不善,善者不来。　　　　　B. 浇树浇根,交人交心。
   C. 天寒地冻冻不坏我们的决心。　　D. 高山低头,河水让路。

8. "窈窕、参差、慢慢、纷纷"这些词分别属于(　　)。
   A. 双声、叠韵、词的重叠、叠音词
   B. 叠韵、双声、词的重叠、叠音词
   C. 双声、叠韵、叠音词、词的重叠
   D. 双声、词的重叠、叠韵、叠音词

9. "沙漠之舟——骆驼"这句运用的修辞格是(　　)。
   A. 明喻　　　　　　　　　　　　　B. 暗喻
   C. 借喻　　　　　　　　　　　　　D. 借代

10. "好雨知时节,当春乃发生。随风潜入夜,润物细无声。"诗中运用的修辞格是(　　)。
    A. 比喻　　　　　　　　　　　　　B. 拟人
    C. 拟物　　　　　　　　　　　　　D. 对偶

11. 下列词语中带有书面语色彩的一组是(　　)。
    A. 讥诮、颤抖　　　　　　　　　　B. 讥笑、发抖
    C. 挖苦、筛糠

12. 口语句式的修辞作用主要是(　　)。
    A. 严谨周密　　　　　　　　　　　B. 活泼自然
    C. 形象生动

13. 以下各例中运用了部分代整体的借代用法的是(　　)
    A. 日子紧,咱们多勒勒腰带吧!
    B. 一辆"伏尔加"正在追那辆"解放"。
    C. 老刘开着四轮子去运稻种。

14. "身残志不残"运用的修辞手法是(　　)。
    A. 移就　　　　　　　　　　　　　B. 拈连
    C. 反复

15. 修辞上所说的"寻常词语"指(　　)。
    A. 普通平易的词　　　　　　　　　B. 常用词语
    C. 具有全民性的词语

16. 口语句式的主要特点是（　　）。

A. 句子短,不用关联词语

B. 句子短,结构简单,少用关联词语

C. 结构简单,成分少

17. 修辞格就是指（　　）。

A. 为增强表达效果而运用的修饰描摹的特殊方法

B. 具有一定表达效果的特殊句式

C. 约定俗成的言语表达格式

18. 本体和喻体都出现而比喻词不出现的比喻是（　　）。

A. 明喻　　　　　　　　　　　　B. 暗喻

C. 借喻

19. "人老心不老"运用的修辞手法是（　　）。

A. 回环　　　　　　　　　　　　B. 移就

C. 拈连

20. 在比喻中,被比方的事物和用来打比方的事物必须是（　　）。

A. 性质不同的事物

B. 性质相同的事物

C. 性质不同的事物,但二者之间有相似之点

D. 性质相同的事物,而且二者之间有相似之点

21. 本体和喻体都必须出现的是（　　）。

A. 明喻、暗喻　　　　　　　　　B. 明喻、借喻

C. 暗喻、借喻　　　　　　　　　D. 明喻、隐喻

22. 喻词不出现和喻词是"成为"的比喻分别是（　　）。

A. 明喻、暗喻　　　　　　　　　B. 明喻、借喻

C. 暗喻、借喻　　　　　　　　　D. 借喻、暗喻

23. 比喻的表达作用可以归纳为几点,以下不是比喻的表达效果的是（　　）。

A. 可以使语言形象化

B. 可以把深奥的道理说得浅显易懂

C. 可以揭示事物的本质

D. 可以使语言含蓄,耐人寻味

24. 借代的本体和借体之间具有（　　）。

A. 相似性　　　　　　　　　　　B. 相关性

C. 相同性　　　　　　　　　　　D. 相异性

25. 借喻和借代都是借别的事物来代替本体,下面说法正确的是( )。
   A. 借喻考虑的是事物之间的相关性,借代考虑的是事物之间的相似性
   B. 借喻考虑的是事物之间的相同性,借代考虑的是事物之间的相异性
   C. 借喻考虑的是事物之间的相似性,借代考虑的是事物之间的相关性
   D. 借喻考虑的是事物之间的相异性,借代考虑的是事物之间的相同性
26. 下面的说法正确的是( )。
   A. 排比是把一对结构相同,字数相等的句子连接在一起的修辞格式
   B. 排比是把三个或更多结构相似,字数大体相等的句子连接在一起的修辞格式
   C. 排比要求结构上均衡,语音上协调,注意平仄
   D. 排比不能有反复的词语,尽量避免字面上的重复
27. "他能拿冠军吗？说不准,说不准,真的说不准"中运用的修辞手段是( )。
   A. 反复				B. 排比
   C. 顶针				D. 回环
28. "你不要一遇到困难就轮胎放炮——泄气了,那还行吗？"中运用的修辞手段是( )。
   A. 比喻				B. 双关
   C. 对比				D. 夸张
29. "树上有只鸟,鸟嘴衔小草,小草落地上,地上长麦苗"这首儿歌中运用的修辞手段是( )。
   A. 回环				B. 反复
   C. 排比				D. 顶针
30. "月光如流水,静悄悄地泻在荷花和荷叶上"中运用的修辞手段是( )。
   A. 暗喻				B. 借喻
   C. 借代				D. 明喻
31. "茅台尚未沾唇,人先醉了三分"中运用的修辞手段是( )。
   A. 夸张、借代			B. 夸张、比喻
   C. 借代、对比			D. 比喻、拟人
32. "一站站灯火扑来,像流萤飞去；一重重山岭闪过,似浪涛奔涌"中运用的修辞手段是( )。
   A. 对偶、比喻、夸张		B. 对偶、比喻、比拟
   C. 比喻、比拟、夸张		D. 借代、对偶、比喻
33. "农夫心内如汤煮,王子公孙把扇摇"中运用的修辞手段是( )。
   A. 比喻、对偶			B. 比喻、借代
   C. 比喻、对比			D. 对偶、借代

34."'忽如一夜春风来,千树万树梨花开',早上起来,江边成了欢腾的大海"中运用的修辞手段是( )。

A. 夸张、对偶　　　　　　　　　　B. 排比、借代

C. 对偶、比喻　　　　　　　　　　D. 比喻、夸张

三、多项选择题

1. 选用词语起码应做到( )。

A. 准确明晰　　　　　　　　　　　B. 具体新鲜

C. 声音和谐　　　　　　　　　　　D. 合辙押韵

2. 暗喻的常见格式有( )。

A. A 是 B　　　　　　　　　　　　B. A 像 B

C. A 跟 B 似的　　　　　　　　　　D. A 的 B

3. 运用比喻应注意( )。

A. 要用具体的、浅显的作比　　　　B. 本体和喻体应该有某一方面的联系

C. 要有新鲜感　　　　　　　　　　D. 应该比较简短

4. 借代这种修辞格的特点有( )。

A. 构成基础的是事物之间的相似性　B. 构成基础的是事物之间的相关性

C. 可以改为明喻　　　　　　　　　D. 不能改为明喻和暗喻

5. "驾驶室里热得像蒸笼"运用的修辞手法有( )。

A. 拈连　　　　　　　　　　　　　B. 移就

C. 比喻　　　　　　　　　　　　　D. 夸张

6. 以下辞格中主要着眼于创新、变化的是( )。

A. 拈连　　　　　　　　　　　　　B. 比拟

C. 夸张　　　　　　　　　　　　　D. 排比

7. 以下辞格中直接跟句子的组织选择有关的是( )。

A. 移就　　　　　　　　　　　　　B. 回环

C. 夸张　　　　　　　　　　　　　D. 顶真

8. 以下各例中运用了暗喻的手法的是( )。

A. 生存的小品文,必须是匕首,是投枪……　B. 说完话,他就一阵风似的跑开了

C. 我们用自己的手搬掉三座大山　　D. 一头猪等于一个小小化肥厂

9. 以下用来表示"酒"的词语中运用借代手法的是( )。

A. 大高粱　　　　　　　　　　　　B. 绍兴

C. 闷酒　　　　　　　　　　　　　D. 猫尿

四、名词解释

1. 修辞 2. 语境 3. 借喻 4. 比拟 5. 排比 6. 对偶 7. 夸张 8. 反问 9. 设问 10. 映衬 11. 通感 12. 反语 13. 反复 14. 顶真 15. 对比 16. 拈连 17. 婉曲 18. 双关 19. 借代 20. 回环 21. 仿词 22. 层递 23. 散句

五、分析题

1. 在国际事务中常说"发展中国家"（与"发达国家"相对），为什么不说"落后国家""不发达国家"？

2. 指出下列句子所用的修辞格。

(1) 总理爱人民,人民爱总理,总理和人民同甘苦,人民和总理心连心。

(2) 宋朝的哲学家朱熹写了许多书,说了许多话,大家都忘了,但有一句还没忘记:"以其人之道,还治其人之身。"我们就是这样做的,即以帝国主义及其走狗蒋介石反动派之道,还治帝国主义及其走狗蒋介石反动派之身。

(3) 左墙炕椅上挂着粉色金腊笺的四幅屏,屏左挂一个白底子蓝花葫芦形花瓶,瓶里插着松柏枝。

(4) 织渔网啊,织渔网,织出一片好风光。

(5) 统一,统一,投降派有一套统一论,要我们统一于投降;反共顽固派有一套统一论,要我们统一于分裂,统一于倒退。我们能够信这些道理吗?不经抗战、团结、进步三种事做基础的统一,算是真统一么?算得合理的统一么?算得实际的统一么?

(6) 革命的同志、抗日的战士却被杀死了。什么人杀死的?军队杀死的。军队为什么要杀死抗日战士?军队是执行命令,有人指挥军队去杀的。什么人指使军队去杀?反动在那里指使。

(7) 这两年日子眼见火红起来,儿子媳妇又心疼人,念他苦拉苦拽一辈子没享过福,如今黄土都拥到脖子啦,该他吃点喝点,歇歇脚啦。

(8) 那么,请问国民党的英雄好汉们,你们为什么要反对惩办战犯呢?

(9) 春分刚刚过去,清明即将到来。……这是革命的春天,这是人民的春天,这是科学的春天。

(10) 屈原:"（愤恨地）唉,南后!……你陷害了的不是我,是你自己,是我们国王,是我们的楚国,是我们的赤县神州呀!"

(11) 生命对有些人十分慷慨,但只是在消耗;对另外一些人却十分悭吝,不知道多给他们一分钟,他们就会对人类做出多么大的贡献啊!

(12) 花雪,花雪,岂不正是周恩来同志一生的写照吗?生前,满树生辉,红的如红霞,粉的如胭脂,白的如碎玉,使人陶醉,使人振作,使人精神焕发,使人心旷神怡。

(13)三仙姑却和大家不同,虽然已经四十五岁,却偏爱老来俏……只可惜官粉涂不平脸上的皱纹,看起来好像驴粪蛋上了霜。

(14)什么是谎言?那只是真理在化妆跳舞。

(15)沙漠竟已狂虐到了这样地步,它正无情地吞噬着一座孤立的大山!

(16)谁料想,来了支貌不惊人的探险队。人生地疏,装备简陋,给养不足,疲惫不堪……浅绿色的运动衫上印着"中国"。啊,中国要过虎跳峡!

(17)文学艺术是时代的镜子,也是生活的教科书。

(18)天色又开朗了,月亮冲出了云层,把云抛在后面,往浩大的蓝空走去。

(19)她没上过大学,但靠自学,肚子里的墨水也不少。

(20)你这个人前怕狼,后怕虎,树叶掉下来也怕砸了脑袋。

(21)头发梳得光,脸上搽得香。只因不生产,人人说她脏。

(22)这里牛羊遍野、骆驼成群,夏天的草原是一片碧琉璃,冬天的草原是一片银世界。

(23)红花岗是他们的刑场,是他们的战场,也是他们举行那庄严而高尚的婚礼的礼堂。

(24)我们要造成民主风气,要改变文艺界的作风,首先要改变干部作风。改变干部作风,首先要改变领导干部作风。改变领导干部作风,首先要从我们几个改起。

(25)我的思想感情的潮水,在放纵奔流着。

(26)群山肃立,江河挥泪,辽阔的祖国大地沉浸在巨大的悲痛中。

(27)中国人民中间确实有成千上万的"诸葛亮"。

(28)草地的清泉,雾特别浓,到处又闷又湿,仿佛随意朝空中抓一把,都能拧出水来似的。

(29)自私自利,贪污腐化,风头主义等是最可鄙的;而大公无私,克己奉公、埋头苦干的精神,才是可尊敬的。

(30)当风吹来时,想着你;当雪飘来时,想着你;当夜晚来临时,想着你;当拿起饭碗时,想着你。

(31)做老实人,要一心为公,完全彻底地为人民服务。做老实人,要时时不脱离群众,处处和群众打成一片。做老实人,要团结一切可以团结的人,一起大干社会主义。

(32)群众的干劲越大,党越要关心群众的生活;党越是关心群众的生活,群众的干劲也会越大。

(33)这里除了光彩,还有淡淡的芳香,香气似乎也是浅紫色的,梦幻一般轻轻笼罩着我。

(34)有的人活着,他已经死了;有的人死了,他还活着。有的人,骑在人民头上:"呵,我多伟大!"有的人,俯下身子给人民当牛马。

(35)辛楣和李梅亭吃几颗疲乏的花生米,灌半壶冷淡的茶,同出门找本地教育机关去了。

(36)也妙,本来也算有点气魄的昆明湖,看起来只像一盆清水。万寿山、佛香阁不过是些点缀的盆景。

(37)盼望着,盼望着,东风来了,春天的脚步近了。

(38)过去的日子如轻烟,被微风吹散了;如薄雾,被初阳蒸融了。

(39)你是革命第一,工作第一,他人第一。而有些人却是出风头第一,休息第一,自己第一。

(40)我想,翻身农奴索朗阿爸不正是一颗亮闪闪的夜明星吗?

(41)这种感情像红松那样,根深蒂固,狂风吹不动,暴雨浸不败,千秋万载永不凋谢。

(42)桃树、杏树、梨树,你不让我,我不让你,都开满了花赶趟儿。红的像火,粉的像霞,白的像雪。

(43)这就是文人学士究竟比不识字的奴才聪明,党国究竟比贾府高明,现在究竟比乾隆时候光明——三明主义。

(44)春分刚刚过去,清明即将到来。"日出江花红胜火,春来江水绿如蓝"。这是革命的春天,这是人民的春天,这是科学的春天!让我们张开双臂热烈地拥抱这个春天吧!

(45)足以纪念鲁迅的,是鲁迅自己的文章,自己的精神,自己的对于仇敌的认识与战斗。

(46)在血雨腥风里,毛竹青了又黄,黄了又青,不向敌人弯腰。竹叶烧了,还有竹枝;竹枝断了,还有竹鞭;竹鞭砍了,还有深埋在土里的竹根。

(47)风失去了雨前的野性,轻轻地抚摸着草根;水珠在草尖上闪光,像粒粒珍珠在闪耀;朵朵野花开得那么娇丽,红的似火,黄的似金……

(48)朝日不如残阳,晴天不如阴天,阴天不如月夜——月夜,再加上点儿萤火,一闪一闪的像在寻觅荒草里的幽灵似的。

(49)蜜蜂是在酿蜜,又是在酿造生活;不是为自己,而是为人类酿造最甜的生活。蜜蜂是渺小的,蜜蜂又是多么高尚啊!

(50)于今,汉匈一家,情同兄弟,兄弟之间,不就是要长命相知,天长地久吗?长相知,才能不相疑;不相疑,才能长相知……

(51)他品味着香醇的酒味,品味着众人甜蜜的笑声,品味着新的生活。

(52)总理的轿车开动了,我们的心哪,跟着总理向前,向前,……忘记了卸装,忘记了时间,忘记了春寒……许久许久,周总理的音容笑貌,在我脑际萦绕;周总理的谆谆教诲,在我心中回响。

(53)真正的铜墙铁壁是什么?是群众,是千百万真心实意地拥护革命的群众。

(54)看吧,狂风紧紧抱起一层层巨浪,恶狠狠地将它甩到悬崖上,把这些大块的翡翠摔成尘雾和碎末。

3.试分析下列言语片段中修辞格的综合运用属于哪一种情况。

(1)山中的老虎呀,美在背;树上的百灵啊,美在嘴;咱们林区的工人呀,美在内。

(2)鲁迅思想的灵敏度与深刻性是无与伦比的。他能够宏观宇宙,洞察幽微,看得高,看得远,看得深,看得细。真与伪,美与丑,善与恶;真中之伪,伪中之真,实中之虚,虚中之实,美中之丑,丑中之美,善中之恶,恶中之善,都逃不过他的慧眼。

(3)常有理和惹不起碰了钉子回来以后,两个人的嘴都噘得能拴住驴。

(4)一站站灯火扑来,像流萤飞走。
一重重山岭闪过,似浪涛奔流。

4. 指出下列各句在辞格使用上存在的问题。
(1) 各炮齐鸣，炸弹像刮大风一样地倾泻到敌人的阵地上。
(2) 秋雨跳着欢乐的舞，一连下了几天，什么活也干不成，真闷死人。
(3) 机关枪吐着火舌，要把侵略者一个一个地吞进去。
(4) 一个南瓜如地球，棚在五岳山上头。把它架在大西洋，世界又多一个洲。
5. 试从词语声音选择的角度分析下文的用词及效果。

  曲曲折折的荷塘上面，弥望的是田田的叶子。叶子出水很高，像亭亭的舞女的裙。层层的叶子中间，零星地点缀着些白花，有袅娜地开着的，有羞涩地打着朵儿的；正如一粒粒的明珠，又如碧天里的星星，又如刚出浴的美人。微风过处，送来缕缕清香，仿佛远处高楼上渺茫的歌声似的。

六、简答题

1. 什么是修辞？什么是修辞学？
2. 简述修辞与语音、词汇、语法的关系。
3. 什么是语境？它与修辞手段的运用有什么关系？
4. 举例说明长句和短句各有什么修辞作用。
5. 举例说明什么是整句和散句，它们有什么不同的适用场合和修辞效果？
6. 举例说明什么是主动句和被动句及其各自的表达作用。
7. 举例说明口语句式和书面语句式的主要区别。
8. 什么是比喻？比喻有哪些基本类型？比喻构成的条件有哪些？
9. 比喻的主要表达作用有哪些？
10. 什么是比拟？比拟和比喻有何区别？
11. 说明比拟的表达作用。运用比拟应注意哪些问题？
12. 举例说明借喻和借代有什么不同？
13. 反问和设问有什么不同？
14. 借代的主要表达作用有哪些？
15. 什么是夸张？夸张有哪几种？
16. 夸张的主要表达作用有哪些？
17. 运用夸张应注意哪些问题？
18. 对偶和对比有何区别？
19. 对偶可以分为哪几个小类？举例说明。
20. 什么是映衬？映衬和对比有何区别？
21. 什么是排比？举例说明排比和对偶的联系和区别。
22. 什么是层递？举例说明层递和排比有何区别？

23. 什么是反复？反复和排比有何区别？
24. 双关可以分为哪几个小类？
25. 什么是反语？运用反语应该注意什么问题？
26. 顶真和回环有何区别？
27. 举例说明辞格的综合运用有哪些类型？
28. 指出下列两个句子所使用的修辞手法，并归纳出它们的区别。
①正是这些剥削阶级留下的臭垃圾阻塞着我们的去路……
②一间阴暗的小屋子里，上面坐着两位老爷，一东一西。东边一个是马褂，西边一个是西装。
29. 辨认下面的修辞格，并说明二者的区别。

大门朝东，对着大车路。大车路前面是一片沙滩，沙滩的尽头，横着一条小河。小河的那边又是沙滩……

科学需要社会主义，社会主义更需要科学。

考研真题

一、填空题

1. "无言独上西楼，月如钩。寂寞梧桐深院锁清秋。"这两句词句中用到了_____和_____修辞格。（北京大学 2015 年）
2. "葛定国同志也是人嘛，是人就有可能犯错误，犯错误就允许批评。"这句话的修辞格是_____。（南京大学 2013 年）
3. "人的正确思想是从哪里来的？是从天上掉下来的吗？不是。"这句话采用了_____修辞手法。（中山大学 2015 年）
4. 根据想象把物当作人写或把人当作物写，又或者把甲当作乙，这种修辞格叫作_____。（中山大学 2014 年）
5. 比喻句的构成要素包括本体、_____和喻词。（东北师范大学 2012 年）
6. 双关的基本类型就构成的条件看，可以分为_____和语义双关两类。（东北师范大学 2015 年）
7. "忽闻海上有仙山，山上虚无缥缈间"一句中运用了_____修辞手法。（华东师范大学 2013 年）

8. "愿天下有情人,都成为眷属;是前生注定事,莫错过姻缘。"这句话的辞格是_____。(南京大学 2015 年)

9. "日去渐已远,衣带渐已缓"中,运用了_____的修辞手法。(北京大学 2011 年)

10. "第一流产品,为足下争光。"(皮鞋油广告)运用了_____修辞格。(复旦大学 2015 年)

11. 故意把事物往大处说,叫_____夸张。(东北师范大学 2011 年)

12. 无疑而问,自问自答,以引导读者注意和思考问题,这种辞格叫_____。(东北师范大学 2015 年)

13. 比喻句的构成需要有本体、_____,两者之间有相似点。(中山大学 2014 年)

14. 利用语音或语义条件,有意使语句同时兼顾表面和内里两种意思,言在此而意在彼,这种辞格叫_____。(四川大学 2015 年)

15. "是起点也是终点,是开始也是结束。"一句中运用了_____修辞手法。(华东师范大学 2013 年)

16. "猪多肥多,肥多粮多,粮多猪多。"运用了_____辞格。(复旦大学 2012 年)

17. "长相知,才能不相疑;不相疑,才能长相知。"这句话运用的修辞格是_____。(中山大学 2017 年)

18. "江山如此多娇,引无数英雄竞折腰"所使用的修辞手法是_____。(北京语言大学 2017 年)

19. "百花林里人儿笑,笑开了满山的红杜鹃。"这句歌词运用了_____修辞手法。(中国人民大学 2018 年)

20. "困难就像弹簧,你弱它就强。"这句话的修辞方式是_____。(北京语言大学 2018 年)

21. 对偶就上句和下句在意义上的联系可大致分为正对、反对和_____三类。(黑龙江大学 2016 年)

22. 通感是指用甲感觉去描写乙感觉,又称_____。(黑龙江大学 2017 年)

23. 夸张可以分为_____。(黑龙江大学 2018 年)

24. 夸张可以分为扩大夸张、缩小夸张和_____三种。(黑龙江大学 2019 年)

二、选择题

1. "这车西瓜不用称,一百张'大团结',我包圆了。"其中,"大团结"用的是(   )。(中山大学 2012 年)

    A. 比喻   B. 借代

    C. 夸张   D. 双关

2. "雪降落下来了,像柳絮一般的雪,像芦花一般的雪,像蒲公英一般的带绒毛的雪在空中飞。雪降落下来了。"这段文字使用到的修辞格是(　　)。(首都师范大学 2013 年)

　　A. 反复、借喻、对偶　　　　　　　　B. 明喻、对偶、顶真

　　C. 暗喻、排比、回环　　　　　　　　D. 明喻、排比、反复

3. "干天下头等大事,做人间顶上功夫"(理发店对联),属于修辞格的(　　)。(中山大学 2015 年)

　　A. 单用　　　　　　　　　　　　　　B. 换用

　　C. 杂糅　　　　　　　　　　　　　　D. 套用

4. 对客观人、事做扩大或缩小或超前的描写,这种辞格叫作(　　)。(东北师范大学 2012 年)

　　A. 比拟　　　　　　　　　　　　　　B. 排比

　　C. 比喻　　　　　　　　　　　　　　D. 夸张

5. 下边语句中运用了借代手法的是(　　)。(华东师范大学 2015 年)

　　A. 要吃就吃三黄鸡　　　　　　　　　B. 这瓶茅台没准是假的

　　C. "文革"中他曾被关进了牛棚　　　　D. 人的躯体哪能从狗的洞子爬出

6. "她还是在笑,春天似乎为她而来,携着繁花和鸟语"运用的修辞格是(　　)。(复旦大学 2012 年)

　　A. 借代　　　　　　　　　　　　　　B. 比拟

　　C. 仿词　　　　　　　　　　　　　　D. 比喻

7. "每日来到小河边,一坐就是大半天,莫道此河无鱼钓,俺不钓鱼钓时间"运用的修辞格是(　　)。(复旦大学 2015 年)

　　A. 拈连　　　　　　　　　　　　　　B. 比喻

　　C. 借代　　　　　　　　　　　　　　D. 比拟

8. "在中国共产党的领导下,中国人民用小米加步枪,打垮了帝国主义在中国的统治"运用的修辞格是(　　)。(复旦大学 2012 年)

　　A. 拈连　　　　　　　　　　　　　　B. 比喻

　　C. 借代　　　　　　　　　　　　　　D. 比拟

9. "时雨点红桃千树"运用的修辞格是(　　)。(复旦大学 2015 年)

　　A. 拈连　　　　　　　　　　　　　　B. 比喻

　　C. 借代　　　　　　　　　　　　　　D. 比拟

10. "红头发刚才又来找你了"中的"红头发"是(　　)的修辞手法。(南开大学 2015 年)

　　A. 夸张　　　　　　　　　　　　　　B. 比喻

　　C. 比拟　　　　　　　　　　　　　　D. 借代

11. "这地真肥啊,插根筷子都能长苗"运用的修辞格是(　　)。(首都师范大学 2015 年)
    A. 夸张　　　　　　　　　　　　　B. 比喻
    C. 借代　　　　　　　　　　　　　D. 拟人
12. "巾帼不让须眉"运用的修辞格是(　　)。(北京大学 2012 年)
    A. 夸张　　　　　　　　　　　　　B. 比喻
    C. 借代　　　　　　　　　　　　　D. 拟人
13. 下列哪个句子的修辞手法属于比拟(　　)。(北京大学 2015 年)
    A. 小家碧玉　　　　　　　　　　　B. 时雨点红桃千树
    C. 星星不如汗珠明　　　　　　　　D. 江山如此多娇
14. 有人用"世上本有路,走的人多了,也便没了路"来形容城市交通拥堵状况,引号中的话用了(　　)辞格。(首都师范大学 2015 年)
    A. 回环　　　　　　　　　　　　　B. 反语
    C. 仿拟　　　　　　　　　　　　　D. 夸张
15. "乌蒙磅礴走泥丸"运用的辞格是(　　)。(南开大学 2013 年)
    A. 夸张　　　　　　　　　　　　　B. 比喻
    C. 比拟　　　　　　　　　　　　　D. 借代
16. "我失骄杨君失柳,杨柳轻飏直上重霄九"运用的辞格是(　　)。(复旦大学 2015 年)
    A. 夸张　　　　　　　　　　　　　B. 仿词
    C. 比拟　　　　　　　　　　　　　D. 双关
17. "人中柳如是,是如柳中人"运用的辞格是(　　)。(复旦大学 2015 年)
    A. 拈连　　　　　　　　　　　　　B. 比拟
    C. 顶真　　　　　　　　　　　　　D. 回文
18. "有一天,我在家听到打门,开门看见老王直僵僵地镶嵌在门框里"运用的辞格是(　　)。(复旦大学 2015 年)
    A. 比拟　　　　　　　　　　　　　B. 比喻
    C. 借代　　　　　　　　　　　　　D. 仿词
19. 排比句可以分为句子排比和(　　)排比两类。(东北师范大学 2015 年)
    A. 关联成分　　　　　　　　　　　B. 对偶成分
    C. 修辞成分　　　　　　　　　　　D. 句法成分
20. 打印店的广告词是"百闻不如一键"运用的修辞手法是(　　)。(北京语言大学 2017 年)
    A. 比喻　　　　　　　　　　　　　B. 拟人
    C. 夸张　　　　　　　　　　　　　D. 仿词

21. "外甥打灯笼——照旧",这样的歇后语使用的修辞是(　　)。(北京大学 2017 年)
    A. 比拟   B. 比喻
    C. 借代   D. 双关
22. "猪多肥多,肥多粮多,粮多猪多"运用的修辞方法(　　)。(北京语言大学 2018 年)
    A. 对偶   B. 排比
    C. 层递   D. 顶针、回环
23. "手写长城一万里,笔画大地几千程"运用的修辞格有(　　)。(黑龙江大学 2012 年)
    A. 对偶、夸张   B. 对比、比喻
    C. 夸张、比喻   D. 对偶、比喻
24. "倪萍写了本书叫《日子》,我也要写本书,就叫《月子》"运用的修辞格有(　　)。(黑龙江大学 2012 年)
    A. 仿词   B. 拈连
    C. 通感   D. 移觉
25. "敌人害怕您静若悬剑,人民信赖您稳如磐石"运用的修辞格有(　　)。(黑龙江大学 2013 年)
    A. 夸张、衬托和比拟   B. 对偶、对比和比喻
    C. 对偶、夸张和比拟   D. 顶真、衬托和对比
26. "茵茵牧草绿山坡,山坡畜群似云朵,云朵流动响笛声,笛声悠扬卷浪波"运用的修辞格有(　　)。(黑龙江大学 2013 年)
    A. 顶真、夸张、比拟   B. 回环、比喻、夸张
    C. 顶真、比喻、比拟   D. 回环、比拟、夸张
27. "一站站灯火扑来,像流萤飞走;一重重山岭闪过,似浪涛奔涌"运用的修辞格有(　　)。(黑龙江大学 2014 年)
    A. 对比、比喻   B. 夸张、对偶
    C. 对偶、比喻   D. 夸张、对比
28. "窗含西岭千秋雪,门泊东吴万里船"运用的修辞格有(　　)。(黑龙江大学 2014 年)
    A. 夸张、对比   B. 对偶、夸张
    C. 比喻、拈连   D. 对比、比喻
29. "这里除了光彩,还有淡淡的芳香,香气似乎也是浅紫色的,梦幻一般轻轻地笼罩着我"中所用的辞格是(　　)。(黑龙江大学 2016 年)
    A. 通感   B. 移就
    C. 比拟   D. 夸张

331

30. "他能拿冠军吗？说不准，说不准，真的说不准"中运用的修辞手段是(　　)。(黑龙江大学2016年)

　　A. 反复　　　　　　　　　　　B. 排比
　　C. 顶真　　　　　　　　　　　D. 回环

31. "他这个人胆小得很,灰尘掉下来都怕把自己砸死。"中所用的辞格是(　　)。(黑龙江大学2017年)

　　A. 映衬　　　　　　　　　　　B. 夸张
　　C. 婉曲　　　　　　　　　　　D. 比拟

32. "论营养,四条腿的赶不上两条腿的,两条腿的赶不上没有腿的。"中所用的辞格是(　　)。(黑龙江大学2017年)

　　A. 比喻　　　　　　　　　　　B. 比拟
　　C. 借代　　　　　　　　　　　D. 回环

33. "半斤榜样,胜过一斤经验。"中所用的辞格是(　　)。(黑龙江大学2018年)

　　A. 比喻　　　　　　　　　　　B. 对举
　　C. 对偶　　　　　　　　　　　D. 夸张

34. "半公斤榜样,比一吨教训更值钱。"这个句子使用的修辞手法是(　　)。(黑龙江大学2019年)

　　A. 比喻　　　　　　　　　　　B. 借代
　　C. 比拟　　　　　　　　　　　D. 双关

三、判断题

1. 修辞是从语言的运用效果的角度来研究语言的,不是语言的要素,因而跟语音、词汇、语法无关。(　　)(北京大学2015年)

2. "先生,给现钱,袁世凯!"运用了比喻修辞。(　　)(北京语言大学2015年)

3. "北极星像太阳一样,是一颗恒星"运用了比喻辞格。(　　)(复旦大学2011年)

4. "江山如此多娇,引无数英雄竞折腰"运用了借代辞格。(　　)(复旦大学2015年)

5. "夸张"就是把事物、情况等尽量往大处、高处说,言过其实,给人深刻印象的一种辞格。(　　)(中山大学2013年)

6. 比喻一般可分为明喻、暗喻、借喻三种。(　　)(中山大学2015年)

7. "远水不解近渴"是比喻句。(　　)(东北师范大学2012年)

8. "总之,她有差错,我就遭殃。嘻!我离开离出了是非!旅行旅出了祸殃"运用了仿词辞格。(　　)(复旦大学2015年)

9. "写这种稿子用不了多少心血,只是蚊子多,用了不少身血"运用了借代修辞格。(　　)(首都师范大学2014年)

10. 借喻,是指不说出本体,而是借用喻体直接代替本体。(　　)(北京大学 2015 年)

11. "红杏枝头春意闹"使用了通感的修辞格。(　　)(黑龙江大学 2012 年)

12. "一个民族怎能忘记自己的历史呢?不能!决不能!"用了反问和反复的修辞格。(　　)(黑龙江大学 2013 年)

13. "在普通村民的眼里,村支书就是共产党,共产党就是村支部"运用了借代的修辞格。(　　)(黑龙江大学 2013 年)

14. "他上知天文,下知地理,大伙儿都很佩服他"所用修辞格是比喻。(　　)(黑龙江大学2016 年)

15. 借代是不直接说出事物的本名,而借用同它关系密切相关的事物的名称来代替。(　　)(黑龙江大学 2016 年)

16. "鲁迅在一篇文章里主张打落水狗。"运用的修辞格是比喻。(　　)(黑龙江大学 2017 年)

17. 修辞是从语言运用效果的角度来研究语言的,不是语言的要素,因而跟语音、词汇、语法无关。(　　)(黑龙江大学 2017 年)

18. "眼前浮现出她看我时那辣辣的眼神。"所用的辞格是比喻。(　　)(黑龙江大学 2018 年)

19. 移觉就是将本来表示甲感觉的词语移用来表示乙感觉,使意象更为活泼、新奇的一种修辞格。(　　)(黑龙江大学 2018 年)

四、名词解释

1. 超前夸张(黑龙江大学 2012 年)
2. 仿词(黑龙江大学 2012 年)
3. 串对(黑龙江大学 2013 年)
4. 设问(黑龙江大学 2013 年)
5. 辞格(黑龙江大学 2014 年)
6. 警策(黑龙江大学 2014 年)
7. 对偶(黑龙江大学 2015 年)
8. 顶真(黑龙江大学 2016 年)
9. 拟人(黑龙江大学 2017 年)
10. 双关(黑龙江大学 2020 年)

五、分析题

1. 举例分析夸张的三种类型。(黑龙江大学 2012 年)
2. 从综合运用的角度分析下句中的辞格。(黑龙江大学 2013 年)

许多女人会笑得这样甜,但她们的笑容只是面部肌肉柔软操,仿佛有教练在喊口令:"一!"忽然满脸堆笑,"二!"忽然笑个不知去向,只余个空脸,像电影开映前的布幕。

3.从综合运用的角度分析下句中的辞格。(黑龙江大学 2014 年)

方鸿渐看唐小姐不笑的时候,脸上还依恋着笑意,像音乐停顿后袅袅空中的余音。

六、简答题

1.举例说明什么是"明喻"。(暨南大学 2016 年)
2.辞格的连用、兼用、套用有什么区别?(黑龙江大学 2012 年)
3.举例说明排比与层递的联系和区别。(黑龙江大学 2013 年)
4.对比和映衬有何区别?(黑龙江大学 2014 年)
5.简要说明排比与对偶的关系与区别。(黑龙江大学 2015 年)

练习答案

一、填空题

1.运用语言的方法、技巧和规律　修辞活动　修辞学或修辞著作　2.修辞理论　语言风格　3.联系　区别　4.选择和锤炼词语　5.意义　声音　密切联系　相辅相成　6.感情色彩　语体色彩　形象色彩　7.叠韵词　叠音词　8.同义句式　9.散句　10.没有……不……　不……不……　11.简洁、活泼、自然　严谨、周密、文雅　12.综合地　表达效果　13.声音的锤炼　韵律　14.褒义词　贬义词　15.双声　叠韵　16.意义　结构　17.明喻　暗喻　借喻　明喻　暗喻　本体　喻体　喻词　18.借喻　19.衬托　20.正衬　反衬　21.无疑而问　自问自答　22.无疑而问　明知故问　肯定　否定　23.直线形　圆周形　24.回环　顶真　25.仿词　仿篇　26.暗喻　27.以作者代作品　28.严式回文(回环)　29.易色　30.正对　反对　串对　31.串对　32.散句　33.四字格　34.讽刺　愉快　35.连续反复　间隔反复　36.融合　结合　37.社会　言语内部的上下文或前言后语　38.语体　39.鄙俗、粗鲁　40.叠音词　41.改换　42.比喻　43.拟物　44.拟人　拟物　45.相关　本体　借体　46.扩大　缩小　超前　47.形式上对称　内容上对立　48.相同　相等　相关　49.词语或句子的多义性在特定语境中　50.谐音双关　51.愉快反语　52.拈连　53.移就　54.结构　字数

二、单项选择题

1.B　2.C　3.B　4.B　5.D　6.A　7.B　8.B　9.B　10.B　11.A　12.B　13.C

14. B 15. A 16. B 17. A 18. B 19. C 20. C 21. A 22. D 23. D 24. B 25. C 26. B 27. A 28. A 29. D 30. D 31. A 32. B 33. C 34. C

三、多项选择题

1. AC 2. AD 3. AB 4. BD 5. CD 6. AB 7. BD 8. AD 9. AB

四、名词解释

1. 修辞:通常情况下,总是把修辞理解为对语言的修饰和调整,即对语言进行综合的艺术加工。

2. 语境:即语言环境,一般指在语言运用中对话语有影响的情景、情况和关系等。

3. 借喻:借喻不出现本体,或不在本句出现,而是借用喻体直接代替本体。

4. 比拟:根据想象把物当作人写或把人当作物写,或把甲物当作乙物来写。

5. 排比:把结构相同或相似、语气一致、意思密切关联的句子或句法成分排列起来,使语势得到增强,感情得到加深。

6. 对偶:结构相同或基本相同、字数相等、意义上密切关联的两个短语或句子,对称地排列。

7. 夸张:故意言过其实,对客观的人、事物做扩大或缩小的描述。

8. 反问:无疑而问,明知故问,又叫"激问"。但它只问不答,把要表达的确定意思包含在问句里。

9. 设问:无疑而问,自问自答,以引导读者注意和思考问题。

10. 映衬:为了突出主要事物,用类似的事物或反面的、有差别的事物做陪衬的辞格叫映衬,也叫衬托。

11. 通感:人们通过视觉、听觉、触觉、味觉和嗅觉等五官感知外界事物时,在一般情况下,彼此不能交错;但在特殊情况下,五官功能却能出现互相转化彼此沟通的现象,也叫"移觉"。

12. 反语:故意使用与本来意思相反的词语或句子表达本意,也称"倒反""反话"。

13. 反复:为了突出某个意思、强调某种感情,特意重复某个词语或句子。

14. 顶真:用上一句结尾的词语做下一句的起头,使前后的句子头尾蝉联,上递下接,也叫"联珠"。

15. 对比:对比是把两种不同事物或者同一事物的两个方面,放在一起相互比较的一种辞格,也叫"对照"。

16. 拈连:利用上下文的联系,把用于甲事物的词语巧妙地用于乙事物,又叫"顺拈"。

17. 婉曲:有意不直接说明某事物,而是借用一些与某事物相应的同义语句婉转曲折地表达出来,也叫"婉转"。

18. 双关:利用语音或语义条件,有意使语句同时关顾表面和内里两种意思,言在此而意在彼。

19. 借代:不直说某人或某事物的名称,借同它密切相关的名称去代替,也叫作"换名"。

20. 回环:把前后语句组织成穿梭一样的循环往复的形式,以表达不同事物间的有机联系,这种辞格叫回环。

21. 仿词:根据表达的需要,更换现成词语中的某个语素或词,临时仿造出新的词语。

22. 层递:根据事物的逻辑关系,连用结构相似、内容上递升或递降的语句,表达层层递进的事理。

23. 散句:结构不整齐,各式各样的句子交错运用的一组句子。

五、分析题

1. 在国际事务中常说"发展中国家"(与"发达国家"相对),为什么不说"落后国家""不发达国家"?

"发展中国家"的说法是修辞上的婉曲用法,具体说是运用了婉言的修辞格。不直接说出本意,故意换一种含蓄的说法。

2. 指出下列句子所用的修辞格。

(1)回环、对偶 (2)反复、仿词 (3)比喻、顶真 (4)反复、拈连 (5)反复、对比、反问、排比 (6)设问 (7)夸张 (8)反语 (9)对偶、排比、比拟 (10)对比、排比、层递 (11)对比 (12)反复、比喻、排比 (13)明喻 (14)设问、暗喻 (15)拟物 (16)借代 (17)暗喻 (18)拟人 (19)借代 (20)夸张 (21)对比 (22)对比、暗喻 (23)排比、暗喻 (24)顶真、层递 (25)暗喻、拟物 (26)拟人 (27)借代 (28)夸张 (29)排比、对比 (30)排比 (31)排比、反复 (32)回环、反复 (33)移觉(通感) (34)对比 (35)移就 (36)两个比喻前后连用 (37)反复、比拟连用 (38)对偶套比喻 (39)对比套排比、反复 (40)比喻兼反问 (41)比喻兼排比 (42)回环兼拟人、排比套比喻 (43)排比、谐音双关、仿词、反语、借代 (44)对偶、引用、对偶套比喻、排比套反复兼双关和借喻、拟人 (45)排比兼反复 (46)回环、顶真、层递 (47)拟人、比喻、对偶套比喻 (48)排比、顶真、反复、比喻 (49)拈连、通感、对比兼比拟 (50)顶真、比喻、反问、回环 (51)排比、拈连、通感 (52)比拟、反复、排比、对偶 (53)设问兼暗喻 (54)比拟套比喻

3. 试分析下列言语片段中修辞格的综合运用属于哪一种情况。

(1)辞格的套用和兼用。排比中对比、映衬兼用。

(2)辞格连用、套用。夸张、排比,排比中有层递、顶真、反复、对比。

(3)辞格连用。拟人和夸张连用。

(4)辞格套用。对偶里套用了比喻,比喻里套用了比拟。

4. 指出下列各句在辞格使用上存在的问题。

(1)喻体不符合事物的特征。
(2)拟体同人物心情、环境不协调。
(3)拟体不符合事物特征。
(4)夸而无节。
5.试从词语声音选择的角度分析下文的用词及效果。
(1)音节整齐匀称,用了排比、对偶等句子,加强了语言气势,如"正如一粒粒的明珠,又如碧天里的星星,又如刚出浴的美人"。
(2)声调平仄相间,抑扬顿挫、起伏荡漾,如"微风过处""缕缕清香"等。
(3)叠音自然,节奏感强,声音优美,如"曲曲折折""田田""亭亭""层层""粒粒""缕缕"等。
(4)讲求双声叠韵配合,具有铿锵婉转的音律美,如"袅娜""渺茫"等。

六、简答题

1.什么是修辞？什么是修辞学？

"修辞"有三个意思,用作名词的"修辞"有两种含义,一是指客观存在的修辞现象,如"修辞属于言语现象";二是指修辞知识或修辞学,如"要学点修辞""语法和修辞是两门科学"。用作动词的"修辞"则是指依据题旨情境运用特定手段,以加强语言表达效果的活动,如"要变不善修辞为长于修辞"。通常情况下,总是把修辞理解为对语言的修饰和调整,即对语言进行综合的艺术加工。

修辞学是语言学的一门学科。研究提高语言表达效果的规律,即如何依据题旨情境。运用各种语文材料、各种表现手法,来恰当地表达思想和感情,揭示修辞现象的条理、修辞观念的系统,指导人们运用和创造各种修辞方法来恰当地表现所要传达的内容。修辞学是研究修辞的学问。而修辞是加强言辞或文句效果的艺术手法。

2.简述修辞与语音、词汇、语法的关系。

(1)修辞同语音的关系。修辞把语音的双声叠韵、叠音、轻声、重音、儿化、字调、平仄等作为语言手段加以调动,使之在特定题旨情境中以声传情,以音达意,收到较好的修辞效果。

(2)修辞同词汇的关系。修辞从筛选、锤炼的角度,就声音、形体、意义、色彩、用法方面对词语加以选用,使语言材料成为提高表达效果的重要语言手段。

(3)修辞同语法的关系。语言的表达更多的是靠句子传达修辞感受的。一般说,修辞要在合乎语法的基础上进行,但有时也可突破语法规则。

3.什么是语境？它与修辞手段的运用有什么关系？

语境即语言环境,一般指在语言运用中对话语有影响的情景、情况和关系等。语境分为上下文语境和情景语境两种。情景语境跟修辞的关系更为密切,它包括语言运用中对话语有影响的情景、情况和关系等。

修辞中语言手段的恰当运用要以适应语境为前提,修辞效果的检验也难以离开语境。修辞的情境意义、形象意义、色彩意义以及风格意义都要受制于语境。

4. 举例说明长句和短句各有什么修辞作用。

长句和短句是相对而言的。一般来说,长句字数多,结构较复杂,层次也较多,宜于表达较为复杂的思想内容和严密精确的思想;短句的特点是简洁、明快、灵活,读起来省力、易懂。举例:"在牧场上,我们经常可以看到一个骑着枣红马、穿着蓝色蒙古袍、腰间系着豆绿腰带、身上背着红十字药箱的知识青年。(长句)""在牧场上,我们经常可以看到一个知识青年,他骑着枣红马,穿着蓝色蒙古袍,腰间系着豆绿腰带,身上背着红十字药箱。(短句)"

5. 举例说明什么是整句和散句,它们有什么不同的适用场合和修辞效果?

整句是指由长度和结构相近的若干句子组成的言语单位,散句是指由长短不齐、结构相异的若干句子组成的言语单位。整句与散句也各有长处。整句是指一对或一组结构相似的句子,形式整齐,节奏鲜明,具有加强语势、强调语义的作用,对偶句、排比句、反复句都属于整句;而散句则结构相异,长短不一,自由活泼,富于变化。整、散根据需要交错使用,定会起到意想不到的良好效果。整句在散文、诗歌、唱词中使用较多,在其他文体中也经常出现,主要是在意欲突出强调的地方。而平时说话或写作,大多使用散句,语言自然而活泼,如果有意识地夹入一点整句,不仅可以产生音调铿锵、节奏鲜明的韵味,同时还可以产生有放有收、活而不乱的效果。举例如下:

在古老的年代,玛瑙河对岸是一片森林,森林边上的树落里,有一个名叫米拉朵黑的年轻人,也是出色的猎手。(散句)

论力气,米拉朵黑能够和野熊摔跤。论人才,米拉朵黑像天神一样英俊。论性情,米拉朵黑像一个温柔的少女。(整句)

6. 举例说明什么是主动句和被动句及其各自的表达作用。

主动句是指该句主语是谓语所表示的动作行为的发出者的句子。被动句则是指该句主语是谓语所表示的动作行为的承受者的句子。主动句和被动句互相转换的要点是主语和宾语的转换:主动句变被动句时,将主动句的宾语变为被动句的主语,主动句原来的主语与"被"构成介宾短语做被动句的状语;被动句变主动句则恰好相反。举例略。

7. 举例说明口语句式和书面语句式的主要区别。

口语句式是口语里经常出现而在书面语里较少出现的句式,其修辞作用主要是简洁、活泼、自然;书面语句式是书面语里经常出现而在口语里较少出现的句式,其修辞作用主要是严谨、周密、文雅。二者主要区别:

(1)书面语句式结构比较复杂、严谨,较多使用长句;口语句式结构比较简单、松散,多用短句。

(2)书面语句式因为要求严密的逻辑性,关联词语用得较多;口语句式中关联词语用得少些,有些干脆不用。

(3)书面语比较讲究语言规范,注意句子的加工,有时沿用一些文言句式;口语则不同。

(举例略)

8.什么是比喻？比喻有哪些基本类型？比喻构成的条件有哪些？

俗称"打比方"，是用本质不同又有相似点的事物描绘事物或说明道理的辞格，也叫"譬喻"。比喻有明喻、暗喻、借喻三种类型。比喻构成的条件：①本体和喻体必须是性质不同的两类事物。②本体和喻体必须具备相似点。

9.比喻的主要表达作用有哪些？

(1)使深奥的道理浅显化，帮人加深体味。

(2)使抽象的事物具体化，叫人便于接受。

(3)使概括的东西形象化，给人鲜明的印象。

10.什么是比拟？比拟和比喻有何区别？

根据想象把物当作人写或把人当作物写，或把甲物当作乙物来写，这种辞格叫作比拟。二者区别：①比喻是以彼喻此，重在喻，即形象描绘；比拟是以此拟彼，重在拟，即模拟。②比喻中"本体"有时可以省去，"喻体"一般不能省；比拟则相反，"本体"一定要出现，"拟体"则一定不能出现。③比喻的运用在于把握本体和喻体不同类而有似同点，比拟的运用关键在于本体和拟体彼此交融，这种交融是说写者的主观感受赋予的。

11.说明比拟的表达作用。运用比拟应注意哪些问题？

比拟是物的人化或人的物化或把甲物拟作乙物，具有思想的跳跃性，能使读者展开想象的翅膀，捕捉它的意境，体味它的深意。正确地运用比拟，可以使读者不仅对所表达的事物产生鲜明的印象，而且感受到作者对该事物的强烈的感情，从而引起共鸣。运用比拟表现喜爱的事物，可以把它写得栩栩如生，使人倍感亲切；表现憎恨的事物，可以把它写得丑态毕露，给人以强烈的厌恶感。

运用比拟应注意：①运用比拟必须是自己真实感情的流露，感情必须符合所描写的环境、气氛。②进行比拟的人和物在性格、形态、动作等方面应该有相似或相近之点，才能把物写得像真正的人一般，或把人写得像真正的物一般。

12.举例说明借喻和借代有什么不同？

(1)借喻是喻中有代，借代是代而不喻。

(2)借喻侧重"相似性"，借代侧重"相关性"。

(3)借喻可以改为明喻，借代则不能。

"一缕彩霞飘过山顶，落日洒下一河碎银"中用"碎银"比喻"落日的余晖"。"有时我到北海公园散步，看到一群又一群蹦蹦跳跳的红领巾"中用"红领巾"指代少先队员。

13.反问和设问有什么不同？

(1)设问不表示肯定什么或否定什么，反问明确地表示肯定或否定的内容。

(2)设问主要是提出问题，引起注意，启发思考；反问则主要是加强语气，用确定的语气表明作者的思想。

14. 借代的主要表达作用有哪些？

不直说某人或某事物的名称，借同它密切相关的名称去代替，这种辞格叫借代，也叫作"换名"。借代可以引人联想，使表达收到形象突出、特点鲜明、具体生动的效果。

15. 什么是夸张？夸张有哪几种？

故意言过其实，对客观的人、事物做扩大或缩小的描述，这种辞格叫夸张。①扩大夸张，即故意把一般事物往大(多、快、高、长、强……)处说，如"隔壁千家醉，开坛十里香"。②缩小夸张，即故意把一般事物往小(少、慢、矮、短、弱……)处说，如"香港，绿豆大的一块地方，哪里容得下这么多的淘金者"。③超前夸张，即在两件事之中，故意把后出现的事说成是先出现的，或是同时出现的，如"那可真是好酒啊，酒没沾唇就已让人醉了"。

16. 夸张的主要表达作用有哪些？

(1)深刻地表现出作者对事物鲜明的感情态度，从而引起读者的强烈共鸣。

(2)通过对事物的形象渲染，可以引起人们丰富的想象，有利于突出事物的本质和特征。

17. 运用夸张应注意哪些问题？

(1)运用夸张要以客观实际为基础，否则不能给人以真实感。

(2)运用夸张要明确、显豁，不能又像夸张，又像真实。

(3)夸张的表现往往借助于比喻、比拟等辞格，运用时要注意表意上的一致性，防止互相抵触。

18. 对偶和对比有何区别？

对偶是结构相同或基本相同、字数相等、意义上密切关联的两个短语或句子，对称排列的一种辞格。对比是把两种不同事物或者同一事物的两个方面，放在一起相互比较的一种辞格，也叫对照。二者区别：①对比的基本特点是内容上"对立"，对偶的基本特点是形式上"对称"。②对比是从意义上说的，它要求意义相反或相对，而不管结构形式如何；对偶是主要从结构形式上说的，它要求结构相称、字数相等。③对偶里的"反对"就意义说是对比，就形式就是对偶。这是辞格的兼属现象。而对比不一定都是对偶，这要取决于它的结构形式是否"对称"。

19. 对偶可以分为哪几个小类？举例说明。

对偶就上句和下句在意义上的联系可大致分为正对、反对、串对三类。①正对。从两个角度、两个侧面说明同一事理，表示相似、相关的关系，在内容上是相互补充的，以并列关系的复句为表现形式，如"宝剑锋从磨砺出，梅花香自苦寒来"。②反对。上下联表示一般的相反关系或矛盾对立关系，借正反对照、比较以突出事物的本质，如"理想，生活的旗帜；实干，成功的途径"。③串对。上下联内容根据事物的发展过程或因果、条件、假设等方面的关联，连成复句，一顺而下，也叫"流水对"，如"野火烧不尽，春风吹又生"。

20. 什么是映衬？映衬和对比有何区别？

为了突出主要事物，用类似的事物或反面的、有差别的事物做陪衬的辞格叫映衬，也叫衬托。二者区别：衬托有主次之分，陪衬事物是说明被陪衬事物的，是用来突出被陪衬事物的。

对比是表明对立现象的,两种对立的事物并无主次之分,而是相互依存的。

21. 什么是排比？举例说明排比和对偶的联系和区别。

把结构相同或相似、语气一致、意思密切关联的句子或句法成分排列起来,使语势得到增强,感情得到加深,这种辞格叫排比。二者区别:①排比是三项或更多项的平行排列;对偶只是两项的并列对称。②排比每项的字数可以不完全相等;对偶两项的字数必须相等。③排比常用相同的词语;对偶力避字面的重复。

"怡儿的笑容,像山间的泉水那么清纯,像九寨沟的风景那么迷人,像深秋的太阳那么灿烂。"这是排比句。"雪降落下来了,像柳絮一般的雪,像芦花一般的雪,像蒲公英的带绒毛的种子在风中飞,雪降落下来了。"这是反复句中的间隔反复。

22. 什么是层递？举例说明层递和排比有何区别？

根据事物的逻辑关系,连用结构相似、内容上递升或递降的语句,表达层层递进的事理,这种辞格叫层递。二者区别:①层递着眼于内容上具有等次性(级差性),构成层递的几个语句在内容上必须是递升或递降;排比主要着眼于内容上的平列性,构成排比的内容是一个问题的几方面,或相关的几个问题。②层递在结构上不强调相同或相似,往往不用相同的词语;排比在结构上必须相同或相似,往往要用相同的词语。

"怡儿的笑容,像山间的泉水那么清纯,像九寨沟的风景那么迷人,像深秋的太阳那么灿烂。"这是排比句。"他一直是魂思梦想着打飞机,眼前飞过一只雁、一只麻雀、一只蝴蝶、一只蜻蜓,他都要拿枪瞄瞄。"这是层递中的递降句。

23. 什么是反复？反复和排比有何区别？

为了突出某个意思,强调某种感情,特意重复某个词语或句子,这种辞格叫作反复。二者区别:反复着眼于词语或句子字面的重复,排比着眼于结构相同相似、意义相近、语气一致;反复的修辞作用是强调突出,排比的修辞作用是增强气势。

24. 双关可以分为哪几个小类？

就构成的条件看,双关可分为谐音双关和语义双关两大类。利用音同或音近的条件使词语或句子语义双关,如"我失骄杨君失柳,杨柳轻飏直上重霄九"。利用词语或句子的多义性在特定语境中构成语义双关,如"新事业从头做起,旧现象一手推平"。

25. 什么是反语？运用反语应该注意什么问题？

故意使用与本来意思相反的词语或句子表达本意,这种辞格叫反语,也称"倒反""反话"。运用反语应该注意:①反语有对待敌人的,有对待同盟者的,也有对待自己队伍的,要区别对待,必须防止滥用。②运用反语应该力求鲜明,切忌含混。

26. 顶真和回环有何区别？

顶真是反映事物间的顺接或联结关系的,它从一个事物到另一个事物,顺连而下,其轨迹是直线形,不是递升或递降的关系(这又与层递不同)。

回环是在词语相同的情况下,巧妙地调遣它们,利用它们不同结构关系的不同含义形成回环往复的语言形式,从甲事物到乙事物,又从乙事物到甲事物,其轨迹是圆周形。有的回环反映事物之间相互依存或密切关联的关系。

27.举例说明辞格的综合运用有哪些类型?

有时在一句或一段话里,同时使用几种辞格,这就是多种辞格综合运用。

(1)辞格的连用。辞格的连用是指同类辞格或异类辞格在一段文字中的接连使用。

"太阳还不能从云里挣扎出来,空气也感到疲乏。"句中连用两个拟人修辞格。

(2)辞格的兼用。辞格的兼用是指一种表达形式兼有多种辞格,也叫"兼格"。

"勤奋是点燃智慧的火花,懒惰是埋葬天才的坟墓。"句中兼用对比、暗喻修辞格。

(3)辞格的套用。辞格的套用是指一种辞格里又包含着其他辞格,形成大套小的包容关系。

"一站站灯火扑来,像流萤飞走,一重重山岭闪过,似浪涛奔流。"句中对偶里套用了比喻,比喻里又套用了比拟。

28.指出下列两个句子所使用的修辞手法,并归纳出它们的区别。

①正是这些剥削阶级留下的臭垃圾阻塞着我们的去路……

②一间阴暗的小屋子里,上面坐着两位老爷,一东一西。东边一个是马褂,西边一个是西装。

比较这两个例句我们就可以发现借喻和借代的区别:

(1)构成的基础不同。构成借喻的基础是相似点,即要求喻体跟本体有某方面的相似;构成借代的基础是事物的相关性,即要求借体跟本体有某种联系,如借体是本体的局部、形象上的特征、穿着、商标、产地、作者等。例②就是以穿着来代表人,"马褂"代表穿马褂的人,"西装"代表穿西装的人。

(2)借喻着重在"喻",用喻体来打比方;借代着重在"代",干脆用借体称代本体。

(3)借喻往往可以改变成明喻或暗喻,借代却不能换作明喻或暗喻。

29.辨认下面的修辞格,并说明二者的区别。

大门朝东,对着大车路。大车路前面是一片沙滩,沙滩的尽头,横着一条小河。小河的那边又是沙滩……

科学需要社会主义,社会主义更需要科学。

第一个句子使用了顶真,第二个句子使用了回环。它们的区别表现在:

(1)回环一般由两项构成,形式为"A—B,B—A";顶真大多不只两项,形式为"A—B,B—C"。

(2)构成回环的两项只是语序不同,词语相同或基本相同;顶真所关涉的几项是前项之尾和后项之首的词语相同。

考研真题答案

一、填空题

1. 比喻 拈连 2. 顶真 3. 设问 4. 比拟 5. 喻体 6. 谐音双关 7. 顶真 8. 对偶 9. 对偶 10. 双关 11. 扩大 12. 设问 13. 喻体 14. 双关 15. 对比 16. 回环 17. 回环 18. 借代 19. 夸张 顶真 20. 比喻 21. 串对 22. 移觉 23. 扩大夸张、缩小夸张和超前夸张 24. 超前夸张

二、选择题

1. B 2. D 3. D 4. D 5. B 6. B 7. A 8. C 9. D 10. D 11. A 12. C 13. B 14. C 15. A 16. D 17. D 18. A 19. D 20. D 21. D 22. D 23. A 24. A 25. B 26. C 27. C 28. B 29. A 30. A 31. B 32. C 33. A 34. A

三、判断题

1. × 2. × 3. × 4. √ 5. × 6. √ 7. × 8. × 9. × 10. √ 11. × 12. × 13. × 14. × 15. √ 16. × 17. × 18. × 19. √

四、名词解释

1. 超前夸张:在两件事之中,故意把后出现的事说成是先出现的,或是同时出现的。
2. 仿词:根据表达的需要,更换现成词语中的某个语素或词,临时仿造出新的词语。
3. 串对:上下联内容根据事物的发展过程或因果、条件、假设等方面的关联,连成复句,一顺而下,也叫"流水对"。
4. 设问:无疑而问,自问自答,以引导读者注意和思考问题。
5. 辞格:也称"修辞格""修辞方式"和"修辞格式",是在语境里巧妙运用语言而构成特有模式以提高表达效果的方法。
6. 警策:又叫精警或警句,指的是某些语句语简言奇,含义深刻并富有哲理性的辞格。
7. 对偶:结构相同或基本相同、字数相等、意义上密切关联的两个短语或句子,对称地排列。
8. 顶真:用上一句结尾的词语做下一句的起头,使前后的句子头尾蝉联,上递下接,也叫"联珠"。

9. 拟人:即把物当作人来写,赋予物以人的言行或思想感情。

10. 双关:利用语音或语义条件,有意使语句同时关顾表面和内里两种意思,言在此而意在彼。

五、分析题

1. 举例分析夸张的三种类型。

故意言过其实,对客观的人、事物做扩大或缩小的描述,这种辞格叫夸张。①扩大夸张,即故意把一般事物往大(多、快、高、长、强……)处说,如"隔壁千家醉,开坛十里香"。②缩小夸张,即故意把一般事物往小(少、慢、矮、短、弱……)处说,如"香港,绿豆大的一块地方,哪里容得下这么多的淘金者"。③超前夸张,即在两件事之中,故意把后出现的事说成是先出现的,或是同时出现的,如"那可真是好酒啊,酒没沾唇就已让人醉了"。

2. 从综合运用的角度分析下句中的辞格。

暗喻、仿词、明喻的连用。

3. 从综合运用的角度分析下句中的辞格。

比拟、明喻连用。

六、简答题

1. 举例说明什么是"明喻"。

明喻是比喻的一种,明显地用另外的事物来比拟某事物,表示两者之间的相似关系。明喻的格式是"甲(本体)像乙(喻体)"。常用的比喻词有"像、仿佛、好像、好比、像……似的、如同……一般"等等。

例如:(1)他哆嗦得像风雨中的树叶。

(2)海燕像黑色的闪电,在高傲地飞翔。

2. 辞格的连用、兼用、套用有什么区别?

有时在一句或一段话里,同时使用几种辞格,这就是多种辞格综合运用。

(1)辞格的连用。辞格的连用是指同类辞格或异类辞格在一段文字中的接连使用。

"太阳还不能从云里挣扎出来,空气也感到疲乏。"句中连用两个拟人修辞格。

(2)辞格的兼用。辞格的兼用是指一种表达形式兼有多种辞格,也叫"兼格"。

"勤奋是点燃智慧的火花,懒惰是埋葬天才的坟墓。"句中兼用对比、暗喻修辞格。

(3)辞格的套用。辞格的套用是指一种辞格里又包含着其他辞格,形成大套小的包容关系。

"一站站灯火扑来,像流萤飞走,一重重山岭闪过,似浪涛奔流。"句中对偶里套用了比喻,比喻里又套用了比拟。

3. 举例说明排比与层递的联系和区别。

层递和排比往往都由三项以上构成,各句之间往往都有共同的词语,两种修辞格十分相似。但还是有区别的,二者区别在于:①层递着眼于内容上具有等次性(级差性),构成层递的几个语句在内容上必须是递升或递降;排比主要着眼于内容上的平列性,构成排比的内容是一个问题的几方面,或相关的几个问题。②层递在结构上不强调相同或相似,往往不用相同的词语;排比在结构上必须相同或相似,往往要用相同的词语。

"怡儿的笑容,像山间的泉水那么清纯,像九寨沟的风景那么迷人,像深秋的太阳那么灿烂。"这是排比句。"他一直是魂思梦想着打飞机,眼前飞过一只雁、一只麻雀、一只蝴蝶、一只蜻蜓,他都要拿枪瞄瞄。"这是层递中的递降句。

4.对比和映衬有何区别?

对比是把两种不同事物或者同一事物的两个方面,放在一起相互比较的一种辞格,也叫对照。为了突出主要事物,用类似的事物或反面的、有差别的事物做陪衬的辞格叫映衬,也叫衬托。二者区别:衬托有主次之分,陪衬事物是说明被陪衬事物的,是用来突出被陪衬事物的。对比是表明对立现象的,两种对立的事物并无主次之分,而是相互依存的。

5.简要说明排比与对偶的关系与区别。

把结构相同或相似、语气一致、意思密切关联的句子或句法成分排列起来,使语势得到增强,感情得到加深,这种辞格叫排比。对偶是结构相同或基本相同、字数相等、意义上密切关联的两个短语或句子,对称地排列。从它们的定义中,可以看出,排比和对偶都具有形式整齐、节奏分明、声音和谐等语言特点。但二者毕竟是不同的辞格,因而也具有本质区别。二者的区别在于:①排比是三项或更多项的平行排列;对偶只是两项的并列对称。②排比每项的字数可以不完全相等;对偶两项的字数必须相等。③排比常用相同的词语;对偶力避字面的重复。

参考文献

[1] 黄伯荣,廖序东.现代汉语(增订五版)[M].北京:高等教育出版社,2011.
[2] 黄伯荣,廖序东.现代汉语教学与自学参考(增订五版)[M].北京:高等教育出版社,2011.
[3] 增长年.现代汉语辅导及习题集[M].武汉:湖北长江出版集团,2011.
[4] 夏耕.现代汉语(增订五版)"同步辅导·习题精炼·考研真题"[M].武汉:武汉大学出版社,2015.
[5] 叶蜚声,徐通锵.语言学纲要[M].北京:北京大学出版社,2010.
[6] 索绪尔.普通语言学教程[M].北京:商务印书馆,1985.